天

Borderless

下

博稽古今 融汇天下

中国思想史十讲

金观涛 刘青峰 著

上卷

法律出版社
——北京

图书在版编目（CIP）数据

中国思想史十讲.上卷 / 金观涛，刘青峰著. ——北京：法律出版社，2015.2（2025.5重印）
ISBN 978-7-5118-7621-8

Ⅰ.①中… Ⅱ.①金…②刘… Ⅲ.①思想史—中国 Ⅳ.①B2

中国版本图书馆CIP数据核字（2015）第044351号

中国思想史十讲（上卷）
ZHONGGUO SIXIANGSHI SHI JIANG（SHANGJUAN）

作　　者：金观涛　刘青峰
责任编辑：易明群　黄倩倩
装帧设计：乔智炜
出版发行：法律出版社
编辑统筹：学术·对外出版分社
责任校对：杨锦华
责任印制：胡晓雅　宋万春
经　　销：新华书店
开　　本：A5
印　　张：12.625
字　　数：354千
版　　本：2015年7月第1版
印　　次：2025年5月第11次印刷
印　　刷：北京中科印刷有限公司
书　　号：ISBN 978-7-5118-7621-8
定　　价：75.00元

销售电话：010-83938349　客服电话：010-83938350　咨询电话：010-63939796
地　　址：北京市丰台区莲花池西里7号(100073)
网　　址：www.lawpress.com.cn
投稿邮箱：info@lawpress.com.cn
举报盗版邮箱：jbwq@lawpress.com.cn

青年時代的經歷，使我們開始用系統演化理論思考中國社會結構問題，並提出中國社會超穩定系統的論說。從1980年代探討中國傳統社會（《興盛與危機》），到1990年代迄今，我們把這一研究綱領擴展到對中國社會及其思想觀念轉型的一系列著述中（《開放中國的變遷》、《中國現代思想的起源》、《觀念史研究》、《中國思想史十講》）。我們始終認為：每當人們面臨"不確定的年代"，就會以千年的大歷史眼光反思當前的迷茫。

金观涛 刘青峰

2024年12月

刘青峰/绘

1988年金观涛（左一）和刘青峰（右一）于北京

2021年金观涛（左一）和刘青峰（右一）于深圳

序

今天,要在一个古老民族心中重演过去两千年惊心动魄的思想历程,必须具有开放的心灵。

人生中很难有这样的机遇,退休以后又会和自己青壮年所做的事情发生某种相交。2007 年 7 月下旬我们回北京时,在老友刘江南家里第一次见到余晓芒、余晨父子。闲谈中,余晓芒拿着一本《让科学的光芒照亮自己》对我们说:余晨初中时就追看"走向未来丛书",这是其中一本。我们翻看这本画满深蓝色钢笔墨水杠杠的旧书,不免感慨:当年的少年已成长为今日社会中坚,我们这一代人真的老了。那时,我们不可能想到四年后会在北京开办中国思想史讲座,江南是讲座的组织者之一,晓芒和余晨成为这个班的忠实学员。

对于漂泊者来说,生活地点的变动往往意味着工作模式改变。2008 年暑期,从香港中文大学退休后,观涛接受台湾政治大学之聘,我们搬到台北木栅住了下来,每天的生活内容是教书、指导数位人文研究小组。2011 年暑假后,考虑到各种情况,我们决定告别学术体制、开始真正的退休生活。这时,一位年轻的企业家朋友杜军邀请我们入住北京西山书院。久违了,天高气爽的北京之秋。

从秋到冬,我们在山间飘散落叶的树林中散步,讨论如何找到一种退休生活模式,除了个人的读书写作之外,又能把我们数十年的思考探索凝聚沉淀下来。是当寓公寓婆闭门写作呢、还是以某种方式保持与社会的接触?但是,离开曾经生活工作多年的北京二十余年后,我们已经变为人生地不熟的异乡人。正当我们茫无头绪时,江南向我们建议:何不办个班,向非学术界、但对文化知识有兴趣的人讲讲课呢?

确实,在与江南等非学术圈的朋友交往中,我们已经感受到他们读书思考的热忱。这种热忱表明当今不少中国人有文化寻根的需求,想要了解在思想史的坐标上自己是从哪里来,现在处于什么位置。恰好,我们在这一领域耕耘了二十年。讨论后商定先讲中国思想史,从先秦讲到20世纪末的改革开放,分为十讲。自1993年《开放中的变迁》出版后,我们转入中国思想史研究,2000年出版了《中国现代思想的起源》作为《超稳定结构与中国政治文化的演变》第一卷,该书从中国历史上两次文明融合角度来贯通古代思想和近现代思想变迁。我们也希望通过讲座,更简明地勾勒出中国思想史从古代到近现代、再到当今思想状态的演化线索。

很快,江南和越光等朋友组织起来这个不依托任何官方或民办机构的中国思想史学习班。2011年12月9日第一次授课前,江南做了两点说明:第一,这个班以共同知识追求为唯一取向,不向学员收费;第二,刘明辉、屈向军、谢犁和王菲为这个班提供授课地点等后勤服务。中国思想史讲座就这样开始了。学员里除了个别经济、社会学者外,大多是不同行业的企业家、职业经理人、律师,是事业有成、极为忙碌的中年人。第一次上这种形式的课,学员们听讲和提问时表现出来的热诚和投入,就给我们以极大鼓舞。我们无法用准确的语言来描述这个班,但感到它和学院式的研究讨论最大不同在于,促使学员发问的不仅是对文化知识的追寻,还有对人类文明和中国往何处去的关切。

我们意识到应该把上课内容变为讲稿。但是,观涛讲课时思想跳跃、语速越来越快,听下去都需要很专注,根据讲课录音整理成文字稿成为一大难题。年轻腼腆的孙铁汉承担了这一工作。每次课后,铁汉都会在一周之内发来文字稿,然后由青峰整理增订,在下次开课时印发给学员。从备课到开讲,从录音文字稿再到印发出一本本讲义,我们进入了比退休前更为紧张的工作状态,但我们乐在其中。从来,思想史研究的最大推动力是来自于对思想和理解的追求,而这一点在学院里失落已久。作为思想史研究者,我们能直接面对思想史的渴求,备课和写作有了明确的对象,这个班的学员成为我们研究写作的最大支持者。

整整一年之后,2012 年 12 月 8 日上午讲完第十讲后,全体学员起立,以热烈掌声向老师表示感谢。我们非常感动。虽然,我们还叫不出大多数学员的名字,但深信在陷于专业细碎化的学术体制内,不可能有这样认真的听众和有共同问题意识的交流者。当天下午的圆桌讨论非常热烈,最后由与我们有四十年友谊并共同推动 1980 年代"走向未来丛书"文化事业的老友越光做总结发言。越光的讲话极富感染力,他以自己的读书体验带领大家穿越时光隧道,挖掘文化寻根和反思意识在当今中国对个人和社会的意义。

中国思想史讲座授课期间,老朋友严搏非经常从上海赶到北京听课,每次都会带来与我们研究思考相关的新书。我们与搏非也是因"走向未来丛书"而相识,他出于对我们学术探索的理解,二十多年来一直鼓励我们坚持大历史研究,认为有长远的意义,是少有的知音。在他的努力推动下,我们的几部主要学术著作 2009 年以后由法律出版社相继出版。十讲讲完后,我们与搏非商量决定把讲稿以书的形式出版。

2013 年年初,青峰全力投入讲稿的成书修订,并邀请台湾政治大学中文系博士丘伟云担任学术助手。2008 年我们到台北的第一天,由伟云和刘柏宏两位亲切有礼的年轻人接待安排生活,从此记住了他娃娃脸上浮现的笑容。那时,他们还是政大的博士研究生。发出邀请时我们想到,伟云博士作为刚踏入社会的台湾年轻人,他的就业及研究、教学压力已经很大,是否会应允呢?很幸运,伟云很快表示愿意做这一工作。此后,每当青峰完成一讲的修订稿发给伟云,若干天后,他往往会在凌晨三四点发回。定稿后,也是由伟云不厌其烦地认真做通稿的编校事务。

今年春天青峰完成了前六讲的第一遍修订,我们对前六讲又做出两次较大的调整,然后再由青峰定稿,并决定将中国思想史分为上下两卷出版。上卷包括前六讲的内容,由先秦诸子到清代思想,可自成一个单元;下卷包括从晚清到当今中国思想大脉络的展开。书稿由我们二人共同署名,二十年来我们一起从事中国思想史研究,青峰也参与了这十讲的备课并在课后整理讲义,此后又花了一年多时间投入上卷成书的写作。但是为了维持讲课特色,本书保留了观涛授课时第一人称语气。今年 8 月中旬,终于完成了《中国思想史十讲》上卷的定稿,距《中国现代思想的起源》出书已过去十四年了。

我们不由想起,该书出版后不久,2002 年 12 月在东京大学举办会议的酒会上,中日近现代思想史专家野村浩一教授曾问我们,何时能读到《中国现代思想的起源》的后续两卷。当时,我们正在进行的用数据库、关键词方法研究中国传统思想向现代的转型尚未完成,于是回答说:也许还要三四年吧。野村浩一的话令我们至今难忘,他说,看来我是等不到了。这些年来,不时会收到读者来信询问同一个问题,但是我们都无言以对。

只有到 2011 年冬我们选定退休生活模式,才使得我们把授课、与学员互动和研究写作结合起来,终于改变了二十多年来自言自语的写作方式。我们将把以前构想的《中国现代思想的起源》续篇内容,浓缩地注入"中国思想史十讲"的后四讲中,作为下卷。这样,《中国思想史十讲》上下两卷将试图展现出一张从春秋战国到当今思潮的思想演化的整体图画。

在为本书写序之际,北京秋雨蒙蒙。我们回顾本书的写作过程,心中充满了感激之情,除了上面提到的各位朋友之外,还要深深感谢这个班的全体学员。由于学员有追索历史文化、面向未来的共同追求,与他们的交流中,鼓舞我们继续以讨论班的形式做出更为宏观的思想文化探索和写作。在这个思想失落时代,使我们重新感受到思想存在的价值和力量。

金观涛　刘青峰

2014 年 9 月 2 日于北京

目录

第一讲　先秦诸子及中国文化的超越突破

导言：中国文化的精神

二十一世纪将是中国文化重建的世纪。经过二十世纪漫长的革命和反传统之后，中国实现了经济三十年的快速增长，已成为世界第二大经济实体。同时，中国人陷入了严重的文化和道德危机。越来越多的人在问：我们是谁？我们从哪里来？又要到哪里去？"中国思想史十讲"通过追溯我们两千余年的文化大传统，为回答上述问题提供思想资源。

本讲座试图克服中国思想史研究的断裂，连贯而简明地勾勒出从春秋战国到今天的中国思想变迁历程，以便理解我们民族的文化之根。我将使用观念与社会互动的方法把中国思想的起源、形成、特质和变迁贯穿起来，使各位对中国思想史有个宏观的认识。

首先，简单讲几句本讲座的特色、方法和要点。

讲座将谨守价值中立的学术立场。这种立场并不是没有是非和我们的价值取向，而是把价值判断悬置起来并务求正本清源。

当今有种很不好的现象,好像如果我们同意价值是主观的、多元的,讲思想文化就无所谓对错了,这是不对的。谈事实就有真假,谈文化必然要涉及对其价值内涵及其形成过程的分析。思想史是研究思想文化演化的历史,是谈某流派或某人的思想演变,一定有是否符合历史真实的问题。当某流派或某人思想被表达成明显不符合当时的意义时,这种说法不仅是错误的,而且会误导我们对历史的理解。因此,本讲座也会纠正一些流行的错误观点。

对思想史做这种宏观梳理,需要克服两个困难。第一个困难在于,过分专业化倾向使研究者丧失了把握宏观图像的雄心,不敢讲大历史,能融会贯通中国古代、近代和现代思想史的学者非常之少。我认为,如果不从几种轴心文明的大历史对比角度来看中国文化的特点,就无法宏观地讲述中国思想史。因此,本讲座是探讨大历史的尝试。

第二个困难在方法论。讲座中,我会反复使用各位可能不太熟悉的“进去”与“出来”的思想史研究方法。所谓“进去”,就是同情地了解;“出来”指价值中立的反思。在先进去、再出来的研究分析中,理解思想变化的内在逻辑。只有这样才能揭示出思想和社会的互动过程。希望各位既可以从讲座中了解中国思想史的大脉络,今后也可以凭个人兴趣,针对思想史的某个专门问题,去更深入地学习和研究。

简明宏观地勾画中国思想史,必须首先抓住中国文化的价值和精神特质,并与其他主要文明进行比较,才能看清大脉络。这种分析既是历史的,也是哲学的。中国文化的基本价值和精神是什么?这个题目可以用几百万字来讲,也可以用几万字、几千字来讲;如果把握得准确、清晰,还可以用几百字或者几句话来讲。我用三句话来概括中国文化历史精神的核心:

第一,中国文化以道德为终极关怀,追求道德完善是人生的终极意义。

第二,中国人对道德内容的理解主要以儒学为基础,儒家思想是以家庭伦理为中心的道德哲学,即儒家思想是中国文化大传统的主流。

第三,两千年来,儒家道德是中国政治、社会制度的正当性根据和社会秩序的基石。

你们一定会问,以道德为终极关怀是什么意思?为什么它是以儒家为基础?如果是这样,又该如何看待先秦诸子百家?特别是道家,它与儒家一样源远流长并对塑造中国文化和中国人之性情发挥了深远影响,为什么没有成为中国社会组织和政治文化的基础?要回答这些大问题,我先从分析第三句话,"儒家道德是中国政治、社会制度的正当性根据和社会秩序的基石"开始。

1.1　道德是中国传统社会的政治制度和社会秩序的正当性基础

道德是什么?何为正当性?

今天没有人会否认,对于历史上生活于不同文化背景的人来说,用什么标准来评判政治制度的好与坏,判定某一社会行为的对与错,有各自不同的理据。在中国文化历史背景下,人们评判制度和社会行为的好坏对错,主要看它是否符合儒家道德准则。若与西方文化做对比,会看得更清楚。在法治社会,判定某一社会行为是否需要制裁,是看它合不合法。"合法性"这个词,英文是legitimacy,很多政治学者将其译为"正当性"。西方政治哲学中有一个原则:不合法的事物,不是政治和社会科学的研究对象。我最早看到这句话时大吃一惊,难道一件事情不合法就不要研究了吗?荒谬之极嘛!但对西方人来讲,合法性是判别政治制度和社会行为的正当性标准,法律观念贯穿着从古希腊至今的整个历史。而在传统中国社会,道德是判定政治制度和社会行为的准则。我们在香港中文大学时,曾与陈学霖教授(1938～2011)谈到这个问题。他说,在中国历史研究中使用“合法性”时应换为“合道性”,即合乎道德、道统。[①] 这个提法很有道理,可惜没有普及。可见,对事情正当与否的看法,中国文化历史和西方并不一样,区别就在于正当性的基础不同,在中国是道德,在西方是法律。

你们会进一步追问,什么是道德?什么是法律?这个问题看上去简单,实际并不简单。一个回答是,法律是强制执行的,道德是自觉遵守的。但法律也有自觉遵守的层次。另一个回答是,法律是外在规范,道德是内在约束。表面上看是这样的。但儒家道德也有一组外在规范。春秋时齐景公(姜姓,名杵臼,前547～前490)问政于孔子(名丘,字仲尼,前551～前479),孔子答:“君君,臣臣,父父,子子”,[②]不都是外在规范吗?

那么,道德和法律的差别到底在哪里呢?区别二者的关键是:在判别对与不对时,法律背后的根据是正义,道德背后的根据是善。善和正义都是价值,但两者有根本不同。搞清楚这一点非常重要。简单地说,正义这个价值,个人仅凭内心感悟是无法把握的,一定要借助外在的判别准则才能了解。在西方中世纪,当无法判别某个人做或没有做一件没人知道的坏事时,会罚他赤脚走过一条燃烧小路,如果他坦然走过去了就证明他没有说谎;如果不敢走或受伤了,就证明他有问题。对古希腊人来说,法律来自于自然律,因此也称为自然法。在基督教和伊斯兰教中,法律是上帝或者

---

① 陈学霖教授指出《封禅书》中定黄帝为土德、夏为木德、殷为金德、周为火德,而秦变周故为水德,此水德即为秦在朝代循环系统中的“合道性”所在。详见陈学霖:《明太祖“龙飞”官史“塑像”之分析——〈太祖实录〉史料探源举隅》,收于氏著:《明代人物与史料》,香港中文大学出版社2001年版,第21～22页。

② (宋)朱熹:《四书章句集注·论语集注·颜渊第十二》,中华书局1983年版,卷6,第136页。以下所引四书皆依此版本《四书章句集注》,只注书名、篇名、卷数与页码,其余不再注明。

真主意志的体现。它们有一个共同点:判别正义(即对与错)的判据是外在的。而中国则不同。

中国人讲道德,道德背后的价值是善。何为善?善是好的普遍化。每个人只要凭内心就能知道什么是对自己好的或有利的,将好扩大到对所有人都成立,好就普遍化了,这就是善。每个人只要将心比心就能知道什么是善,可以推知什么是道德。孔子讲"己所不欲,勿施于人",①每个人都知道自己不想要什么,不能把自己不想要的强加给别人。这句话讲出了道德价值内在判据普遍化的本质。因此,在道德哲学中"己所不欲,勿施于人"被称为道德黄金律,中外皆然。② 犹太教和基督教也有类似的论述:"你希望别人怎样对待你,你就应该这样对待别人。"③

在人类各大文明中,道德的来源、内容及其论证差别很大,但所有道德都有以下两个基本属性,第一,道德具有可欲性,只要你想去做就可以做到;第二,道德可以普遍化,即具有规范性。道德是每个人凭感知就能了解并可以付诸行动的。孔子说"己欲立而立人",④把自己认为好的事推广到所有人,"立人"是好的普遍化,即行善的行为。人类各大文明各有不同的法律和道德,人们需借助外部标准,才能了解法律背后的正义价值,但每个人凭内心感知,就能判别什么是合于道德的行为,即普遍化的善。大多数文明以宗教和法律作为政治及社会制度正当性根据,唯有中华文明历史上以道德作为政治制度和社会行动正当性的最终根据。可见中国文化历史有多么独特。这是中西方文化产生差异的

---

① 《论语集注·魏灵公第十五》,卷8,第166页。

② 其实,严格地讲这不能说是道德的本质,因为权利亦是如此,只是价值内在判据普遍化。加上"己欲立而立人"才构成好的普遍化。

③ 这条也称为道德白银律。道德黄金律和白银律都是讲"善"是"好"的普遍化,但表述方式一个是"从内向外"(由自己到他人),另一个是"从外向内"(由他人到自己)。中西对道德的不同表述方式,是由中西文化超越突破的差别造成的。

④ 《论语集注·雍也第六》,卷3,第92页。

源头。

有一句古话“天不生仲尼,万古如长夜”,[1]若没有孔子出世,黑暗将永远笼罩中国。好犀利呀！为什么孔子在中国文化中这么重要？正是因为孔子最早奠定了中国文化历史的根本性原则,即以道德作为政治制度和社会秩序正当性的最后根据。孔子之前,政治制度正当性的根据并不那么确定。《左传》中有句话“礼以顺天,天之道也”,[2]礼是指代表政治和社会秩序的制度礼仪,它顺应着天之道,天之道是制度的正当性根据。但在先秦,“天”的意思很含混,[3]既不同于汉代具有道德意志的天,也不同于宋明理学中自然之理的天。只有到孔子,礼的内涵才很明确了,他说“克己复礼为仁”[4]。仁这种道德价值是人人可以了解的,礼作为周代政治制度,它之所以为正当,是因为它符合仁。

孔子推崇周礼并把礼看做道德之源及规范,从此,道德不仅是政治和社会制度的正当性基础,也是判断每个人言行对错的标准,从而塑造了至今为止依然牢不可破的中国文化历史大传统。从孔子以后,所有的制度和事物都与道德有关,逐渐形成了中国文化泛道德主义大传统。特别是以儒家道德作为社会组织正当性基础的基本原则,孔子以后就再也没有变过。

孔子所推崇的《周礼》,本来是历史上根据宗族血缘关系的亲

---

① (宋)朱熹著,朱杰人、严佐之、刘永翔主编:《朱子全书·朱子语类·孔孟周程》,上海古籍出版社 2002 年版,第 17 册,卷 93,第 3096 页。以下所引《朱子全书》皆依此版本,只注书名、篇名、册数、卷数与页码,其余不再注明。

② (周)左丘明著,杨伯峻编著:《春秋左传注(修订版)·文公十五年》,中华书局 1995 年版,上册,第 614 页。以下所引《春秋左传注》(修订本)皆依此版本,只注书名、篇名、册别与页码,其余不再注明。

③ 劳思光认为,孔子之前“天”并没有明确的道德内涵。他考察《诗经》和《书经》中的“天”主要是指“人格天”,是人间最高主宰及政权兴废的主宰。《诗经》中“帝”专指主宰意的“人格天”,故周天子不称“帝”而称“王”。参见劳思光:《新编中国哲学史》,广西师范大学出版社 2005 年版,第 1 卷,第 68 页。

④ 《论语集注·颜渊第十二》,第 131 页。

疏之别、社会及政治关系中的高下之分,而制定的一套礼仪和规范。孔子赋予这个等级制度以道德内容——仁,是儒家文化的第二个基本特点:把以家庭、宗族为中心的伦理等级秩序理想化、规范化。这就是我讲中国文化的第二句话:儒家思想作为道德哲学,是以基于血缘关系的家庭伦理为中心,来建立普遍的社会等级秩序。

以家庭、家族为中心的等级秩序的道德化

我之所以高度强调儒家伦理是一个等级秩序结构,是因为中国人把家庭的父子关系以及血缘亲疏视为道德关系,从而导致中国人与西方人对道德的理解上有极大差别。《论语》中有个"父子攘羊"的著名故事。孔子问,父亲偷了羊,儿子去官府告发父亲,儿子的行为符合道德吗?我在台湾上课的时候拿这个问题问学生,他们回答当然不行,儿子肯定不能告发父亲。我也问大陆学生,他们认为从道德上来说不应该告发,从法律上来说应该告发。其实,大陆学生大多认为应该告发。"文革"时候这个叫大义灭亲。可见,对道德的理解在大陆已经发生变化,而在台湾还保留着孔子的文化。

孔子认为,家庭内部关系不同于跟其他人的关系,家庭内部不同身份的人必须各守其分。儿子有做儿子的道德标准,父亲有父亲的道德标准,这就叫父父子子。儿子告发父亲是绝对不可以的,父亲也要袒护儿子。孔子在向弟子解释什么是合于道德的行为时,爱用"直"这个词,他说:"父为子隐,子为父隐,直在其中矣。"①"直"的原意就是道德,与今天讲的正直之意相差甚远。今天看来,这种亲亲互隐的行为不太合法,但对古人来说则是天经地义。讲

① 《论语集注·子路第十三》,第146页。

道德,就是要有“理分”,①要区分不同的身份等级和不同境况下的道德守则。在家庭内部,父亲和儿子各有各的责任和义务,并不平等。②

我经常问同学一个问题:儒家的本质是什么?天人合一?和谐?都不对!儒家本质就是家庭伦理,父子关系、兄弟关系极其泛化,最重要的是孔子所说的“直”,强调符合等级秩序的行为规范即“理分”才是道德的。今天有那么多人在讲中国文化,却不强调儒家的本质是以家庭伦理为中心的,反映出今天儒学已经衰亡。而在“五四”新文化运动以前,讲儒家的核心是等级制的家庭伦理,是再明白不过的了。所以陈独秀(1879 ~ 1942)才会说,伦理的觉悟是最后的觉悟。③

孔子把父子伦理、家庭伦理作为整个道德伦理的核心,那么,假定父亲犯了错,譬如说偷东西甚至杀人,父亲肯定不对,儿子又不能去告发,他怎么做才对呢?孔子说,儿子应该悄悄劝谏父母;如果父母就是不听劝,当儿子的还是要孝敬父母,不违父子之礼,心里常为父母之过担忧,又口不出怨言。④ 如果父亲还是不听,还要继续干坏事,大骂、甚至打儿子,那儿子该怎么办?儒家有个说

---

① 劳思光在解“父为子隐,子为父隐,直在其中矣”一句时说:“正直合理不在于视父子为路人,而在于各尽其父子之理分”;他使用了“理分”这个宋明儒爱用的词。理分的意思是“内通于道德生活,外及于政治原理”。参见劳思光:《新编中国哲学史》,第 1 卷,第 94 页。我们认为,更准确地说,儒学的“理分”是强调道德秩序的等级性。

② 徐复观认为,先秦之际君君、父父、子子,由于各自具有相应的义务,因此呈现出德性的平等以及义务的平等;这样的平等到汉代《白虎通》提出三纲观念后,就从相对平等变成绝对不平等了。参见徐复观:《中国孝道思想的形成、演变及其在历史中的诸问题》,收入氏著:《中国思想史论集》,上海书店 2004 年版,第 165 页。

③ 参见陈独秀:“吾人最后之觉悟”,载《新青年》第 1 卷第 6 期,1916 年 2 月 15 日。

④ 《论语 · 里仁》:“事父母几谏。见志不从,又敬不违,劳而不怨。”见《论语集注 · 里仁第四》,第 73 页。

法，叫大哭而随之。① 因为他是父亲，儿子不应该做出任何违背父亲意愿的事情。在中国传统文化里，伦理关系就是这么厉害。

假定皇帝犯了错，臣子应该如何？臣可以一谏、再谏、死谏。如果皇帝还是不听呢？是不是臣子对皇帝也只能大哭而随之呢？不是。这涉及儒家伦理的一个基本问题。因为父子血缘关系是不能选择的，只能大哭而随之，而臣子和皇帝没有血缘关系，所以假使皇帝犯错，臣再谏、死谏，皇帝就是不听，硬是要一再犯错的话，臣子就只好选择不做臣子了。儒家伦理是以父子关系为核心，进而推衍出来与他人的关系，因此一个人可以"为父绝君，不为君绝父"。②

把儒家的道德规范，推广到社会时会产生一个问题：它变为可以运作的社会制度，可能吗？有位伦理学教授曾针对这一点进行中西比较。他说，我们在买东西时要按先来后到排队，排队产生了秩序，排队是来自西方的规则。如果按中国人历史传统讲道德的规则，就不是排队了，而是礼让。遇事谦让，让来让去排不成队了，就不能形成秩序。你们觉得这种礼让不能产生社会秩序的论点对吗？

这种礼让不能产生秩序的说法，是因为不了解什么是礼让和理分。礼让并不是说两个人之间没完没了地你推我让。在传统中国家庭，假如家里仅剩一块肉，给谁吃？当然是给那个最老的男人吃！礼让的礼就是等级秩序的规定，当然可以产生秩序。在家庭家族关系中，按血缘亲疏关系远近的排序依次是父子、兄弟、亲戚等，儿子对父亲的孝和服从，也代表下（卑）对上（尊）的服从，儒家

① 《礼记·曲礼下》："子之事亲也，三谏而不听，则号泣而随之。"见（清）孙希旦撰，沈啸寰、王星贤点校：《礼记集解·曲礼下第二之二》，中华书局 1989 年版，上册，卷 6，第 147 页。以下所引《礼记集解》皆依此版本，只注篇名、卷数与页码，不再注明。

② 荆门市博物馆编：《郭店楚墓竹简·六德释文注释》，文物出版社 1998 年版，第 188 页。

就是这个样子,最重视建构一套有位阶的尊卑高下之别的等级差序关系。

礼为中国传统社会建构了严密的秩序结构,在人类历史上是独一无二的。今天的中国人大都遗忘了这种等级秩序,但它还保留在中国人的关系称谓中。在全世界所有的文化中,唯有中国人对亲属关系的称谓最多、最复杂,表弟、表兄、表嫂、堂弟、连襟、妯娌等称谓,对应着不同的亲属关系。中国人到底有多少种亲属称谓呢?据清代学者梁章钜(退庵,1775~1849)的整理,居然有一千多种。① 英文中根本没有那么多称谓。这足以表明中国人的核心价值与西方人不同,有高度发达的亲属关系文化。在中国人看来,道德体现在由血缘关系亲疏所规定的一套伦常等级秩序和制度中,它是所有事情的正当性基础。

这样一套秩序的理念基础,是由孔子奠定的。孔子一辈子颠沛流离,为什么念念不忘要恢复周礼?你们去翻翻四万多字的《周礼》,看上去全是流水账,极为烦琐枯燥,记录了西周三百多种不同官位及其职责,也称为《周官》。这一套礼制,不仅规定了君王的祭祀、朝觐、封国、巡狩、丧葬等国家大典,以及司法、军事、婚姻的典章制度和礼仪,甚至对不同官位的人应该如何穿衣、吃饭,使用何种寝具餐具,何人、何时如何制造各种器物、腌制食物,都有非常具体而严格的规定。正如王国维先生(字静安,晚号观堂,1877~1927)指出的那样,周礼制定了不同身份等级的人各自遵行的不同礼仪规范和制度,目的在于保障政治与社会秩序的稳定。②

为什么西周会出现这种等级制的典章礼仪,这与周以前的中

① (清)梁章巨:《称谓录》,天津古籍书店1987年版。

② 王国维《殷周制度论》:“由是制度乃生典礼,则经礼三百,曲礼三千是也……古之所谓国家者,非徒政治之枢机,亦道德之枢机也。使天子、诸侯、大夫、士各奉其制度典礼以亲亲、尊尊、贤贤,明男女之别于上,而民风化于下,此之谓治。”参见王国维:《殷周制度论》,收于氏著:《观堂集林》,中华书局1961年版,第2册,卷10,第475页。

华文明演化有关。历史学家对此有不同的解释。何炳棣先生(1917～2012)认为,黄土高原、黄河流域特有的生存环境,造就了中国先民的早期社会和文化具有崇拜祖先、注重世代繁衍的特征,由此发展出一套以血缘为纽带的宗族制度,即宗法制度。[①] 从大量墓葬考古也可以看到,中国早期社会很重视祖先和血缘关系的亲疏之分,聚族而居,安土重迁。与中国古代先民不同,古代印度先民并没有土葬,也不重视保存及祭拜祖先的形骸牌位。可见,不同地区早期生活样式的差异会影响其文明演变。

中国先民重祖先、重血缘关系亲疏远近,对后世影响很大。商以前的文化,没有文字可考,还说不太清楚。从大量甲骨文的出土和研究,现在大致可以了解商代社会。学者从占卜用的甲骨文考证出商代政府的六十五个职官官名,其中多数应可视为宗教职官;[②]这表明宗教在商代生活中的重要性。公元前1045年牧野大战,周灭商,代商而兴。周代的社会生活已不像商代那么重宗教了,而是重文、重礼仪。周代王室和贵族常常要举办与传宗接代相关的冠婚丧祭等礼仪,需要由熟悉这些繁文缛节之礼仪的专业人员——儒士来操办。早在商代,已从巫、史、祝、卜等从事宗教事务的术士中,分化出专司礼仪的人员,他们是早期儒士。孔子超越了历史上儒士以精通礼仪为术业的狭隘,把周礼提升到道德之源的

---

① 何柄棣:“华夏人本主义文化:渊源、特征及意义”,载《二十一世纪》总第33、34期,香港中文大学中国文化研究所1996年2月、4月号,第91～101、88～101页。

② 据李锋研究指出,1956年陈梦家首先从甲骨文中考证出24个官名,大都与宗教密切相关;后来该数字被扩大至65个;王贵民进一步指出这些官名,包含行政、宗教、文化、管理农业、手工制造、军事官员等。参见李锋:《西周的政体:中国早期的官僚制度和国家》,三联出版社2010年版,第32页;陈梦家:《殷墟卜辞综述》,科学出版社1956年版,第503～522页;张亚初:“商代职官研究”,载陕西省考古研究所、中国古文字研究会、中华书局编辑部合编:《古文字研究》第13辑,中华书局1986年版,第82～116页;王贵民:“商朝官制及其历史特点”,载《历史研究》1986年第4期,第107～119页。

高度,从而完成了中国文化的超越突破,影响了此后中华文明的基本面貌和走向。孔子开创了中国历史文化的全新方向,因此具有划时代的重要性。

一开始,我用三句话概括中国文化的基本精神,前面只分析了第三句“儒家伦理是以家庭为中心的等级秩序的道德化”和第二句“道德是中国政治制度和社会秩序的正当性基础”,如果仅仅只讲这两句,还只讲到儒家精神的皮毛,只有抓住中国人如何理解道德及其对每个人生命的意义,才能掌握儒家精神之真义。这就是我概括中国文化精神的第一句话:中国文化以道德为终极关怀。这一点,正是孔子完成的。

以道德为终极关怀

这句话有点复杂。如果不懂这句话,那么前面讲的都停留在表面层次,没有深入到中国人的心灵世界,也没有真正了解中国文化与西方及所有民族的根本不同在哪里。首先要弄明白,什么是终极关怀(ultimate concern)。终极关怀是对这样一个问题的追问:我活着,我的生命意义是什么?我如何面对死亡?终极关怀是人们企图超越个体有限生命的永恒精神追求。用宗教哲学家田立克(P. Tillich,1886 ~ 1965)的话来讲,活着的人需要有“存在的勇气”,要证明自己的人生具有价值,这是一种对生命和死亡价值的思考。① 在不同文明中,对人生意义之终极价值的理解和追求是不一样的,那么,中华文明的特质是什么呢?

简单地说,中华文明是以道德为终极关怀,而其他文明在道德之上还有一个更重要、更根本的人生意义的终极追求,道德是从这个更高的价值推出来的。我们中国人不太容易了解这一点,可以

---

① 关于“终极关怀”,可参见 Paul Tillich, *Theology of Culture* (New York: Oxford University Press,1964),pp. 7 – 8。

用例子来说明。我问一个问题,一个信基督教的人犯了错,譬如说偷东西,或者做了其他不道德的坏事,他反省的时候会怎么做？会不会像中国人那样坐在家里自我反省？不会。他为什么要到教堂,为什么要对神父或牧师坦白自己的过错才安心呢？是不是不说就不痛快？不是。关键是因为在希伯来宗教中,道德来源不是道德本身,道德是上帝对人的戒律,道德信条和戒律是来自于上帝。你做了不道德的事情,实际上是冒犯了上帝,所以就要向上帝忏悔。因此,对信教的人来说道德不是终极价值的诉求,在道德背后还有一个更根本的追求,这就是对神的皈依。

再问一个问题,在基督教以前的柏拉图(Plato,前 427 ~ 前 347)和亚里士多德(Aristotle,前 384 ~ 前 322)看来,如果一个人犯了错,他会怎么办？他首先会问:为什么我不知道这是错的？在我们中国人看来,这种想法有点奇怪,自己的行为应该心中有数啊,怎么会不知道对不对呢？可是希腊先哲却认为,人之所以会做出不道德的事情来,是因为他失去了理性,不知道什么是道德的。这表明,希腊文化在道德背后还有一个更根本的价值,这就是理性地追求知识。在古希腊,人们把理性地追求知识看做最重要的价值,讲哲学就是爱智;而道德只是“知道”(求知)的结果。运用理性追求知识是古希腊文明的终极关怀。

具有不同终极关怀的文明所构想的道德理想国的形态,也完全不一样。柏拉图写了一本《理想国》,后来拉丁文翻译为《共和国》。理想国要实现共产主义,每个公民都应具有高尚的道德情操,共同管理政治;另一个重要标志是哲学家当国王。中国文化也讲道德理想国,这就是大同。和柏拉图的道德理想国不同,中国文化中有圣王,但圣王不是哲学家,而是道德修养高尚的皇帝。为什么中西道德理想国会出现这样的差异呢？因为古希腊人和中国人的终极关怀是不一样的。古希腊人的终极关怀是追求知识,哲学家是最聪明、最有知识的人,所以最有资格当国王。整个柏拉图主义和古希腊的基本典范都是基于理性地追求知识,道德只是追求知识的结果。

再看印度的婆罗门教。印度人也讲道德,但追求道德生活的目的与中国人不同。古印度就有种姓制度,每个种姓各有不同的道德戒律。为什么印度人会自觉遵守这些戒律呢?这不仅仅是因为违反了戒律就要被赶出种姓社群,还因为遵守道德戒律的背后有更高的人生意义,这个目标就是求得解脱,来世能上升到更高的等级。[①] 追求解脱是印度文化的终极关怀。

在那么多不同文化里,唯独中华文明把道德本身看做是人生的终极价值,在它之上再没有其他更高的价值,道德不需要从任何其他价值推导出来,道德本身就是终极的价值。这就是我讲中国文化的第一句话"以道德为终极关怀",中国人以追求道德完善为超越个体生命限制的人生意义。孔子说的"士志于道",就是讲君子以追求道德理想为生命意义。孟子(名轲,前 372 ~ 前 289),进一步把道德视为人之所以为人的根本规定性,有无道德是人和非人的差别,他说:"无恻隐之心,非人也;无羞恶之心,非人也;无辞让之心,非人也;无是非之心,非人也。"[②]

从孔孟开始,中国文化就以道德为终极关怀,杜绝了中国人以宗教信仰为终极关怀的可能。虽然,中国有各种民间信仰的宗教,但它们与作为终极关怀的宗教不同。我刚才讲的这三条,全部都起源于东周春秋末期的孔子,孔子是中国文化基本典范的创始者。为什么孔子在春秋时代会做出这种对中国文化开天辟地般的创

① 印度的种姓制度分为婆罗门、刹帝利、吠舍与首陀罗四大等级。前三等级的人只要在此生遵守阶级戒律,即可求将来投生时上升到更高等级,称之为"再生族";但在种姓制度中,并非所有等级都具有投生向上的机会,非雅利安人的首陀罗就只有一生的生命,不具有投生的希望,称之为"一生族",首陀罗连期盼投生转换阶级的机会都被剥夺,是种姓制度中绝对的不平等关系。参见圣严:《印度佛教史》,法鼓文化 2006 年版,第 19 页。

② 《孟子集注·公孙丑章句上》,卷 3,第 237 页。

造？直到今天，一谈到孔子仍然有很大争议。最大的批评是指孔子为保守复辟派。不错，孔子是个顽固的复辟派。春秋末期，周代等级宗法制度开始松动解体，面对礼崩乐坏的大混乱，孔子提出的政治方案和文化目标却是复辟周礼。但从思想史来看，为什么孔子复辟周礼的保守方案居然能开启出一个和周代不同的文明，并对此后中国文化产生了那么巨大而深远的影响呢？这正是那些只看到孔子是政治复辟派的人没有看明白的地方，也是我今天要讲的重点。

在孔子之前，中国文化尚未定型，直到孔子才完成了中华文明以道德为终极关怀的文化创造，使中华文明成为区别于世界其他文明的一种文明类型，并且延续至今。在文化哲学上，把这种根本性的文化转化叫做“超越突破”。

1.2　孔子和中国文化的超越突破

什么是超越突破？

超越突破是个文化哲学的概念。根据这个概念，哲学家把人类在超越突破之前的文化叫古文化或古文明，之后的叫轴心文明。古埃及是古文明，两河流域的文明也是古文明，还有许多已灭绝的文明都是古文明。所有的古文明有一个共同特点，这就是生活在这些古文化中的人，都不能离开社会去独立地思考什么是正当的，什么对自己的生命有终极意义。也就是说，古文化的宗教或文化价值完全寄生于该社会组织，与社会组织不可剥离。这样，当社会腐败乃至瓦解时，宗教信仰和文化也随之一起消亡了。我们今天到世界各地旅游，仍然可以看到许许多多已灭绝的古文明遗址，感慨它们曾经多么辉煌，又多么神秘。这些文明没有延续下来，今天的人只能通过文物和古文字试图去了解它们。古代社会衰败所造成的古文明消亡非常普遍,古埃及有,两河流域有,古印度有,古代中国也有,像我们至今尚不能了解的夏文化。

然而,大约在公元前 800 年到前 200 年这五六百年中,某些古文明发生了文化突变,使得这几个古文明可以避免必定走向衰败、灭绝的劫数,而延续至今。德国哲学家雅斯贝尔斯(Karl Jaspers,1883 ~ 1969)最早注意到,在公元前 500 年前后,中国、地中海和印度等地区出现了文化上的突破,他把这一时期称为"轴心时代"(Axial Age,前 800 ~ 前 200)。但他没有进一步分析为什么这几种文明不会像古代文化那样灭绝。超越突破就是为了理解这一问题而提出来的另一个概念。帕森斯(Talcott Parsons,1902 ~ 1979)也称之为"哲学的突破"(philosophical breakthrough)。[①]

什么是文化上的超越突破?它是如何超越了古代文化、成为不死的文明?青峰主编《二十一世纪》杂志时,2000 年曾连续两期讨论有关轴心文明问题。艾森斯塔特(Shmuel N. Eisenstadt,1923 ~ 2010)认为,在轴心时代,不同文明中出现了一批新的知识精英,他们产生了追求超越现实生活的眼界和对理想秩序的追求,并以此来审视世俗秩序的合理性。根据史华慈(Benjamin I. Schwartz,1916 ~ 1999)的说法,所谓超越(transcendence)其意义指"退而瞻远"(standing back and looking beyond)。张灏则将超越突破定义为发现现实世界之外的终极真实,它凌驾于其他领域价值之上,成为社会价值的基础。[②] 从那时起我就开始思考,人如何能做到退而瞻远?什么是超越现实世界之外的终极价值?它又如何凌驾于其他价值之上、成为正当性的最终标准呢?

---

① Parsons, Talcott, "introduction", in *The Sociology of Religion*, by Max Webber (Boston: Beacon Press, 1963), pp. xix – lxvii.

② 以上论点引自"轴心文明与二十一世纪 I"专栏文章,载《二十一世纪》总第 57 期,2000 年 2 月刊;"轴心文明与二十一世纪 II"专栏文章,载《二十一世纪》总第 58 期,2002 年 4 月刊。

我认为，超越突破更清晰的定义是指人能够从社会关系中走出来，独立寻找并追求不依赖于社会组织的终极人生意义（或价值）。[①] 个体既是生命的也是文化的载体。古文明的衰败，是因为人尚未具有超越现实社会制度和生活的更高价值和视野，文化价值与社会价值不可分离，当社会崩溃、作为文化载体的人消失时，文明也随之消亡。在轴心时代，有几个文明中产生了超越突破，"退"指个体能从社会中退出来，即超越；远瞻就是人要寻找更高的精神价值，即考虑个体生命的终极意义。根据这种最高价值，一个人即使在茫茫的黑夜，他仍然敢于面对社会的黑暗腐败，独立思考，扪心自问：什么是对的？我应该做什么？什么才是生命的意义？因此，我把超越突破归结为人能从社会中走出来，独自寻找不依赖社会现存是非对错的、人生的终极意义。

虽然孔子的政治主张是回到周礼，但孔子通过这种方式实现了中国文化以道德为终极关怀的超越突破。孔子对道德的阐释与西周时有极大差别。周代早期，德的内涵是基于宗法血缘关系的族群传统，[②]并不是作为 moral 或 ethics 的道德。郭店楚简中的"德"字也写作"悳"，"悳，天道也"[③]；德与天命相关，即"天命有德"。德的社会功能是"克明俊德，以亲九族"，凝聚某一族群的共同神圣属性，同姓同德。[④] 特别需要指出，西周社会的九族也好，同姓也好，专指有贵族身份的特定族群，普通庶民既没有自己的姓，也没有自己的宗族。只有贵族才有资格遵守周礼的那些礼仪，以示他们区别于不通礼的庶众。

---

① 为了区别于现代的个人观念，我们把此前的个人简称为"人"或"个体"。

② 杜正胜曾从《牧誓》一文中指出，对于殷周人而言，纣王之罪行莫过于背离宗族，摒除宗亲不用，此"失德"之罪即在于违反了"族群传统"。参见杜正胜：《古代社会与国家》，允晨文化 1992 年版，第 320 页。

③ 荆门市博物馆编：《郭店楚墓竹简·五行释文注释》，第 149 页。

④ 林启屏：《从古典到正典：中国古代儒学意识之形成》，台湾大学出版中心 2007 年版，第 38 ~ 39 页。

实现文化的超越突破有两个前提,一是人产生了独立于社会的意识,二是个体要思考并寻找不死的人生意义。孔子正是在这两点上完成了中国文化的超越突破。孔子讲“克己复礼为仁”,就是说一个人只要能做到克己复礼,他就是有道德追求的人。这样,孔子把周礼与周代贵族的宗族群体来了个大剥离,落实到全社会每个人都应该追求和实践的道德上。

道德具有普遍性和可欲性,它是人人可以理解的,只要你想做就能做到的。孔子正是这样说:“仁远乎哉？我欲仁,斯仁至矣。”①从此,追求道德完善和遵守礼仪,就不再是贵族的专利,而成为所有中国人的终极关怀。每一个中国人都可以从道德出发,独立地思考人生意义,可以做到“不怨天,不尤人”。② 孟子说,只要自己经过反省,坚守道德操守,就可以不随大流,“虽千万人吾往矣”。③ 劳思光先生(1927～2012)把这种具有高度道德意识的个体称为“德性我”。

《论语》的观念结构

说孔子实现了中国文化的超越突破,有没有根据呢？我们可以通过分析孔子的代表作《论语》来印证。《论语》是孔子的弟子记录他言行的著作,分了很多章,看起来有点杂乱无序。如何抓住《论语》的意义结构呢？可以用关键词统计分析,来揭示复杂文本的意义结构。两万多字的《论语》使用最多的是哪些字词呢？使用数字切词技术,得出按使用次数多少排列的前十几个有效关键词,其排序为:“人”(219)、“知”(114)、“仁”(111)、“君子”(108)、“道”(89)、“礼”(76)、“学”(66)、“民”(50)、“天”(49)、“邦”、

① 《论语集注·述而第七》,第100页。

② 《论语集注·宪问第十四》,第157页。

③ 《孟子·公孙丑上》:“自反而缩,虽千万人,吾往矣。”“自反而缩”的意思是,自我反省后仍理直气壮。见《孟子集注·公孙丑章句上》,卷3,第230页。

“乐”(48)、“善”(42)、“德”(40)。[1] 这个排序已初步显示,《论语》是讲人对道德之理解的一部著作。

《论语》中具有观念意义且使用次数最多的词是“人”和“知”。可见,孔子非常重视作为人要知。那么,什么是知呢?知有两层意思,一种是我们日常说的知道,即对具体事物的了解。另一种知是知道“什么是知道”,即反思自己的知道是否真的知道了。哲学上这叫二阶思维。在西方哲学史上,苏格拉底(Socrates,前469~前399)是第一个问“什么是知道的”的哲学家。他说:“我知道自己一无所知”,这句话中的“知”就是二阶思维的知。孔子也说过类似的话:“知之为知之,不知为不知,是知也。”[2]这句话中最后一个“知”是抽象的二阶思维,是知道自己是否知道或不知道的知。这种二阶思维很重要,它可以使人从社会的具体情景中走出来,独立反思自己知道什么。

既然孔子与苏格拉底都有对知的二阶反思,那么,只要分析孔子与苏格拉底所强调的知有什么不同,就能进一步揭示中国文化超越突破的性质。在古希腊,柏拉图和苏格拉底的知是求知,认识自然界的知识,求知是人生的意义。而孔子的知主要是指向人世间的人伦关系,知是知礼、知善恶的知。《论语》中,子张(颛孙师,前503~前447)以当时两个有清誉之人的事例,问孔子他们的行为是否可以称为仁时,孔子两次回答都是:“未知,焉得仁?”[3]意思

---

① 以切词技术对《论语》全文切词,得出准关键词排序列表为:子、曰、之、不、也、而、其、人、者、以、有、矣、于、为、君、乎、可、如、与、无、言、则、问、何、知、吾、仁……而再经由研究者进行判断,挑选出具有意义的关键词排序列表,即成为本文所示结果。

② 《论语集注·为政第二》,第58页。

③ 《论语·公冶长》:“子张问曰:令尹子文三仕为令尹,无喜色;三已之,无愠色。旧令尹之政,必告新令尹。何如?子曰:忠矣。曰:仁矣乎?曰:未知,焉得仁?崔子弑齐君,陈文子有马十乘,弃而违之。至于他邦,则曰:犹吾大夫崔子也。违之。之一邦,则又曰:犹吾大夫崔子也。违之。何如?子曰:清矣。曰:仁矣乎?曰:未知,焉得仁?”见《论语集注·公冶长第五》,第80页。

是说,这两个人不知道什么是仁,他就无法做到仁(道德)。可见,孔子讲的知是人对道德意识的知。

《论语》中使用次数第三多的是“仁”,它是孔子讲道德的核心观念。“仁”由“人”和“二”两个字构成,本意是指两个人之间互相亲爱、讲礼仪的关系。① 根据前面所说的实现超越突破的两个前提——人能从社会里走出来;并寻找不依赖社会的终极价值,孔子对仁的阐释是否与之相符合呢?孔子说:“仁以为己任,不亦重乎?”②强调人能从社会中走出来,把道德视为人追求生命意义的一种严肃自觉的沉重承担,这符合第一个前提。孔子又说,“求仁而得仁,又何怨”,③指出当一个人有了求仁的意志,假定天下人都不讲道德了,我仍然会坚持操守,独自而自觉地、百折不挠地去追求道德,符合第二个前提:人可以特立独行于社会而无怨言。可见,孔子的知是指个体的道德意识觉醒,仁作为道德的核心观念,是每个人应该追求的凌驾于社会的终极价值。孔子以后,道德获得全新的意义,成为中国文化终极关怀的代名词。

拥有这种自觉追求道德理想的人,就是《论语》中的第四个重要概念:“君子”。孔子以前,君子多指社会位阶高的男子,在《论语》中“君子”获得了新的意思,指有道德觉悟的人,或者说是道德精英。孔子说:“君子谋道不谋食”,④“君子无终食之间违仁,造次必于是,颠沛必于是”⑤。与君子相对,孔子称那些没有道德自觉的人为“小人”,以君子和小人对举的话比比皆是,如“君子喻于义,小

---

① (清)段玉裁《仁,说文解字注》:“礼注云。人偶相与为礼仪皆同也。按人耦犹言尔我亲密之词。独则无耦。耦则相亲。故其字从人二。”见(汉)许慎撰、(清)段玉裁注:《说文解字注》,上海古籍出版社 1981 年版,第 8 篇上,人部,第 365 页。晚近郭店、上博简,“仁”多做“𢗀”。

② 《论语集注·泰伯第八》,第 104 页。

③ 《论语集注·述而第七》,第 96 页。

④ 《论语集注·卫灵公第十五》,第 167 页。

⑤ 《论语集注·里仁第四》,第 70 页。

人喻于利”。判断一个人是不是君子，主要看他是不是有道德觉悟，是一个以道德为理想的人呢，还是不追求道德、浑浑噩噩的人。

我青年时看新儒家的著作，总觉得有点好笑。新儒家讲道德的时候爱打一个比喻，把完美的个人道德比喻成山谷里的兰花，即便没有任何人欣赏，它还是散发着幽香。这不是孤芳自赏嘛，是自恋嘛，这有意义吗？研究中国思想史后，我才明白新儒家的讲法是传承了从孔子以来中国文化的大传统，强调道德的个体性，假如世界上只有你一个人，道德也是值得追求的。道德不再是处理人际关系的手段，道德首先是属于个人的，是你自己的生命意义和终极追求。

孔子讲“克己复礼为仁”，表明他绝对是一个政治保守主义者。但从文化哲学上来看，这句话是把自觉遵守周礼视为追求仁这种道德价值的行动，就此而言便不那么简单了。孔子讲的“克己复礼为仁”，是用一种超越视野赋予周代的文化制度以全新意义，礼成为一种新型道德理想的投射物，即个体的生命意义在于追求超越周礼具体礼仪条文的道德理想，有了这样一种人文精神后，就开出一个全新的文明。因此，从孔子开始，儒学的本质意义便呈现出来，这就是道德乃是关于个人追求生命终极意义的事情，不是获取社会名誉、地位、声望的手段，具有高于现实社会的超越性。一旦孔子完成了中国文化的超越突破，也就奠定了他在中国文化史上开创者的重要地位。

自孔子以后，道德成为中国人的终极关怀。道德再也不是与社会现实不可分离的伦理，而是一代代生命个体追求的具有终极意义的价值。人人追求做君子，就能形成社会的共同道德和秩序，中华文明就不再随着周代社会的礼崩乐坏而消亡，成为一个生生不息的文化大传统。

先秦儒学：从孔子到孟子、荀子

在春秋晚期，孔子奠定了以儒学为中国文化核心价值的基础，开创了以道德为终极关怀和制度正当性根据的文化大传统。春秋战国时期的诸子百家,儒家和对其反思、批判、部分否定和全盘否定的种种思想,共同组成了中国文化博大而深厚的基础。

先秦儒家文化的形成大约经历了三个阶段。首先是孔子完成了超越突破,奠定了中国式超越视野以及儒学的大框架;接着,孟子认识到道德是向善的意志,从心性论角度强化了孔子对道德来源的论述,并明确把仁政作为政治统治正当性的基础。荀子(名况,前313~前238)则区分了作为向善意志的道德和道德规范来源的不同,论述儒家的王政和教化理论。

孔子主张以道德为终极关怀,人可以从社会中走出来成为一个独立的道德主体,这就是"士志于道","朝闻道,夕死可矣"。①他还提出追求这种道德理想,不是靠外在的神或知识,必须靠自己的修炼。孔子说"吾日三省吾身",君子应"修己以敬""修己以安人""修己以安百姓"。② 只有自己恭敬地修炼,才会心安,安他人、安百姓,孔子的这种超越视野,规定了儒家文化超越突破的类型和起点。孟子在这一起点上,从哲学上讲出道德是应然,讲了一个人必须纯化向善的意志,不断修身,才能成为君子;他还大讲仁政,把道德作为政治秩序和社会行动的正当性最终标准,并细化以道德建立社会秩序的方法,提出明确的经济分配原则。孟子对儒学的贡献可以归结为三个要点。

第一,孟子把孔子对道德的知明确地表述为应该、可欲的,他说:"可欲之谓善,有诸己之谓信",③给出了善是道德可欲性和普遍化的指向,而道德的实现则是求诸己。孟子把具有择善的意志和能力视为人的本质,把有没有道德感视为人与禽兽在本质上的差

① 《论语集注·里仁第四》,第71页。
② 《论语集注·宪问第十四》,第159页。
③ 《孟子集注·尽心章句下》,卷14,第370页。

异。他说:“人之有道也,饱食、暖衣、逸居而无教,则近于禽兽。”① 善对应着礼,即明确的君臣父子等行为规范,人僭礼,便无异于禽兽。孟子是从这一角度来骂墨子(名翟,约前 479 ~ 前 381)和杨朱(约前 370 ~ 前 319)的,他说:“杨氏为我,是无君也;墨氏兼爱,是无父也。无父无君,是禽兽也。”②

孟子把道德强调到这个高度,大骂不守礼的人与禽兽无异,这些话成为两千年来道德卫道士的依据,在今天看来确实很霸道,令人不舒服。其实,每一种超越突破,特别是在确立超越突破的初期,往往把终极关怀视为人的本质。希伯来宗教将不追求灵魂救赎的人视为异端;希腊哲学把理性视为人的本质,没理性的妇女儿童都不算公民,不能参加公共政治。孟子的人禽之辨,只是把人视为道德主体的极端化表述罢了。

既然善是好的普遍化;而每个人内心感觉的好可能是不一样的,那么,又如何区别作为普遍化的好和个人私利的一己之私呢?为此,孔子提出义利之辨,指出仅仅满足个人私利的好是利,义是对所有人的好,义高于利。孔子说:“君子喻于义,小人喻于利。”③ 孟子强调应然,进一步发挥这一观点,大讲义利之辨。《孟子》中有个孟子见梁惠王(即魏惠王,前 400 ~ 前 319)的故事,有一次孟子去拜访梁惠王,梁惠王一见这个老头儿,劈头就问:“叟不远千里而来,亦将有以利吾国乎?”孟子马上回答:“王何必曰利?亦有仁义而已矣”,④你不必讲什么对你的国家有利没利,讲仁义就够了。孟子主张义是高于个人生命的永恒的道德价值,为了追求义,我可以舍生取义、杀身成仁,他说:“生,亦我所欲也;义,亦我所欲也,二者

① 《孟子集注·滕文公章句上》,卷 5,第 259 页。
② 《孟子集注·滕文公章句下》,卷 6,第 272 页。
③ 《论语集注·里仁第四》,第 73 页。
④ 《孟子集注·梁惠王章句上》,卷 1,第 201 页。

不可得兼,舍生而取义者也。”[①]孟子的论述更加强化了以道德为终极关怀的意义。

道德具有可欲性和规范性,这两点是孟子论述儒家伦理的重点。道德的可欲性首先要回答:凭什么能保证人人都能做到向善。为此,孟子提出性善论。他认为,善是每个人凭内心就能判别的,即“恻隐之心,仁之端也;羞恶之心,义之端也;辞让之心,礼之端也;是非之心,智之端也”。[②] 因为人皆有心,道德是个人的向善意志,任何一个人凭内心就可以判别什么是善,与他的知识水平和能力没有关系;道德是人人都可以做到的,即使一个人没有任何行动能力了,你总知道什么是善吧?这就是孟子学说的第二个要点性善论。

传统政治的核心是君王如何治理天下,孔子提出了以君臣父子之礼和仁政为内核的道德政治,孟子进一步发展为一整套仁政论说,这是孟子对儒学的第三个发展及要点。孟子说,“天子不仁,不保四海”,[③]明确指出仁政是皇帝统治的合法性根据,推翻不行仁政的君主是符合道义的行为。孟子认为,行仁政可以诉诸君王的道德感,也是君王治天下的最佳治术,他说:“以不忍人之心,行不忍人之政,治天下可运之掌上。”[④]

不要看到孟子滔滔不绝地讲民贵君轻、轻徭薄赋等仁政,就以为孟子是尊百姓、轻君王的民本主义者。孟子作为儒家的亚圣,讲皇帝对百姓要实行仁政,是因为政治必须要实现儒家伦理,而儒家伦理是等级制的,不仅家族内部要长幼有序,政治身份有尊卑贵贱之分,经济分配也必须符合等级秩序的道德原则。孔子有一句名

---

① 《孟子集注·告子章句上》,卷11,第332页。
② 《孟子集注·公孙丑章句上》,卷3,第238页。
③ 《孟子集注·离娄章句上》,卷7,第277页。
④ 《孟子集注·公孙丑章句上》,卷3,第237页。

言:"不患寡而患不均",[1]至今仍有不少人把"均"错误地理解为平均的意思。这个"均"字的意思是均衡,朱熹的解释很准确,他说:"均,谓各得其分",[2]即经济分配必须符合儒家道德伦常的等级制度,违背了道德伦常的等级,就是最大的不道德。儒家不是讲轻徭薄赋吗? 孟子讲过税收越轻越好了吗? 没有。孟子认为,赋税征收应按尧舜之道,即十税一,比这个轻了或重了,都不对。[3] 统治者一味地减低税收去取悦百姓是不道德的。

儒家文化以道德为终极关怀,道德有很强的实践性,对于个人来说,必须注重日常修身工夫,一个人只有在一生中持续修身,才能体悟道德感的来源及理解道德的内涵,才能在充斥诱惑、贫贱富贵的生活中坚持道德操守。虽然孔子已讲了君子应每天修身,但并没有展开谈修身的理论与实践。孟子对儒学发展的另一个大贡献,是使修身成为儒家道德哲学不可或缺的重要组成部分。从孟子讲"我善养吾浩然之气"[4]"君子之守,修其身而天下平",[5]一直到刘少奇的《论共产党员的修养》,中国历代道德精英的修身论述一脉相承,从未中断过。

先秦诸子尚没有使用"修养"一词,但常用"养"字来谈有限生命如何应对无限意义的问题。庄子(名周,约前 369 ~ 约前 286)和孟子都认识到,一个人不能决定自己的寿命长短,庄子主张顺其自然地保身全生;[6]而孟子主张,生命长短不由己,唯一可以自己主宰

---

① 《论语集注·季氏第十六》,卷 8,第 170 页。

② 《论语集注·季氏第十六》,第 170 页。

③ 《孟子·告子下》:"欲轻之于尧舜之道者,大貉小貉也;欲重之于尧舜之道者,大桀小桀也。"见《孟子集注·告子章句下》,卷 12,第 346 页。

④ 《孟子集注·公孙丑章句上》,卷 3,第 231 页。

⑤ 《孟子集注·尽心章句下》,卷 14,第 373 页。

⑥ "吾生也有涯,而知也无涯。以有涯随无涯,殆已! 已而为知者,殆而已矣! 为善无近名,为恶无近刑。缘督以为经,可以保身,可以全生,可以养亲,可以尽年。"参见(清)郭庆藩撰、王孝鱼点校:《庄子集释·养生主第三》,中华书局 1985 年版,第 115 页。以下所引《庄子集释》皆依此版本,只注书名、篇名与页码,其余不再注明。

决定的事,是在有生之年以修身来安身立命。① 孟子提出存养、养心、养性、养气等有关修养的概念,强调独立人格的自我修炼,追求与天地合一的价值。孟子的性善论是其修身理论的基础。由于人之天性为至善至诚,所以人道与天之道相通,②这样,人只要尽其心,就能了解人的天性是善,培养这个善的天性(养性),就能知天、事天,③尽性养心是修炼工夫的根本。如何才能养心呢?孟子说:"养心莫善于寡欲","以仁存心、以礼存心",④符合道德的行为是寡欲,保有仁爱之心和遵守礼仪的约束。只要坚持养心不懈,就能做到"富贵不能淫,贫贱不能移,威武不能屈",⑤"穷则独善其身,达则兼济天下",⑥使自己的精神提升到"上下与天地同流"⑦"万物皆备于我"⑧的圣人境界。

先秦儒家发展的第三阶段是荀子。儒学强调人应该以追求道德作为生命的终极意义。道德包括两方面内容,一是向善的意志,另一个是向善的意志所指向的一套伦理规范。讨论儒学必须区分向善的意志(道德追求)和道德规范从何而来这两个部分。孟子对这两部分并没有作出明确区分。孟子说,人之初,性本善,视每个人天性都是善的,只要凭个人本能的向善意志、心之四端,就知道何为道德规范,可以去实践道德了。实际上,人固然凭内心就能知

---

① "殀寿不贰,修身以俟之,所以立命也。"参见《孟子集注·尽心章句上》,卷13,第349页。

② "是故诚者,天之道也;思诚者,人之道也。"参见《孟子集注·离娄章句上》,卷7,第282页。

③ "尽其心者,知其性也。知其性,则知天矣。存其心,养其性,所以事天也。"参见《孟子集注·尽心章句上》,卷13,第349页。

④ 以上参见《孟子集注·尽心章句下》,卷14,第374页;《孟子集注·离娄章句下》,卷8,第298页。

⑤ 参见《孟子集注·滕文公章句下》,卷6,第266页。

⑥ 参见《孟子集注·尽心章句上》,卷13,第351页。

⑦ 参见《孟子集注·尽心章句上》,卷13,第352页。

⑧ 参见《孟子集注·尽心章句上》,卷13,第350页。

道善,但什么样的制度对应着善,则是可以因人的理解不同而可变的。例如,向善的意志对应的道德规范,既可以是儒家式的伦常等级,亦可以是佛教式的取消伦常等级,甚至可以是革命。正因为如此,个人凭内心能判断什么是善,但不能判定善一定对应着哪一组道德规范。孟子认为向善的意志一定能推出道德规范,是因为他的儒学是建立在心性论的性善说之上的。

针对孟子道德论述中向善的意志和道德规范来源二者的混淆不清,荀子提出了与孟子性善论相反的性恶论。① 荀子认为,人天生具有各种欲望,趋利避害是人的本性,所以说人性恶。假定人性恶,如何使向善的意志克服恶的本性,使为善的道德成为人生的最终意义呢?人又如何能做出符合道德礼仪的行为呢?荀子的方法是以外部确立的道德规范来约束、改造人性恶。他说:"今人之性恶,必将待师法然后正,得礼义然后治。"②人必须有待于"师法文化"和"礼仪之道"的校正,才能知礼守法,才有社会秩序和国家安宁。③

既然荀子强调道德规范的根源不在人心,是外在的,那么他必须说明为什么这个外在的道德规范是正当的、人人必须遵守的。在希伯来宗教和希腊哲学中,道德规范的来源也是外在的,一个是来自上帝,一个是来自对道德的认知。荀子与二者不同,他说:"凡礼义者,是生于圣人之伪。"④荀子认为,礼义是由圣人根据自己内

① 劳思光认为,孟、荀讲的"性"所指完全不同;孟子的"性"是指人的心灵有价值自觉,即 Essence,非实然意;而荀子的"性"则是事实义。参见劳思光:《新编中国哲学史》,第 1 卷,第 251 页。

② (清)王先谦撰,沈啸寰、王星贤点校:《荀子集解·性恶篇第二十三》,中华书局 1988 年版,卷 17,第 435 页。以下所引《荀子集解》皆依此版本,只注书名、篇名与页码,其余不再注明。

③ "故人无礼则不生,事无礼则不成,国家无礼则不宁。"参见《荀子集解·修身篇第二》,卷 1,第 23 页。

④ 《荀子集解·性恶篇第二十三》,卷 17,第 437 页。

心对道德的体悟而制定出来的,而对于一般的生性恶之人,则必须通过学习、遵守这些由圣人制定出来的规范才能纯化向善的意志。

"伪"在今天是贬义词,指造假,但在春秋战国时代"伪"并没有贬义,它由"人"、"为"两字组成,就是人为的意思。① 荀子这样解释"伪"的意思:"心虑而能为之动谓之伪",②意思是人因思考而造出的东西,就是伪。荀子也用"伪"字来讲人性之善恶,他说"人之性恶,其善者伪也"③,人性本是恶的,善是人自觉克服恶本性的人为结果。那么,人怎么才能克服人性之恶、达到道德呢？荀子说:"故学至乎礼而止矣。夫是之谓道德之极。"④为此,荀子写了著名的《劝学篇》。

在修身问题上,孟子的尽性养心论是基于人性善;而荀子主张性恶,尽性可能会纵恶,因此荀子的修身强调外在的礼是正身、纠恶的规范标准,他说:"无礼,何以正身？"⑤人们必须要靠后天学习和接受由圣人明君制定的外在礼法之教化,习之以久,习以为常,从而才能通过礼法来校正自己本性之恶,达到人为的善。因此,荀子强调君王、官员和君子最重要的职责是教化天下,必须加强皇帝权威和明法,以强制性的法律、政令来判断是非并配合教化。韩非(前280~前233)、李斯(字通古,约前280~前208)等著名法家都要拜荀子为师。

如是仅仅看荀子大讲人性恶,讲道德意志指向和规范产生是外在于普遍人心的,偏离了孔孟强调道德主体性的心性论传统,确实有点不太像正统儒家思想家。因此,至今当代新儒家仍然严厉

---

① 什么时候"伪"变成贬义了呢？大约是在魏晋南北朝玄学、道家大盛以后。道家崇尚自然、反对人为的造作,自然成为正当性的另外一个基础。

② 《荀子集解·正名篇第二十二》,卷16,第412页。

③ 《荀子集解·性恶篇第二十三》,卷17,第434页。

④ 《荀子集解·劝学篇第一》,卷1,第12页。

⑤ "礼者,所以正身也;师者,所以正礼也。"参见《荀子集解.修身篇第二》,卷1,第33页。

批评荀学。但是,荀子强调通过教化、学习,人人都可以克服性恶,让向善的意志凸显出来,做个有道德的人,道德当然也是可欲的。荀学的本质是把道德价值和道德规范的来源区别开来,这一点在儒学的政治实践中非常重要。儒家讲教化百姓遵法守礼、维护社会秩序,天下观讲以夏变夷,其前提都是教化是可行的。为什么可行?背后正是道德的可欲性呵。荀子奠定了教化天下的理论基础。荀子学说的旨意,正是在认识到人性恶以后,仍然要在性恶论的基础上重建儒家的道德哲学。从这个意义上说,荀子当然是儒家。

1.3　诸子百家

道家:对儒家价值的全盘否定

讲先秦中国文化的超越突破,人从社会中走出来,追求不依赖于现世社会的终极价值,不能仅讲儒家,道家亦是如此。孔子说,"未知生,焉知死";①庄子的话是"六合之外,圣人存而不论",②这表明儒道两家的人生关怀都在现世,不以超现世的彼岸天国为思考人生意义的出发点。道家和儒家一样,高度重视个体的自觉,如何在现世实现人生价值,过好自己的一生。儒家强调,君子求诸己、反身而诚,追求道德完美,获得乐莫大焉的生命意义。道家认为,人只要有足够的智慧认识到天道即自然,就会自觉地选择度过自己的顺其自然、无挂虑、逍遥自在的人生。因此,从文化的超越视野上看,重现世和靠自己这两点,儒道两家是一样的。

那么,为什么道家不能成为中国文化大传统的政治主流呢?

---

① 《论语集注·先进第十一》,第125页。

② 《庄子集释·齐物论第二》,卷1下,第83页。

对比分析儒道两家的思想结构,可以看到道家主张全面否定儒家的价值。不要从《道德经》的书名,就以为老子推崇我们今天所理解的道德。二十世纪出土的《道德经》也叫《德道经》。“道”字的本义是通往某一目的地的道路;“德”字由心、行、直三字构成,意思是“心、行之所陟”。老子写《道德经》,是要告诉人们应该选择什么样的合于道之人生,这个道是否定儒家之道德追求的。

儒家的基本精神是个体意志指向善,善具有确定的价值,对应着一组礼仪规范,人追求道德目标就应该遵守这些规范。道家否定儒家,首先是根本否定任何确定的规范。《道德经》开篇就说:“道可道,非常道。”[①]意思是,如果道是可以说出来的(第二个“道”字),就不是常道了,“常”也是指道。[②] 老子的知,不是孔子说的对礼义廉耻等道德的知,而是理解“常道”之明,即“知常曰明”。[③] 什么是常道? 老子说“反者,道之动”,[④]道的本质内涵是“反”,即返,世界上哪有什么固定的规则啊! 常道是“独立不改,周行而不殆”、[⑤]往复循环、流变着的,没有规则、变化无常才是道。依此,道家认为任何确定的规范都是没有意义的。道家第一个观点,可称为反规范。

儒家认为普遍之好的善对应着确定的道德伦理规范,道家以顺其自然来否定这种善。老子也讲善,但对善的理解与儒家完全不同。在道家眼中,根本不存在什么有确定内容的善,善是自以为聪明的人造出来的:“智慧出,有大伪”;儒家提倡的那些道德礼法,

---

① (魏)王弼注,楼宇烈校译:《老子道德经注校释》,中华书局 2008 年版,上篇,第 1 章,第 1 页。以下所引《老子道德经注校释》皆依此版本,只注书名、章名与页码,其余不再注明。

② 劳思光:《新编中国哲学史》,第 1 卷,第 179 页。

③ 《老子道德经注校释》,上篇,第 16 章,第 36 页。

④ 《老子道德经注校释》,下篇,第 40 章,第 110 页。

⑤ 《老子道德经注校释》,上篇,第 25 章,第 62 ~ 63 页。

不过是因为“大道废，有仁义”。[①] 老子以水的品性来喻善，讲何为道。他说，最高的善就如水那样，水滋养万物而不争利，安处众人讨厌的低下地方，差不多可以说水接近于道吧。[②] 在老子看来，要做到善，应该如水那样任其自然，而不必刻意探问追求什么是代表普遍之“好”这个问题。任何价值都是人施于对象的主观评判，因人因时而异，无所谓确定的好与坏。道家认为不存在确定的价值，因此，符合道的正确态度是听任自然，它是什么样就怎么样，既不肯定，亦不否定。道家的第二个观点可称为自然。

儒家讲的道德是向善的意志对应着一套行为规则，道家先否定了善是具有确定内容的好和特定的行为规范，进一步还要否定对道德的理解，即所谓向善的意志及其指向。道家也讲“德”，但道家的德必须符合变化无常、没有形迹和具体规定性的道。因此，道家的德行是没有确定指向、没有具体内容，任其自然的“无为”。老子说：上德之人不以德为德，才是有德；那种德性差、害怕失去德而刻意追求德的人，才是无德；礼不过是因人的不忠不信而设立，是祸乱的开端。[③] 道家认为，符合老子所说的“道常无为而无不为”[④]的德，表现在“是以圣人处无为之事，行不言之教”。[⑤] 道家第三个重要观点，是以“无为”来否定向善的意志。

道家这三个主要观念，第一是反对既定规则，第二是价值的好坏会不断向反面转化，第三是无为，否定向善的意志，不要有任何执着，它们全是由否定儒家而来的。劳思光先生曾用“情意我”来概括道家所主张的个人精神追求，我认为非常准确。何为情意我？

---

① 《老子道德经注校释》，上篇，第 18 章，第 43 页。

② 老子：“上善若水，水善利万物而不争，处众人之所恶，故几于道。”参见《老子道德经注校释》，上篇，第 8 章，第 20 页。

③ “上德不德，是以有德。下德不失德，是以无德……夫礼者，忠信之薄，而乱之首。”参见《老子道德经注校释》，下篇，第 38 章，第 93 页。

④ 《老子道德经注校释》，上篇，第 37 章，第 90 页。

⑤ 《老子道德经注校释》，上篇，第 2 章，第 6 页。

情意我是对儒家以道德为终极关怀的德性我的否定。道家对儒家的全盘否定,可以解放人的精神,使人由谨小慎微的德性我转变为自得其乐的情意我。但是,按照道家这些主张,除了有可能适应于鸡犬相闻、老死不相往来的群居小社会外,显然不能作为建立大而复杂的整全社会的理论基础。因此,道家只能作为儒家的反思批判者而存在,而不能成为中国政治文化的正面价值和基础。

老子开创道家,庄子进一步深化、拓展了老子思想。老子讲“处无为之事,行不言之教”,到庄子看透世间一切,认为“物无非彼,物无非是”,演变成了齐物和齐论的论说,达到更加洒脱的逍遥境界。在庄子看来,任何生物,草木自然,大至鲲鹏小至蝼蚁,貌如西施或丑八怪,有无形体,生与死,统统一样,这叫齐物。因此,像儒墨之徒那样爱评论是非、好坏,正如同幼鸟鸣叫,没有任何意义,这叫齐论。庄子说,任何事物和言论都是“方生方死,方死方生;方可方不可,方不可方可;因是因非,因非因是”。[①] 庄子的意思很明确,就是要破除对有形体的事物、生死的执着,破除对言说正确与否的执着。这个很厉害啊。

那么,庄子的自我是什么呢?我觉得劳先生的总结非常之好,念一段他的话:“盖自我观赏流变之世界,既无所求,亦无所执;形躯固不为累,知识是非亦不系于心,不唯觉时‘无忧’,寐时亦不梦矣。”这种达人,“并不求理分之完成,亦不作舍离之超越。不求事事如理,不觉一切法空。只是顺物自物,观赏自得”。因此,老庄与孔孟的根本差别在于:“此所以为‘情意我’之自由境界,而非‘德性我’所显现之主体自由。”[②]

讲儒家和道家的关系,需要强调两点。其一,从文化的超越视野来看,虽然道家主张的情意我是否定儒家的德性我,但其超

① 《庄子集释·齐物论第二》,第66页。

② 劳思光:《新编中国哲学史》,第1卷,第208页。

越视野和儒家一致，仍然是个人在现世的精神追求。道家主张的无为、无执，物我两相忘，是身处此世但不干预任何事物的观赏逍遥，一旦道家讲舍离世，就不是道家而是佛家了。儒家作为正面的基本价值存在，道家作为否定儒家的价值存在，二者共生。有儒家，就一定有道家。全盘否定儒家一定是回到道家，这种共生现象贯穿在整个中国文化的传统中。所以道家文化是作为儒家文化的补充，非常发达，也是中国人博大精深的思想和智慧之源。

其二，在中国文化的演变中，道家作为否定儒家的存在，对儒家理论的提升、对融合外来文明——如印度佛教，有不可取代的重要功能。先秦道家否定儒家而主张的相反价值，主要有反规范、情意我、无为、自然和养身这五个方面。老子和庄子否定儒家的侧重点有所不同，老子强调无和无为，更多地表示否定本身，而庄子的自然则指向否定的结果。东汉末期由于对汉代儒学价值的逆反，道家价值成为新的道德追求，这是儒学演化的内在动力，演化正是沿着老子的无为与庄子的自然两个不同方向展开的。后面两讲，讲魏晋玄学兴起和印度佛教的传入，将展开有关的讨论。

从道家和儒家的关系可以看到，任何一种实现了超越突破的文化，给定一个明确的人生意义的价值取向后，批评和否定这个价值方向的主要思想，也属于这个文化的一部分，而且是极为重要的一部分。道家是对孔孟儒学的全盘否定，给出另一种人生意义。如果不是全盘反对而是部分否定儒家者，便是我们今日所知诸子百家中的另一些流派，如名家、法家和墨家。

名家和法家

先讲名家。中文“名”这个词有两重意思，一是名分，二是指事物的规定性。前者是道德问题，后者涉及逻辑、哲学。孔子最注重正名,他讲的“名不正,则言不顺”①和“唯名与器不可假人也”两句名言,直到今天还常被引用。在名与器中,名是指名分、名教,即伦常秩序的等级及道德规范;器是按名分规定的礼仪,使用与身份等级相称的器物、配乐、衣饰等。儒家最重视名的社会功能,为了维护礼教,一定要正名,而对抽象的哲学问题兴趣不大。先秦有关名的逻辑哲学问题讨论,后来被主流的儒家道德论述掩盖了。荀子专门写了《正名篇》,虽然也涉及一点逻辑问题,但他讲名,主要还是为了区别身份的贵贱。

除了从道德规范上谈名,名还具有规定性及其关系的意义,因此,思想家也会从逻辑和形而上角度来讨论名。所有怀疑、批判儒家的思想流派,包括道家、名家、墨家,都有形而上的思考兴趣。前面已讲过道家,另外的两家,一个是以“名”命名的名家,另一个是墨家。先简单讲讲名家。先秦名家留下的东西不多,名家对儒家从道德规范谈名,完全没有兴趣,名家最著名的辩题是“白马非马”、“坚白石离”。人们一提到名家就说是诡辩。

二十世纪八十年代,我和青峰曾探讨为什么先秦思想家没有发现逻辑学的三段论,翻看了不少中国哲学史书,看看任继愈(1916~2009)的书,看看冯友兰(1895~1990)的书,看他们如何解公孙龙(前320~前250)的“白马非马”,都讲得令人一头雾水。后来找到劳思光的书,几句话就讲明白了。他指出,“白马非马”的论题,关键在于弄清楚“非”字是什么意思。“非”这个词有两个意思,一个是否定同一性,另一个是否定类属性,这两类否定都是用一个“非”字,很容易带来意义的混淆。名家讲“白马非马”中的“非”,是否定同一性,白马当然和马不是同一的。所以,公孙龙讲你要选白马,就只能选择白马;而你要选马,那么黄马、黑马什么马都可以。因为“非”还具有否定类属性的意思,毫无疑问,白马当然是属

① 《论语集注·子路第十三》,第142页。

于马一类的。如果把“非”字的否定类属性和否定同一性两个意思搅和在一块,“白马非马”就变成诡辩了。假定搞清楚了“非”的不同含义,就一点诡辩都没有了。

劳先生还指出,“白马非马”命题中,“白马”由白和马两个概念组成,二者中白与马无涉,白只是马的属性;这是中国最早提出的性质独立存在之说,与柏拉图《巴门尼底斯》篇的理念说有近似之处。① 柏拉图的理型论,是古希腊超越突破以求知为终极关怀的结晶。虽然先秦名家和墨家在逻辑上都有重要发现,但是并没有发展出古希腊那样的逻辑体系和理型论。为什么会这样?原因很简单。名家把名与实相剥离,是为了否定儒家以“名”来指称道德,而并没有更高的理性逻辑追求。这表明,在不同的超越视野中,文化发展的方向是不同的。

法家也是部分地否定儒家。今天,有许多人推崇法家,还有人为追求法治,想在中国传统思想找资源而提倡新法家,他们这样做是可以理解的。但是,如果把法家和西方法治混在一起,那就错了。二者的差别又在哪里呢?任何社会都离不开法,法是治理国家和维护社会秩序所必需的。中国历代都有法,有很细致的法典,它们和道德不一样。但是,法背后的精神和价值是什么,不同文明是不一样的。

古希腊文明是以追求知识作为终极关怀,所以古希腊哲人认为,人可以通过追求知识去认识自然法,法治传统的背后有更高的价值,这就是理性。这种理性后来被基督教吸收了,自然法也发生了分化及转型。历史上,在西方传统社会的法治精神中,一个是对上帝的信仰,另一个是理性,强调逻辑、数学以及依靠规则来治理。法律的具体条文,不能违背上述法后面的精神。先秦法家思想的来源是对儒家的否定,法的背后并没有更高的精神。

① 劳思光:《新编中国哲学史》,第 1 卷,第 237 页。

著名法家李斯和集大成者韩非,理论上主要是师承老子和荀子,他俩都是荀子的弟子。荀子是儒家,但他提出人性恶,否定孟子的人性善,是部分地否定儒家。荀子认为礼是一套由圣人制订的约束人行为的外在规范,老百姓根本不知道什么礼,只有靠皇帝权威去推行和维护礼,以礼教化和约束百姓,才能实现良好的社会秩序。韩非笃信老子的无为,写过《解老》《喻老》。他从道家汲取了什么呢?按劳思光先生的讲法,韩非取了道家的价值否定论,世间压根儿没什么确定的好和坏,法家把这个拿过来,管它什么好不好的价值啊。韩非从老子的"道常无为而无不为",提出"明君无为于上,群臣竦惧乎下"。[①] 韩非强调君权和法,法是君王统治天下百姓的工具;君虽无为,但若一切依照法条文去做,则上下可各得其常而无不为。

韩非从荀子那里汲取了重视外在规范的思维,从道家那里拿来了价值否定论,把这两个东西结合起来,提出以维护君权权威为中心的法、术、势,作为统御天下的一套治世方法。所以法家的法除了作为君王治理天下的工具以外,没有更高的精神追求,也没有提出其最终的正当性根据。因此,秦国以法家治国虽然很有效,可以富国强兵、统一中国,但秦帝国很短命,二世而亡。讲法家时,一定要看到它只是否定儒家的以德治国,法家的法与西方法治有根本的差别。

杨朱和墨家为什么消亡

春秋战国是中国文化实现超越突破的时代。诸子百家中,有

---

① 韩非:"有智而不以虑,使万物知其处;有行而不以贤,观臣下之所因;有勇而不以怒,使群臣尽其武。是故去智而有明,去贤而有功,去勇而有强。群臣守职,百官有常,因能而使之,是谓习常。故曰:寂乎其无位而处,漻乎莫得其所。明君无为于上,群臣竦惧乎下。"参见(清)王先慎撰,钟哲点校:《韩非子集解·主道第五》,中华书局 1998 年版,第 1 卷,第 27 页。以下所引《韩非子集解》皆依此版本,只注书名、篇名与页码,其余不再注明。

的完成了超越突破,有的则没有。孔子实现了文化的超越突破,继承光大孔子的是孟子。在百家纷争的局面中,孟子曾说:“天下之言,不归杨,则归墨。”①可见当时杨朱和墨子的影响力大过儒家。为什么这两家显学在汉以后就销声匿迹了呢?简单地讲,因为墨家和杨朱思想都没有完成超越突破,就避免不了衰亡。孔子超越视野下的道德精神是基于个体的觉醒,是个体对道德的觉悟和永恒追求,这种精神是超越社会和历史的。而墨家和杨朱都不具备这样的超越视野。先看墨子和墨家。

墨子晚于孔子,针对礼崩乐坏,征伐战乱,墨子提出了不同于孔子的方案,这就是“兼相爱、交相利”“非攻”“尚贤”“尚同”。看上去这些主张比孔子的“克己复礼”更多元、更具体可行,但没法儿落实,国与国之间争霸恶斗数百年,哪儿有“非攻”啊。墨家也更具有客观精神,《墨辩》②中有很多实用知识和科学思考,有点儿接近古希腊精神。许多中国哲学史的大家,如沈有鼎先生(1908～1989)等把《墨经》作为中国逻辑学的著作来研究。③ 每当人们看到《墨辩》中保留的许多科学和逻辑命题,至今仍有不少人感慨,如果墨家不消亡,中国文化该有多么不一样啊。问题是,为什么在历史长河中,墨家无法与儒家竞争而走向消亡呢?只有从文化超越突破的角度,才能理解其原因。

我们仍然从知和仁两个关键词入手,对比孔、墨两家在这两个重要观念上的差别。孔子的知是指向个人道德意识的自觉,墨家的知又是指向什么呢?墨子曾说,天子的知是知自己能否治理天下;三公的知,是知自己能否辅佐天子;诸侯的知是选择好的“卿之

① 《孟子集注·滕文公章句下》,卷6,第272页。

② 《墨子》中的《经上》《经下》和《经说上》《经说下》《大取》《小取》六篇合称为“墨辩”,它们是墨子后学所作。

③ 沈有鼎:《墨经的逻辑学》,中国社会科学院1982年版。

宰”,等等。[①] 可见,墨子的知,对不同地位的人有着不同的知,这样的个人并没有超越自己的社会地位和角色,没有从社会中走出来。

孔子讲的仁是儒家道德的核心,本身就具有最终价值,墨子又如何讲仁呢?墨子说仁是为天下兴利除害的工具,要做利于人的事,不做不利于人的事;又说,仁作为天下法度,是要人不追求耳目口舌身等感官享受,不做劳民伤财的事。[②] 因此,在判断是否具有超越视野的两方面,即个体的,追求非功利的终极人生意义上来看,孔子讲的仁是诉诸每个人的道德感,是超越个体生命的最高价值追求;而墨子把仁视为外在的法则和准绳,仁作为判断人和事的法度,也只强调其社会效果,即看人的行为后果是否利人利天下。因此,墨子讲的仁,既不是诉诸个体,也不是最高价值。

孔、墨都认为,他们所处社会之所以礼崩乐坏、征伐战乱,是由个人不受控制地追逐私利而引起的,但他们提出的解决方案很不一样。孔子提出“克己复礼”的方案,只要每个人都以实现儒家等级制的道德秩序来约束自己,社会和政治的秩序也将随之落实。墨子的方案是,人与人之间应该兼相爱,国与国之间要非攻。那么,在“人争利、交相恶”的现实生活中,又如何可以实现兼相爱和非攻这两个善良愿望和好价值呢?与孔子主张依靠个人追求道德的自我完善相反,墨子认为,这两种好的价值体现了天意,因此要

① 《墨子·尚同》:“天子以其知力为未足独治天下,是以选择其次立为三公。三公又以其知力为未足独左右天子也,是以分国建诸侯。诸侯又以其知力为未足独治其四境之内也,是以选择其次立为卿之宰。卿之宰又以其知力为未足独左右其君也,是以选择其次立而为乡长家君。”见(清)孙诒让撰,孙启治点校:《墨子闲诂·尚同下第十三》,中华书局2001年版,上册,卷3,第91页。以下所引《墨子闲诂》皆依此版本,只注书名、篇名、册别、卷数与页码,其余不再注明。

② 如子墨子言道:“仁之事者,必务求兴天下之利,除天下之害,将以为法乎天下。利人乎,即为;不利人乎,即止。且夫仁者之为天下度也,非为其目之所美,耳之所乐,口之所甘,身体之所安,以此亏夺民衣食之财,仁者弗为也。”参见《墨子闲诂·非乐上第三十二》,上册,卷8,第251页。

依靠“天志”和“明鬼”等外在约束来保证其实现。①

墨子认为天是有意志的,天志具有判断善恶是非的能力,罚恶扬善,赏罚分明。天志势必惩罚那些“交相攻”的君王和“别相恶,交相贼”的人;鬼神则协助执行天志。孔与墨,一个是靠人内心的道德追求,另一个则要求人顺天意、敬鬼神,正当性根据不仅外在,而且是社会性的;孔子把追求道德视为人生的终极意义,而墨子则把仁视为“求天下之利,除天下之害”的工具;因此,可以说墨家不具备文化的超越视野。

你们或许会问,墨子的“天志、明鬼”是不是近似于希伯来宗教呢? 也不是。希伯来宗教讲天国彼岸,墨子的关怀在现世,已然不同。更重要的,希伯来宗教的救赎是个人的终极关怀,而墨子心目中的天志,是如同圆规和尺那样的度量工具。他说:“我有天志,譬若轮人之有规,匠人之有矩。轮匠执其规矩,以度天下之方圜,”②可见,墨子的“天志、明鬼”,并没有如希伯来宗教那样把个人对上帝的皈依视为终极价值。墨家的尚同、兼爱、非攻等价值再好,但因其思想体系中没有个体性的终极关怀精神追求,故这些价值都不能离开社会。因此,墨家没有完成超越突破,也就不能经受住时间的考验,被一代代地忘掉了。汉以后,虽然有墨家经典传世,但是此后除了游侠和实践精神外,墨家就没有更大的社会影响力了。③ 直到两千多年后受到西方近代文明冲击时,人们才遗憾地重新挖掘墨家思想资源。

再来看杨朱。孟子曾说“杨朱、墨翟之言盈天下”,杨朱可能与孟子同时在世。杨朱说了那么多的话,但后世只记得他“拔一毛而

---

① 《墨子·天志上》:“顺天意者,兼相爱,交相利”见《墨子闲诂·天志上第二十六》,上册,卷7,第195页;《墨子·天志中》:“天之意不欲大国之攻小国也,大家之乱小家也。”见《墨子闲诂·天志中第二十七》,上册,卷7,第199页。

② 《墨子闲诂·天志上第二十六》,上册,卷7,第197页。

③ 吴进安曾指出墨家有杀己以存天下的牺牲精神,故墨家形象对后世游侠有影响。参见吴进安:《墨家哲学》,五南图书出版有限公司2003年版,第242页。

利天下不为也”一句话。现在只能从诸子文献中去了解杨朱的思想,这足以证明杨朱消亡得比墨家还要彻底。简单地说,杨朱的主张主要是针对墨家,墨子主张“兼爱,交相利”,杨朱就强调“为我”。[①] 墨子重社会、重功利,杨朱极注重个人,社会在他那儿根本没有意义。既然杨朱重个人,为什么也没能实现超越突破?这是因为杨朱并没有提出超越个人生命的终极价值。

杨朱认识到个人生命很短暂,他说“知生之暂来,知死之暂往”,[②]特别是生逢乱世,不知何时就死了。因此,他说人活着就要在有限的生命中尽可能地享受,“丰屋美服、厚味姣色。有此四者,何求于外”?[③] 与孔、墨的忧患意识不同,他提出养生、贵生和乐生的人生哲学。确实,杨朱是回到了个体,重视并赋予个人的自然欲望以正当性,但他并没有找到超越个体生存和享受以外的终极意义。及时行乐是很享受,但你能长生不老吗?人总是要死的,你如何面对死亡,死后意义在哪里?杨朱统统避而不答。因此,可以说杨朱和墨家一样,思想上都没有完成超越突破,汉以后就很快衰落了。

以上,我从文化的超越突破角度来讲先秦诸子,侧重于讲为什么说儒家奠定了中国文明的主流形态,并以儒家为参照比较分析先秦的道、墨、法、名、杨等诸家思想。尽管儒家和道家各自主张的最高价值——道的内容正好相反,但两家都承认存在超越个体生命的非功利的道,都强调只有依靠个体的觉醒去认识这个道,并以此为人生意义和追求,才能使自己的生命与天地沟通,即获得永恒的天人之际的价值。由于儒家和否定儒家的道家都完成了超越突

---

① 《孟子·尽心上》:“杨子取为我,拔一毛而利天下,不为也。墨子兼爱,摩顶放踵利天下,为之。”见《孟子集注·尽心章句上》,卷13,第357页。

② (晋)张湛注,杨伯峻集释:《列子集释·杨朱篇》,中华书局1985年版,卷7,第220页。以下所引《列子集释》皆依此版本,只注书名、篇名、卷数与页码,其余不再注明。

③ 《列子集释·杨朱篇》,卷7,第238页。

破,所以儒道两家共同塑造着汉以后的中国思想文化的发展。相比之下,先秦的法家、墨家、名家和杨朱,均没有提出超越个体生命、不死的和非功利的生命意义,汉以后它们或是消亡,或是被儒道两大家吸纳为隐性成分保留下来,如道家吸收了杨朱的养生存性,汉初黄老学吸收了法家,使主流文化的内涵更加丰厚广博并呈现出不同形貌。

在人类文明史上的轴心时代,产生了四种超越突破文明类型,中华文明在先秦完成的以道德为终极关怀的类型,只是其中的一个。因此,还必须了解其他几种超越突破的基本特质,才可以从文明比较中,更清楚地理解中国文化的精神和此后展开的方向。

1.4　轴心文明的四种超越突破基本形态

实现文化超越突破的两个关键要素

前面已经简单讲过,雅斯贝尔斯最早注意到公元前数百年间出现了几个与古文明不同的不死的文化,提出轴心文明的假说。此后,西方学术界用超越突破概念来深化这一研究,形成了文明动力学研究领域。目前,基本公认轴心时代形成了希伯来宗教、古希腊的求知理性、印度宗教和中国儒家这四种基本类型。但是,为什么唯有经历过超越突破的文明才可以保存下来成为活的文化？为什么只有四种形态？有没有第五种类型？以往的研究并没有给出明确的回答。超越突破的历史研究也是一种哲学思考,光靠看史料不去思考是没有用的,有必要从理论层面上来分析。

何为文化上的超越突破？它是描述在人类漫长的文明史上这样一个重大事件:众多的古文明在面临重大危机时大多都先后灭亡了,只有为数不多的古文明对危机做出了杰出的文化创造——即超越突破,从而使本文明延续至今,从此人类文明进入了新的纪元。为什么凡是没有经过超越突破的古文明统统会灭绝或消亡?可以做这样的设想,如果把社会比做巨大有机体的身体,文化就是附着于巨大有机体的形神、样貌等特质。如同有机体必然死亡那样,没有一个社会有机体可以万古长存,只要文化和社会有机体不可剥离,随着社会的腐败和解体,附着于社会有机体上的文化也会随之消散,必定发生文化灭绝。对于实现了超越突破的文明来说,当古代社会有机体面临解体时,人能够从社会中走出来,寻找可以独立于社会有机体、基于个体而存在的终极价值,这种终极价值可以随着一代代个体生命而延续下去,并塑造该文明的社会文化形态。

所谓终极价值,是指个体走出社会面对死亡的拷问时,找到的那些可以超越个体生命的永恒意义。试想,譬如一个人得了癌症,濒临死亡,或者身陷囹圄,失去自由,整个社会抛弃了你,你落入了这种苦难的绝境,极为苦恼,这时,有的人会扪心自问,我活着的意义是什么?社会也一样,假如某一个社会腐败透顶,灾难不断,道德沦丧,人们陷于生不如死的苦难中,也会有一小批人思考同样的问题:一个孤立的个人离开了社会,活在世上有什么意义?借用孔子在回答有关礼之本问题时的“大哉问”用语,①不同的文明对有关个体生命的终极价值的“大哉问”,有不同的回应方式,由此产生了不同的超越突破。

那么,实现文化上超越突破的关键要素是什么呢?我前面比较先秦儒道两家时指出,撇开儒道两家主张相反的价值内容,抽象地看,儒道两家实现超越突破有两个共同前提:第一,都立足于不依赖于社会的个体的精神觉醒和努力;第二,这种觉醒是源于认识到有超越个体生命的、非功利的、不死的价值,并以此种价值作为

---

① 如《八佾第三》中提到:“林放问礼之本。子曰:‘大哉问!礼,与其奢也,宁俭;丧,与其易也,宁戚。’”参见《论语集注·八佾第三》,第62页。

生命意义和永恒追求。推而广之，任何文明，只要其思想文化具备了这两种精神要素，该文化就产生了突变，产生了基于个体的不死的文化基因。从此以后，哪怕整个社会毁灭，原则上说，只要有一个具有这种文化基因的个体或家庭存在，这种文化基因就不会随着社会解体而消亡，可以通过一代代的人不断传承，成为不死的活的文化。这就是文化的超越突破。

面对生死的“大哉问”，由于不同文化具有不同的超越视野，决定了它们有不同的回应方式。有多少种回应方式呢？理论上看，只有四种可能性。首先，在追求终极价值的取向上只有两种选择：第一，追求的价值在此世，第二，不在此世，在彼世；不可能有其他选择了。其次，独立于社会的个人靠什么力量去追求这个终极价值，也只有两种选择：一是靠个人自己的力量去追求，二是依靠外在的非社会力量来实现；这个外力可能是神秘力量，或者是认知自然的知识。以上两个方面各有两种选择的可能，两两相乘，总共只有四种可能性。这四种组合形成了不同文化的超越视野，构成了超越突破的四种基本类型（见表 1－1）。①

表 1－1　超越突破的四种基本形态

	离开此世	进入此世
依靠外部力量	希伯来宗教对一神的皈依（类型一）	古希腊对理性认知的追求（类型三）
依靠自己的修炼	印度宗教对解脱的追求（类型二）	中国对道德价值的追求（类型四）

表 1－1 所列的四种选择，每一种选择中，至少有一个构成要素是和其他选择相反的。这也就规定了每一种选择自成一种固定

① 金观涛、刘青峰：“从中国文化看终极关怀理念形态”，载《生死学研究》第 6 期（台湾南华大学 2007 年 7 月），第 7～46 页。

的发展方向,它们是各自独立而不相交的。某一文明一旦开始选择了这四种类型中的一种,就会顺着该方向走下去,形成自己独特的不死的大传统,直到和另一种文化碰撞而发生变化。此外,正如道家价值和儒家价值二者相反,但仍然同属于中国式的超越视野那样,在其他超越突破文明的同一超越视野中,也有不同的选择和价值追求。例如,犹太教、基督教和伊斯兰教,同属希伯来超越视野。印度宗教有婆罗门教,有否定婆罗门教的佛教等宗教。在以理性地追求知识为终极关怀的古希腊文化中,如果把柏拉图的理型论视为主要形态,对其否定构成两种倾向,一个是唯物论,另一个是怀疑论。下面,粗线条地简单讲讲,这四种不同的超越突破视野对应的四种基本类型。

犹太教、基督教和伊斯兰教

先分析表1-1中第一种选择,依靠外部的神秘力量,追求不在此世的目标,这是以希伯来宗教为代表的超越突破类型,简称为救赎宗教。其要义是,人在绝对孤立无助的情况下,不追求此世利益,只渴望自己的灵魂得到救赎;而个人又无能为力,无法依靠个人力量来达到这一目标,必须依靠外在的神秘力量——上帝,才能获得救赎。这种救赎精神最早出现在犹太教中。希伯来宗教的上帝是无所不能的唯一的人格神,神是外在神秘力量的代名词。就皈依神秘力量这种心灵状态而言,神是不可思议的;所以多神没有意义,一神就足够了。

讲到希伯来宗教的上帝时,一定要知道其背后的精神,这种精神就是个人只有依靠非社会的外在神秘力量即上帝,才能从这个苦难世界得到解救,获得永生。在这种超越视野中,存在三种不同的终极关怀,相应有三种救赎宗教,它们是犹太教、基督教和伊斯兰教。它们具有相同的超越视野,亦可统称为希伯来宗教。

基督教在精神上和犹太教一脉相承,具有同样的心灵状态,都信奉希伯来圣经。圣经记录了人追求救赎的过程以及上帝对人的要求,犹太教的叫“旧约”,基督教的叫“新约”。基督教和犹太教主要有两点区别:一是犹太教认为只有旧约圣经提到的以色列民族,才是上帝的选民;而基督教认为人人都可以皈依上帝得到救赎,实现了救赎的普世化。另一个区别是,虽然犹太教把离开此世的救赎视为最终价值,但并没有完全否认此世价值;而基督教则完成了彻底离开此世的转向,这就是“启示录”中的末世论。基督教认为,世界末日、最后审判随时都可能来临,这个世界毫无意义。

继犹太教、基督教之后,伊斯兰教进一步发展了希伯来宗教。作为该超越视野的第三种终极关怀,伊斯兰教与基督教又有什么不一样呢?有两点不同。希伯来宗教有“弥赛亚”传统,弥赛亚是上帝派到人间救世的使者。犹太教的弥赛亚是摩西,基督教的耶稣不仅是弥赛亚,还是神本身,他们是上帝派到世间来告诉人们真理是什么,怎么样才能得到救赎。最晚出现的伊斯兰教也承认以前的弥赛亚,但又认为穆罕默德(约 570 ~ 632)是传达上帝旨意的最后一个使者,以后再也不会发生这样的神迹了。因此穆罕默德被称为“封印使者”。这是伊斯兰教和犹太教、基督教第一个不一样的地方。

第二个不同之处是伊斯兰教完成了救赎宗教的入世转向,这一点很重要。正因为基督教对此世完全没有兴趣,所以它才能够与古希腊和古罗马的法律精神结合,产生了西方的法治精神,即法律规范高于具体的价值。而伊斯兰教教义则主张“两世吉庆”,除了追求神的救赎外,伊斯兰教还要在此世建立公正的社群,“乌玛”是这种社群的专有名词;①伊斯兰教还以安拉神意来制定此世法

---

① “乌玛”之义为伊斯兰教的政治载体,具有以共同信仰作为认同纽带的特性,而安拉是乌玛政体中唯一的立法者。关于“乌玛”此种伊斯兰教的国家与政府理论,可参见高鸿钧:《伊斯兰法:传统与现代化》,清华大学出版社 2004 年版,第 284 ~ 287 页。

律。所以在希伯来的超越视野中,伊斯兰教最具有入世精神。因此,伊斯兰教问世不久就可以建立起庞大的帝国。

印度解脱宗教

超越突破的第二种类型是印度的解脱宗教。其目标也是寻找在这个世界以外的最高价值,但追求此目标并不是依靠外部力量,即那个不可思议的无所不能的神,而是强调只能依靠个人的修炼,以企及最高价值。我们把印度类型的超越突破叫做解脱的意志。希伯来超越视野是救赎,是依靠上帝来救你。印度宗教是靠自己脱离困厄,所以叫解脱。

印度宗教的教义有一个基本核心,就是认为这个世界是苦的,是没有意义的。那么我要离苦,到另外一个有意义的世界中去,怎么办呢?只有靠你个人修炼。印度宗教类型很多,有婆罗门教、佛教、耆那教、印度教等,但整个印度文化的方向都是解脱,强调依靠自己力量的修炼离开这个苦难世界。至于怎么达到这个目标、怎么解脱,婆罗门教、佛教和其他宗教派别的教义差别很大,各有一套教义和方法。

婆罗门教把宇宙视为由包括种姓在内的一系列解脱等级构成,多数种姓的人遵守戒律进行修炼就能获得解脱,在来世进入较高等级。佛教否定了婆罗门教的等级解脱,提出平等的解脱哲学。印度教是对佛教的否定,基础为婆罗门教和佛教等的结合。此外还有耆那教、锡克教等。印度文化的精神价值取向与希伯来宗教的共同之处,是它们的意义世界都不在现实世界,都要舍离此世到达彼岸。不同的是,如何到达彼岸,印度宗教讲靠个体自己的修炼,而不是神秘外力的拯救。因此,可以称佛教等印度宗教为"自力型拯救宗教",犹太教、基督教、伊斯兰教是"他力型拯救宗教"。

古希腊认知理性

如果超越视野所追求的终极价值在此世,实现该价值不是依靠某种外部神秘力量，也不是人凭个人内心感悟和修炼，那么，只能是以理性追求知识，认识自然规律，以认知为终极关怀。表1－1中“进入此世”和“依靠外部力量”的组合构成第三种类型的超越突破：人以理性追求知识为终极关怀，这就是古希腊的超越突破精神。

为什么“依靠外部力量”和“追求此世终极价值”的结合，可构成古希腊的超越突破？简单地说，当孤独的个人不是凭个人内心就能推知善（道德）或正确与否的标准时，就只能用求知作为个人在此世生命的最高价值。认识自然法则同样不需要靠社会力量，它和道德追求一样是个人的事。知识追求和道德追求有一个根本不同，善的体悟靠个人内心就够了，知识的追求则不同，对还是错有外部客观标准。为此，人必须去认识自然法则，依靠认识外部（非社会的）规律而达到最终价值，这是“知识就是意义、就是力量”的基本含义。

如前所说，超越突破必须寻找一种可以超越个人生死的终极价值，古希腊人所追求的此生的意义是认知，也就是我们现在讲的理性主义，它可以解决生死问题吗？需要强调的是，古希腊哲人追求的知识，是包括了人生意义问题的，生死当然在其中。在柏拉图那里，追求知识作为终极关怀，目的是要永生，这和我们今天讲科学、理性不是一回事。柏拉图的这种精神可以与基督教结合，也可以与法律精神结合。

西方法律精神背后的价值是理性和正义，它和道德精神有基本的不同。判别正义必须依靠外在标准，而道德判断靠的是内心良知。古希腊把法律视为自然规律的一部分，是和其独特的超越视野有关。古希腊超越突破的实现，有多种文化因素的汇集，有古埃及、两河流域文明的影响，有人神同形的古希腊神话和荷马史诗等，最后，形成了古希腊的科学和哲学。这是一条追求知识、认识自然律并以自然律来理解人和社会的发展过程。这一线索比较复杂,本讲座不能展开细说,但这是讲中国文化的重要参照系。

中国文化的超越视野

第四种超越突破,就是本讲前面讨论的中国文化基本精神,它是个人依靠自己的力量,完成此世的价值追求。了解了轴心时代其他三种类型的超越突破,就可以更好地理解我一开始概括中国文化精神的三句话了。第一句话“以道德为终极关怀”,是讲中国式超越视野的核心价值。儒家以家庭伦理为道德根据,它起源于周代族群传统,这就是第二句话:“儒学以家庭伦理为中心,并将血缘关系道德化,建立普遍的等级秩序。”那些对该核心价值的部分或全盘否定的思想流派,具有与儒家同样的,即在此世、依靠个人的超越视野,它们和儒家文化的互动不会偏离中国文化一开始选择的方向,因此同属于中国文化大传统。

第三句话是讲在中国式超越视野中,儒家道德伦理是政治、社会制度寻找正当性的最终标准。本讲并没有展开第三句话的内涵,只是以先秦诸子为案例,分析中国文化的超越突破是如何发生的,在同一超越视野中形成的主流价值,以及在对主流价值的否定和反思中,形成了哪些重要流派。先秦诸子奠定了中国文化超越视野的类型,它只是中国思想史的开端。此后,主流思想在与社会的互动中,在与外来文明的融合中,不断演化发展着,随时代而变化,这也是中国思想史十讲的主要线索。

轴心时代产生的四种超越视野,如何影响到各个文明的社会组织基本方式、政治、经济和文化,是很重要的课题,但不是本讲座的重心,以后有机会再讲。在第一讲结束之前需要说明的是,我们讲超越视野的起源时,很强调它是人退出社会、独立思考并寻找高于个人生死的终极价值的结果,但并不是说人不需要社会价值,不再组成社会了。恰恰相反,一旦不同的超越视野产生了该文明的终极关怀,孤立的个人有了对自己生命终极意义的追求,一方面可以从社会里走出来,以本文明的超越视野,独立地反思、批判社会,另一方面则可以用超越视野重塑社会价值观。经过超越突破,人的责任感产生了,人的道德意识产生了,形成了该超越视野规定的一代又一代的文化传承者。与此同时,由于不同文明类型中有不同的终极关怀,这些理想价值投射到社会组织上,就会形成不同文明类型的社会组织蓝图,社会组织蓝图和现实社会的互动,成为塑造该社会的长程动力,由此塑造出与这种超越视野相适应的不同的传统社会。

因此,古代文明灭亡之后,四种超越突破造就了不同的传统社会基本形态和相应的演化模式。① 每一种超越视野规定的文化发展方向具有不同的演化模式,各自独立发展,一般不会和另一种超越视野相交。虽然轴心文明独自演化时各有自己的方向和模式,但是在演化过程中也会发生文明碰撞,这就会导致文明融合,即两种不同超越视野的结合。例如,古希腊罗马文明在公元五世纪以后转向希伯来超越视野,形成天主教文明的社会。汉代以后,中国文明与印度文明的融合是另一个重要例子。文明融合对各个轴心文明的演化极为重要,现代社会之所以起源于天主教文明,就因为它是古希腊罗马文明和希伯来宗教融合的结果。同样,文明融合亦规定了中华文明的演化方向。

我是用轴心文明形成的超越视野这一宏观尺度,来讲中国文化大传统的形成以及文化融合模式。从秦到清两千余年中,中国传统文化主流一直沿着孔子开出的方向发展,没有演变到其他别的类型。但是,如果我们不认识中国文化和佛教的融合,就不可能理解宋明理学。不了解宋明理学的各种形态和变构,也不可能认

① 金观涛:《重返宏大的历史视野》,收于金观涛、王军衔著:《悲壮的衰落:古埃及社会的兴亡》(终极版),风云时代出版公司 2009 年版,第 9 ~ 82 页。

识波澜壮阔的近现代思想。因此,理解文化融合,是分析中国当代思想的形成和进一步走向的关键。本讲座旨在把从春秋战国到今天的思想连贯起来,用统一的模式来处理中国文化的起源、传统的形成以及近现代演变。在此意义上,第一讲是以后各讲展开的基础。

第二讲　中国文化大传统的形成

——汉代思想和中国传统社会的结构

导言：文化和社会的互相塑造

第二讲接着讲春秋战国以后中国文化大传统的形成，重点是两汉思想。为什么汉代思想那么重要？因为它是具有终极关怀的价值系统和社会组织互动——即文化和社会的双向塑造的产物，从此形成了中国传统社会的基本结构和主流政治文化。第一讲的内容是先秦诸子在中国思想史上的定位。孔子为周以来的文化传统注入了全新的精神和价值，完成了中国文化的超越突破，从此道德追求成为中国人的终极关怀。全面否定儒家道德价值的道家，具有与儒家同样的超越视野，因而儒道两家成为中国文化的主流思想。而那些没有完成超越突破的墨、名、法等重要思想流派，或消亡，或作为主流文化的隐性成分。与此同时，也简单讲了轴心时代只产生了包括中华文明在内的四种超越突破类型，以及它们各自特定的终极关怀追求。但是，第一讲并没有讨论，这四种文明类型的终极关怀对应然社会有何不同的想象和设计，提供了什么样的社会组织及政治制度蓝图；也没有分析主流文化与社会制度之间的双向塑造,如何规定了不同轴心文明大传统的形成和变迁。第二讲将以中国文明为例,展开终极关怀如何塑造文化传统和社会制度的讨论。

众所周知,虽然先秦孔孟已提出了符合儒家道德理想的应然社会蓝图,但秦代并未真正落实。直到汉代建立起大一统帝国,汉武帝(刘彻,前156~前87)立五经博士、独尊儒术,儒家的应然社会蓝图才成为中国传统社会的政治和社会行动正当性的最终根据。为了配合大一统帝国形态,两汉时期根据儒家经典,确立了家作为中国社会组织的基本细胞,并论证如何将一个个分散的家整合成更大的统一国家形态的社会有机体。两汉儒学的基本形态是天人相应的宇宙论哲学,这种道德意识形态与社会之间经历了长达数百年的双向互动的塑造,最后奠定了中国传统社会的政治文化和社会结构的基本形态及其独特的演化模式。

2.1 儒学和社会互动:“家”、“国”同构体的形成

缺乏正当性的政权:大秦帝国

讨论汉代思想和中国文化大传统的形成,必然要涉及一个基本问题:这就是为什么儒学在汉代成为中国传统的主流政治文化?春秋战国,列国争霸,打了几百年仗,最后由秦统一天下,但是,秦国政治文化并没有成为此后中国文化的主流。这里涉及两个基本问题。第一,为什么秦国能够统一中国?第二,为什么秦帝国会迅速崩解,并在不到一个世纪后,汉武帝就搞罢黜百家、独尊儒术?

对中国人来说,这个问题太重要了,研究者代不乏人。前两年赵鼎新出了一本书,叫《东周战争与儒法国家的诞生》。赵鼎新早年学生物学,后来在美国读社会学。他认为,战国后期的列国战争

已经演变为全民战争，这样，各国的动员能力，譬如说人口规模及管理方式，对战争胜负有决定性影响。周代宗法制不利于社会动员，宗族大了就很难收上税来。秦国重用法家，采取一系列严苛法令把大家族分解为由国家直接控制的编户齐民，并发展出有效管治基层社会的郡县制度，配合了全国动员的全民战争，翦灭六国，最后统一中国。作者还使用了数学模型来计算各国的战争动员能力有多大，会导致什么结果。①

赵鼎新的研究很有特色，但我认为他用“儒法国家”来为秦汉帝国定性是有问题的，这只不过是历来“阳儒阴法”的另一种说法而已。② 因为汉以后就再没有什么儒法国家了；法家作为一种学说、一个学派，秦亡以后受到主流政治思想的批判和谴责。今天，当人们反省儒家成为中国文化主流后所带来的问题，如皇帝专制，泛道德主义高于法律，如春秋战国时期的百家争鸣、思想文化多元交锋局面的终结，就会想到被历史遮蔽的法家。但我要问，为什么会有这个变化？这是偶然的吗？是因为汉武帝偶然选择了儒家，中国文化才走上这条不归路吗？问题是汉武帝可以选择法家吗？不选择儒家可以选择其他家吗？这是我今天要讲的重点。

秦王朝很短命，并没有像秦始皇希望的那样万世延续下去，二世即亡，亡得很惨。陈胜（？～前208）、吴广（？～前208）这样没有任何势力的小人物，揭竿而起就推翻了秦王朝。秦汉之际，社会剧烈动荡。秦亡汉兴，汉承秦制，建立起大一统的郡县制国家，但

① 赵鼎新：《东周战争与儒法国家的诞生》，夏江旗译，华东师范大学出版社2011年版。

② 这种说法的主要根据，一是汉承秦制；二是汉宣帝教训太子时曾这样说：“汉家自有制度，本以霸王道杂之，奈何纯任德教，用周政乎。且俗儒不达时宜，好是古非今，使人眩于名实，不知所守，何足委任！”参见（汉）班固撰，（唐）颜师古注：《汉书·元帝纪第九》，中华书局1964年版，第1册，卷9，第277页。以下所引《汉书》皆依此版本，只注书名、篇名、册数、卷数与页码，其余不再注明。

汉初再也不能用秦朝重法家那一套,用强大的国家机器去搞全民动员了,苛政也不能继续。汉初采用道家和法家混合的黄老之术,一面讲帝王之术,另一面讲无为,要与民休息。汉初暂时退到信奉黄老是可以的,但是当经济发展了,国家、官僚又有权力了,怎么可能无为啊?黄老之术也不是长治久安之计,还是要寻找统治的合法性根据。从刘邦(前256~前195)到汉武帝半个多世纪中,当权者一直在寻找论证其统治正当性的思想资源。在先秦诸子中,只有儒家提供了君主大一统的统治正当性的最终根据,这才是儒学成为中国政治文化大传统的真正原因。

我们在中学都学过贾谊(前200~前168)的《过秦论》,当古文范文来读,文采多美啊!但我们很少去想为什么《过秦论》那么重要?汉朝初建之时,君臣纷纷检讨秦亡教训,为什么强大的秦帝国二世即亡?必须总结经验教训啊。贾谊的《过秦论》是其中的名篇。他总结出什么东西来了呢?一句话,秦法是暴政!秦亡于暴政!秦朝灭亡是因为"仁义不施"。皇帝用强权酷律约束官吏,官吏又依恶法整治老百姓,这样的统治能长久吗?只要老百姓不自愿服从,陈胜、吴广就不可避免。

为什么独尊儒术?

按照贾谊《过秦论》的秦行苛政必亡的逻辑,以提倡仁政作为统治合法性最终标准的儒学便呼之欲出了。贾谊不但讲要行仁政,还提出不同于秦制的制度改革方案。汉文帝(刘恒,前202~前157)很想重用他,反而令他遭嫉妒,受到排挤。但秦兴秦亡的历史教训,汉初半个多世纪的政治实践,促使统治者一直在寻找统治的正当性。直到汉武帝时,才算是找到了,这就是罢黜百家、独尊儒术。

为什么是儒家呢?关键在于,一个政权的建立和稳固,必须要有民众的自愿服从。自愿服从是指人不仅因为他人的服从而服从,而要出于民众认同统治者所推行政策的价值。只有经过超越突破的价值系统,才能提供统治者和被统治者都自愿服从的理据,政治哲学将其称为统治正当性最终根据。先秦诸子百家中,法家只强调厉行严苛法令去管束官吏和百姓,并没有提出政治正当性的最终价值,汉初已受到批判;道家全面否定儒家,主张小国寡民,也不能适应大一统的统治模式;因此能为汉帝国提供统治正当性的只有一家,这就是儒学。

汉初思想纷杂局面持续了几十年,与此同时,官方和社会对先秦思想进行了筛选,从汉武帝独尊儒术起,儒家道德哲学成为上自君王百官、下至庶民百姓共同的行为准则规范,从此,中国社会走上了固定轨道的不归路。但是,以家庭伦理为核心的儒家道德哲学,要成为国家的政治哲学和社会伦理,还必须使家庭伦理扩展为整个社会乃至国家之组织建构的根本原则。这一点,是通过两条线索实现的。一条线索是家国同构的社会结构形成;另一条线索为汉武帝的立五经博士,钦定儒学为官方意识形态。由此,儒家经典成为中国政治文化大传统的核心。

不仅中国文明如此,其他完成了超越突破的文明亦如此,不论是古希腊、罗马,还是基督教及伊斯兰社会以及印度,都确立了与本文明终极关怀相配合的经典文本,通过社会与思想文化间长程而不可逆的互动实现的,从而塑造出各自特有的传统社会。此后,古文明快速衰落,人类文明进入了不同形态的传统社会演化和扩张的阶段。

"家"、"国"同构与"国家"

在讨论儒家经典如何形成之前,首先要指出西汉独尊儒术之后,确立了家作为中国社会的基本细胞,国则变为家的同构放大,从此儒学与社会之间的双向塑造成为不可抗拒的长期趋势。儒家讲的家特指有血缘关系、以父子为核心的家庭、家族或宗族。

一般来说,家的形态主要有三种,一个是由夫妻子女组成的核心家庭;另一个是家族;还有一个是大家庭,大家庭甚至可以有几世同堂、数百之口的规模。我问一个问题:家族和大家庭有什么不一样?简单地讲,家族和大家庭都是有共同祖先的血缘共同体,但家族中的家庭是各家算各家账,经济各自独立;而累世同居的大家庭,则是各小家庭经济上未分家,在一个锅里吃饭,同居共财。

你们不要以为在孔子以前家就是社会基本单元,当时社会基本单元是贵族的氏族,并不包括大量的庶民家庭。先秦文献中,家与国常对举使用,如"天子建国,诸侯立家",①其中"国"是指天子分封诸侯的领地,"家"是诸侯分封卿大夫的采邑,家和国是政治行政的治理范围。周礼是为这些有身份的贵族制定的,按照他们在政治和宗族关系中的不同等级身份,规定了相应的婚丧嫁娶、祭祀礼仪,这些礼仪与庶民无关,这就是"礼不下庶人"。

在礼崩乐坏的战国时代,随着贵族"氏"的消亡,出现了大量的家。战国时期家的兴起,主要是配合列国争霸的政治需要。为了更广泛地汲取社会资源,各国采用了不同的管治基层家庭办法,编造户籍,授田赐姓给平民。在这一方面,秦国做得最彻底。商鞅(前395~前338)变法时,针对三代同居、兄弟不分家的家庭常态,曾两次立法,只允许未婚子女与父母同居,成人结婚后必须分居。②秦国因此而具有极强的社会动员能力,最后统一中国。

---

① 参见《春秋左传注(修订本)·桓公二年》,上册,第94页。

② 《史记·商君列传》:"民有二男以上不分异者,倍其赋";十年后再下令:"令民父子兄弟同室内息者为禁"。以上参见(汉)司马迁撰:《史记·商君列传第八》,中华书局1963年版,第7册,卷68,第2230、2232页。前者即秦孝公三年(公元前359)颁布的《分户令》;后者则为秦孝公十二年(公元前350年)重申《分户令》之主张。关于两次分户主张,可参见栗劲:《秦律通论》,山东人民出版社1985年版,第39~40页。以下所引《史记》皆依此版本,只注书名、篇名、册数、卷数与页码,其余不再注明。

这一历史过程,正如杜正胜分析指出的那样:“春秋晚期以后封建崩解,社会基本单位逐渐转变成为个体家庭,集权中央政府才有可能实现。集权政府的财源取于每家的赋税,军队出自每家的壮丁,没有财源和军队便不可能有集权的政府。这些家庭就是史书所谓的‘编户齐民’。编户齐民奠定秦汉以下两千五百年政治和社会的基础”;①“齐民”是指列入国家户籍而身份平等的平民,②“户”是政府行政管理单元,是征税、征兵、服役单位,③户与家并不总是一致,需定期更新户籍人口和登记财产。汉代以后,户也是选官、分配科举学额的依据。户籍制从秦汉一直沿用至今。

从思想史来看,虽然孔子完成了中国文化的超越突破,战国时期开始出现大量核心家庭,但它们是列国政府为富国强兵而推行编户齐民的结果,官方并没有意识到家作为儒家伦理载体的重要性。汉承秦制,直到汉武帝独尊儒术,儒学作为官方意识形态,成为全民必修课,提倡孝道,不同形式的家庭、大家庭和家族才最终获得了正当性并得到不断强化。商鞅制定的强迫分家法令,经过

---

① 参见杜正胜:《传统家族结构的典型》,收于氏著:《古代社会与国家》,允晨文化1992年版,第780页。

② 参见杜正胜:“‘编户齐民论’的剖析”,载《清华学报》新24卷2期(1994年6月),第163~191页。该文引用了《汉书·食货志下》在“世家子弟富人或斗鸡走狗马,弋猎博戏,乱齐民”之“齐民”一词注中,引用如淳的话指出:“齐,等也,无有贵贱,谓之齐民,若今言平民矣。”参见《汉书·食货志第四下》,第4册,卷24下,第1171页。

③ 《居延汉简》有编户齐民户籍的记录,如户主徐宗之记录:“居延西道里公乘徐宗。徐宗年五十。妻妻。子男一人。男同产二人。女同产二人。宅一区直三千。田五十亩直五千。用牛二直五千。妻。男子一人。妻一人。子男二人。子女二人。男同产二人。女同产二人。”以上简文参见中国社会科学院考古研究所编:《居延汉简甲乙编》,中华书局1980年版,二四·一A(甲一八一A),第14页;关于汉简中有关编户齐民制度的讨论,可参见杜正胜:《传统家族视论》,载黄宽重等主编:《家族与社会》,中国大百科全书出版社2005年版,第21页。

两汉五百年,直到八百年后的魏晋时才最后废止。① 可见,从先秦以核心家庭为主的户,到作为儒家伦理载体、社会组织基本细胞的家,是儒家官方意识形态对社会形态长时期塑造的结果。这一过程,虽然漫长却不可抗拒。

汉代儒家作为官方哲学,赋予各种类型家正当性,由于不同类型的家都是血缘共同体,其大小规模及横向联系有其天然局限,不可能无限扩大,那么,儒学是怎样论证由不同血缘家庭、家族组成的大一统帝国的正当性的呢?这就是把国看做是家的同构放大。汉初几位皇帝提倡以孝治天下,选拔孝敬父母的平民出任官员,把尽孝与治国联系在一起。"孝"成为汉代政治儒学的核心观念,正是通过孝提出家、国同构观念,把"国"看成"家"的放大,皇权被视为父权的放大。为此,汉初儒生编了一本《孝经》。《孝经》虽未在五经之列,但它是官方意识形态规定的必读书。劳思光先生的《新编中国哲学史》不讲《孝经》,可能觉得它没有思想性。但在汉代,它很有思想性、很重要,是必读书。

《孝经》的重要性在于重新挖掘了孝的意义。先秦儒家讲孝道,讲等级制伦理,父权的核心观念是孝,从"亲亲"推出"尊尊",已经把家庭伦理外化为社会关系准则。而《孝经》则非常明确地提出国、家同构的观念。不到两千字的《孝经》,言简意赅,单刀直入"孝

---

① 据杜正胜的研究,法家制订的父子兄弟分居、别籍、异财的核心家庭结构,在汉代尊儒并提倡孝道之后开始发生改变。到和帝时(89~105在位)许荆迁桂阳太守,开始以礼禁教化改变偷薄之风。儒家浸润社会几百年,到曹魏时,《晋书·刑法制志》才有"除异子之科,使父子无异财"的法令,正式废止商鞅所订历时近八百年的生分法律。到唐代,《唐律疏议·卷十二.子孙别籍异财条》更有:"诸祖父母、父母在,而子孙别籍、异财者,徒三年",大家庭很多。宋元到清,只要祖父母、父母许可,子女兄弟则可分家,可见《元典章》卷十七"分析"、《大清律例》卷八"别籍异财"中的记录。以上详见杜正胜:《编户齐民——传统的家族与家庭》,载刘岱总主编:《中国文化新论社会篇·吾土与吾民》,三联书店1992年版,第26~34页。

治”主题。开篇就借孔子之口说：“夫孝，德之本也”，[①]把孝作为道德的根本；接着讲在人生不同阶段的孝是“始于事亲，中于事君，终于立身”；[②]年幼时在家孝敬父母，成年后服务于君王、国家，最后成就自己以道德为终极追求的人生（立身）。《孝经》把父子关系的孝定义为人的本性，[③]并提出移孝为忠的治国理念：“君子之事亲孝，故忠可移于君；事兄悌，故顺可移于长；居家理，故治可移于官。”[④]人对父母孝敬移于对待皇帝就会忠，敬重兄长移于社会就会服从长辈，治理好家事就可移于为官之道。《孝经》的这套说法，完全是家与国对应嘛！

在人类历史上，把国视为家的放大是一个大发明，从来没有第二个文明是像中国这样的。家、国同构这个发明，在我们中文里是有记录的。你们知道这个记忆是什么吗？就是“国家”这个词。中文的“国”和“家”原本是两个字，先秦虽已有“国家”一词，但尚不是今天讲的意思。到汉代，国已变成大一统的帝国，家就是我们今天讲的家庭，两个字连用变为“国家”，指称皇帝统治的政治实体。一直到二十世纪五十年代初朝鲜战争，抗美援朝的动员口号还是“保家卫国”。其他文明，还有哪一个是把国家叫做“国家”的？

西方用 state 指称国家，state 原意是指状态，从来没有“国”是“家”的放大这样一个概念。我喜欢用关键词意义来讲观念，你们知道古希腊、罗马怎么称呼国家吗？古希腊的国叫“城邦”，其拉丁文是 polis，词意是“政治”，因为城邦就是政治共同体。古罗马的国家名字是 republic，是“共和国”。republic 的拉丁文 re publica 是什

---

① （唐）唐玄宗御注，胡平生译注：《孝经译注・开宗明义章第一》，中华书局 1999 年版，第 1 页。以下所引《孝经译注》皆依此版本，只注书名、篇名与页码，其余不再注明。

② 如《开宗明义章第一》指出：“父子之道，天性也，君臣之义也。”参见《孝经译注・开宗明义章第一》，第 1 页。

③ 《孝经译注・圣治章第九》，第 19 页。

④ 《孝经译注・广扬名章第十四》，第 31 页。

么意思？就是指公共事物,国家是公共的事物。只有中国人把国和家放在一起讲而产生“国家”一词,“家”是私,“国”是公,公私融合在一块儿,这是一个巨大的创造。在中国传统社会,正因为“家”与“国”同构,公领域价值和家族组织内部私领域的价值被打通了。①

大一统、王法和文官制

把国看做是家的同构放大,居伦常等级顶端的皇帝成为“君父”,代表“国”;皇帝家族凌驾其他所有的家之上,无比重要。皇帝如何按照儒家伦理去统治全社会所有的家呢？这就是中国人耳熟能详的“家法处置”、“王道王法”。每个人一生下来,就要服从以父权为中心的伦理,受家规、家法约束,家法由家长、族长执行。国是由大量不同姓的家组成,在没有血缘关系的人与人之间,也就是在家之外,人人必须服从王法。秦帝国的王法,是专讲统治的法家之“法”;与此区别,汉代的王法以儒家伦理道德为正当性根据,是儒学王道和礼治的体现。这样的王法,既不是西方的法律,也不是法家的普遍法规,而是皇帝公布的作为礼治补充的法令和政策。

家法和王法两者之间矛盾不矛盾呢？不矛盾。为什么？“法”

---

① 父子关系是儒家人伦道德秩序的基础,但就领域而言它属于“私”。在中国文化合理性论证结构中,社会秩序及君臣关系这些公领域都被视作父子关系的放大、家庭关系的延伸,因此不存在与私领域完全切割、独立于个人和家庭的公共领域。我们曾研究为什么“公理”一词在传统社会不常用,正因为它的意思仅代表公领域之理或普遍之理,不符合家国同构的通行公私两领域的儒家伦理原则之理。以上参见金观涛、刘青峰:《“天理”、“公理”和“真理”——中国文化合理性论证以及正当性标准的思想史研究》,载金观涛、刘青峰著:《观念史研究:中国现代重要政治术语的形成》,法律出版社 2010 年版,第 27 ~ 70 页;香港中文大学出版社 2008 年版。

字的原意是指“罚”和“刑”，[①]家法和王法执行的罚和刑都是由儒家礼治规定的，所以二者并不矛盾。正如清儒唐晏（1857～1920）所言：“古之治天下者，无所谓法也，礼而已矣”。[②] 不能以处罚的轻重来看家法和王法的分界，例如处死是最重的刑罚，直到清代，大清例律（王法）中仍保留家长可以处死不肖子孙的规定（家法）。你们看，家法可以重到这种程度。一般来说，两个人之间有血缘关系，属于同一个家族，当他们有冲突时肯定先按家法来调解，来办。如果没有血缘关系的两个人冲突很严重，家族内和乡里调停都无用，他们告到官府，就按王法来办。

民众不了解王法那些很具体烦琐的条令，怎么办？早在春秋，郑、晋两国先后铸刑鼎，公告刑法。[③] 后来秦始皇焚书坑儒，采用李斯的“若欲有学法令，以吏为师”。[④] 法令多到一般百姓难以知悉程度，只有向谙熟法令条文的吏员学习，吏员也需定期向民众宣讲。汉独尊儒术后，按儒家礼治，皇帝是处于全社会伦常等级顶端的君父，王法的权威性来自于它是君父皇帝所制订，子民必须服从，王法是配合帝王德政的统治工具。[⑤] 父对子要慈，王法以“德主刑辅”为原则。历代颁布的王法，内容很具体、刑律条文很细密，并可以

---

① 《说文》：“灋（法），刑也”；《尔雅·释诂》：“典、彝、法、则、刑、范、矩、庸、恒、律、戛、职、秩，常也”、“柯、宪、刑、范、辟、律、矩、则，法也。”以上参见（汉）许慎撰，（清）段玉裁注：《说文解字注》，十篇上，廌部，第470页；（晋）郭璞注：《尔雅·释诂上》，收于中华书局编辑部编：《汉魏古注十三经》，中华书局1998年版，下册，卷1，第6页。

② （清）唐晏著，吴东民点校：《两汉三国学案·礼》，中华书局1986年版，卷7，第323页。

③ 邢义田指出：刑书或刑鼎的铸造意味着以刑法取代传统的礼制。……放弃过去维系“贵贱不愆”的礼制，刑法成为治政理民新依据。所以受到孔子、叔向的指责。参见邢义田：《治国安邦：法制、行政与军事》，中华书局2011年版，第9页。

④ 《史记·秦始皇本纪第六》，第1册，卷6，第255页。

⑤ 梁治平在《说“治”》一文中指出：“在中国，法律自始就是帝王手中的镇压工具，它几乎就是刑的同义语。”参见梁治平：《说“治”》，收于氏著：《法辨——中国法的过去、现在与未来》，贵州人民出版社1992年版，第98页。

不断调整。

在中国传统社会的家国同构体中,除了皇帝家族以外,其他各个家之间原则上是平等的。家法由家长执行,不用多讲。执行王法的是官吏,这就会产生一个问题,官吏与皇帝并没有血缘关系,又如何能保证朝廷命官负起执行王法和皇帝各项旨意的职责呢?虽然《孝经》已提出移孝为忠的理念,但关键是还必须发展出一套选官制度,挑选能自觉执行这一理念的道德精英出任各级官员,使他们成为超越血缘关系的家的社会组织者。因此,建立以皇权为中心、以道德精英为主体的文官制,是保障家国同构运作的另一个关键。

世界各大文明中,中国传统社会最早实行文官制。为什么中国会最早?不少学者用中国文明的早熟性来解释。我们认为,中国之所以最早建立起文官制,是出于儒家治国理念的制度设计。西方文官制的出现是相当近代的事情,它意味着治理国家的理性化。中国文官制的基础不是理性而是道德。其他传统社会在实行文官制以前,采用了不同统治模式,有贵族制、军事封土制、奴隶制,或者世俗权力与教廷并行等种种治理制度。由于这些制度统统与儒家以道德为终极关怀的基本理念相矛盾,在中国传统社会都没有正当性,因此在制度设计中都被排除了。汉代选官制度是根据儒家政治理念设计的,其重点是通过考核,选拔道德精英为官,这样的制度只能是文官制。汉以后,选拔道德精英治国是中国文官政治的大传统,一直延续到今天。

汉代的选官,除了少量的世袭任荫和赀选买官外,主要用三种办法来考察选拔官员。一是不定期的,由皇帝提出并命题,命各地诸侯王公卿、郡国选送人才,诏举"贤良方正";或由皇帝指名道姓地征召,委以要职。二是由地方官以"孝顺亲长、廉能正直"为标准,定期向中央推举孝子廉吏,经中央考察后委任的各级官员。汉代童谣“举秀才，不知书；察孝廉，父别居”①中的“举”和“察”，就是指这种制度。这首童谣讽刺以道德选拔官吏的虚伪，其实官员个人品德的好坏与选官标准是两回事。第三种，对后世影响最大的，是汉武帝立五经博士，设太学，学员是各地推荐的优秀平民子弟，向通经的博士学习儒家经典，通过考核后，选拔成绩优异的学员为官。这三种选官方法有一共同点，这就是以信奉儒学、考核士子道德水平的高低作为标准。

汉代确立以儒家作为官学，同时也确立了以儒家道德标准来选拔各级政府官员的原则和办法。选官的这一大原则从未改变，相关的制度设计则不断改进、完备，最后到隋唐定型为科举制。汉代这种与儒家治国理念相匹配的选官制度，与社会生活长期的互动，使得中国传统社会具有了两个不同于其他文明传统社会的重要特征。第一，社会阶层之间具有流动性。不论一个人出身多么底层、多么贫困，只要他努力学好儒家经典，都有可能走上仕途，光宗耀祖，提升自己和家庭的社会地位。第二，规范了读书人的生活方式和人生道路。对于儒生来说，熟读儒家经典既是他们个人安身立命、成为君子的精神追求所需，是他们当官治国的共同理念，也是他们“书中自有黄金屋、书中自有颜如玉”的谋生之途。这种文官制，同时满足了士阶层的个人修身与政治及社会道德实践之双重需求，使这个信奉儒家的道德精英阶层，成为中国传统社会不可或缺的组织力量。

在先秦列国争霸的时代，儒家虽然论证了君权的正当性在于行仁政，但当时尚没有出现大一统帝国，各国任官也没有特别倾向于儒士。而汉帝国建立后，当务之急就是重新解释儒家经典，论证家国同构之大一统帝国的正当性，论证皇帝权威的神圣性，论证如

---

① 参见（晋）葛洪著，杨明照校笺：《抱朴子外篇校笺·审举》，中华书局 1991 年版，上册，卷 15，第 393 页。

何组建以皇权为核心的官僚系统。前面已谈到《孝经》对建立以皇权为中心的家国同构大一统帝国的功能,但仅有《孝经》是远远不够的。汉代儒学要实现这些新功能,还必须从儒学原有的价值系统中推导或创造性转化出若干重要的新观念。正因为这种历史需求,汉代的经学研究特别发达。汉代五经的确立,是儒学成为官方意识形态的标志,其中每一部经典对于维系家国同构的大一统帝国都具有独特的不可取代的功能。此后两千年间,儒家经典的阐释和增加与传统社会结构的调适是一个同步演化过程。

2.2 儒学群经的起源:结构和功能

儒家经典:从五经到十三经

讨论汉代如何确立儒家经典之前,我先问一个问题:何为经典?为什么实现超越突破的轴心文明都有各自的经典?儒家经典和其他经典相比又有什么特点?第一讲曾指出,轴心时代产生了四种超越突破基本类型,每一种超越视野都规定了该文明的终极关怀。各个文明的经典,就是记录并论证这一核心价值的著作,有了经典,终极关怀规定的人生意义,才可以如 DNA 那样普及于个人,并一代代传承下去。因此,超越突破后的文化可以成为不死的文化。

对于中国来说,先秦孔孟完成了超越突破,中国成为一个以道德为终极关怀的文明;汉代确立了大一统帝国基本形态,国被看做是家的同构放大,相应的社会组织蓝图已相当细化,如处伦常等级顶端的皇帝拥有绝对权力,是政治秩序的来源。这样,经典的确立就只能围绕着家国同构的社会组织蓝图及其变化而发展,而且每一部经典的内容都可以从功能需求来定位。随着社会的发展,经典的数量、重要性排序以及对经典的阐释都会发生变化。

在中文里“经”这个词本来就有恒久不变的最高原则、道理以及社会的规范等意义。[①] 先秦著述写在竹简上，重要文字写在尺寸较长的简上，称为“经”；解释经的文字写在较短的简上，称为“记”。[②] 先秦诸子的许多重要典籍都称为经，如老子的《道德经》、墨子的《墨经》等，“经”的本意只是代表该价值系统的核心文献。先秦儒家有《诗》《书》《礼》《乐》《易》《春秋》六经。[③] 为什么这些内容庞杂的典籍被儒家称为经呢？因为孔子把周代制度、文化统统视为道德伦理的体现和典范，记录周代思想、文化和制度的《诗》《书》《礼》《乐》《易》当然成为表达超越突破的经典，再加上由孔子编写的史书《春秋》，共有六部经典，称为“六经”。

你们知道后来儒家有多少部经典吗？十三部？对。称为十三经。为什么要有这么多经典，它是干什么用的？其实，随着中国传统社会的发展，以及儒学面临的思想文化挑战，使儒学经典有一个从汉代五经到十三经的发展过程。这也是经典与社会变化之间互动，不断作出调整和重新阐释、挑选的结果。其大致过程如下：

秦灭之后，六经中的《乐经》失传了，剩下《诗》《书》《易》《礼》《春秋》五经。所以汉武帝只立了五经博士，形成了以五经为核心的儒家意识形态。《论语》和《孟子》以及《孝经》虽然是官学必读书，但尚不在五经之列。伴随着道德政治和家国同构体的成熟，经

---

① 《文心雕龙》中曾说明“经”的意思，如《宗经第三》指出：“经也者，恒久之至道，不刊之鸿教也。”此句乃强调经的普遍性、神圣性和不变性。参见（梁）刘勰著，周振甫注：《文心雕龙注释·宗经第三》，人民文学出版社1981年版，第18页。

② 参见钱存训：《中国古代的简牍制度》，收于氏著：《中国书籍、纸墨及印刷史论文集》，香港中文大学出版社1992年版，第24页。

③ 《诗》是《诗经》，是古代诗歌集子；《书》是《尚书》，是上古皇室档案汇编；《礼》记录了周代政治制度、官职和家族宗法制度，婚丧嫁娶，包括冠、昏、丧、祭、朝、聘、燕享等的详细仪式；《乐》是《乐经》，《易》就是《周易》，再加上据说是孔子作的《春秋》，共有六种。

典数目也不断增加。到唐代,《礼》包含的《周官》《仪礼》和《礼记》(简称三礼)各自成为独立的经,《春秋》的三种衍生本《左传》《公羊传》《谷梁传》(简称春秋三传),亦各自独立为经,因此汉代五经到唐代时变为九经。唐以后,先后增加了《论语》《孝经》《尔雅》,共有十二经。迟至宋代,心性论儒学极为重要,《孟子》才列为经,十三经最后定型。可见,儒家群经的主体结构是由汉代五经奠定的,它缘于为家国同构的大一统帝国提供正当性根据,分析儒学经典的结构和功能必须从五经开始。

汉儒尊孔子为素王,他们认为孔子在先秦所选定的六经,就是要为世代立法。这些经典是汉代制定有关家庭、社会及国家根本大法的根据,汉代的社会组织蓝图和国家大政方针都必须从经典导出。因此,汉儒特别强调通经致用。按学界公认的说法,汉武帝建元五年(公元前 136 年)立五经博士,是"经学"正式确立的标志。五经中的《礼》《春秋》和《易》是政治意识形态的核心,它们分别针对着三个目标:《礼》论证家国同构及社会和政治秩序;《春秋》论证以皇权为枢纽的大一统帝国;《易》则实现儒家伦理和宇宙秩序的整合,儒家等级秩序也是宇宙法则。下面将分别讨论这三部经典。

《礼记》的意义

如前所说,《礼》包含的《周官》《仪礼》和《礼记》三部著作。其中《周官》主要讲理想的周代政治制度,大约在西汉时才更名为《周礼》。《仪礼》讲周代不同等级身份的贵族氏族的各种仪礼规范,而《礼记》不是"经",它是阐释《仪礼》义理的著述,所以称为记。《礼记》阐释这些规范背后的义理,讲礼的来源、道德理念及其如何实践,篇目很多。《礼记》的辑录过程很复杂,一般认为它是汉儒根据战国文献编纂的;后世流传的《礼记》是东汉末大儒郑玄(字康成,127~200)的本子。《礼记》以三代的"天下一家"、"天下为公"为道德理想，指出必须要依靠礼来规范每个“各亲其子，货力为己”的小家庭，才能实现“以天下为一家，以中国为一人”的道德理想。①《礼记》的篇章很多，其中最重要、对后世影响最大的是《大学》、《中庸》和《学记》三篇。为什么是这三篇呢？

先看《学记》。《学记》是讲进学修身的道理。《论语》开篇第一句话是“学而时习之，不亦说乎”。②《学记》讲：“玉不琢不成器，人不学不知道”，③人不进学修身就不明白天道是什么，一辈子是个浑浑噩噩之人。君子除了个人修身之外，还要承担“化民成俗”、即教化天下道德风俗的社会职责，也必须由学开始。④《学记》强调人只有学习道德规范才能知天道，又强调君子有“化民成俗”的职责，这个思路是从荀子那里拿过来的。《学记》还提出君王、臣子和民众都要尊师，⑤这样才可能使全社会都服从统一的道，有共同的行为准则。尊师重道成为中国文化的重要特征。《学记》奠定了道德教化的基础。

《大学》原是《礼记》中的第四十二篇，它为什么重要？又有什么功能？因为它提炼出儒家的三纲领、八条目，把齐家和治国平天下整合起来了。《大学》的第一句话“大学之道，在明明德，在亲民，

---

① 《礼记·礼运》：“今大道既隐，天下为家，各亲其亲，各子其子，货力为已，大人世及以为礼。”（《礼记集解·礼运第九之一》，中册，卷21，第583页）又说：“故圣人耐以天下为一家，以中国为一人者，非意之也，必知其情，辟于其义，明于其利，达于其患，然后能为之。何谓人情？喜、怒、哀、惧、爱、恶、欲，七者弗学而能。”（《礼记集解·礼运第九之二》，中册，卷22，第606页）最后一句指出，天下一家的基础是人之常情，道德感是不用学就能知而且做得到的。

② 《论语集注·学而第一》，第47页。

③ 《礼记集解·学记第十八》，中册，卷36，第957页。

④ 如《礼记·学记》指出：“君子如欲化民成俗，其必由学乎。”参见《礼记集解》，中册，卷36，第956页。

⑤ 如《礼记·学记》指出：“凡学之道，严师为难。师严然后道尊，道尊然后民知敬学。是故君之所不臣于其臣者二：当其为尸，则弗臣也；当其为师，则弗臣也。大学之礼，虽诏于天子，无北面，所以尊师也。”参见《礼记集解》，中册，卷36，第968页。

在止于至善”,[1]所谓的大学就是追求道,表现为发扬光大道德、亲民和教化天下达到至善。这就是著名的儒家三纲领。直到今天中国的政治不是还在讲亲民吗?定出三纲领后,接着讲儒家修身的八条目:“格物”、“致知”、“正心”、“诚意”、“修身”、“齐家”、“治国”、“平天下”。前四条是讲个人修炼,然后讲个人的道德实践,要先齐家,家齐之后是治国,最后是平天下;从个人修身到齐家再到治国,从齐家推广到治国,顺序很清楚,道德实践应围绕着家国同构的结构展开。《大学》还讲“一家仁,一国兴仁”,[2]完全是在讲家国同构的道德政治嘛。很简单,《大学》的重要功能,就是把孔孟的道德政治变为儒生个人由修己齐家到治国平天下的道德实践,确立了如何落实家国同构的伦理及修身目标。

《中庸》这部文献又为什么这样重要呢?《中庸》开宗明义,第一句话是:“天命之谓性”,把天命看做人的本性;接着说“率性之谓道,修道之谓教”。[3] 意思是,顺着人性去做就是道,不断地去体悟修炼这个道就是教。这三句话强调道德感来源于天赋予每个人的本性,人人可欲,[4]从而把维系家国同构的伦理及修身与天道性命联系起来。“中庸”至今仍是常用词,但古今意义有所不同。儒学的中庸是什么意思呢?孔子曾说过,中庸是君子很难达到的最高美德。[5]《中庸》从天道性命来阐述这种最高美德。最高美德为什么以“中庸”为名呢?这就要从“中庸”的词意讲起。

---

① 《大学·章句》,第3页。

② 《大学·章句》,第9页。

③ 《中庸·章句》,第17页。

④ 《中庸》开头“天命之谓性”这句话,在唐宋以后受到高度重视,宋儒认为仅仅讲道德是人的本性还不够,他们从道德与宇宙万物一体这个出发点,形成讲“性”的不同学派。可见《中庸》是多么重要。

⑤ 《论语·雍也》中提到:“中庸之为德也,甚至矣乎!”(《论语集注·雍也第六》,第91页)《中庸》中则言道:“天下国家可均也,爵禄可辞也,白刃可蹈也,中庸不可能也。”(《中庸·章句》,第21页)。

什么叫“中”？什么叫“庸”？通常把不偏不倚称为“中”，“中庸”一般指人在道德实践时，过与不及都不好，要不偏不倚。而在《中庸》里的“中”是特指人心“喜怒哀乐未发”状态，它是道德本质，即人行为之前的道德感。“庸”是什么意思呢？“庸”的意思很多，指“平常”或“用”；《中庸》里“庸”的意思是不可改变之“常”，即道。[①] 喜怒哀乐未发状态是“中”，已发而又符合“中”这个“天下之大本”的是“和”。因此，“致中和”体现着符合宇宙天道的至高美德，只有致中和，天地才能各守其正常之位，万物才得以繁衍生养。[②]《中庸》还提出：“君臣也，父子也，夫妇也，昆弟也，朋友之交也；五者天下之达道也”，[③]修炼好这五种人伦关系，行为就能符合天道。

在汉代，《中庸》和《大学》都还只是《礼记》中的一个篇章，并不那么突出，在受到佛教冲击后，到唐代、特别是宋代，《中庸》和《大学》受到儒生的高度重视。南宋大儒朱熹（元晦，1130～1200）编撰《四书章句集注》，把《大学》《中庸》从《礼记》中抽出来，与《论语》《孟子》并称为四书，与汉代五经并列，此即我们现在常说的“四书五经”。《中庸》《大学》重要性的凸显，与宋明理学对家国同构的社会组织蓝图细化直接相关，后面第五讲中会详细讨论。

关于春秋战国时代，我们耳熟能详的一句话是“挟天子以令诸侯”，现实政治中周天子早已失去号令天下的地位。《春秋》是鲁国

---

① 郑玄注解“中庸”二字：“名曰《中庸》者，以其记中和之为用也。庸，用也。”又说：“庸，常也。用中为常，道也。”参见（汉）郑玄注，（唐）孔颖达疏：《礼记正义·中庸第三十一》，收于李学勤主编：《十三经注疏》（标点本），北京大学出版社 1999 年版，下册，第 52 卷，第 1422、1424 页。

② 《中庸》：“喜怒哀乐之未发，谓之中；发而皆中节，谓之和。中也者，天下之大本也；和也者，天下之达道也。致中和，天地位焉，万物育焉。”参见《中庸·章句》，第 18 页。

③ 《中庸·章句》，第 28 页。

的史书,记录了春秋时代礼崩乐坏的过程。汉代建立了家国同构的大一统帝国,要维护这种形态的稳定,作为帝国代表的皇帝就必须具有至高无上的政治和道德权威,处于伦常等级的顶端,同时皇帝又是代表和传达上天意志的天子,是把儒家伦理规定的社会等级秩序与宇宙秩序紧密地联系在一起的枢纽。那么,如何用《春秋》这部鲁国史书来论证汉代的大一统政治及家国同构的社会秩序呢？汉儒就必须对《春秋》作出微言大义的解释,由此发展出今文经学。

《春秋》和微言大义

在汉代,《春秋》是五经之首,汉武帝立五经博士,最早立的是春秋经博士。为什么《春秋》如此重要？因为五经中唯有《春秋》是孔子所著。《春秋》的重要性,钱穆(宾四,1895～1990)先生讲得很清楚:“五经成为汉代之王官之学;而汉代的五经,又必以孔子春秋为之主。此因诗、书、易、礼皆属于前王,只有春秋,是一种新王法,不啻是孔子早为汉廷安排了。”①《春秋》本是孔子编修的鲁国史书,为什么会有这等功能呢？

孟子早就说过:“孔子成《春秋》而乱臣贼子惧。”②在孟子看来,孔子编修鲁国历史,一定会按照符合礼的道德政治大原则来品评历史事件和人物;这就足以令乱臣贼子害怕。司马迁(子长,约前145～前90)说得更清楚:“夫春秋,上明三王之道,下辨人事之纪,别嫌疑,明是非,定犹豫,善善恶恶,贤贤贱不肖,存亡国,继绝世,补敝起废,王道之大者也。”③由孔子编《春秋》开始的记述历史与维护道德政治之正当性的写史传统,一直延续至今。

---

① 钱穆:《孔子与春秋》,收入氏著:《两汉经学今古文平议》,商务印书馆2001年版,第277页。

② 《孟子集注·滕文公章句下》,卷6,第273页。

③ 《史记·太史公自序第七十》,第10册,卷130,第3297页。

汉儒认为《春秋》是孔子为汉立法，不仅如此，当时朝廷议政、大臣呈奏、官员更替甚至决狱断案，也言必引《春秋》为理据。[①] 今天很难理解，即使孔子编修《春秋》用语有褒贬之意，一部先秦史书怎么能在汉代政治运作中发挥如此具体的功能呢？关键是汉儒用"微言大义"方法，挖掘孔子未曾言明的意义。"微言"是指经典没有写或意思不明确之处；"大义"是揣摩、猜测圣人为什么讲这些"微言"，创造性地解释经典，为新出现的政治形态提供合理性论证。自西汉起，以微言大义解《春秋》，形成了儒学今文经学的传统。

为什么叫"今文经学"？秦始皇焚书坑儒，儒学经典付之一炬，汉初找不到儒家经典了，只有找儒生背诵默写出来。儒生是用当时通行的隶书文字（即今文）来默写经典，所以叫"今文经"，解今文经的叫"今文经学"。汉武帝时，在据说是孔子旧宅出土了一批竹简，是先秦蝌蚪文书写的经书，被称为"古文经"，解释它的就是"古文经学"。汉武帝时今文经大盛，一直到西汉末期，主张忠于原典的古文经学才开始压倒今文经学。

今文经学和古文经学的兴衰，是儒家经典与社会互动的结果。从孔子到汉承秦制建立大一统帝国的数百年，是中国社会第一次大转型的时代。今文经学把孔子编的《春秋》视为为万世立法的"元经"，用微言大义解经，是要为新兴的大一统帝国国家形态提供正当性论证。随着汉帝国的稳固，今文经学渐渐不敌忠于原典的古文经学了。历史上，今文经学大盛于两个朝代，一个是西汉中前期，一个是晚清。道理不难理解。西汉是家国同构的大一统帝国初建，而在晚清中国传统社会受到西方现代文明不可抗拒的冲击，不得不大转型了。这两种情况下，儒生就会用微言大义方式重新

① 姜广辉主编：《中国经学思想史》第 25 章"董仲舒的春秋公羊学理论体系"，中国社会科学出版社 2003 年版，第 2 卷，第 48 页。

解释经典,推导出原始经典中没有讲过的新制度,以响应社会大转型的巨变。

如同所有史书那样,《春秋》记录了哪里发生地震,哪里有天灾异变以及社会发生了什么事情。汉儒是如何用微言大义解《春秋》,为史无前例的大一统和皇帝专制提供正当性的呢?主要是靠微言大义解《公羊传》。战国时期,出现了三种解释《春秋》的读本,分别是《左氏春秋传》《公羊传》《谷梁传》。《左传》忠于记事;《谷梁传》侧重讲礼义、教化和宗法家族关系;《公羊传》在先秦是口授传承,到汉初才有文字本,其特色是突出政治,大讲历史变易三世说,大讲为后王立法,讲大一统、讲拨乱反正。这几点正好符合西汉前期建立大一统帝国的需要,因此很盛行。汉武帝重用的丞相公孙弘(前 200 ~ 前 121)和儒生董仲舒(前 179 ~ 前 104),都是公羊派大师。

举几个例子,看看《公羊传》是怎样用微言推出来经典未曾言明的大义的。《春秋》开头一句是"隐公元年春王正月",说《春秋》从鲁隐公元年(前 722 年)开始纪年。《公羊传》这样分析:必须猜测为什么孔子要先讲王、再讲正月。当时有殷历、夏历和周历,鲁国用周历,表明孔子尊周天子为天下共主;"王"指何人?是周文王(姬姓,名昌,约前 1152 ~ 前 1056)。孔子讲"王正月",弦外之音是尊周王为天下共主的大一统。[①] 这样一微言,就推出来大一统了。董仲舒解释这句话的意思为尊王道是立国之根本,他说:"《春秋》

---

① 《春秋公羊传》:"元年者何?君之始年也。春者何?岁之始也。王者孰谓?谓文王也。曷为先言王而后言正月?王正月也。何言乎王正月?大一统也。"参见(汉)何休撰:《春秋公羊传·隐公元年》,收于《汉魏古注十三经》,中华书局 1998 年版,卷 1,第 5 页。以下所引《春秋公羊传》皆依此版本,只注书名、卷数与页码,其余不再注明。

何贵乎元而言之？元者，始也，言本正也。”[①]

《春秋》还有这样一个记载，鲁成公五年（公元前586年）“梁山崩，壅河三日不流”，[②]记录了山崩造成黄河壅塞改道的自然现象，和政治一点关系都没有，但《公羊传》怎么解释的呢？根据“外异不书”原则，就是不记载外国的异常，梁山在晋国，不在鲁国，那么，孔子写鲁国史为什么要写晋国的事情呢？于是，推测孔子是要为“天下记异也”，[③]从天下来看，鲁国和晋国同属大一统的周。通过猜测孔子为何这样写，不仅推出大一统，还论及灾异和政治的关系。

《春秋》末篇有“鲁哀公十四年，春西狩获麟”。古代中国有很多奇怪的野兽，龙啊，凤凰啊，麒麟啊，《公羊传》是怎么微言大义这句话的呢？麒麟是仁兽，应该在行仁政的太平盛世出现；但孔子正值乱世，闻麟至而涕泪沾襟，感慨麒麟为什么来、仁政何在？由此，《公羊传》推测孔子写“西狩获麟”就是要“拨乱世，反诸正”，拨乱反正。[④] 这样的例子在《公羊传》中比比皆是。今文经派通过对历史的微言大义解释，把天灾和各种自然现象和皇帝是否实施仁政联系起来，天人之间互相感应，儒家道德秩序与宇宙秩序相通。

劳思光先生称汉代这种以天人相应为特征的思想，是“宇宙论中心之哲学”。[⑤] 我们改称为“宇宙论儒学”。为什么？汉代说天有道德，这个天并不是指人格神的上帝。天怎么会有道德呢？所谓天有道德，是把宇宙秩序与道德秩序直接相对应，故用“宇宙论

---

① （清）苏舆撰，钟哲点校：《春秋繁露义证·王道第六》，中华书局1992年版，卷4，第100页。以下所引《春秋繁露义证》皆依此版本，只注书名、篇名、卷数与页码，其余不再注明。

② 以上参见《春秋公羊传·成公五年》，卷17，第124页。

③ 以上参见《春秋公羊传·成公五年》，卷17，第124页。

④ 以上参见《春秋公羊传·哀公十四年》，卷28，第194～195页。

⑤ 劳思光：《新编中国哲学史》，第2卷，第3页。

儒学”更形象。根据宇宙论儒学,风调雨顺表明皇帝仁政实行得好;出现灾异时,就要问为什么天会失常呢?这是因为皇帝的政策偏离了仁政(失德),天就要用灾异来警告作为天子的皇帝。因此,一旦有天灾、月食、日食,汉代皇帝就紧张了,一定是贪官污吏横行,要不就是政策出错。在这种天人相应的哲学中,儒家道德法则附着于宇宙秩序,天积极地干预人世间的一切。按韦政通先生的说法,这种观念在汉代还是蛮有效的,是限制君权、惩罚贪官污吏的外在约束。①

众所周知,是董仲舒向汉武帝提出“罢黜百家、独尊儒术”的,但你们知道吗?它只是这位今文经学大师向汉武帝提出的《天人三策》之一,这里简单讲讲。汉武帝独掌乾坤之始,曾下一道诏书:“欲闻大道之要,至论之极”,②向全国贤良文学征询答案。董仲舒的答案大受赏识,脱颖而出。在第一次策问时,武帝劈头就问董仲舒:有德君王受命于天,有符瑞显示吗?为什么又发生灾异?③ 董仲舒认为“唯天子受命于天,天下受命于天子”,④所以上天能感应天子如何治国。他是这样回答的:当君王治国失德、有违于天道时,必有“天人之征”用灾害、怪异向天子作出谴告和警惧。⑤

几次策问中,董仲舒用天人相应的讲法把公羊学的政治性发挥得淋漓尽致,提出了完整的治国大纲,这就是著名的《天人三策》。它包括春秋大一统,立儒家为官学,养士,选拔儒家道德精英为官;他还提出君臣、父子、夫妻关系之三纲是受命于天的行王道

① 参见韦政通:《董仲舒》,台湾东大图书公司1986年版,第98页。

② 参见《汉书·董仲舒传第二十六》,第8册,卷56,第2495页。

③ 《汉书·董仲舒传》:“三代受命,其符安在?灾异之变,何缘而起?”参见《汉书·董仲舒传第二十六》,第8册,卷56,第2496页。

④ 《春秋繁露义证·为人者天第四十一》,卷11,第319页。

⑤ 《汉书·董仲舒传》:“国家将有失道之败,而天乃先出灾害以谴告之,不知自省,又出怪异以警惧之,尚不知变,而伤败乃至。”参见《汉书·董仲舒传第二十六》,第8册,卷56,第2498页。

的基础。[①] 董仲舒坚信这些治国原则符合天道，因此在汉武帝第三次策问时，他敢于很有信心地拍胸脯说："道之大原出于天，天不变，道亦不变。"[②]历史上君王和儒生都深信只要奉行董仲舒的治国大纲，就可以"天不变，道亦不变"，这些信条直到晚清才动摇。

董仲舒是西汉最重要的政治思想家，他给出的天人相应宇宙论儒学的影响力巨大而深远，起了很大的示范作用，但也引起了谶纬等奇谈怪论大泛滥。久而久之，天人相应塑造出汉代人把天象和人的行为紧密相关的基本心态。作为天子的皇帝是天人连在一起的关键，因此，汉儒追求道德理想的实现，一定要为皇帝服务，不为皇帝服务，在家里独善其身是不可以的。

《周易》及其功能

宇宙论儒学把天地变化和道德价值对应起来，还必须依靠另一部经典，这就是五经中的《周易》。《周易》极为古老，在中国文化里太重要、也太特殊了，很难为其定位。用劳先生的话讲就是它有点诡异。其实《易》何止是诡异，它充满了与中国文化大传统的悖论性、神秘性要素。据说《易》出自文王，但先秦诸子各家基本都不讲《易》，孔子在《论语》中只讲过一句话："加我数年，五十以学

---

① 董仲舒在《天人三策》中，这样讲大一统："《春秋》大一统者，天地之常经，古今之通谊也"（《汉书·董仲舒传第二十六》，第8册，卷56，第2523页）；董氏在论证唯有德才可以配天之后，又提出养士和文官制的理念："兴太学，置明师，以养天下之士，数考问以尽其才；则英俊宜可得矣。"（《汉书·董仲舒传第二十六》，第8册，卷56，第2512页）。董仲舒在《春秋繁露》中这样讲三纲："天子受命于天，诸侯受命于天子，子受命于父，臣妾受命于君，妻受命于夫。"（《春秋繁露义证·顺命第七十》，第413页）又说："王道之三纲，可求于天"（《春秋繁露义证·基义第五十三》，第351页）。

② 参见《汉书·董仲舒传第二十六》，第8册，卷56，第2518～2519页。

《易》,可以无大过矣。"[①]意思是说五十岁以后读《易》才没有大害。为什么五十知天命以前不能读《易》? 因为轻易去学《易》,搞不好就中毒了。孟子没一句话讲《易》,[②]否定儒学的老、庄也很少提《易》。[③] 从道德哲学的正反角度来看,儒道两家都不太讲《易》。

既然《周易》是中国文化的源头之一,为什么先秦那些大哲学家却很少讲《易》呢? 道理很简单。因为《易》主要是讲好坏价值——吉凶的变化及变化规则,而中国文化的超越视野是个人的、现世的,以道德为终极关怀的。以道德为终极关怀,其前提是道德可欲,每个人都可以做到,如果好坏价值一天到晚在变,由外在法则来规定,你根本就控制不住,那么还讲道德干吗? 讲道德就毫无意义了。所以,先秦儒学和与其对立面的道家大都不谈《易》。劳先生在《新编中国哲学史》中骂汉儒荒唐不堪,宇宙论儒学的奇谈怪论和道德哲学统统搞在一起,把人心都搞乱掉了。劳先生强调中国道德文化的纯正性,因此当然要骂汉儒,从头骂到尾。

《周易》包括《易经》和解说发挥《易经》的《易传》两部分。"易"的本意是什么? "易"的意思是变易、变化,《易经》是有关变化的学说。另一说指"易"由"日""月"二字合成,与天文星象变化

① 对这句话中的"易"字,有六种不同解法;其中《经典释文》引《鲁论》,"易"作"亦"解。那么,这句话中就没有提到"易"。转引自林启屏:《从古典到正典:中国古代儒学意识之形成》,导论,第13页。

② 孟子虽未直言《易》,但清儒焦循(里堂,1763~1820)研究《孟子·尽心上》时,指出"孟子此章,发《易》道也。"转引自黄俊杰:"从儒家经典诠释史观点论解经者的'历史性'及其相关问题",载《中国经典诠释传统(一):通论篇》,台湾"国立"台湾大学出版中心2004年版,第362页。

③ 陈鼓应认为老庄与《易经》有关系。他举《庄子·天运》篇"孔子五十有一,南之沛而问道于老子:求之于度数,求之于阴阳"。度数、阴阳便是《易经》的基本内容。参见陈鼓应:《老庄新论》,五南图书出版有限公司2008年版,第10页。

有关。[1]《易》记录占卜，上古用龟筮、后来用五十根蓍草作占卜工具，而且蓍草还要有点灵气才行，没有灵气就没用。到汉代，这个草太难搞到了，所以改为用三枚铜钱来代替。[2] 因此，“易”也有简易的意思。为什么可以用三个铜钱来当占卜的简易工具呢？道理非常简单。因为占卜的目的是要预言事情是凶是吉，价值上是好是坏；一枚铜钱有正反两面，分别代表阴和阳，三个铜钱依上、中、下位置及正反两面，依序排列组合起来，正好有八种可能，可以作为八种卦象。[3] 占卜者可以用占卜所得的正反排列来排卦，并依卦词、爻词、象词等来测定变化和吉凶。简单地说，《周易》提供了以阴、阳为核心、解释并预测天地万物和世间祸福变化法则的哲学和方法，塑造了中国文化的有机自然观，因此在中国文化中有不可取代的地位。

需要指出，《周易》思维中隐含着一个巨大混淆，即把宇宙的客观变化法则与人的主观价值好坏判断联系在一起，没有区分开来。比较《周易》和古希腊哲学，可以发现中西文化范式的巨大差别。差别来自于对何为“正确”的认识不同。古希腊哲学是从对外在法则——即自然法——的理性认知（逻各斯，英语：Logos，希腊语：λόγος）来判别何为正确，才有对与错之分，并不是以好与坏为标准。在西方中世纪，形式法规高于人的行为动机的泛法律主义，也是沿用着以符合外在自然法为正确的思路。而在以道德为终极关怀的中国文化中，是从人的内心感觉来判别何为正确的，这就造成了难以区分对与好这两种标准。

仅仅用好、坏为标准，是不能描述和把握外部世界的，当一个

---

① 翁文波：《洛书推理》，载《羑里易学》第1卷第3辑，参考访问网址：http://www.zghjfs.net/item/Print.asp? m=1&ID=6186，访问时间：2014年6月30日。

② 此即易学史上所称“金钱代筮”。参见张善文：《象数与义理》，辽宁教育出版社1993年版，第104～105页。

③ 这八种可能是：正正正（乾）、正正反（巽）、正反反（艮）、反反反（坤）、反正正（兑）、反反正（震）、正反正（离）、反正反（坎）。

人只是从内心道德感去判别何为正确时,又如何来预测自己行为的好或坏的后果呢?《周易》之所以重要,就在于它给出了一套用阴和阳描述的宇宙变化法则,并且把这种外部世界的变化与吉(好)凶(坏)相对应,组合成不同卦象,奠定了占卜的基本原则。也就是说,《周易》的有机自然观所刻画的宇宙变化法则,是与好和坏价值判断相联系的,并建构起个人价值系统(吉与凶)和宇宙变化法则(阴与阳,乾与坤)不可分离的系统。如果以个人内心固有的道德标准去刻画自然法则,"对"和"好"是没有区别的,这就造成了宇宙论儒学在汉代兴起。

秦始皇焚书时没有烧《周易》,因为它是占卜之书。[①] 儒学在汉代成为官学后,以天人相应来解释各种变化并预测吉凶的《周易》与公羊春秋的政治理论相配合,共同成为宇宙论儒学的核心。整个汉代是《易》学和阴阳五行学说大泛滥的时代。《易》在汉代政治思想中的地位非常重要,影响也极为深远。

在现实政治中,首先用灾异来干政的人叫京房(约前 77 ~ 前 37),他是晚董仲舒一百年的《易》今文经和占卜大师。[②] 汉元帝(刘奭,前 76 ~ 前 33)时,有一年同时发生西羌叛乱和日蚀,京房被召见问原因。京房趁机讲天象出现祥瑞或灾异对应着帝王用人是否得当的理论,向元帝建议只要有考核官员的好办法,则"灾异可息"。[③] 京房因提出考功法而被任命为魏郡太守。这种把官员事功考绩与天象灾异紧密相连的做法,背离了儒家成为君子是依靠个人道德自觉及修炼的正路。这种潮流在西汉后期愈演愈烈,东汉

---

① 《汉书·儒林传》:"及秦禁学,《易》为筮卜之书,独不禁,故传受者不绝也。"参见《汉书·儒林传第五十八》,第 9 册,卷 88,第 3597 页。

② 元帝时期有两位同名"京房"的易学大师;这里是指师从焦延寿、出任过魏郡太守的京房。

③ 《汉书·眭两夏侯京翼李传》:"房对曰:古帝王以功举贤,则万化成,瑞应着,末世以毁誉取人,故功业废而致灾异。宜令百官各试其功,灾异可息。"参见《汉书·眭两夏侯京翼李传第四十五》,第 10 册,卷 75,第 3160 页。

更发展到荒诞不经的程度,由于天灾不可控,最终会引致道德的不可欲,我后面还会讲到这是东汉后期思想主流大转向的重要原因。

《周易》除了有筮占及其数术方法传统外,还有人文的一面,这就是司马迁说的“文王拘而演《周易》”的“演德”传统。[①] 荀子也早就说过真正了解《易》的人并不重视其占卜一面。[②] 汉初起,各种解《易经》的《易传》和纬书,多强调天地万物的宇宙秩序与人世间道德秩序的对应关系。例如《说卦传》说:“昔者圣人之作《易》也,将以顺性命之理。是以立天之道,曰阴与阳。立地之道,曰柔与刚,立人之道,曰仁与义。”[③]那位京房除了善占卜、通音律外,还引入五行来讲《易》。他说《易》的功能是评判天下之理,定人伦、明王道、立五常,给出君臣父子之义。[④]

另外,《周易》用天人相应、以德配天来阐释汤武革命的意义,是中国最早的革命观念,给出了朝代更替的正当性论证。先看“革”这个字,由“上廿、下十”组成,引申出宇宙秩序、天道三十年一轮回。《易·革·彖辞》说:“汤武革命,顺乎天而应乎人”,[⑤]意思是汤和武两个有德君王,用革命方式推翻并取代失德君主的革命,是顺乎天、应乎人的,对应着天道轮回,具有正当性。短短一句话,王朝政权轮替与天道轮回相对应,给出了易姓革命的正当性论证,这非常重要,是中国传统社会自我更新机制的根据。

---

① 以上说法引自姜广辉主编:《中国经学思想史》,中国社会科学出版社2003年版,第1卷,第十一章“文王演《周易》”新说,第353~370页。

② 《荀子·大略》:“善为易者不占”。参见《荀子集解·大略篇第二十七》,第19卷,第507页。

③ 参见(清)李道平撰,潘雨廷点校:《周易集解纂疏·说卦第十》,中华书局1994年版,卷10,第691页。以下所引《周易集解纂疏》皆依此版本,只注书名、篇名、卷数与页码,其余不再注明。

④ “故易所以断天下之理,定之以人伦,而明王道。八卦建五气,立五常,法象乾坤,顺以阴阳,以正君臣父子之义。……”(《京氏易传》卷下),转引自姜广辉主编:《中国经学思想史》,第2卷,第309页。

⑤ 《周易集解纂疏·下经第六·革》,卷6,第438页。

我和青峰在《兴盛与危机》一书中曾分析,中国历史上当一个旧王朝崩溃、出现受命于天的新君时,就或显现天象异常,或童谣传颂,新天子用儒家道统重建新王朝,汤武革命是其合法性根据。中国传统社会的基本结构之所以能够在两千余年间保持不变,正得益于这种崩溃、重建的机制。① 作为汉代官学的《周易》,用天道来阐释汤武革命的意义,为汉以后的王朝更替机制提供了合法性的根据。

两汉的黄老之学、《淮南子》、扬雄与王充

前面讨论了五经的确立对汉代政治和家国同构的社会组织的重大意义,但没有讲汉代确立儒家道德意识形态之前的政治思想,即汉初盛行的黄老之学,以及此后那些怀疑、反思或批评儒家官学的著述,它们是黄老之学、《淮南子》、扬雄(字子云,前53～18)和王充(字仲任,27～97)的思想。谈汉代思想,不能忽略这些经学之外的著述,但这里不能展开来谈,只是点到即止。

以往讲汉初黄老之学时有以下两个要点,其一,奉行老子的清静无为,配合了新王朝的与民休息国策;其二,继承法家刑名之学,树立帝王绝对权威,强化中央皇权。这两点固然不错,但因黄老一派著作大多遗失,很难从文本分析来论证这些见解。近几十年有大量文献出土,特别是二十世纪七十年代长沙马王堆汉墓出土了一批帛书,据唐兰先生(1901～1979)考察,断定其中四篇是黄老学派的《黄帝四经》。② 余英时先生分析这批文献后指出,黄老与儒家最大的不同,是儒家讲的道绝非帝王之私,而是"不为尧存、不为桀

① 参见金观涛、刘青峰:《兴盛与危机:论中国社会超稳定结构》(增订本),香港中文大学出版社1992年版,第9～10页;法律出版社2011年版,第12～13页。

② 参见唐兰:"黄帝四经初探",载《文物》1973年第10期,第48页。

亡”的道,[1]道统高于代表政统的帝王;而黄老一派则认为,只有帝王一人是道的垄断者,永远正确,“圣王是法,法则分明”;[2]如果“主轻臣重”,臣“与主分权”,[3]就会造成党争,政权不保。[4] 这表明黄老之学的内核实为法家,是汉代确立儒学为官方意识形态之前的过渡状态。

《淮南子》是汉武帝叔叔淮南王刘安(前 179 ~ 前 122)和他门客所作,后来刘安因谋反叛乱自杀。《汉书 · 艺文志》把《淮南子》归为杂家,胡适先生(1891 ~ 1962)说这部书集道家之大成,劳先生称其为汉代人心目中的道家。刘殿爵先生(1921 ~ 2010)曾对我们说,他研读《淮南子》一辈子,还没有搞懂。确实,这部集子的内容和思想来源很庞杂,道家、儒家、兵家、阴阳家、养生中医、天文地理,无所不包。但总体来说是推崇道家的无为,表明其价值的核心是道家。但《淮南子》也大讲“国之所以存者,仁义是也”,“治国有常,而利民为本”,“食者民之本也,民者国之本也,国者君之本也”,等等,与儒家仁政观点一致。[5] 在讲先王制法、制礼时,强调不必法古,变古未可非,“法与时变,礼与俗化,衣服器

① 此语出自《荀子》之《天论篇》中:“天行有常,不为尧存,不为桀亡。”参见《荀子集解 · 天论篇第十七》,第 11 卷,第 306 ~ 307 页。

② 此语出自帛书《九主》,参见国家文物局古文献研究室编:《马王堆汉墓帛书(壹),老子甲本卷后古佚书. 九主》,文物出版社 1980 年版,第 29 页。

③ 参见国家文物局古文献研究室编:《马王堆汉墓帛书(壹),老子甲本卷后古佚书. 九主》,第 30 页。

④ 余英时在“反智论与中国政治传统”(1976 年定稿)一文中,分析了马王堆出土文献的黄老一派的政治思想和主张,可参见余英时:《反智论与中国政治传统》,收入何俊编:《余英时学术思想文选》,上海古籍出版社 2010 年版,第 542 ~ 545 页。

⑤ 参见(汉)刘安等撰,何宁等释:《淮南子集释》,中华书局 1998 年版,中册,卷 9,主术训,第 702 页;中册,卷 13,泛论训,第 921 页;中册,卷 9,主术训,第 685 页。

械,各便其用,法度制令,各因其宜”,[①]显然是法家思想。研究者还发现马王堆帛书中有多篇的文字与《淮南子》一致。因此,不少学者也把它当做黄老之学文献。思想驳杂的《淮南子》显然不属于纯正的儒学。

西汉末年蜀中大思想家扬雄就和前面讲的不同了。虽和刘安一样,扬雄也多被视为杂家,但其批判性论述有一明确目标,就是针对官方道德意识形态。他仿《论语》写《法言》,宣扬儒家仁义和王道观点,但不同意孟子性善说,他认为:“人之性也,善恶混。修其善则为善人,修其恶则为恶人。”[②]扬雄又仿《周易》写《太玄》,用玄来取代易。与《周易》的阴与阳、乾与坤的二分体系不同,扬雄发明了一个“三—九系统”,三三而九,九九八十一,得出不同于《易》之六十四卦的八十一卦。他把宇宙最高本体称为玄,玄又分为天玄、地玄、人玄,分别对应着天、地、人三种道。地理上,玄可分三方,三玄共九方,称为九州岛;每州又分三部,共二十七部,等等。扬雄不满意用微言大义和谶纬去解释经典,其构造出“三”的哲学,主张宇宙基本元素不仅仅是乾和坤啊,不仅仅是阴和阳啊,不是二,还有三啊。我们中国人很有智慧,只要有一分为二,对其反思也就会有一分为三。

对汉代官方儒学的批判,东汉王充走得更远。大陆教科书把王充定位为最早的唯物主义思想家,其实是误读。从《论衡》各篇来看,王充的思想很庞杂。为什么会这样?王充曾夫子自道说,他之著书,是对当时儒学在荒诞的谶纬神学迷途中越陷越深而痛心

---

① 参见(汉)刘安等撰,何宁等释:《淮南子集释·泛论训》,中册,卷13,第922页。

② 参见(汉)扬雄撰,汪荣宝注疏,陈仲夫点校:《法言义疏·修身卷第三》,中华书局1987年版,上册,第85页。

疾首,因而奋起批判、做讥俗之书。① 例如,针对当时皇帝迷信天人相应,事事看天打卦,王充说天人毫不相干:“夫人不能以行感天,天亦不随行而应人。”②针对儒学成为垄断官学,《论衡》就有《问孔》《刺孟》两篇;不仅疑儒,他还要《非韩》。《论衡》凡八十五篇,无一不是针对时弊。王充用气来讲万物及人的生死,他说:“天地合气,万物自生,犹夫妇合气,子自生矣”;“阴阳之气,凝而为人,年终寿尽,死还为气”。③ 可见,王充是在批判中提出自己的思想主张,和唯物论不是一回事。劳先生是从道德主体的凸显来讲中国哲学,因此对扬雄和王充的评价都不高。其实,扬雄和王充并不是要建立完整的道德哲学体系,其意义是代表了反思和怀疑宇宙论儒学思潮的逐渐兴起。

汉代天人相应的宇宙论儒学,也给出了中国文化最早的审美标准,它是现世的、道德的,广阔而深沉。汉代的人心胸非常博大,我们今天看汉代艺术品,汉砖、雕塑,非常了不起啊,以后的中国人再也做不出来了。为什么呢?因为汉代人做任何事情时心目中是有天的,天和人,小宇宙和大宇宙同构,这是多大的心胸气魄啊。

2.3　道德意识形态和社会耦合:中国传统社会的结构

社会整合的三个层次

前面,简单勾画出汉代儒学经典的形成及其功能。汉武帝时

---

① 《论衡·自纪》:“充既疾俗情,作讥俗之书。”参见(汉)王充撰,黄晖校释:《论衡校释·自纪第八十五》,中华书局1990年版,第4册,第30卷,第1194页。以下所引《论衡校释》皆依此版本,只注书名、篇名、册数、卷数与页码,其余不再注明。

② 参见《论衡校释·明雩第四十五》,第2册,第15卷,第665页。

③ 参见《论衡校释·自然第五十四》,第4册,第18卷,第775页;《论衡校释·论死第六十二》,第3册,第20卷,第877页。

儒学经典确立了官方哲学地位,经两汉四五百年,中国文化大传统也就奠定下来了,中国传统社会的结构也从此定型。汉以后,虽然宇宙论儒学不再流行,但儒家经典维系家国同构体运作的功能不曾改变,其所塑造的汉代社会结构成为长达两千年间之久的中国传统社会基本结构。我想借用一下黄仁宇先生(1918~2000)的说法,他把中国传统社会结构比喻为潜水艇夹肉面包。①

你们都吃过潜水艇夹肉面包吧?两块硬的面包皮夹着厚厚的肉和蔬菜。面包皮一个在上,代表国,一个在下,代表家。这是对中国传统社会结构最为生动的比喻。潜水艇夹肉面包的下面一块是家,父权是家庭家族的权力核心,不容置疑和动摇。中国文化是以道德为终极关怀的超越突破类型,家庭是实现儒家伦理的最基本单元,终极关怀的不变性规定了社会组织基本细胞的巨大稳定性。夹肉面包上面一块是以皇权为中心的大一统官僚机构。皇帝处于家国同构体的最高伦常等级,如父在家庭中的权威那样,君是全国所有家庭之父,就是君父嘛。皇权是大一统官僚系统中一切权力的来源和枢纽,不论是大小官员的任免,还是国家政务的决策,统统由皇帝掌控。两千余年中,和作为社会基本单元的家一样,上层的中央及地方政府组织的架构和功能也大致不变。

潜水艇夹肉面包的中间那一层,即上下两层硬面包皮中间夹着的肉和蔬菜,又有何种功能呢?为什么上层官僚系统不能直接控制庞大基层社会,道理何在?因为按儒家仁政理念,应实行轻徭薄赋税收政策;税收少,限制了政府规模,就只能靠小政府治理庞大社会。历代官僚机构的中央政府、地方政府区划(省、郡、州、县等)虽有变化,但基本结构不变,政府机构末梢只到县一级。两千

---

① 此概念出自黄仁宇:《明代史和其他因素给我们的新认识》,收于氏著:《放宽历史的视界》,三联书店2001年版,1988年年初刊重印版,第59页。

多年中，全国县的总数大约在一千至一千五百多个之间。一个县衙，有十来个官员和十多个到几十个熟悉行政事务的吏员和衙役。① 历代官员人数不等，官民比例相当低，可以说是小政府，比现在小多啦。② 这么小的政府，靠什么样的社会成分去有效治理数以万计、分散的家族、家庭呢？

充当中国传统社会家国同构体的这个中间层，是具有统一儒家信仰的读书人阶层，也可称为绅士阶层。历代中间层的成分很杂，也不固定，除了世族、大家族以外，主要是居住本乡的绅士。所谓绅士，是那些通过科举制获得功名身份的儒家精英。读书人通过了科考，就可获取功名身份，其中只有一小部分人能进入官僚体制当官，大多数没有当官的人仍居故里。读书人只要取得科举功名，即使没当官，也会获得某些特权，如免除差徭，见知县不跪呀，不能随便用刑呀，等等。那些离乡当官的，因丁忧、辞官、致仕也会回到老家。这些有功名的人在朝为官，居乡为绅。绅士阶层是中国传统社会最重要的中层组织力量。他们通过在本地的影响力，协助县衙收税、维护地方治安，调解家族的矛盾，兴办教育和其他公共工程。

为什么这个中层能自觉执行与上层合作、代理地方自治事务呢？因为科举制是选拔符合儒家标准的道德精英机制，保证了出任各级政府的官员能自觉遵守、维护儒家治国理念和皇帝下达的

---

① 由于行政事务日增，官员编制不变，但吏员可大量增加，如唐宋时，“上至朝廷，下至州县，每一职一司，官长不过数人，而胥吏不胜其众。”参见（明）丘浚：《大学衍义补·治国平天下之要八·备规制·胥隶之役》，收入《丘文庄公丛书》，丘文庄公丛书辑印委员会 1972 年版，上册，第 98 卷，总第 945 页。

② 据 1987 年中国财政经济出版社出版的《中国第三次人口普查数据分析》一书公布的中国历代官民比例：西汉，7945∶1；唐朝，2927∶1；明朝，2299∶1；清朝，911∶1；1987 年，67∶1。1998 年财政部部长助理刘长琨透露：汉朝八千人养一个官员，唐朝三千人养一个官员，清朝一千人养一个官员，现在四十个人养一个公务员。40∶1。参见国务院人口普查办公室，国家统计局人口统计司编：《中国第三次人口普查数据分析》，中国财政经济出版社 1987 年版。

旨意以及各项举措。大多数有科举功名但没当官的读书人,也获得了高人一等的身份和相应特权,当然也有承担政府事务的义务。对绅士阶层来说,不论是当官或是居乡,共同信奉家国同构的政治原则,儒学为他们统治乡村提供了正当性,因此,他们可以整合官与民上下两个层次。我们称之为道德精英阶层的协同效应。

中间层具有流动性和可大可小的弹性,这一点也很重要。因为官员数有定额,不能任意扩大。汉代有多少官员?现在还说不清楚。但是,不论是根据哪一个数字,都是官员定制少,吏员多,算下来平均每个县的官吏也就大约一百多人。① 汉初人口不到一千万,鼎盛期和末期人口达五六千万之众。汉以后,每个朝代从初建到鼎盛,随着社会经济发展,人口从一千多万增加到五六千万,宋、明有一两亿,清后期更高达三四亿。人口和户籍的成倍增加,意味着政府行政管理的事务成倍增加,但是王朝初期和后期官员总数却变化不大。少量官吏怎么应付得了呢?因为绅士阶层的人数也会随着总人口的增加而增加,政府可以依靠这些不在官员编制、不拿薪俸的中间层绅士,承担成倍增加的行政和社会事务,实现对基层社会的治理。

---

① 对西汉官员人数的说法很不同。李峰指出,西汉官员达十二万之众,是同期罗马帝国官员的二十倍。参见李峰:《西周的政体:中国早期的官僚制度和国家》,绪论,第1页。李峰的依据可能是《汉书·百官公卿表第七上》:"吏员自佐史至丞相,十二万二百八十五人。"但据王先谦《汉书补注》对西汉官吏员数的考证,这个庞大的数字包括了官和所有的有"员"称号的人,官少员多。王先谦称:"《汉志》始有吏员之名。《功臣表》'东茅侯吉坐事国人过员,免',此民以员称。《礼乐志》'琴工员五人'云云,此工以员称。《翼奉传》'诸侯王国与其后宫,宜为设员',此后宫以员称。盖有定数皆曰员。故博士弟子亦称员。王鸣盛曰:汉官员多,郡国官甚简。而亭长、乡三老、啬夫、游徼其非长吏而代长吏治民者,又未尝概从简省。"以上参见(清)王先谦补注:《汉书补注·百官公卿表上》,上海古籍出版社2008年版,第7卷,第914~915页。又据,唐代杜佑在《通典》中指出,汉代官员自丞相至佐史有十三万二百八十五员,而后汉则是七千五百六十七员。参见(唐)杜佑撰,王文锦等点校:《通典·职官一·官数》,中华书局1988年版,卷19,第480页。可见,由于史书对何为官和员,哪些人算政府官员有不同的统计范围,使得总数差别极大。

这个绅士中间层可大可小，可缩小、也可扩充，形象地说，潜水艇夹肉面包夹的菜和肉可多可少嘛。中国传统社会结构中，正是由这可大可小的中层把政府的各种管理功能延伸至基层社会。不了解县以下的绅士和大族如何把一个个家族、家庭整合起来，如何跟官方合作而实现了基层社会的自治，就不可能了解中国社会的整合和动员机制，也不可能理解其近现代变迁。我和青峰在《开放中的变迁》中画了个框图，以说明中国传统社会结构及其统合方式（见图2－1），这就是儒家道德意识形态与家国同构体三层次之间的耦合。

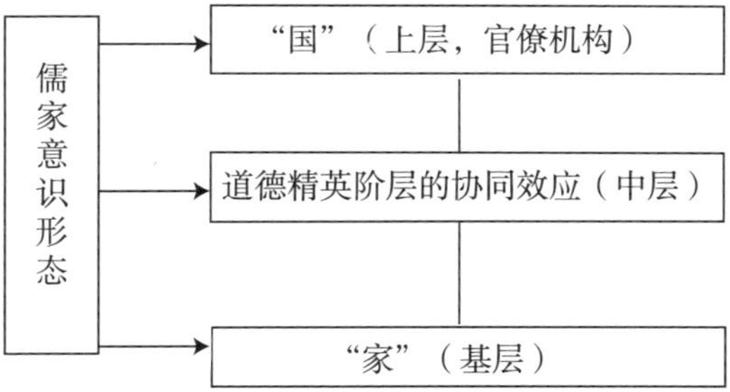

图2－1　家国同构体的三层次结构

如果仅从三层次的人数比例来看，潜水艇夹肉面包的比喻并不合适。我们在《兴盛与危机》中是用上小下大的金字塔来形容：上层只有几万到十来万人，是吃皇粮的各级官员；中层，如清代有一百多万绅士，连家人共五百多万，是上层的一百倍；基层家族家庭又比中层再大了几十倍。更形象点说，这种结构好像一个弹性网兜，家族和家庭如一个一个土豆，官僚机构如同提网兜的把手，县以下的绅士自治如同网袋，皇权一手提起把手（官僚机构），用网袋把一大袋土豆兜起来。这种结构很稳定，中国建立了世界上最早、最持久的大一统帝国，还产生了中国人对世界秩序的独特理念，这就是天下观。

国家和天下

今天,不是有不少人提倡天下观吗？问题是,他们是否清楚天下观的实质是什么。2011 年 12 月我和青峰到日本,与好朋友加加美教授(Kagami Mitsuyuki)聊天,他说中国自春秋战国时代就讲天下观,天下观对当代世界也有一定的意义。我说他理解错了,先秦讲的天下是指周天子统治范围,而汉以后中华帝国的天下观是儒学规定的家国同构体对世界秩序的想象,两者不是同一个东西。天下观与儒家道德哲学和家国制度,有着不可割裂的联系。离开儒学,离开道德秩序规定的等级制,是没法讲天下观的。

在中国传统社会,"天下"和"国家"都是常用词,"国家"在很多场合与"天下"意义类似,差别仅在于国家更多地指一姓统治之王朝,即一姓君主统治下的政治实体;而天下则较虚化,指实现道德秩序的范围。[①] 天下观认为儒家道德伦理是普世的、永续的,并以实现儒家伦理程度的高低来想象世界秩序。按此原则,只要接受儒家伦理教化、建立家国同构体,就可以纳入这个没有固定边界和疆域的有机体。原则上讲,天下可以包容全世界。

天下观想象的世界秩序,是按各国实现儒家伦理程度的高低由中心向外排列,台湾学者高明士形象地画出了以中国为中心、具有三层结构的同心圆。[②] 如图 2－2 所示:

为什么天下观可以把不同国家地区的关系看做是这种同心圆

---

① 顾炎武在《日知录》给出"亡国"与"亡天下"之辨,曰:"有亡国,有亡天下,亡国与天下奚辨？曰:易姓改号,谓之亡国;仁义充塞,而至于率兽食人,人将相食,谓之亡天下。"即亡国是指某一姓王朝的国家解体;而"亡天下"是指道德秩序本身不再存在。参见(清)顾炎武著,(清)黄汝成集释,栾保群、吕宗力校点:《日知录集释·正始》,花山文艺出版社 1990 年版,卷 13,第 590 页。以下所引《日知录集释》皆依此版本,只注书名、篇名、卷数与页码,其余不再注明。

② 高明士:《东亚古代的政治与教育》,台湾大学出版中心 2004 年版,第 22 页。

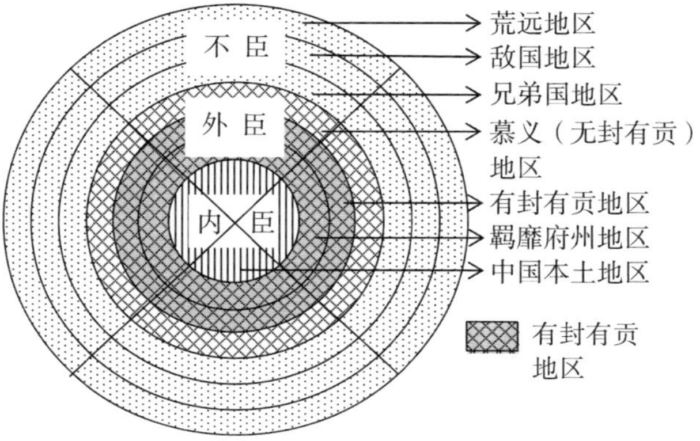

图 2－2 天下的同心圆结构

结构呢？它是由儒家伦理血缘亲疏之别的核心观念出发，用拟血缘制关系推出来的，如高明士指出的那样："拟血缘制关系是以父子关系为基本前提，然后延伸至舅甥（翁婿）、叔侄甚至兄弟关系等，四邻诸国与中国之关系就有亲疏之别。"①根据儒家伦理的亲疏之别、道德水平高低，居同心圆中心内圈的，是中华帝国皇帝统治下实行郡县制的内臣地区；第二圈是未纳入王朝郡县制但受中华帝国册封并朝贡的地区，以及第三圈仅对中华帝国朝贡的地区，②第二、第三圈都属于外臣地区；第三圈以外是暂不臣地区，被视为有待教化的荒蛮之地。

在天下观的这幅世界图画中，中国是实现儒家道德伦理的礼仪之邦，处于道德的最高等级，是世界的中心，外国则根据道德水平高低和接受儒家道德的多少，分成藩和夷，处在天朝帝国外围，

① 高明士：《东亚古代的政治与教育》，第 11 页。

② 高明士："对于外臣而较亲近中国地区，是运用中国本土的郡县制、官僚制原理来贯彻。其具体的行事，便是朝贡与册封；但对外臣而较疏远的地区，不适用郡县制、官僚制原理，所以只见朝贡而无册封。"参见高明士：《东亚古代的政治与教育》，第 19 页。

是需要去教化的对象。天下观中的国家,边界并不总是固定的,如果这些地区接受了儒家文明、纳入郡县制,那就实现了天下一家。这就是世界被称为天下的原因。

讲天下观需要注意两点。第一,划分同心圆结构的标准是以道德水平高下为依据,只要自认为本国居于道德制高点,就可自视为中心的“中国”,如历史上日本和越南就曾自称为“中国”。第二,设定一个居高临下的中心后,周边各国处于不平等的低下地位。按照以道德高下为标准的天下观去处理国际关系,会带来很多问题。譬如朝鲜李朝开始信奉儒家文化,自称小华,并受明廷册封;明亡清兴,朝鲜认为中国被蛮夷统治,而自己坚持信奉理学,继承了道统,因此道德上高于清国。再看日本,自唐代起就是中国的朝贡国,德川家康(1543 ~ 1616)建立幕府统治后停止朝贡。十九世纪后期,日本奉行征韩扩张政策,清廷为捍卫东亚的册封和朝贡关系,积极干预朝鲜内政,中国的天下观和日本的民族主义互相冲突,从而引发甲午战争。

今天,我们在挖掘历史遗产时必须理解它的内涵是什么,盲目运用会带来很多问题。天下观对中国人具有经久不衰的巨大吸引力。“文革”时,中国将自己视为世界革命中心,把各国分成第一、第二、第三世界,不是提出要解救世界上三分之二生活于水深火热中的阶级兄弟吗?这种华夏中心主义,可以看做是传统天下观的现代变构。①

独特的市场经济

勾画中国传统社会结构,不能不谈其经济形态。你们一定会问,中国传统社会的经济结构属于哪一类?是市场经济,还是自

① 刘青峰:《文化革命中的华夏中心主义》,载氏编:《民族主义与中国现代化》,香港中文大学出版社 1994 年版,第 359 ~ 366 页。

给自足的小农经济，或地主佃农经济？在马列主义经济史观下，史学界对这个问题争论了很久，也没争出个结果来。但从儒家经济伦理如何规定经济分配来看，这个问题并不难回答。市场经济依赖于两个条件：第一，承认私的合理性，承认私有产权；第二，承认并保护契约关系。儒家经济伦理中，这两个条件都可以成立。

第一讲已讲过，儒学认为经济行为及其分配必须与伦常等级相匹配，这就是均。在这一原则下，私有产权可以有正当性。中文的“私”主要有两层含义，一是指个人的私，由此产生私人、私利及私人占有的私产、私财观念；二是与公相对的领域概念。领域中的公与私是相对而言的，与天下的公相对，家族属于私；与家族的公相对，家庭属于私。只要不违背儒家伦理的等级秩序，这两种私都有正当性。你们知道吗？龚自珍（号定庵，1792 ~ 1841）曾写过一篇《论私》，是很有名的文章。他说，怎么可能大公无私呢？天地也有私嘛！人的行为出发点都离不开私，禽兽没有羞耻感才能做到无私。[①] 在中国传统社会，孝道、家庭关系，在领域上都属于私，儒家家庭伦理赋予这类私具有正当性。

按儒家家庭伦理规定，传统中国的私以家为本位，私有产权属于以父权为代表的家庭或家族，而现代市场经济中的私有产权是以个人为本位的。又因为除皇帝家族外，任何两个家庭在原则上应该是平等的，所以儒家经济伦理也承认契约关系，契约是处理关系的重要方法。在中国传统社会，私有产权和契约非常发达，私有制亦很稳固。只要社会秩序安定，市场经济很容易发展起来。

---

① 龚自珍在《论私》一文中指出：“夏有凉风，冬有燠日，天有私也”；“狸交禽媾，不避人于白昼，无私也。若人则必有闺闼之蔽，房帷之设，枕席之匿……”；“寡妻贞妇何以不公此身于都市，乃私自贞私自葆也？”参见（清）龚自珍：《龚自珍全集》，上海人民出版社1975年版，第92页。

你们会问,为什么皇帝和朝廷想怎样就怎样,可以任意对百姓加税加赋、横征暴敛呢?因为皇帝和政府对私的控制,其权力来自儒家意识形态,皇帝处在伦常等级中的最高位,普天之下,莫非王土,率土之滨,莫非王臣,皇帝是他统治范围内的大家长,有权干预每个家庭,皇帝想抄你的家,就可以把你家给抄了。因此,这种建立在等级制家庭伦常之上的私有产权,并不是像西方那种在法律保护下的个人私产具有不可任意侵犯、不可剥夺的性质。中国历史上,一方面是契约和商品经济极为发达,另一方面好像个人私有财产根本没有保障。这正是儒家伦理和家国同构带来的结果。

在《兴盛与危机》一书中,我们用地主经济来指称中国传统社会的经济形态。什么叫地主经济?地主经济中,有地主、富农和自耕农、佃农等不同成分,一般情况下,土地是各种类型家的私产;私有制和契约关系受到保护,土地可以买卖、转让及流动;另一方面,皇帝有权决定最终的分配形式,他可以大片地赏赐土地,可以实行均田,也可以抑制土地兼并、干预经济分配。

在地主经济中,市场经济发达程度与社会安定时间的长短成正比。天下初定时,市场压根儿没有发展起来,城市也不发达,当然是以自给自足的小农经济为主了。由于承认家庭私产的正当性,市场经济很快发展起来了,土地可以买卖,土地占有情况也会发生很大改变,演变成以地主经济为主,与此同时,城市也发展起来。《东京梦华录》和《清明上河图》描绘出北宋末年开封高度繁荣的世俗生活。

中国传统社会发达的市场经济还有两个特点:一是单位面积供养人口远比西方封建社会高,二是长程来看,城市人口比例呈现出枣核型中间大两头小现象。据经济史家赵冈研究,中国城市人口占总人口的比例,从战国时代到南宋是上升阶段,南宋城市人口占总人口达百分之二十以上;此后比重下降,清代城市人口比例只有百分之七,[①]直到二十世纪五十年代初期城市化水平尚不到百分之十一。赵冈还提出一个中国人口的模型,他画的这个图(图 2-3)很有意思呵,可以解释为什么中国传统社会的单位耕地面积容纳的人口远比西方封建社会多得多。[②]

欧洲中世纪有个习俗,如果一个人没有养家糊口能力是不能结婚的,因此有很多没有家小的单身汉。为什么会有这样的习俗?天主教强调成年男人对家庭要负责任,你不能养家糊口,就不能成家。这种习俗是控制人口增长的有效机制。在赵冈的模型中,在庄园制经济中,劳动力增加意味着消耗更多的粮食,在人口达到图 2-3 的 B 点之前,领主就不会雇用劳动力了。因此在西方可以明显地看到农业人口增长的极限。

照理说,对每一个核心家庭来说,如果劳动所得只够劳动力本人的口粮,他是无法养家糊口的。为什么中国人口没有 B 点

---

① 对中国历代城市人口占总人口比例,不同学者有不同统计方法,计算结果的差异很大。赵冈估计战国时期城市人口比例为 15.9%,南宋城市人口比例为 22%,清代为 7.7%。(《中国城市发展史论集》,新星出版社 2006 年版,第 84 页);张鸿雁指出战国时期城市人口比例是 20%,而宋代则是 25% 左右(《春秋战国城市经济发展史论》,辽宁大学出版社 1988 年版,第 231 页);漆侠则指出宋代城市人口比例为 12%(《宋代经济史》,上海人民出版社 1988 年版,下册,第 933 页)。但不同的统计结果,都表明从战国至清代城市人口占总人口比例是下降的趋势。

② 图 2-3 中,横坐标 L 是全国劳动力总量,纵坐标 Y 是农业产品的总生产量。为了简化,假定全国可耕土地面积是固定的(实际上土地面积是不固定的),再假定农业技术也是基本一样。在这两个前提下,劳动人口 L 的增加会增加粮食产出,但他们也会消耗粮食。根据经济学的劳动力边际效益递减,图 2-3 中斜线 A 代表投入生产劳动力 L 的粮食消耗随着 L 变大,每一份新投入到固定面积土地上劳动力产出的农业产品越来越少。凸曲线上一定存在一点 B,在这一点的斜率正好和斜线 A 平行。B 点的边际劳动生产力正好等于新增加劳动力的人口粮,表明增加劳动力所产出的粮食,正好被新增加的劳动力吃光。这时,土地所有者将无利可图。在庄园制农业经济中,在远没有达到 B 点之前,领主雇用劳动力已不合算了,劳动力亦因没有饭吃停止增长。B 为庄园制农业经济人口上限,一般说来,在庄园制经济中从事农业劳动的人口数 L 不会超过这个点的值。参见赵冈、陈钟毅:《中国土地制度史》,新星出版社 2006 年版,第 316 页。

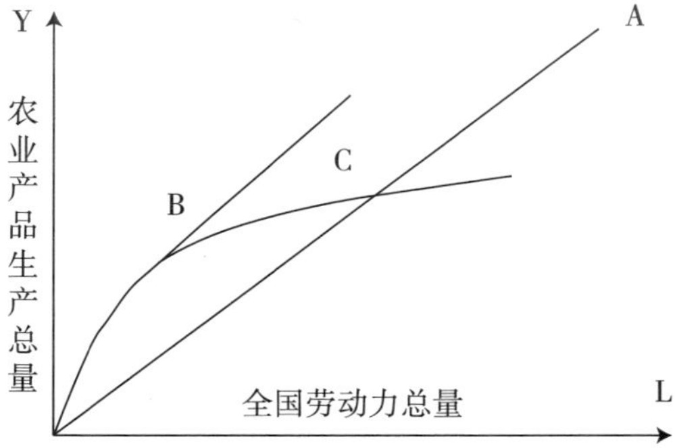

图 2-3　劳动力和农业产出的关系

这样的限制,可以养活远超出 B 点极限的人口总量呢?根据儒家伦理,虽然同一家族中每个家庭的经济是独立的,但是家族有义务照顾那些无以维生的家庭,或设宗族义仓,或以比市场要便宜得多的田租租给同族家庭,甚至可以让他们免费耕种族田。因此,从家族或地区范围来看,家的余粮可以养活大量剩余人口。另外,儒家伦理中传宗接代是中国人的终极关怀,多子多福嘛。因此中国人口的总数增长不会以 B 这一点为限,会不断增加,一直到凸曲线和斜线 A 相交的 C 点为止,可容纳的人口规模当然比西方大多了。

在中国农业社会,人口规模一旦越过 B 点,增加的人口实际上已不能靠务农养活自己了,那么这部分人口干吗呢?他们会半工半农,半工是从事家庭纺织业、手工业,做手工艺产品,或当小商小贩。这些过剩人口并不靠手工产品来养活自己,他们赚来的钱只是稍微补贴家用,因此手工业产品可以低廉到不计成本;半农是加强精耕细作,这就是经济学家常常讲的中国经济的内卷化。[①] 自宋代以后人口就过亿了,大量劳动力投入农业,精耕细作,或以极为

① 关于内卷化概念,可参见黄宗智:《华北的小农经济与社会变迁》,中华书局 1986 年版;黄宗智:《中国农村的过密化与现代化:规范认识危机及出路》,上海社会科学院出版社 1992 年版。

便宜的人力资源投入家庭手工业，还有大量人口流入城市从事雇佣服务业。一方面，内卷化会遏制专门化分工的工业制造业，另一方面，庞大的剩余人口从事家庭手工业，产品极其便宜，使得中国手工业产品在世界市场上有极强的竞争力。直到十九世纪中叶，工业革命后的英国生产的机织布还不如中国土布物美价廉，打不进中国市场。中国传统社会的包括政治、社会结构和经济在内的种种宏观特征，都可以从家国同构这种组织方式得到说明。

2.4　王朝循环和中国政治文化的连续性

社会结构稳态及变化

前面讲了那么多，只是从儒家道德意识形态与家国同构体的互相耦合，总结出汉代及其后每一个王朝共同具有的宏观特征，还没讲到两千年间王朝之间更替的动态机制。我们在《兴盛与危机》中分析指出，中国传统社会基本结构的不变性与王朝的周期性更替是共生现象，也是区别于其他三种轴心文明的宏观特征。可借助于社会结构的稳态分析来解释这一宏观现象。

社会结构稳态分析是把社会看做一个系统，社会内部各子系统之间互相耦合和维系，形成社会稳态。可用如图 2－4 所示的政治、思想文化和经济三个子系统，来描述中国传统社会结构及它的三个子系统之间的关系。框中文字标明各子系统的主要内容，三个框之间的双向箭头表明它们之间耦合和互相维系的关系。中国传统社会某一王朝的稳定存在，依赖于三者之间达到稳态。一旦稳态破坏，社会就会崩溃。

这样讲太抽象，不太好理解。为了便于理解，我们先分析经济结构子系统，讲解什么是系统之间的互相维系关系。我问一个问题，为什么地主经济要保持地主成分和自耕农的平衡？可不可以

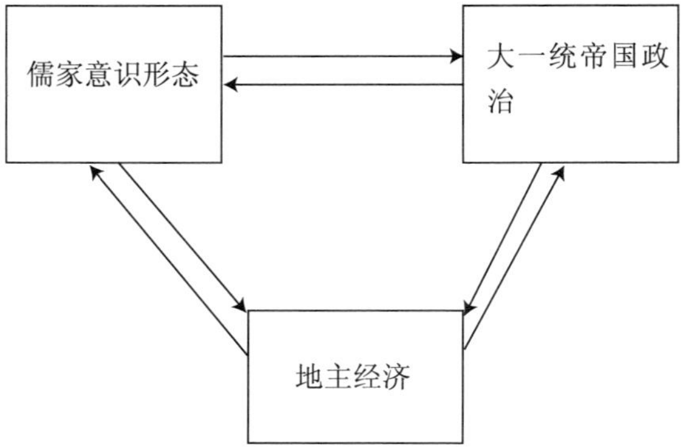

图 2-4　中国传统社会结构的稳态

没有地主?全部是自耕农?当然不可以。家国同构体有三个层次,中层主要靠地主乡绅来维系,没有地主乡绅,谁给你来办基层事务啊,谁来办公共工程、修桥铺路啊?历代王朝的税收很少,靠政府办不了太多事。为什么国家不能多收税?这是出于儒家轻徭薄赋的仁政观念。像清代,国家掌握的全部税收,大约只占国民生产总值的百分之三,农业收入的百分之八十掌握在地主手里,商品粮主要靠地主供给。如果经济成分中完全没有地主,就不能维系中层的自治功能,也不能养活难以计数的官员和城市人口。所以,地主经济是维系政治结构稳定的条件。

那么,地主经济可不可以没有自耕农?显然也不行。原因很简单。没有自耕农,国家税收将大大减少。谁来服劳役?谁来当兵?这些统统要靠自耕农。所以,中国地主经济必须保持自耕农、佃农和地主同时存在,有一定合理比例。历史上是否出现过没有地主的纯自耕农经济?有过,但时间很短。你们知道是什么时候吗?这就是1949年以后搞土改,消灭了地主,变成百分之一百的自耕农经济。结果发生了什么?1953年秋,土改后不久,全国立即出现了商品粮危机。共产党也没有料到会发生这个问题,只得实行统购统销，其结果是搞农业合作化。①

为什么地主经济不能长期维持平衡态？地主和自耕农的合理比例能永远维持不变吗？不能。因为，任何稳态结构的存在，其子系统除了有维系其结构的功能外，还必然要带入起着瓦解系统作用的无组织力量。经济结构中的无组织力量，是不可遏制的土地兼并。土地兼并是经济发展带来的不可抗拒的变化，伴随这种变化，无组织力量也逐渐增长、积累，造成稳态的偏离及破坏。历史上，每个王朝前半期，自耕农和地主尚能保持适当比例，随着经济和社会的不断发展，王朝后期土地兼并越来越严重，自耕农成分逐步减少；到王朝末期，一方面大量耕地荒芜，另一方面农民失去基本生存条件，流民四起，社会处在大动乱前夜。

无组织力量在政治上的表现是，王朝后期出现的越来越严重的不可遏制的吏治腐败，致使政府运作瘫痪。在中国传统政治结构中，为什么腐败是不可遏制的呢？首先要弄明白，什么叫腐败？你们能不能给出准确定义？我举一个例子，来说明中西对腐败的不同定义和理解。根据香港中文大学对教职员住房补贴的规定，补助租房的钱比买房的钱要多些。有两位相熟的职员各买了房子，住在自己买的房子里；但他们申请补助时却称租住对方的房子。后来被查出来，这等于分别拿大学提供的租金补贴去买房，是骗取公款的腐败行为，受到处分。为什么不搬到对方的房子住就是腐败？在法治系统中，腐败是指违背法律和契约的牟利行为。假定他们按规定搬到对方的房子住，没有违反契约，没有欺骗学校，就不算腐败，一点问题都没有。中国人讲实质主义，你只不过是用租房津贴来供买房款，个人拿到点好处，但对大学并没损害，只是个人道德上有点问题而已。可见，这种对腐败的理解是不道

① 金观涛、刘青峰："中国共产党为什么放弃新民主主义？"，载《二十一世纪》总第13期，1992年10月刊，第13~25页。

德,这和法治意义上的腐败不同。中国历代王朝不可克服的腐败现象,正是儒家德治主义高于法治的结果。

儒家德治把良好的社会制度看做是道德规范的实现,把所有社会问题的产生、包括腐败,都看做是偏离道德规范造成的。为什么在泛道德主义文化中,腐败是不可抗拒的呢?从上面讲的那个例子来看,如果对腐败的定义及相关处罚是本着法治和契约,契约写得一清二楚,你违反就是违反了,没二话可说。但在道德政治中,道德是向善的意志,腐败是官员失去了道德自我约束的行为,这就讲不清楚了。讲不清楚就麻烦大了。由于没有明确标准,对某人的贪腐行为,每个人的认识和意见差别很大,可以说他本质是好的,因一时贪念而犯错,还可以托关系去说情。

其实,只要把社会制度与道德规范等同起来,把所有的社会行动都视为道德实践,就很难在社会变迁、经济发展与腐败之间划出明确界限。譬如,按儒家伦理,商人的社会地位等级很低,对他们的居住地点、甚至该穿什么衣服都有规定和限制,但经济发展必然要破坏这种身份等级的限制。当商人有钱了,经济地位远远超过他的社会伦常等级时,他要住很大的房子,摆阔气讲排场,怎么办呢?他只好去贿赂官员。这不是腐败又是什么?商人想要改变自己的身份等级,除了买官鬻爵还有什么办法呢?法治不彰,道德政治的清规戒律根本不能适应经济发展带来的变化,腐败是必然的、不可遏制的。

历代王朝在初建和前期,官员较清廉,社会比较安定,百姓安居乐业,逐渐走向太平盛世。每当王朝兴盛达到顶点时,危机也就开始了。皇帝也常常大力整肃吏治,毫不手软,杀头抄家,甚至满门抄斩,但反腐败、打击贪污、抑制兼并的结果呢?往往是执行反贪、抑止兼并的官员成为更大的得利者,反腐败变成加速腐败,反兼并加速了土地兼并。在道德政治中,权力来自道德意识形态,法律只是补助手段,克服腐败的方法主要是加强道德意识形态的统治。皇帝的做法不外乎是提拔那些道德质量好的官员，给他们更大的权力去整肃吏治，结果呢？用皇帝权威和赋予好官更大的权力去反贪，只能是绝对权力引起绝对腐败。

由于中国传统社会缺乏外在的法治精神，除了儒家德治和人治外没有别的政治解决途径，反腐败、反兼并往往就造成了更大的腐败和兼并，这样，到王朝末期，官员营私舞弊，政府日益无能，土地集中在少数人手里，城市高度繁荣，农村荒芜，逼得无以维生的基层民众铤而走险，揭竿而起，旧王朝崩溃。从汉代到清代的十一个王朝，大多是被农民起义推翻的。这就是历代王朝兴盛与危机的铁律。需要注意的是，在旧王朝崩溃之时，虽然动乱会彻底摧毁社会，然而儒家道德意识形态却仍可巍然屹立，成为新王朝重建家国同构体的模板。

王朝更替的大动乱一般持续十几年，长则几十年。在大动乱的短短时间内，贪官污吏被清除，大量土地荒芜，城市毁灭，商业萧条，人口也大量减少。宋代以前，王朝末期人口一般不超过六七千万，经过大动乱，人口减少到两千万左右或更少，死掉二分之一甚至三分之二的人。东汉灭亡以后，动乱时间比较长，剩下人口不到一千万。距离今天最近的一次大动乱发生在十九世纪中叶，那就是太平天国。太平天国并没有推翻清王朝，但你们知道这十几年的大动乱使人口减少了多少吗？据历史学者的估计，人口总数减少在五六千万到一亿一千万间。① 到 1953 年人口统计时，动乱影响最大的长江下游四省，人口还没有恢复到太平天国以前的水平。中国历史上大动乱之可怕，比世界大战还厉害啊。大动乱有什么

① 王育民总结他对太平天国期间死亡人口研究指出：“以上通过方志的有关记载，对江苏、安徽、浙江三省太平天国期间人口损耗所作的定量分析，约计损失 5160.8 万人，加上前节对湖北、江西、陕西、甘肃、贵州等省人口损耗的估计数 1757.4 万人，总计损耗数字为 6918.2 万人。”见王育民：“太平天国革命时期‘人口损耗逾亿说’辨正”，载《学术月刊》1993 年第 6 期，第 44～50 页。

功能呢?大动乱中,土地荒芜,大量人口死亡,解决了人口过剩压力,扫除了贪官污吏,革除旧习积弊,新王朝就是在这个基础上重建的。

王朝崩溃前,民间就会流传童谣,天地显示异象,印证旧王朝气数已尽,真命天子出现。无论是农民起义领袖称帝,还是镇压动乱的豪强大族统领登基,或是草原民族大汗入主中原建立新朝,都会有若干儒生辅佐真命天子,部署攻城略地,规划重建新王朝。可见,大动乱中,无论是取代旧王朝,还是重建新王朝,都要依据儒家道德意识形态。儒家的汤武革命讲有道伐无道,讲五德始终,道德高尚的真命天子取代无道君王,这是王朝更替的正当性根据。

新王朝初建时,皇帝推行仁政,官僚清廉,与民休息,重新分配土地,承认农民占有无主荒地;独尊儒学,恢复科举考试,重塑家国同构体,新王朝又开始了走向兴盛的过程。两三百年后,又会再次上演易姓革命、王朝更替的老戏。儒家道德意识形态与社会的互动,造成了朝代更替这样一个宏观特征。更准确地说,两千余年的中国传统社会,儒家道德意识形态和社会基本结构具有巨大的稳定性,长期延续下来,是依靠着周期性大动乱和王朝重建的机制。

超稳定系统结构与韦伯命题

在二十世纪七十年代初的“文革”时期,我和青峰在思考和研究“中国封建社会长期延续原因”时,注意到中国传统社会的长期延续与周期性的王朝更替是双面现象。英国控制论学者艾什比(William Ross Ashby,1903 ~ 1972)曾提出的超稳定系统(ultra-stable system)概念,指出这种系统是通过振荡回到稳态的。[①] 我们

① 二十世纪五十年代艾什比(W. Ross Ashby)在《大脑设计》(*Design for a brain*)一书中提出超稳定系统概念,并用这个模型来研究大脑的学习能力。艾什比认为,当系统稳定性破坏时,回到稳态的机制就是学习。参见 William Ross Ashby, *Design for a brain*, New York: J. Wiley, 1954。

受此概念的启发,来看从汉代奠定的中国传统社会的基本结构一直延续到清王朝,长达两千余年,但这种社会结构并不是静态延续,而是通过周期性大动乱这种改朝换代机制,即通过振荡回到稳态,一个王朝一个王朝地延续下来,这不是很符合超稳定系统特征吗?由此,我们提出了中国传统社会是一个超稳定系统的假说。不要误会,讲中国传统社会是一个超稳定系统,并不是如一些人想象的那样指社会结构始终不变,社会不变是不可能的。我们发现,中国社会结构的系统稳态具有破坏及重建的机制,这才是中国传统社会结构长期延续的原因。

1980年年初,《贵阳师范学院学报》发表了我们关于中国封建社会是一个超稳定结构的长篇论文。[①] 此后,碰到学界一位朋友,他说不同意我们的观点。他有两点批评,第一,中国根本不是封建社会,还讲什么长期延续?第二个是即使是封建社会,为什么它迟迟不能进入资本主义社会的问题早已被韦伯(Max Weber,1864～1920)解决了。根据韦伯的分析,现代社会只能在西方起源,当然不可能在中国产生。这两点意见差不多可以代表二十世纪八十年代以来,学术界对我们提出的超稳定系统假说的主要批评。

我要问,这两点批评成立吗?我认为,第一个批评是没有看到讨论问题的本质。当时,"文革"刚刚结束,中国封建社会为什么长期延续是最热门的话题,我们使用的"封建社会"一词,是当时约定俗成的普遍用法。"封建社会"只是一个代名词而已,并不能取消我们所讨论的秦汉建立的这种社会结构为什么会长期延续的问题。换一个用法,能用帝制时代吗?魏晋南北朝几百年并没有统一帝国,又如何解释?我们到香港中文大学后,为了避免用词造成的误解,改用"传统社会"一词来指涉秦汉至清代那一段历史时期。

---

① 金观涛、刘青峰:"中国历史上封建社会的结构:一个超稳定系统",载《贵阳师范学院学报》1980年第1期,第5～24页;1980年第2期,第34～49页。

第二个是韦伯命题和中国社会超稳定假说矛盾吗？我以为并不矛盾。韦伯提出资本主义精神起源于新教,不可能在其他传统文化中产生,但韦伯并没讲其他社会怎么样演变啊。我们认为,只要中国传统社会不能脱离王朝周期性更替轨道,它不仅不能发展到现代资本主义社会,也不能转化到其他形态社会中去。

我上课时经常问同学,要是没有西方现代社会的兴起,没有鸦片战争,诸位今天在干吗？我想,很多人仍在读圣贤书、考举人准备当个什么官吧。西方现代社会的冲击,开启了近二百年来中国社会的现代转型,中国开始学习现代社会制度和价值,当然,这也是中国文化受到冲击、花果飘零的历程。但是,我们要看到西方冲击有其正面功能,没有这个冲击,中国两千年一治一乱的轨道,能跑得出去吗？中国社会是不可能离开这个引力场的。

我们在研究社会科学问题时,一定要去思考为什么要提出这个问题,它背后的问题意识是什么。中国封建社会长期延续,迟迟不能进入资本主义的问题,是在历史唯物论五种社会形态单线演化模式中提出来的。而我们提出的超稳定系统假说,是用不同于经济决定论和单向思维模式的系统分析方法,研究在相对与世隔绝条件下,中国传统社会自身的演化模式和宏观特征。

我们在香港、台湾学界做研究也有二十多年了,一些朋友对我们至今没放弃大历史观有点遗憾,或不以为然。但是,为什么要放弃大历史观和新方法的探索呢？我们认为,在这个专业化分工太精细的潮流中,还是需要有人从大历史观去思考问题,去探讨人类轴心文明的形成和它们各自演化路径的。

大历史观:轴心文明的形成和演化

这一讲是从宏观上讲汉代的思想与社会。先讲汉武帝时儒家经典体系的确立,是围绕着论证大一统帝国统治及社会组织形态的正当性,并分析这些经典在上、中、下三层组织中发挥着什么样的重要社会整合功能。还讲了这种文化和社会之间互动的双向塑造，确立了延续两千多年的中国传统社会的基本结构及文化大传统。随着历代王朝的发展变化，儒学也在不断发展变化中，但是，始终没有超出汉代所奠定的社会基本结构与儒家道德意识形态的既定轨道。因此，本讲是理解中国传统社会的基本结构及儒学社会功能的基础。

我在第一讲曾指出，一种文明只有发生超越突破，形成某种终极关怀，才会有这种终极关怀所规定的正当性最终标准，这种标准规定了该文明的社会组织基本细胞和组织蓝图。轴心时代产生了四种实现超越突破的文明类型，有不同的终极关怀及其规定的正当性标准，塑造出不同的传统社会。原则上，分析汉代思想与社会双向互动的方法，也可以用来研究其他轴心文明，包括西方文明、印度文明和伊斯兰文明。

遗憾的是，这里我只能给出大纲，我们没有能力这么做。为什么呢？因为我认为对轴心文明的演化，只有属于本文化的研究者才能做出深入全面的分析。我们是中国人，熟悉本民族的文化传统和社会心理。如果我们要用这套分析方法去研究古希腊的超越突破，研究古希腊、罗马社会的形成，研究基督教文明、伊斯兰文明和印度文明，只能靠看二手资料，就会遇到理解上的困难。同样，外国人研究中国文化的超越突破及其与社会的双向互动也会很困难。我觉得，要想通过比较思想史研究去呈现人类社会和文化互动的大历史，还必须依靠各个不同文明的研究者之间的合作。

举个例子。在希伯来宗教中，伊斯兰教对现实社会组织基本细胞和蓝图有明确规定，这就是“乌玛”。照理说，我们可以用双向塑造来研究伊斯兰教经典与社会如何互动的了。但是我们做得到吗？很难啊。因为，伊斯兰教经典除了《古兰经》，还有穆罕默德的《圣训》和“圣行”。《圣训》有不同版本，不同的解释形成了不同的伊斯兰教派，如果不了解这些很细微的差别，就无法理解伊斯兰的各个社群。只有生活在伊斯兰文明大传统中、使用本土语言文字的人,才能最清楚地了解和体验本土文明的历史。你们知道吗?“9·11”事件以前,这些《圣训》研究的众多著作,据说没有一本被翻译成英文,西方人对伊斯兰文明的了解又能深入到哪里去呢?

二十世纪九十年代我在香港中文大学担任当代中国文化研究中心主任的时候,有一个印度尼西亚的伊斯兰长老来找我,说他们可以出钱,派几个伊斯兰教的研究生来中文大学读博士,跟我学中国文化。我说,很好啊。我当时想,如果他们能来中大的话,我可以通过他们去了解伊斯兰教的意义世界。但是中大体制是这样的,学生要经过考试、香港政府给钱才能来读博士,别人给钱是不行的。所以这件事没办成。很遗憾,我失去了一次较为直接地了解伊斯兰文化的机会。

虽然如此,我们仍然可以思考其他轴心文明中双向塑造的问题,当然做不到分析中国文明这样细微。譬如,古希腊的超越视野是求知,表现为理性主义,它们被包含在古希腊神人同形的宗教中。在这种以求知为终极关怀的理性主义规定下,社会组织的基本细胞是城邦。我们看希腊史,看罗马史,好像从开天辟地起,城邦就出现了。城邦一个一个地产生,密集遍布整个地中海地区。为什么是城邦而不是其他形态?亚里士多德(Aristotle,前384~前322)有一个解释,说城邦是政治人的理性活动的最小单位。这是亚里士多德讲的。为什么这么讲?我们通常不知道,城邦是古希腊地中海文明终极关怀规定的社会组织基本细胞啊。

你们去看过古希腊、罗马文明的遗址吗?有没有注意到城邦建筑物最有趣的地方?你们会看到城邦似乎是为了维系公共理性而设计出来的。它有一个宗教祭祀场所,有一个体育场或斗兽场,还有进行辩论的地方,旁边是图书馆。公共厕所也在旁边,人们解大便的时候都可以互相聊天沟通。所有东西都离不开公共理性,及包容着理性的神人同形宗教。这也反映在城邦规模的大小上面。柏拉图写《理想国》时讲过,理想国的人员最好不超过五千人。为什么是五千人?这是一个实现理性沟通的最小单位。你们知道城邦实际有多大?大城邦如雅典,参与政治的公民也就在两三万人。为什么是这样呢?因为很简单,城邦是由古希腊文明的求知理性所规定的社会组织方式,不能太大。一个城邦人口增加的后果是到另外的地方建城邦,即母邦产生子邦。城邦多到一定程度,为什么合并不起来呢?你们看一看古希腊一连串战争,斯巴达的征战也好,马其顿想统一希腊也好,都以失败而告终。没有新的社会组织蓝图,就不可能把众多城邦统合成一个国家。关键是统一需要把社会组织基本细胞整合起来的社会组织蓝图。

最后把城邦统一起来的是什么呢?是罗马,罗马叫共和国。为什么罗马可以把希腊城邦统一起来?如果我们去研究思想史,就会发现这涉及公民权的界定问题。古希腊城邦的公民,只在本城邦有权利,到另外一个城邦就没有权利了。古罗马对公民权来了个重新界定,某一个城邦可以代表所有的城邦,其他城邦的公民可以成为这个城邦的虚拟公民,而且原则上其他城邦的公民跑到罗马是可以投票的。这样就可以建立以罗马城为中心的一个国家了。如何界定公民权涉及很多方面的复杂问题,罗马共和国需要制定较完备的法律。而且,即使罗马最后变成了帝国,但名字从来没改过。为什么?跟中国的儒学是一样的,它代表着正当性。中国文明讲儒家道德正当性,也是不变的啊。所以罗马虽然是帝国,但名字始终是共和国。与我们对中国家族的了解相比,我们对古希腊城邦和终极关怀之间关系的知识就差多了。因为我的西学太差,不可能像讲儒学那样清楚。但从古希腊城邦到罗马共和国,同样存在社会组织蓝图如何将社会组织基本细胞整合的原则。这和中国传统社会的社会组织蓝图异曲同工。

印度的超越视野是寻求解脱、舍离此世的意志,它最早出现在印度古代宗教中,和古希腊人神同形宗教差不多同时出现。我们也不太清楚印度以解脱为终极关怀的信仰如何与社会的互动过程,但可以看到双向塑造的结果,这就是婆罗门教和种姓制度的形成。种姓制度规定了印度不同种姓的解脱等级,它是宇宙等级秩序的一部分;每个种姓的人只要遵守本种姓的戒律去修炼,来世就可以进入更高的种姓,种姓也是解脱宗教规定的社会组织基本细胞。我们都知道印度是有四大种姓,但是你们知道吗?到二十世纪五十年代印度有多少个种姓和亚种姓?印度有数千个种姓和数以万计的亚种姓,①不同种姓从事不同行业。韦伯的《印度宗教》这本书里,也讲到印度种姓的分裂。②

为什么印度的种姓会越分越多呢?从思想史角度来看,就不难理解。印度种姓有高低之分,高级种姓从事祭祀等高尚行业,低级种姓从事较低的或不洁的行业。如果某一种姓中一部分人觉得其余人比自己不洁,或自己比他人更优越,就会分裂出去,或迁徙他处。例如,从事某一行业的一个种姓,如从事殡葬业的种姓,搬到另外一个地方去了,其他种姓又不能从事这一行业,那怎么办?只有靠原有种姓的分裂,印度宗教是承认这种分裂的。至于分裂的细节,我们就不知道了。但社会组织基本细胞不断分裂表明它们很难整合成大一统帝国。

---

① 许烺光曾讨论过二十世纪五十年代印度种姓和亚种姓的数目。他指出,根据古里的统计,亚种姓数目在二万六千个以上,这样每个亚种姓平均有一万四千人。而从印度乡村田野调查表明每个亚种姓平均人数小于此数,因此,他认为亚种姓数目要比两万六千个多得多。参见[美]许烺光:《宗族·种姓·俱乐部》,薛刚译,华夏出版社 1990 年版,第 118 页。

② 韦伯曾指出,当一个种姓的成员迁居到他处时,时间一久,原有种姓常会拒绝承认他们,他们只能形成新的亚种姓。这说明种姓成员移居他处的困难。迪帕克·拉尔(Deepak Lal)用此解释古代印度社会形成劳动密集型精耕细作的传统。韦伯还指出,贫富分化亦是种姓分裂的原因。参见[德]韦伯(Max Weber):《印度的宗教:印度教与佛教 I》,康乐、简惠美译,远流出版公司 1996 年版,第 155 ~ 156 页。

印度种姓制虽不能形成大一统国家，但对分工和商品经济很有利，印度传统社会商品经济的发达和人口的密集都和种姓制度有关系。印度和中国一样，在古代就有高度密集的人口内卷化现象。有一本书你们可以读读，是印裔经济学家拉尔（Deepak Lal）写的《印度均衡》，讲到种姓与行业分工这些内容。① 与印度相比，我们中国传统社会是通过周期性的王朝更替，两千年间保持了社会基本结构，如果可以叫做动态停滞，那么我想，印度是透过种姓的越来越细化，保持了社会结构的不变，可以叫静态停滞吧。

希伯来宗教中伊斯兰教最为入世，伊斯兰教的社会组织基本细胞是乌玛。乌玛可以是一个社群，也可以是一个帝国，也可以是全世界。历史上，伊斯兰教组建了好几个大帝国。而印度的社会组织基本细胞是种姓，种姓之间互相排斥，不能形成大帝国。印度历史上那几个帝国的建立，是佛教兴起或种姓制受到抑制的时候建立的，但佛教帝国并不能长久延续；由伊斯兰教建立的蒙兀尔帝国时间才比较长点。此外，我们还可以看到基督教和佛教，它们亦存在和社会的双向塑造，但和我前面讲的不同，这是因为这两种宗教所关心的只是灵魂的救赎和解脱，对此世没有兴趣，其社会组织蓝图的形成及和现实社会的互动更为复杂有趣。

这一讲我讲了中国超越突破文明可以通过家国同构，建立起延续两千多年的大一统帝国，讲得比较细，讲印度和西方讲得很简单抽象，可能还有不少错，我之所以还要讲，是想说明大历史观的意义。大历史观是研究不同文明的形成和演化，中国只是这个大历史的一部分而已。我们是中国人，我们分析这个根，可以产生一种大的历史感。但这还不够，还应该站得更高，通过世界各个文明比较来看清我们中国是怎么回事。因此世界史也是很重要的。特

---

① ［印］迪帕克·拉尔（Deepak Lal）：《印度均衡：公元前 1500 ~ 公元 2000 年的印度》（节选和修订版），赵红军主译，北京大学出版社 2008 年版。

别是现代性在西方产生、工业革命以后,全人类都受到冲击,中国文明也被卷进去了。我觉得,分析现代社会,还需要有更深层的东西,要把中国的历史演变经验也放进去。因此,今天能否开拓出更为宏大的历史视野是非常重要的事情。

韦伯曾经论证了现代社会是在天主教文明中起源的,这很有道理;但还不够。为什么?因为天主教文明是古希腊罗马文明与基督教文明融合的产物,离开文明融合就讲不清楚现代性问题,由此可见,文明比较与文明融合的研究是多么重要。这种研究需要具有比分析某一个文明长程演化更大的历史视野,需要检讨文明融合的模式和历史经验。历史上,中国文明的形成,同样包含着文明融合的经验。它对于贯通理解中国传统思想和社会的进一步演变,乃至对近现代文化的转型都极为关键。这就是第三和第四讲要讲的魏晋南北朝时期玄学以及中国本土思想和佛教的融合。

第三讲　魏晋玄学与常识理性的形成

——中国文化第一次受外来冲击

导言:为什么要讨论魏晋玄学?

这一讲接着两汉往后讲,讨论魏晋玄学。表面上看,这个题目相当专门,似乎与本讲座宏观性质不符,与中国文化大传统与轴心文明大历史观更有距离。第一讲,从超越突破比较视野讲中国文化的特殊性,分析春秋战国诸子百家,这属于大历史。第二讲,剖析汉代思想与社会之间的双向塑造,从儒学与家国同构社会组织之间的互动,来谈中国文化大传统和传统社会的形成,并勾画出中国社会超稳定系统的动态特征,这就是儒家道德意识形态的长期延续和王朝的周期性更替;最后指出这种方法原则上也可以用于分析希腊文明、印度文明和伊斯兰文明。第二讲当然也是大历史。

其实,前两讲只是打基础,第三讲才开始涉及大历史的核心。为什么这么说呢?自轴心文明产生以来,不同文明间不可避免地会发生碰撞和融合,今日人类文明也正在走向更大的融合。只有在文化的碰撞和融合中,才能显现出轴心文明的超越视野的转向、结合与共存。换言之,文明的融合开启了大历史进程中真正重要而迷人的现象:传统社会在演化中的现代转型。众所周知,中国文明经过长达数百年时间最后消化了印度佛教,第三讲讲魏晋玄学正是要揭示中国文明与印度文明融合的机制。

汤因比(Arnold Joseph Toynbee,1889 ~ 1975)曾做出一个著名的论断:在人类诸文明中间,唯有中国文明拥有融合其他文明的经验,这就是中国文化融合印度佛教。汤因比发表这观点的时候,人类经历了两次大战,他对中国寄予厚望,认为中国文明在二十一世纪应该担当世界文化大融合的使命。① 今天看来,汤因比的这个说法有点问题。因为在人类历史上并非只有中国文明曾发生过文化融合,如古希腊罗马文明与希伯来宗教的融合,形成了具有两种超越视野的天主教文明;现代社会正是在天主教文明中起源的。印度也发生过伊斯兰文明和印度教文明的融合,如莫卧儿帝国。

虽然就文明融合而言,中国只是几个案例中的一个,但它对中国思想与社会演变的重要性,至今尚没有得到足够重视。历史上中国文明发生过两次大融合。第一次是与古希腊罗马文明和希伯来宗教超越视野融合差不多同期,中国的魏晋玄学对印度佛教的亲和与接引,数百年后儒学消化了佛教,发展为理学。第二次则是1840 年以后至今尚在进行中的第二次文明融合。这两次文明大融合存在奇妙的关联。

中国文明的第二次大融合,源于西方用炮舰和廉价商品打开中国的大门,这一点我们有很深刻的印象。而魏晋南北朝时期的第一次文化融合,是受到印度佛教的冲击。这一时期,虽然北印度建立了笈多王朝,但并没有形成持久稳定的大帝国。当时的印度

① 汤因比在与池田大作的对话中,指出东亚具有可以成为全世界统一的地理与文化主轴之八种遗产,并认为将来统一世界的大概不是西欧或西欧化的国家,而是中国。相关论述可参见[英]汤因比、[日]池田大作:《展望 21 世纪:汤因比与池田大作对话录》,荀春生等译,国际文化出版公司 1997 年版,第 276 ~ 279 页。

既无征服世界的经济、政治力量，也无军事实力，与中国隔着喜马拉雅山，为什么印度思想文化会对中国产生那么强大的冲击呢？这正说明文化本身的力量啊！正因为如此，第一次文化融合主要在思想文化领域。那么，第一与第二这两次文化融合之间的关联又是什么呢？这就是今天讲魏晋玄学的重要性。

在中国思想史上，魏晋玄学具有极为独特和重要的地位。魏晋玄学的结构蕴含着中国文化接受外来文化的机制，不了解这一机制，就不能从中国思想文化演变的内在动力来理解第二次文化融合。更重要的是，魏晋玄学塑造了中国文化独特的常识理性。常识理性成熟后，在塑造中国理性基础和艺术审美的同时，消化了佛教，并在此基础上产生了宋明理学，此后理学成为东亚社会共同的政治文化，并影响到中国和日本等社会的现代转型。

总之，今天讲魏晋玄学，是为了分析中国文明的文化融合机制。从魏晋南北朝以后几百年的文化演变中可以看到，在何种条件下，某种轴心文明类型是如何去接受、消化另一种终极关怀。而且，它不是通过军事征服，也不是因为经济交流，而主要是靠两种不同文化的亲和，就能够产生对文明演化的巨大而深远的历史性影响。你们不要忘了第一讲和第二讲的内容，没有前面的基础，这一讲不太好懂。

3.1　外来冲击和宇宙论儒学的不可欲

应然无限扩张的后果

第一讲曾讲过，某一文明一旦实现了文化的超越突破形成某一种类型的轴心文明后，就会形成被该文明社会成员普遍接受的终极关怀，其本身具有巨大的稳定性，其他文明的价值系统对它的影响力是有限的。以道德为终极关怀的中国文化更是如此。但是,为什么在东汉以后中国文化会受到佛教持久而全面的冲击,并由此发生文明融合呢?这是我今天要讲的重点。

研究文明融合,首先应该要看到中国文明是以道德为终极关怀,这一点非常重要。因为道德有一个本质属性,这就是实然不能质疑应然。道德意识形态通常不会因外来影响或因为其实行后果不理想而被否定。但是,道德意识形态不受冲击需要有一个前提,这就是道德必须具有可欲性。什么是道德的可欲性?你们不要忘记第一讲提到的道德有两个属性,一是普遍性,即道德规范普遍有效;二是可欲性,可欲性是指这组规范的可实现性,即这些规范必须人人可以做到。你们想想人类各文明共有的道德内容,不要说谎,不要奸淫,不要杀人,这是每个人只要想做就能做得到的。假定有一天把人能在天上飞作为道德原则,那当然做不到了,过去也从来没有把这种人做不到的事情作为道德规定。

与其他几种轴心文明类型相比较,没有一个其他文明如中国文明那样,把社会制度视为道德内容的实现,也没有把宇宙秩序看做具有道德属性的。而在中国以道德为终极关怀的泛道德主义文化中,道德规范会不断扩大,我们称之为应然的扩张。第二讲中已讲到,汉代儒家为了论证以皇权为中心之家国同构的大一统帝国的正当性,发展出一整套政治理论,把宇宙规律与道德伦理紧密联系在一起,导致道德规范越出国家和社会制度而进一步向外扩张,把宇宙自然状态和人世间的道德秩序紧密联系在一起。本来,宇宙秩序是实然,和道德一点关系都没有,但在中国泛道德主义文化中,应然的无限扩张,必然将造成道德可欲性的破坏。

汉儒认为,儒家道德规范来源于天,天通过天子把儒家伦理下达给万民。汉儒通过对《春秋》微言大义的解释,进行了史无前例的创造。他们认为整个宇宙的正常秩序,譬如说风调雨顺啊,日月星辰的正常运行啊,以及一年四季啊,都是儒家伦理道德秩序的表现。一旦出现了日食月食、流星雨、气候失常和大灾荒等自然现象,则意味着宇宙秩序的失序。宇宙秩序的失序对应着作为天子的皇帝失德,从而把灾异与鉴别皇帝是否实现仁政关联起来。如果皇帝没有很好地推行仁政,上天就会用天灾来警告皇帝之失德,此时,皇上就要下罪己诏,①杀贪官污吏,整饬吏治,当社会回归秩序后,天下将又太平。在一定时期内,当天灾偶尔发生时,这种天人相应的道德哲学对维护家国同构体的稳定还是有效的,是惩治贪官污吏的有效武器。你们想过没有,把宇宙秩序等同于道德秩序带来的最大问题是什么?

宇宙秩序、天灾的发生,本来是人不可控制的自然现象,如果在某一时期,一天到晚发生天灾,那会对社会发生什么影响呢?这种情况在东汉末年发生了。这一时期恰好碰上太阳黑子活跃异常期,天灾频密,这时,无论皇帝做什么,老天爷都要一再警告你失德,令你不知所措。两汉持续四百余年,宇宙论儒学维系着家国同构体的运作大致可行,但是,东汉末期情况发生根本变化。一方面频频发生特大天灾,另一方面政治、经济全面溃败,它们终于破坏了儒家道德意识形态的可欲性,带来了中国思想的大转向。

天灾对宇宙论儒学的冲击

历史上中国是个多灾的地区,也留下很完备的天灾记录。但任何一个朝代的天灾,都没有造成像东汉末年那样大的思想冲击。与其他时期相比,两汉后期的天灾比其前后的先秦和南北朝时期

---

① 帝王"罪己"行动,目前最早所见是夏禹与商汤二人。《左传》庄公十一年(前684年)中记载鲁大夫臧文仲(?～前617年)言道:"禹、汤罪己,其兴也勃焉;桀、纣罪人,其亡也忽焉。"学者也做出一些"罪己诏"的专题研究,如汉武帝之轮台罪己诏。相关讨论可参见《春秋左传注·庄公十一年》(修订本),上册,第188页;田余庆:"论轮台罪己诏",收于氏著:《秦汉魏晋史探微》(重订本),中华书局2004年版,第30～62页。

都更多、更集中、也更大。在宇宙论儒学支配下,西汉时已建立起一套包括君王自谴、谪贬三公等在内的一套禳灾制度。据统计,两汉与灾害直接相关的改元至少有二十三次,君王因灾害下自谴诏有三十次,因灾异遭到免职的三公多不胜数。① 为什么要杀大臣呢?因为灾异不仅是上天对皇帝失德的谴告,位高权重的三公也负有调和阴阳之责,每遇天灾,当皇帝下罪己诏无效时,就采用谪贬、杀大臣来向上天表示痛改前非的决心。

顾颉刚先生(1893～1980)著作中,对天灾怎么冲击两汉时人的心灵世界,曾有过非常形象的描绘。当天灾日益增多,后来杀大臣居然被制定为一项对付灾异的制度。公元前43年,春霜夏寒,汉元帝的丞相于定国(? ～前40)缴上侯印。公元前15年,汉成帝(刘骜,前51～前7)因陨星和日蚀罢免丞相薛宣(生卒年不详)。公元前7年,荧惑(即火星)守住心宿,凶应皇帝,赐死丞相翟方进(前53～前7)。②《汉仪注》里有一条残酷的法典,当天地大变时,皇帝应派侍中持使节,乘四匹白马带酒十斛、牛一头到丞相家,将殃咎告知丞相。法典规定当侍中走到半路时,丞相即应上书告病;侍中回朝,还没有复命时,尚书就把他的死讯报与皇帝。③

东汉最后的半个多世纪恰好遇上太阳黑子衰弱期,强度是前后一千八百年间的最小值,自然灾害和灾异频频发生,公元107～

① 据殷伟的研究和统计,秦汉时期共发生水灾114次,旱灾113次,地震117次,蝗、螟灾68次,疫灾42次,风灾40次,雹灾37次,寒灾40次,火灾85次,饥灾73次。参见段伟:《禳灾与减灾:秦汉社会自然灾害应对制度的形成》,复旦大学出版社2008年版,第27～58页。

② 关于翟方进自杀与汉代如何透过伪造天文现象进行政治操作的相关研究,可参见张嘉凤、黄一农:“中国古代天文对政治的影响——以汉相翟方进自杀为例”,载《清华学报》新20卷第2期(1990年12月),第361～378页。

③ 详参顾颉刚:《汉代学术史略》,东方出版社1996年版,第六章“天象的信仰与天变的负责者”,第24～25页。

219年的一百一十二年中,特大天灾便达一百五十次。[①] 平均每年发生一两次大天灾,皇帝无论做什么,不管他实际上是否实行了德治,天灾都要一再显示亡国之征。这时皇帝就会感到被上天抛弃了,儒生也会怀疑由宇宙论儒学所规定的道德是否虚妄。也就是说,当天灾多到一定程度,意识形态所规定的德治也就变为不可欲的了。你们去看看东汉后期的社会心态,全社会都慌掉了。不管皇帝做什么,大臣做什么,百姓做什么,上天一再用灾异来告诫这个社会是不道德的。宇宙论儒学是根据天人相应来看儒家道德是否可欲的,中国历史上第一次碰到一个问题:当道德原则被上天判定是做不到的时候,这个社会该怎么办?

这时,就会出现对宇宙论儒学的普遍怀疑,这种怀疑的结果是出现思想形态的大转向,士人由积极介入现实政治转向玄学思考。中国传统社会制度是以道德规范为基础的,当社会发生严重腐败时,道德原则仍如磐石般地屹立在那里,作为修复社会结构的模板。因此,即使社会发生大动乱,只要道德原则没有变,动乱以后,依然可以根据道德原则来重建一个新王朝。但东汉灭亡前后,连道德精英都不再相信宇宙论儒学时,王朝修复机制的功能也失灵了。东汉解体、儒学王朝修复机制失灵时,又正值半牧半农民族大举南迁,残酷、剧烈的大动乱持续了很长时间,其后果是家国同构体受损,很难再建立起大一统国家。

半牧半农民族南迁及大一统帝国的分裂

东汉末年的大动乱是历代大动乱中历时最长、最残酷的一次。

---

① 上文统计数字,参见"东汉安帝至宪帝主要灾异表",载马良怀:《崩溃与重建中的困惑——魏晋风度研究》,中国社会科学出版社1993年版,第36~44页。另据陈业新对于东汉时期自然灾难的统计,自公元89~144年的五十六年中,也就是在东汉和帝(89~105年在位)、安帝(107~125年在位)、顺帝(126~144年在位)时期,各类自然灾害高达一百五十次左右。参见陈业新:《灾害与两汉社会研究》,上海人民出版社2004年版,第126~128、204页。

先是黄巾大起义,然后分裂成魏、蜀、吴三国。今天,三国故事、三国电视剧、三国游戏已成为文化消费产品,是年轻人了解三国历史的重要途径,但是,你们知道三国那次大动乱有多可怕吗?导致东汉崩溃的那一次大动乱之残酷,可以说是空前绝后的。东汉中后期,公元156年尚有五千余万人口,到263年,魏蜀人口加起来只剩五百三十七万,特大天灾及战乱令人口损失十分之八九。①

你们都看过《三国演义》,但不一定会注意到那时的战乱有多可怕。曹操军队缺军粮,你们知道吃什么吗?吃人肉干啊。孔融(文举,153~208)认为,人饿极而相食,如同吃了会说话的鸟兽,吃人肉就像吃鹦鹉一样。② 曹操(字孟德,155~220)的诗句“白骨露于野,千里无鸡鸣”,③正是现实生存状态的写照。在豪强挟持下,汉室频繁迁都,先在长安,后迁到洛阳,最后迁到许昌。为什么迁都越迁越小,因为大城市荒芜掉了,整个中原大地一片荒凉,连皇宫里的人都没饭吃,宫女穿着麻布衣服。

东汉灭亡经过六十多年的折腾,汉民族剩下一千万人左右;与此同时,北部半牧半农民族大举南移,充当兵员和劳动人口,史称“五胡乱华”。如董卓(字仲颖,约138~192)的军队“来兵皆胡

---

① (晋)司马彪撰,(梁)刘昭注补:《后汉书志·志第十九·郡国一》,中华书局1973年版,第12册,第3388页。

② 孔融(153~208)之语载于唐人马总(?~823)之《意林》卷五《物理论》中,记述了汉末一个故事,有两兄弟与一人避乱同行,因粮绝,兄弟商议,如不杀同伴,则三人俱死;于是兄弟共杀而食之。孔融与友辩论这种行为是否得当时,孔融说了这样一番话:“此伴非会友也。若管仲啖鲍叔,贡禹食王阳,此则不可。向所杀者,犹鸟兽而能言耳。今有犬啮一狸,狸啮一鹦鹉,何足怪也?昔重耳恋齐女而欲食狐偃,叔敖怒楚师而欲食伍参。贤哲之忿,犹欲啖人,而况遭穷者乎?”以上原文参见(清)严可均辑:《全上古三代秦汉三国六朝文·全晋文·傅玄》,商务印书馆1999年版,上册,卷49,第505~506页。以下所引《全上古三代秦汉三国六朝文》皆依此版本,只注书名、篇名、册别、卷数与页码,其余不再注明。

③ (魏)曹操:《曹操集·诗集·蒿里》,中华书局1974年版,上册,第6页。

羌”,刘备(字玄德,161～223)、曹操部队中有大量幽州乌桓胡骑。[①]晋文帝司马昭(字子上,211～265)时期,归附的胡人高达八百七十万,[②]“关中之人百余万口,率其少多,戎狄居半”。[③]不仅是关中戎狄居半,随着北方游牧、半游牧民族大举南下中原,汉族人口为避乱从中原地区向淮河、长江乃至珠江流域大量迁徙,在整个北方,汉族已经不占多数。同时,长江以南地区周边的少数民族也大量向这一地区迁移。东汉末年到南北朝数百年间,发生了中国历史上最大规模的民族大迁徙、大融合,对此后隋唐盛世及中国文化产生极大影响。

大迁移带来的民族大融合是一个漫长的融合过程,短期效应则是对汉代奠定的社会基本结构产生巨大冲击,中国在相当长时间里再也建立不起统一的大帝国了。汉帝国大一统结构的建立,依靠的是家国同构的机制。该机制的有效是依赖于一个基本前提,即把家作为社会组织的基本细胞,信奉儒家伦理的汉民族在人口比例中占主导地位,然后通过家国同构建立大一统帝国。大量草原民族进入中原地区,匈奴、乌桓、鲜卑、拓跋等民族的社会结构是部落组织,并不是由儒家伦理规定的家。当北方汉民族不占多数,民族融合又未完成时,建立家国同构的统一帝国是不可能的。

综上所述,无论是长期的天灾,还是东汉瓦解后极端残酷的大动乱,人口大量死亡,中原空虚,戎狄胡人南下,无不对宇宙论儒学

---

① 参见(宋)范晔撰,(唐)李贤等注:《后汉书·列女传第七十四·董祀妻传》,中华书局1973年版,第10册,卷84,第2801页;(晋)陈寿撰,陈乃干校点:《三国志·蜀书·先主传第二》,中华书局1964年版,第4册,卷32,第873页。以下所引《三国志》皆依此版本,只注书名、篇名、册数、卷数与页码,其余不再注明。

② 如《晋书》所言:“九服之外,绝域之氓,旷世所希至者,咸浮海来享,鼓舞王德,前后至者八百七十余万口。海隅幽裔,无思不服;虽西旅远贡,越裳九译,义无以踰。”参见(唐)房玄龄等撰:《晋书·帝纪第二·太祖文帝》,中华书局1974年版,第1册,卷2,第40页。以下所引《晋书》皆依此版本,只注书名、篇名、册数、卷数与页码,其余不再注明。

③ 《晋书·列传第二十六·江统》,第5册,卷56,第1533页。

提出严峻挑战。人们应该相信什么呢?正是在东汉末至魏晋时期空前的意义危机中,魏晋玄学兴起。魏晋玄学为什么会兴起?这是本讲的中心内容。我将通过魏晋玄学和宇宙论儒学的比较分析,揭示支配其发生的“道德价值逆反”机制。而该机制只有在以道德为终极关怀的中国文明才会出现。

在分析宇宙论儒学的不可欲如何导致道德价值逆反,道德价值逆反又如何促使魏晋玄学兴起之前,先要讲讲在家国同构结构受到严重干扰情况下,社会和政治出现了哪些重要变化。

3.2 家国同构机制受到干扰及魏晋玄学

九品官人法和门阀政治

回顾一下第二讲的内容,西汉确立了儒家学说为官方意识形态以后,各种形式的家获得正当性,成为社会的基本组织单元,并且家国同构机制把一个个分散的家整合为大一统的国家,儒学宇宙学提供了整合社会各层次的政治和组织原则。东汉末期,宇宙论儒学变为不可欲,势必要严重冲击家国同构体。你们想过了没有,宇宙论儒学的不可欲会对儒生造成什么影响?皇帝以儒家天道有为来治理天下,但上天一再示警;士人效忠皇帝积极参政,但现实政治极端严酷黑暗,士人对政治现实极度失望,转而相信道家的天道无为,促使玄学兴起。这时,士人也可以不再以为帝国君王服务来作为生活的重心了。

东汉解体后是三国,三国归晋时间也不太长,八王之乱后整个北部中国一片混乱。需要指出,即使是在最混乱血腥的时期,虽然大动乱使一个个家不能整合成大一统的帝国了,但社会基层的家庭和家族并没有破坏,在家庭和家族内部,仍然保留着儒学的核心价值——家庭伦理。只要社会没有完全解体,中国文化来自超越视野规定以道德为终极关怀没有改变，则家作为儒家伦理的载体和社会基本单位，是不会被消灭的，社会组织的基本细胞仍是各种形式的家。也就是说，宇宙论儒学因道德不可欲而破灭，并不会否定儒家伦理，儒家伦理依然是社会组织的原则。只不过随着大一统帝国的解体，出现了大一统官僚机构的退化以及家的组织形态变化。

两汉家国同构体的轴心是皇帝。皇帝通过官僚机构和中间层整合一个个家，官僚机构由相信宇宙论儒学的道德精英组成。在该整合机制中，选择道德精英是核心环节。两汉的选官制度是皇帝通过中央和地方政府，考察推举德才兼备的人，即察举孝子廉吏；另一条是那些学习儒学经典的士子通过考核当官。这两种办法的实施，要求有一个强大的王权以及儒生相信宇宙论儒学。当王权衰落、宇宙论儒学解体时，该机制便会失灵。在东汉后期，外戚、宦官弄权，党锢之祸，宦官大肆镇压士大夫，或杀或刑或流放，受害士人动辄数百乃至上千，表明这一机制已出现问题。三国时，战乱造成人口大量流失，社会动荡不已，无法再定期考核。在这种情况下，曹操儿子魏文帝曹丕（187～226）的吏部尚书陈群（？～237），提出了改造察举制的“九品官人法”。①

这一制度也称九品中正制。近期研究表明，当时不怎么提“九品中正制”，而是说“九品官人法”。什么是九品官人？就是中央任命一些“贤有见识”的人充任中正官，派他们分赴各地，按家世、才干、道德，对每一个充任官员的备选者进行质量评级，共分为九品。在这种中正制选官实施过程中，从一开始的重家世，后来发展到完全按家世门第来评定士人的品级。为了防止庶族假冒士族，世家大族编写谱牒（家谱），谱牒学成为一门学问。这种选官制度加强

① 关于九品官人法的研究，可参见［日］宫崎市定：《九品官人法研究：科举前史》，韩升、刘建英译，中华书局2008年版。

了门阀世袭化,削弱了中央权威,其后果就是“上品无寒门,下品无士族”,寒门永远当不了大官。选拔制度失去了社会阶层的流动性,向贵族政治退化。

两汉时期的推举制与考试结合的选拔道德精英为官的制度,一方面可以保证官僚的流动性,另一方面也有遏制豪门大族膨胀和地方势力割据的功能。但现实政治中,由于地方势力和大族往往与弄权的外戚、宦官勾结,汉代不成熟的选官制度逐渐沦为结党营私的工具。到东汉末魏晋时,皇帝控制官僚机构的治理能力已经大大退化,皇权必须联合士族才能维持统治,造成了士族、大家势力的膨胀和门阀化。随着门阀世族对各级政权的操控,士族与寒门之间基本隔绝不通婚,家和家之间的不平等亦越来越严重。正如西晋左思(约250~约305)《咏史诗》中所言:“世胄蹑高位,英俊沉下僚。”①魏晋南北朝时期出现了类似于西方中世纪的贵族政治。

按照儒家伦理,除了皇帝家族外,原则上各个家是平等的,各个家的私有财产是正当的,因此汉代以家庭为本位的私有制地主经济相当发达,造就了汉代城市和商品经济的繁荣,远程交易四通八达。东汉末以后,动乱持续,随着国家调节力量衰弱,小家庭、家族纷纷依附有钱有势的豪门大族,士族占有越来越多的雇佣劳动力,致使政府失去主要税源,私有制的地主经济迅速退化,形成了类似于西方庄园制的士族大土地所有制。

在讲到魏晋以后出现的这些政治、经济的变化,讲门阀政治也好,讲大土地依附经济也好,我都会加一个“类似于”的修饰词,因为那时并没有形成欧洲中世纪那样的贵族制和庄园经济。虽然,从东汉末三国到两晋南北朝前期,国家调节力量的渐失,选拔道德

---

① 参见逯钦立辑校:《先秦魏晋南北朝诗·晋诗·左思》,中华书局1988年版,上册,卷7,第733页。

精英组成统一官僚机构机制的失效，政治上形成大家族垄断权力的门阀制度和经济上人身依附不断强化是一个不可抗拒的趋势。这一切造成家国同构的大一统帝国的瓦解，出现了数百年的长期分裂的局面，但是，必须看到所有这些变化统统缺乏意识形态的正当性。这一时期大小君王颁布的上谕大都是以儒家政治伦理为正统，儒家意识形态仍是政治和社会制度的基础，家还是儒学的道德伦理载体和社会基本单位。由于门阀政治和士族大土地所有制并没有意识形态的最终正当性，因此，到南北朝中后期士族制度就开始衰落了。

儒学的家学化和“玄礼双修”

东汉末期思想文化开始出现两种互相对立的倾向。一方面，士人崇尚道家的无为价值，追逐名士风度，对探索天人合一的玄理怀有极大兴趣，士人的精神和行为也获得大解放，有力地冲击着代表儒家伦理三纲核心价值的名教。另一方面，儒家伦理仍然是社会政治制度的正当性来源，家是社会组织的基本细胞，为了维系家、特别是大家族的正当性，社会生活中愈来愈重视礼教和血统。在这两种互相对立倾向的作用下，士人追求不同于儒家道德的价值，促使玄学在另一个层面兴起，同时出现了儒学的家学化。

先讲儒学的家学化。在两汉，宇宙论儒学是官学，五经的注释是围绕着论证汉帝国政治和社会的各项功能，今文经学兴旺。东汉中后期，官方今文经学衰落，重字辞考证的古文经学兴起，成为儒学的家学化的前奏。儒学的家学化发生在家国同构的机制全面障碍、中国陷入了长期分裂的时期。由于儒家家庭伦理是社会正当性基础，因此，越是分裂动乱，大家族更加需要维护和强化儒家的家庭伦理核心价值。

第二讲曾提到，商鞅所订“除异子之科，使父子无异财”的生分法令在曹魏时才正式废止，就与儒学的家学化直接相关。曹魏以后,用重家世的九品官人法选官,此后以儒家标准选拔道德精英的选官制度越失效,选官和社会组织就越依靠儒家伦理家庭的亲疏等级。由此可以理解,为什么在魏晋南北朝时期《孝经》上升成为显学,在重视血缘和门第的社会风气下,编纂家训、家规蔚然成风。史上有名的《颜氏家训》,就是北齐颜之推(531~595)编写的。《颜氏家训》以儒家思想为中心,教育后辈如何修身、治家、处世、为学,同时还有宣传佛家思想的《归心》篇,是典型的南北朝文献。① 这一时期,儒家作为家学,也从父子相传演变为门第教育。

除了编写家训、女诫之类外,编族谱、家谱是官方和民间均极为重视的事情。政府设立谱局、谱库,由郎、令史等谱官掌管,各州郡的中正主簿、功曹负责保存簿状。民间编撰的家谱须到政府备案,与政府谱局存档簿状对照无误,才获认可。在社会生活中,士族与寒族之间界线分明,互不通婚。官和民之所以都重视门第、血缘关系,注重编修家谱、族谱,是因为当时无论选官还是通婚,家谱都是最重要的依据,更重要的是为了防止非士族出身的人造假家谱、冒充士族。② 梁山伯与祝英台的民间传说,就发生在东晋时期。

与儒学的家学化、大家族讲门第、重家规同步的是玄风大振。你们看看那些三国魏晋名士,例如嵇康(字叔夜,约224~263)和阮籍(字嗣宗,210~263)是竹林七贤的两位精神领袖,他们极度重视个体精神的自由,以放浪形骸、鄙视礼教、行为特异为风度,以鄙视

---

① “家学”形式从两汉即有,如汉代有父子相传的家学形态;而到了魏晋“家学”形式则更进一步演变成“门第教育”,担负起主要教育责任,入仕也不经学校。关于六朝时期的家学家风研究可参见周愚文:《中国教育史纲》,正中书局2001年版,第315~316页;吴正岚:《六朝江东士族的家学门风》,南京大学出版社2003年版;张蓓蓓:“从《颜氏家训》看中古知识分子的转型”,载《中国文学历史与思想中的观念变迁国际学术研讨会论文集》,大安出版社2005年版,第1~36页。

② 郑樵《通志·氏族序》指出:“自隋、唐而上,官有簿状,家有谱系,官之选举必由于簿状,家之婚姻必由于谱系。”参见(宋)郑樵撰,王树民点校:《通志二十略·氏族略第一·氏族序》,中华书局1992年版,上册,第1页。

君臣关系、任性旷达而闻名于世；同时，他们又是孝子，教育子侄礼教尚峻。嵇康临终写《家诫》，教育子孙奉行儒家伦理。阮籍母亲亡故时，别看他照样下围棋、喝酒吃肉，似乎不拘孝子之礼，但酒肉之后他长号吐血，[①]也以孝子闻名。魏晋名士在家当家长、当孝子，并没有妨碍他们的精神自由，他们随时可以从家中抽身出来，向往山林，向往自然。在儒学家学化的同时，出现了士人的精神大解放。

儒学的家学化，意味着儒家道德意识形态退到以家为中心，而玄风大振表明一种引领思潮的新道德价值进入宇宙论儒学瓦解让出的思想空间。上述一退一进下所产生的家学化的儒学和以道家价值为新道德的玄学，正是魏晋士人同时具有的这两个看似分裂的精神层面。儒学仍然是社会、政治制度的正当性基础，在玄风披靡下士大夫追求个体精神的自由表达。我想借用唐长孺先生（1911～1994）提出的“玄礼双修”，来概括魏晋士人的思想与精神面貌。[②] 玄礼双修是什么意思？“玄”是指魏晋玄学，表现为深究玄理和名士风度；礼是礼教，即儒家伦理规范。这两者并行不悖，所以叫玄礼双修。

为什么玄和礼可以并行不悖？关键是它们属于不同层面。简单地说，必须保留并强化儒学家庭伦理，这是社会组织和政治的需要，另外，宇宙论儒学的不可欲所导致的道德价值逆反，创造出以无

---

① 《晋书》这样记载阮籍：“性至孝，母终，正与人围棋，对者求止，籍留与决赌。既而饮酒二斗，举声一号，吐血数升。及将葬，食一蒸肫，饮二斗酒，然后临诀，直言穷矣，举声一号，因又吐血数升。毁瘠骨立，殆致灭性。”见《晋书·列传第十九·阮籍》，第5册，卷49，第1361页。

② “玄礼双修”是唐长孺用来专指玄学后期（玄学的最高峰郭象卒于西晋末）玄学与儒学在士阶层及其家族中并行不悖的思想特点。他指出：“正因为东晋以后名教与自然的关系已有较一致的结论，所以在学术上的表现便是礼玄双修，而这也正是以门阀为基础的士大夫利用礼制以巩固家族为基础的政治组织，以玄学证明其享受的特权出于自然。当时著名玄学家往往深通礼制，礼学专家也往往兼注三玄。……这种玄礼双修之风，只有名教、自然合一之说盛行后才能树立起来。”参见唐长孺：《魏晋南北朝史论丛》，河北教育出版社2000年版，第324～325页。

为为核心的新道德,这就是玄学。玄学是在另一个更高的层次,也即玄理和精神层面上展开探索,并不与现实生活中的儒家伦理相冲突。为什么宇宙论儒学的不可欲会导致道德价值逆反?道德价值的逆反为什么催生了魏晋玄学?这需要从道德哲学基本原理讲起。

什么是道德价值逆反

"道德价值的逆反"是我们在《中国现代思想的起源》一书中提出的一个特有概念,它指这样一种思想文化现象:在中国以道德为终极关怀的文化里,当原有道德目标做不到的时候,那么人们就会以与原有道德规范的反面或否定来作为新道德,作为新的人生意义。中国思想史上发生过两次道德价值逆反思潮,一次在东汉末三国魏晋时期,产生魏晋玄学。另外一次在近代1840年以后,西方冲击来临,产生以追求平等价值为终极关怀的革命乌托邦。中外学术界对魏晋玄学和中国文化的大转向,已有诸多深入研究,而我们则是从玄学是对儒学官方意识形态的道德价值逆反,及其接引外来文明的功能来分析这一问题。这一现象在其他文明类型的传统社会中相当罕见。

讲道德价值逆反,有必要先从原理上简单讲一下什么是价值逆反。价值是什么?为什么价值可以逆反?价值是主体施予对象的主观评价,这个对象可以是客体,可以是符号,也可以是不存在的东西,譬如梦;一旦作出某种评价,也就规定了主体对该对象的行为。我举一个例子来说明。譬如说"奇怪"是一种价值吧,我看到手中这个话筒感到很奇怪,用"奇怪"这一价值来指涉这个话筒,是什么意思呢?我一旦赋予这个话筒"奇怪"价值以后,我的行为就不一样了。我拿着它看看,很有兴趣的样子,看看它到底是怎么回事啊。在不同文化里同一种对象,价值评判可以是不一样的。你们看过《上帝也疯狂》这部电影吗?电影开始有个细节,一个可口可乐瓶子掉到非洲某部落。对我们来说,可口可乐瓶子这个对象不奇怪,天天喝可乐,这有什么可奇怪的。但它对非洲部落的人来说,从来没见过,就会觉得很奇怪,要摸摸这个瓶子,看看它到底是什么。所以,“奇怪”是主体对某一对象评判的价值,对同样一个可口可乐瓶,非洲部落人感到奇怪,我们就不奇怪,对我们来讲那些非洲人的反应反而是奇怪的。

价值是主体赋予对象的评价,因此,当我们谈论某一价值时,必然涉及价值的两个层面:一是主体评价所指涉的对象,它是可变的;二是一旦给出对象的某种评价以后,就规定了主体对它的行为;这是意义层面,具不变性。理解了任何一个价值都有价值意义及它指涉对象的两个层面,并且这两个层面是可以分开的,就可以明白价值逆反是指某一价值意义层面不变,但指涉对象可能完全相反这一变化。

现在可以讲什么是道德价值逆反了。道德是个体的意志指向善这种价值,善这一价值对应着一组行为规范。道德价值逆反是指,在以道德为终极关怀的文化中,当原有道德内容不可欲或被认为是不好时,就会发生以与原来道德内容相反的价值作为新的道德追求之现象。在道德价值逆反过程中,道德作为向善的意志的价值这一意义不变,但善的指涉对象却相反,道德由原来某一种规范变成了否定这种规范,如 A 变为非 A,这个非 A 是新道德的内容。这就是道德价值逆反的定义。

为什么只有在以道德为终极关怀的文化中,当道德内容不可欲时,才会出现道德价值的逆反呢？这是一个值得深入研究的哲学问题。至今这个问题仍在西方哲学家视野之外,因为他们还没有意识到其对中国文化演变的重要意义。在西方文化传统中,道德不是终极关怀,它是来自于上帝的命令或知识追求等这些外来的限定,而中国文化是以道德为终极关怀的文化,也就是说道德本身是终极性的,不是由其他更高价值推出来的。中国文化中,什么对应着善(善的指涉对象),并没有一个是来自于上帝的不可改变的外在限定,当原有善所指涉的对象(儒家伦理所规定的社会秩序)不可欲(即做不到)或变成不好时,超越视野仍在现世,就只能以否定它的价值作为好的价值之代表。

道家的支解:修身指向否定儒学的价值

两汉宇宙论儒学意识形态有一个基本观念,天人之间密切相关,宇宙正常秩序对应着世间道德秩序;天以顺景或灾异来不断显示它的意志,作出对君王是否遵行儒家道德秩序的评价,积极有为地干预着人间世事。东汉末期,政治非常黑暗、衰败,特大天灾异象一再发生,强势干预着人世间的道德秩序,不断警告皇帝失德。但是,当人们发现,无论君臣怎样做、做任何事也于事无补时,就会认为儒家仁政爱民实施与否是无法影响天常秩序的。在天道有为造成道德的不可欲情况下,对宇宙论儒学的逆反又会产生什么后果呢?这就是人们会从崇尚天行健、有为的儒家道德,变为以天道无为、不干预作为新道德。

汉儒很入世,积极有为,齐家之外,主要是为皇帝服务。东汉灭亡在即,帝国大厦将倾,儒生看透了君臣关系之虚伪,再积极有为也没有意义,报国无门,对政治心灰意冷。这时,士人从关切政治现实的清谈转变为不参与政治的玄谈。所谓玄谈,是以谈老、庄、周易的玄理为内容。一时间,追求道家无为等理念成为时尚,出现许多特立独行、言行怪异之士。东汉末年出现的对宇宙论儒学的价值逆反,破除了天道有为,并以其反面的天道无为作为新道德。在这股思潮大转向中,道家价值全面取代儒家伦理的内容,成为士人新的道德追求。

曹魏正始年间,玄学兴起。因为老子思想的核心是无为,士人最早感兴趣的是老子,强调自然的庄子之学兴起在后。玄学以老庄为圣人,崇尚道家价值,这句话看来简单,但很容易产生错觉。我要问一下,魏晋玄学是先秦老庄思想的翻版吗?先秦老庄是以无为为道德吗？并不是这样。如果把魏晋玄学看做回到老庄，就掩盖了玄学的本质。先秦老庄与魏晋玄学的根本差别在于：老庄的无为是对儒家道德的否定，道家推崇无可言状的道，但它并不是道德，道家精神追求的背后不存在儒家的向善意志。道家以观赏的、逍遥的情意我，否定儒家把个人看做道德主体的德性我。与此不同，魏晋玄学是对儒学的价值逆反，这就是把道家每一项基于否定儒家的主张，都变为向善的意志所指向的新道德。因此，魏晋玄学对宇宙论儒学的价值逆反，可以由图 3－1 表示：

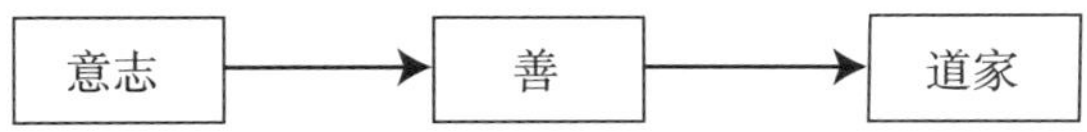

图 3－1　宇宙论儒学的逆反

回忆一下第一讲是如何讲先秦老庄哲学的。道家的每一个主要论点都与儒学针锋相对：儒学讲道德规范，老庄反规范，讲“反者道之动”；儒家讲向善，老庄讲无所谓好与坏；儒家讲名教理分，积极有为，老庄讲自然，主张无为；儒家讲舍生取义，老庄讲保存形躯。图 3－2 给出了作为否定儒家的道家理念所包含的反规范、情意我、养身、无为和自然五个方面：

当魏晋玄学以道家这五种与儒家相反的理念作为向善意志的指涉对象时，又会出现什么情况呢？魏晋玄学以道家价值作为新道德追求，老庄哲学转化为五种不同的追求，成为士人的道德修身目标，使得道家发生支解。“道家的支解”的说法，是劳思光先生在《新编中国哲学史》中提出来的。劳先生认为，这是源于汉代人对道家的误解，其后果是道家发生“形躯化”，由此产生追求长生不老的道教。我们的看法比劳先生更进一步：对宇宙论儒学的道德价值逆反，使得道家五方面的指向都可以被视为新道德，这五个方面有不同的侧重，影响到思想演变的不同方向。下面，概括地梳理一下这几种方向所带动的社会思潮。

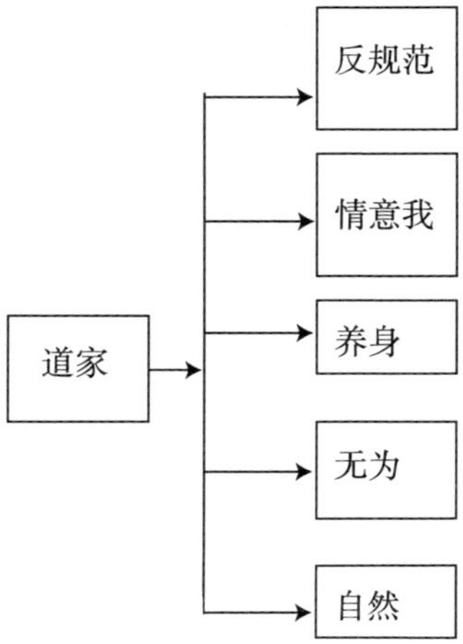

图 3－2　道家否定儒家的五个指向

越名教而任自然

讲到魏晋,最为后世津津乐道的是士人藐大人而视之的魏晋风度。我们认为这正表现出魏晋士人以反规范为新道德的追求。反规范的最响亮口号是“非汤武而薄周孔、越名教而任自然”,由刚肠嫉恶、轻肆直言的玄学名士嵇康在《释私论》中提出。口号中,打破对象是儒家的名教,追求对象是道家自然。前面不是讲玄学名士是玄礼双修、很重家庭伦理吗?家庭伦理是名教核心,他们怎么会说要越名教呢?正如学者研究指出的那样,魏晋士人的越名教应指:“超越于当时政治体制及礼法运作,不矜尚不拘执于名教之利害算计”,主要为了摆脱现实政治中皇帝和上层官僚的礼法约束。[①] 不仅限于此,士人以越名教、任自然作为道德和修身,当然要在行为上有所表现。

① 蔡振丰:“魏晋玄学中的‘自然’义”,载《成大中文学报》第 26 期(2009 年 10 月),第 1～34 页。

你们读过《世说新语》吧，书中记载了魏晋士人很多反儒家名教规范的奇怪行为。他们以不遵守礼教的放浪形骸行为，来表明自己是最有精神追求的。这和先秦老庄不是一回事。老庄认为，压根儿没有什么东西值得去执着追求，逍遥自在，任其自然而已。但是，魏晋风度是以不遵守规范为新道德，他们以放纵为荣，自我标榜，证明自己是有追求的。只有从这个角度，才能理解为什么魏晋出现了那么多特立独行的名士。

这些魏晋名士或沉迷于穿衣打扮，闭室酣饮累日，“置甲煎粉，沉香汁之属，无不毕备”，或“以人乳饮”，[①]或服药行散，也毫不掩饰同性恋行为。有一个被称为酒仙的刘伶（字伯伦，约221～300），人家跑到他家里去，看到他脱光衣服赤身裸体，说他太没有礼貌了。他的回答很创意：整个宇宙是我的房子，房子呢是我的裤子，你钻到我裤裆里来了，你还说我没有礼貌？中国历史上，没有哪一个时期的士大夫有如他们这样纵容自己的本能欲望。在这种反对崇高的堕落中，可以看到时代的真诚：他们生活的最高原则就是真诚而不做作，表现了那个时代追求顺从自己本性的自然精神。[②]

为什么魏晋士人极端重视人的才性和外貌，男人也沉迷于穿衣打扮呢？人的容貌、才性本来是天生的，外貌属于实然，道德是应然，两者本来完全不相干。先秦道家的情意我只讲逍遥的观赏，一旦玄学把观赏对象当做道德追求的目标，情况就大不一样了。在魏晋名士看来，美貌和才性都是美德的表现，值得大力追求，魏晋士人极度推崇并追求美貌的独特现象在古今中外都很罕见。

名士荀粲（字奉倩，约209～238）的妻子貌美多病早逝，荀粲痛

---

① （南朝宋）刘义庆撰，余嘉锡笺疏，周祖谟、余淑宜整理：《世说新语笺疏·汰侈第三十》，中华书局1983年版，下卷下，第877～878页。以下所引《世说新语笺疏》皆依此版本，只注书名、篇名、卷数与页码，其余不再注明。

② 关于魏晋时人之自然精神表现，可参见容肇祖：《魏晋的自然主义》，东方出版社1996年版；江建俊：“魏晋名士‘裸袒亵慢’之风的多维解读”，载《成大中文学报》第33期（2011年6月），第23～65页。

悼神伤而被人讥笑,他声称:“妇人德不足称,当以色为主”,①不久他也去世了。不仅女人要讲美貌,对男人的评价也以貌取人。玄学领袖何晏(字平叔,约196~249)生来肤白,还特喜欢敷粉,美男子风尚遂盛。② 除何晏外,嵇康、王衍(字夷甫,256~311)、卫玠(字叔宝,286~312)等名士,个个都生得肤白个儿高,形容男人俊美的“玉人”“玉树临风”等词由此而来。特别是那个卫玠生得太漂亮了,年少时就受到不少人围观,“观之者倾都”;据传卫玠之死竟然是因为那些爱慕他美貌之人的围观,使他疲累不堪而病死,称为“看杀卫玠”。③

三国魏国的刘劭(字孔才,约182~245)写了一本《人物志》,配合当时品评人士的需求,是玄学名著。这本书最值得注意之处,是给出评价人物的标准。本来,一个人的道德、德行与他的自然资质没有什么关系,跟容貌更没有关系,但《人物志》把人的容貌、骨相与他道德、才性一一对应来评价,认为一个人外在的“九征”即(“神”“精”“筋”“骨”“气”“色”“仪”“容”“言”)是他天生的德性材质之必然呈现。为此,刘劭提出了“八观”、“五视”等考察人物品性的具体方法。④《人物志》是魏晋时期的典型文献,记录了如何把人的才性等先天禀赋与德性联系在一起的评价标准。

魏晋名士反规范的放浪形骸和重才性的标新立异行为,主要发生在魏晋早期,持续时间并不太长。在道家支解中的另外三种追求,即对保命养生和无、无为作新的道德追求则经久不衰,对中

---

① 《世说新语笺疏·惑溺第三十五》,下卷下,第918页。

② (梁)刘孝标注曰:“《魏略》曰:‘晏性自喜,动静粉帛不去手,行步顾影。’”见《世说新语笺疏·容止第十四》,下卷上,第608页。

③ 《世说新语笺疏·容止第十四》,下卷上,第614页。

④ “八观”与“五视”,见之于“八观篇”与“效难篇”。参见(魏)刘劭著,梁满仓译注:《人物志》,中华书局2009年版,卷下,八观第九,第100~121页;卷下,效难第十一,第142~148页;关于《人物志》相关研究,另可参见江建俊:《汉末人伦鉴识之总理则——刘劭人物志研究》,文史哲出版社1983年版。

国文化的影响极为深远。以追求形躯不老、修炼长生为修身目标,促使道教兴旺;追求无、无为,可以亲和、接引大乘佛教,其后果是中国文化融合外来文化;对自然的精神追求,塑造了中国的常识理性和艺术精神。需要指出的是,先秦道家的精神、老庄哲学是浑然一体的,上面讲的五种追求,是对宇宙儒学价值逆反、道家支解后,才显现出来的。

另外,从玄学家对道家哪种观念最感兴趣的过程来看,最早他们追捧《老子》和《易》,喜爱批注此二经,而在注老时,又特别侧重去发挥老子的无和无为思想。玄学发展到后来,又对庄子大感兴趣,注庄则主要发挥庄子的自然观念。在先秦,从老庄作为对儒学的否定来看,二者的差别并不那么重要,但到魏晋,老子的无为和庄子的自然的意义导向则差别很大,标志着玄学发展的不同阶段。这一点,我后面再讲,先简单讲讲道、佛二教的兴起。

对无、无为的追求:亲和佛教与道教兴起

在汉末至魏晋的残酷大动乱中,人口大量死亡、夭折,“天下多故,名士少有全者”,[①]如何避乱、保全个人生命,成为士人考虑的首要问题。士人一反孔子不讲“乱”“力”“怪”“神”的四不讲传统,开始追求道家的养生、得道、长生不老和成仙之术。据清人考证,道教起源为东汉末。[②] 名士对民间方术和修道养生大感兴趣,这些传统与道家哲学相结合,道教迅速兴旺起来。

---

① 《晋书·阮籍传》:“籍本有济世志,属魏晋之际,天下多故,名士少有全者,籍由是不与世事,遂酣饮为常。”参见《晋书·列传第十九·阮籍》,第5册,卷49,第1360页。

② 《校刊抱朴子内篇序》指出:“秦汉方士,绝不附会老子。即依托黄帝,亦非道家之说。《汉书·艺文志》以黄帝诸篇,分属道家神仙,盖本《七略》。……东汉之季,桓帝好神仙,祠老子。张陵之子衡,使人为祭酒,主以《老子》五千文都习。神仙之附会道家,实昉于此。”参见(清)方维甸:《校刊抱朴子内篇序》,收于(晋)葛洪著,王明校释:《抱朴子内篇校释》(增订本),中华书局1996年版,第388页。

阮籍在《大人先生传》里大谈“养性延寿,与自然同光”的神仙。嵇康也很喜欢与玄学家向秀(字子期,约227~272)讨论养生问题,他写了一篇《答难养生论》,回应那些对养生长寿的质疑。他对有无神仙不置可否,但深信养生可使人享彭祖千岁那样的高寿。[①] 追求长生不老的方法有外丹和内丹两种。道教初起时以外丹最为兴盛,是成仙的不二法门。当时盛行服用五石散,也叫寒食散。玄学早期领袖何晏,也是引领服食五石散风尚的人物。[②] 你们知道魏晋时期,有多少人因为服寒食散而死亡吗?据说有几万人。[③] 这个数字可能太大了点儿,但服散在当时很普遍。我们今天讲的“散步”这个词,就是那时创造的。因为吃了寒食散之后全身发热,要满地走把这个热散掉,散步就是这么来的。

汉代非常重视《易经》包括《易传》,易学很发达,第二讲已指出《易》将价值与自然变化规律混为一谈,成为宇宙论儒学的哲学观。在汉代思想中,人体被视为类似于小宇宙,于研究人体小宇宙怎么跟大宇宙发生关联的研究上,产生了《黄帝内经》《难经》《伤寒杂病论》《神农本草经》等一系列中医典籍,奠定了中医对疾病、治疗、用药的基本理论体系。东汉末年虽然发生了对宇宙论儒学的价值逆反,但《易经》的思想方法以及有机自然观并没有中断,《易经》的这个传统保留下来了,成为道教的基础。

东汉末期魏伯阳(生卒年不详)继承了周易的这个传统,他认为人体、修丹与天地造化的道理相通,把《周易》理论、道家哲学和

---

① 嵇康在《养生论》指出:“夫神仙虽不目见,然记籍所载,前史所传,较而论之,其有必矣;似特受异气,禀之自然,非积学所能致也。至于导养得理,以尽性命,上获千余岁,下可数百年,可有之耳。”参见(晋)嵇康著,戴明扬校注:《嵇康集校注·养生论》,人民文学出版社1962年版,第3卷,第144页。

② 余敦康:《魏晋玄学史》,北京大学出版社2004年版,第62页;关于五石散(寒食散)的相关研究,可参见施又文:“魏晋南朝士人服散之探究”,载《兴大人文学报》第36期(2006年3月),第187~216页。

③ 王晓毅:《放达不羁的士族》,陕西人民出版社1989年版,第122~141页。

炼丹术三者结合在一起编著了《周易参同契》,这本书被尊为万古丹经王,讲道士炼丹术的方法和原理,教人如何修炼长生与成仙之术。他以黄金不朽模拟,讲如何提炼出使人长生不老的金丹,道教信徒后来尊他为真人。晋代葛洪(284~364)是另一位名家,他的《抱朴子》也是道教最重要的典籍。这本书记载了众多丹经的第一手外丹资料,成为研究中国古代化学的重要数据。葛洪不仅是宗教家和炼丹家,还是悬壶济世的医家,留下百卷治病的《玉函方》。道教开始时是服寒食散啊、吃仙丹妙药啊,但时间长了,外丹逐渐不是内丹的对手,到唐代外丹就没有那么重要了,人们更重视内功的修炼。①

道教兴起后,各种民间方术迷信的小传统也随之大盛。东晋孙恩(?~402)起义时,以信五斗米道可成仙为号召。他叔父孙泰(?~398)是五斗米道教主,被会稽王司马道子(364~403)诛杀,但信徒却认为他是"蝉脱登仙",徒众数十万投奔避于海岛的孙恩,反而壮大了孙恩队伍。孙恩"自号征东将军,号其党曰:'长生人'",当孙恩失败投水自尽时,信众相信他变为水仙,"乃赴海自沉,妖党及妓妾谓之水仙,从死者百数"。②

道教及民间神仙方术的重个体思想,在现世中体现为如何养生长寿,非常重实用与效果。但是,以老子的无为作为新道德追求的玄学,则与之不同,并不讲求时效。先秦道家哲学以无、无名、无

---

① 在道教中内丹学取代外丹学的过程,可参见劳思光:《新编中国哲学史》,广西师范大学出版社2007年版,第3册上,第一章"唐末思想之趋势及新儒学之酝酿,道教内丹派之兴盛",第12页;更多关于外丹、内丹与外丹转向内丹的相关研究,可详参[日]神乐冈昌俊:《"抱朴子"の养生思想》、[日]坂出祥伸:《隋唐时代における服丹と内観と内丹》等文,皆收于[日]坂出祥伸编:《中国古代养生思想の总合的研究》,平河出版社1992年版。

② 《晋书·列传第七十·孙恩传》,第8册,卷100,第2632、2634页;关于孙恩起义的研究,可另参朱大渭:"孙恩徐道覆起义的性质及其历史作用",收于《六朝史论》,中华书局1997年版,第357~401页。

为为核心,它们不是指道德,但在玄学中的这几个概念,则是指最高的道德。例如,中庸是儒家的最高美德,特指人内心的道德感;而刘劭则用道家的"无名"和变化不定,来取代儒家意义的中庸,他说:"夫中庸之德,其质无名……变化无方,以达为节。"①

玄学以无、无名、无为作为最高美德,它们是精神追求的目标。对现实政治可以采取无为的姿态,那么,士人应如何通过修身来实现这种精神追求呢?中国文化里除了重时效的道教外,并没有特别的思想资源。这种情况下,无是玄学的核心观念,人们对无的境界追求就很容易用无的观念去亲和印度大乘佛教,般若空宗大受士人欢迎。正如汤用彤先生(1893~1964)指出的那样:"释家性空之说,适有似于《老》《庄》之虚无。佛之涅槃寂灭,又可比于《老》《庄》之无为。"②如何以玄学的无的观念来接引佛学,这是第四讲的内容,这里先从道德价值逆反导致中国接引佛学的角度简单讲讲。

早在东汉前期,明帝(刘庄,28~75)曾派遣使者前往西域访求佛法,有了《阿含经》的中文节译本,又建白马寺,佛教在中国开始有了根柢。到东汉末、三国魏晋玄谈之风大盛时,名士与名僧交往频密,亦士亦僧,玄学与佛学积极互动,引领思想潮流,士人由玄学去理解佛学义理。这一时期,佛经的翻译多为格义,也即用玄学的思想和术语去理解佛经,例如用"无为"来翻译"涅槃"。

玄学一反儒学的淑世特性,非常注重玄理,这一点也很契合佛学的抽象思维。谈玄,主要是辩论宇宙的本原是无还是有,如何化生出万物。辩论到最后,玄学的有无之辩还是达不到佛家讲空的最高境界。这是为什么?因为,追求无和无为的境界是属于个人的,彻底的无为是要得意忘言,讲话辩论无非是要说服他人,都是

---

① (魏)刘劭著,梁满仓译注:《人物志·体别第二》,卷上,第25页。

② 参见汤用彤:《汉魏两晋南北朝佛教史》(增订本),北京大学出版社2011年版,第九章"释道安时代之般若学"第136页。

有为。到最后,连语言表达都是没有意义的,这时已不是玄谈,而是冥想了。

玄学的修身重个人冥想玄理,有别于修、齐、治、平的经世那一套。但是先秦老庄哲学并没有提供太多如何冥想的方法,在佛学中却十分丰富。东汉末,西域高僧安世高(生卒年不详)已翻译出早期禅法修行重要的文献《安般守意经》,有大量的"观"(冥想)的法门,士人趋之若鹜。① 汤用彤归纳魏晋禅法主要有"念安般、不净观、念佛、首楞严三昧"四种,②胡适也有类似的考证。③ 就具体修持工夫而言,佛教提供了丰富而又具体的方法。

所以你们看,讲义理吧,般若经典有大量讲"空"的内容,比玄学更玄;讲修身吧,佛学继承了印度由来已久的瑜伽冥想等修行方法。名士玄谈谈到后来就谈不过和尚了,谈玄中的佛学成分越来越多。中国人是通过魏晋玄学走入冥想,再到悟出空的境界,由修身需求而学习冥想禅定方法。但必须注意,魏晋玄学的无和佛教的空有一个重大不同,魏晋玄学的终极关怀是道德,士人道德修炼

---

① 《佛说大安般守意经》指出:"观有两辈:一者观外,二者观内。观身有三十六物,一切有对皆属外观。无所有为道,是为内观也。观有三事:一者观身四色,谓黑青赤白。二者观生死。三者观九道。观白见黑为不净,当前闻以学。后得道未得道为闻得别为证得为知也。观有四:一者身观,二者意观,三者行观,四者道观;是为四观。譬如人守物盗来便舍物。视盗人已得观。便舍身观物也。观有二事:一者观外诸所有色,二者观内谓无所有。观空已得四禅。观空无所有。有意无意无所有。是为空。亦谓四弃得四禅也。"见(东汉)安世高译:《佛说大安般守意经》,收于《大正新修大藏经》,东京大藏经刊行会 1924 ~ 1935 年出版,第 15 册,卷 2,第 171 页;关于《安般守意经》相关研究,可参见[日]大谷哲夫:"中国初期禅观の呼吸法と养生说の'养气'について—安般守意经の流行をめぐって",载《印度学佛教学研究》第 17 卷第 1 号(1968 年 12 月),第 142 ~ 143 页;[日]川岛常明:"安般守意经について",载《印度学佛教学研究》第 24 卷第 2 号(1976 年 3 月),第 232 ~ 235 页。

② 汤用彤:《汉魏两晋南北朝佛教史》(增订本),参见第十九章"北方之禅法、净土与戒律·晋末宋初禅法之兴盛",第 424 ~ 427 页。

③ 胡适对早期禅法有全面而简练的考证,与汤氏较合。具体可参看其《禅学古史考》《从译本里研究佛教的禅法》,收录在欧阳哲生编:《胡适文集(4)·胡适文存三集》,北京大学出版社 1998 年版,卷 4,第 221 ~ 235、236 ~ 249 页。

的关怀仍在此世;大乘佛学的终极关怀是解脱,目标是离开此世。只有那些去做居士、做和尚的士人,他们的超越视野才发生了从此世到离开此世的转向。从东晋南北朝直至唐代,佛教盛行于中国,影响到政治、文化和日常生活的每一个方面。这说明佛教思辨能力和修身方法对中国士人具极大的吸引力。我要问一个问题:魏晋南北朝佛教最终取代玄学成为中国士大夫主流思想了吗?没有。即使在佛教大盛之时,大多数士人仍坚持此世的价值追求。

这方面的典型例子是范缜(字子真,约 450 ~ 515)写《神灭论》。范缜是南朝儒生,在佛教大盛之时写《神灭论》与佛门信徒辩论。笃信佛教的梁武帝下了一道《敕答臣下神灭论》御旨,组织围剿,引发了举国思想大论争。正如学者指出的那样,范缜的《神灭论》一文并没有什么哲学义理可言,这篇著作的思想深度与其引起的争论和受到思想史重视的程度并不相称。① 确实,《神灭论》讲的道理不过是常识,用常识来讲人的形和神不可分离,由此论证没有不死的灵魂。但是,为什么《神灭论》有那么大的社会影响呢?我们认为《神灭论》在中国思想史上的重要意义,不在于它是否阐释了什么新的或深刻哲理,恰恰是因为它是用常识作为理据来批判盛行的灵魂不死论,是士人开始用常识理性审视批判当时泛滥的各种有神论的标志,显示出魏晋玄学的深层影响。也就是说,《神灭论》的影响力揭示了魏晋玄学的两重性,一是接引佛教,二是促使中国文化形成独特的常识理性。而常识理性又正是儒生抵制佛教的思想武器。

有关魏晋玄学如何接引佛教的研究著述已多不胜数,而我们的研究则侧重于讨论玄学和佛学如何促成中国独特的常识理性的形成与成熟,常识理性是中国文化融合外来文化的结果。我后面

---

① 张东荪:《中国哲学史上佛教思想之地位》,收于牟宗三等:《中国哲学思想论集——两汉魏晋隋唐篇》,水牛出版社 1988 年版,第 354 ~358 页。

还会讲到,常识理性对儒学的复苏、宋明新儒学的创建乃至中国近现代思想形态,具有最深层的意义。前面提到,对宇宙儒学的价值逆反,使向善的意志指向道家五种不同内容而导致道家支解;以无为为道德走向亲和佛教,实际上,当时还有以自然为道德导致常识理性的形成。常识理性既是融合又是抵制佛教的思维方法。在中国思想史上,常识理性的形成是一件惊天动地的大事。直到今天,常识理性仍然是支配我们中国人的思维方式。因此,第三讲的一个重点是讲玄学如何为常识理性的形成打下基础。

3.3　常识理性:中国道德意识形态后设层面的形成

什么是常识理性?

常识理性是我和青峰在《中国现代思想的起源》一书提出的一个重要概念,又称为“常识合理精神”,它是指中国文化以常识和人之常情作为合理性的最终根据。魏晋南北朝以后,中国人进行意识形态论证和思考自然万物现象时,是以可理解的常识和人之常情为根据,并不需要进一步追问常识背后的更深层原因。常识合理塑造了中国文化的理性结构,它构成中西思维模式的重大差别。迄今为止,中国人对这种思维模式习以为常,很难从中跳出来。我举一个例子来说明中西思维模式的差别。

在中国传统文化里,人们从不去追问物体为什么会从上往下掉。因为这是常识。但在西方文化中,常识并不是最后答案。亚里士多德认为,重物从上往下掉是因为万物趋向于它的自然位置。亚里士多德的宇宙模型是由一个个同心圆组成,中间是土,是地心,外圈是火、气,再外面是一层层的水晶球。重物属性是土,自然位置在地心,所以会从上往下掉。牛顿(Sir Isaac Newton,1643 ~ 1727)认为,因有万有引力的存在,重物才会往下掉。爱因斯坦

(Albert Einstein,1879～1955)则论证了重力是由时空变形产生的。从古希腊的亚里士多德到牛顿,再到爱因斯坦,两千多年来,重物为什么要往下掉,是西方科学一直在追问的基本问题。

为什么中国人不问这个问题?道理很简单。因为重物往下掉是常识,中国人不但不追问常识背后的原因,而且,常识是解释其他现象的根据。例如,东汉王充用常识的类比来解释为什么星星不会掉下来。他把天看做是与地一样的硬壳大平面,星宿附着于天,如同房子立于地面,[①]地面房子不会动,是常识,由此推理想象天上的星宿,就可以理解它们为什么不会掉下来了。朱熹用鞭炮来解释雷鸣,用"星有堕地其光烛天而散者,有变为石者"来解释陨石,[②]这些都是用常识来类推。在科学史上可以看到这样一个现象,凡是用常识类推可以理解的自然现象及过程,如磁针指北,化石的形成,沧海桑田,虹的出现,中国往往比西方更早提出某种解释;技术应用也很发达,但由于中国传统文化不追究常识背后的原因,所以很难有重要的科学发现及理论。

需要强调的是,我们讲的常识理性与一般意义上的常识思维不尽相同。差别在哪儿呢?一般意义上的常识思维是具体的,思考不能与具体事例分离;而常识理性则是一种理性的自觉,即在思考任何问题时,意识到有一个高于具体事物的形而上层面(也即"后设层面"),它必定是常识和人之常情合理可以理解的。这样,常识理性的形成意味着常识和人之常情合理从具体常识中抽象出来,成为一种抽象的原则,它是论证道德意识形态的最终理据和理论框架。我们在《中国现代思想的起源》一书中对此有专门论述,现作一简要说明。

众所周知,早在先秦时中国人已具有以常识和人之常情来推

---

① 王充:《宅舍附地之体,列宿着天之形。》参见《论衡校释·祀义第七十六》,第4册,第25卷,第1047页。

② 《朱子全书·朱子语类·理气下》,第17册,卷2,第140页。

理的思维方法。例如老子说“人法地，地法天，天法道，道法自然”，把“本来如此”作为合理性终极来源。又例如，孔子用人对父母的自然感情来作为孝道之根据。儒学重视日常人伦和以中庸为智慧，对鬼神敬而远之，等等，都表现了中国人视常识和人之常情为天然合理。既然如此，我们所说的常识理性与这种视常识和人之常情为天然合理又有什么差别呢？举一个例子来说明这一差别。

《论语》中有一个孔子与他弟子有关三年之丧问答的记载。宰我问孔子，守三年之丧时间太长，是否必要？孔子先反问宰我：父母去世了，一年后你就享乐能安心吗？宰我答：我可以心安。孔子说，君子在三年居丧期间“食旨不甘，闻乐不乐，居处不安”，所以不做这些事；你觉得心安，你就去做吧。宰我离开后，孔子讲了一番道理说宰我不仁。孔子说，人生下来到三岁才能离开父母之怀，所以“夫三年之丧，天下之通丧也”。如果仅凭是否心安这种自然感情来判断，君子守丧三年和宰我说一年，都对。那么，孔子凭什么说宰我不仁呢？孔子的逻辑是先肯定道德规范（三年之丧）的合理性，再推出与这种规范相联系的人的自然之情（如食旨不甘等）的合理性。宰我说父母亡故一年他就可以心安理得地享受，这种心理状态离开了应有的道德规范，所以他不仁。此例可见，在孔子那里自然感情的合理性尚不能与道德规范的合理性相分离。另一个例子是先秦儒学对鬼神敬而远之的看法。先秦儒学不重鬼神迷信的主要原因，并不是由于仅认为鬼神与人的生活常识相违，而是因为儒者把人的道德伦理放在第一位。

也就是说，先秦思想中视常识为合理的倾向，尚不足以构成常识理性。因为在道家思想中，自然合理与无为不能分离，孔子的人之常情合理亦不能和具体道德判断相分离。这样到了汉代，由于汉儒仍然推崇道德是一切价值终极来源，又把天人感应理论注入儒家道德内容之中，因为常识合理从属于道德意识形态，就不能遏制道德意识形态走向迷信，天人感应支配下灾异鬼神的迷信就会愈演愈烈。

我们说的常识理性,是指常识合理和人之常情合理本身成为超越意识形态之外的独立层面,它是反思世界和社会是否合理的最终根据,是建构观念系统和道德意识形态的前提。因此,常识理性的形成需要经过如下两个步骤:第一步是形成一个高于道德意识形态的后设层面,并以该层面的价值和正当性作为道德意识形态成立的根据;这就是确立道德的形而上学基础。第二步是以自然作为这一后设层面的核心价值,这样宇宙万物本来如此的常识和人之常情就具有最终的合理性,不但不需要追究其原因,它们还是用来说明事物为何是这个样子的理据,这两个步骤都是玄学完成的。

玄学的发展大致可以分为两个阶段,第一阶段以老子和周易为重心,以无和无为作为新道德,由此建立了道德的形而上学基础,并以此来论证了“玄礼双修”道德意识形态的正当。第二个阶段以庄子为重心,与无分道扬镳、以自然为道德,把自然价值注入这一后设层面,成为玄冥之境和物各自造、万物自然生成的共同根据。常识理性才得以形成。

常识理性形成后,立即主导此后数百年思潮的大转向。以无为为道德的追求,吸纳了大乘佛教,形成中国式心性论佛学,使中国人接受了超越个体生命的“大我”观念。在常识理性精神支配下,又进一步把佛学出世的大我转化为普遍的道德主体,心性论儒学开始兴起,使儒学重新成为重建家国同构的大一统帝国的社会组织蓝图。同时,常识理性对佛教的重构,使儒家可以将中国式佛教作为儒生的修身方法。只有当常识理性中具有常识和人之常情两个出发点,它们成为儒学道德论证的正当性最终标准时,儒学才发展为宋明理学的新形态。这是以后两讲的内容。下面回到本讲的中心,讲玄学发展的两阶段和中国常识理性的形成。

从无为到无:道德的形而上学基础

我们讲玄学为中国常识理性的形成打下了基础,这有证据吗?当然有,首先是道德的形而上学层面的出现。从经典的变化就可以看出这一点,跟汉代经典相比,魏晋玄学经典数目较少,这一时期士人是以钻研并注释《易》《老子》和《庄子》来展开玄学论述的。《易》是最带有形而上色彩的儒家经典,《老子》和《庄子》是道家经典,道家本来就具有形而上学特点,这三部书也称为"三玄"。三玄成为士人重点编注的经典,正是为了奠定道德的形而上学。宇宙论儒学推崇天行健、天道有为,玄学是以其逆反价值的无为为新道德,首先要消除无为与儒家伦理、名教之间的矛盾。为此,玄学必须论证无也是儒家名教的形而上的基础;另外还必须用道家观念重新注释儒家经典,对儒家道德做出新解释和限定。玄学初兴时,其理论建树主要集中在赋予道德一个形而上的基础,从而论证道家价值可以作为新道德并且不与儒家道德矛盾。这一时期,出了不少大家名著。[①] 何晏和王弼(字辅嗣,226~249)是早期最有理论贡献的玄学家。

何晏是曹操宠爱的养子,从小与曹丕、曹植(字子建,192~232)等兄弟一起长大。何晏的主要著作是十卷《论语集解》,搜集了多种汉儒对《论语》的注疏,值得重视的是何晏本人的一百多条注释。何注的特点是引老释儒,用道家观点谈道德,"始有玄虚之言",开创正始玄风。何晏注老子的《道德经》在当时非常有名,可

---

① 魏晋士人用道家观点重新注释儒家经典,最热门的是《易》,另外还有《春秋》和《论语》,冲破了思想禁锢,出现了多种开出儒学演化新方向的重要经典注释本。如何晏的《论语集解》、王弼的《周易注》、杜预(222~285)的《春秋经传集解》、范宁(约339~401)的《春秋谷梁传集解》、郭璞(276~324)的《尔雅注》、韩康伯(332~380)对《易》的《系辞》《说卦》《序卦》《杂卦》等注,后来都收入十三经注疏的定本。这些作者中除郭璞是道学数术大师外,其他五人都是著名的玄学学者、政治家和军事家。

惜失传了,我们只能从他同时代人注述转引中看到他的《道论》和《无名论》等言论。何晏重新阐释了老子的无和无为,成为早期玄学贵无派的开创人。何晏讲的无为与老子的侧重有所不同。在老子那里,无为是行为性的,而何晏则强调无为只不过是“道”的体现。他说“道”本身无语无形无名,无就是道之大全,天地万物以无为本。[①] 换言之,何晏把“无”作为道的本体,它是不可体、不可言的形而上存在,然后,他以形而上的“无”为根据,说德是有形的,可以实践的。用他的话说,道如无那样“道不可体”,但“德有成形,故可据”。[②] 何晏在谈无和无为这一玄学最高价值时,被分解为形而上的本于“无”的“道”和在道支配下的可实践德行这样两个层面,从而开启了道德论证的形而上层面,同时又为士人玄礼双修的道德实践提供了理据。中国文明是以道德为终极关怀,所有的理论探索都围绕着道德论证,何晏作为玄学领袖的重大理论贡献是,从此中国文化的道德论证必须从形而上和道德实践这两个层面来阐释。

在理论上真正完成这一点的是王弼。王弼是思想史上最著名的少年才子,十五岁就显露出哲学思辨的惊人才华,他心高气傲,可惜二十三四岁就病死了。他的《老子注》《周易注》和《论语释疑》,是思想史上极为重要的著作。第一讲曾指出,《周易》讲变化时混淆了主观价值判断和客观存在两者之间的界限,带来很大的

① 张湛注《列子》中引何晏《道论》曰:“夫道之而无语,名之而无名,视之而无形,听之而无声,则道之全焉。”何氏认为虽然天地万物都是“有所有”,但是“有之为有,恃‘无’以生;事而为事,由无以成”,这就是天地万物皆以无为本。《道论》之语,参见《列子集释·天瑞第一》,第1卷,第10页。

② 例如,何晏是这样注释《论语》中“子曰:志于道”一句的:他说“道不可体,故志之而已”,意思是由于道是无形无象、不可言说、不可体验的,所以只能以意志指向它而已;紧接着又说:“德有成形,故可据也”,道德规范才是有形的,可以作为行为的根据。以上参见(魏)何晏集解,(梁)皇侃义疏:《论语集解义疏·述而第七》,上海商务印书馆1937年版,卷4,第87页。

问题。在宇宙论儒学笼罩下,汉儒注《易经》着重烦琐细节、沉迷实用技巧,陷入卦象、纳甲及数术等具体细节中,使易学变得如同塞满杂物的垃圾场。而王弼的《周易注》如同一个大扫把,把这些垃圾清扫一空。

在王弼看来,汉儒对《易》的"世之注解,殆皆妄也",他们错在"存象忘意",忘记了《易》的根本精神,陷于细节;而他要"笼统玄旨",重新阐述《易》的根本精神。① 什么是《易》的根本精神呢?王弼认为,《易》的内涵虽然博,但抓住一个根本就可以了解了。② 他说:"天地虽大,富有万物,雷动风行,运化万变",但只有一个来源,这就是"无":"寂然至无是其本矣"。③ 他还用了更简明的表达:"有之所始,以无为本。"④他用"归一"来说明自己的哲学方法,找到化育出万物及其变化的统一的唯一本原,这就是无。⑤

王弼为什么说只有无才能生出万有呢?他说,那些已经有形有名、千变万化的存在,是实然存在之有,就不能再用这样的"有"来说明宇宙万物的生成变化了。只有那个高于实然世界的道也即无,因其无形无名、不温不凉,不官不商,没有任何固定形态,才是生成万物的本体;⑥无能济万物之有,无是万物之宗,⑦"在方而法

---

① 参见《三国志·王毋丘诸葛邓钟第二十八》,第3册,卷28,第796页。

② 如王弼在《明象》言道:"义虽博,则知可以一名举也。"参见(魏)王弼著,楼宇烈校释:《王弼集校释·周易略例·明象》,中华书局1980年版,下册,第591页。以下所引《王弼集校释》皆依此版本,只注书名、篇名、册别与页码,其余不再注明。

③ 此句见王弼注《易·复》中的"复其见天地之心乎"一句注文。参见《王弼集校释·周易注·复》,上册,第337页。

④ 《王弼集校释·老子道德经注·下篇四十章》,上册,第110页。

⑤ 如王弼注老中指出:"万物万形,其归一也。何由致一?由于无也。"参见《王弼集校释·老子道德经注·下篇四十二章》,上册,第117页。

⑥ 参见《王弼集校释·老子指略》,上册,第195页。

⑦ 如王弼在《老子指略》中指出:"夫物之所以生,功之所以成,必生乎无形,由乎无名。无形无名者,万物之宗也。"参见《王弼集校释·老子指略》,上册,第195页。

方,在圆而法圆”。[①] 王弼使用的这种方法,在哲学上叫“存有论”(ontology,也称本体论),是对“有”和“无”的形而上哲学思考。非常了不起啊。中国哲学语汇是用体与用、本与末或道与器,来指称上述“无”与“有”两个层面的。

王弼把“无”置于存有论的抽象层面,说“无”是道、是体;道德由道而产生,道德实践是尽德之用,他说:“何以得德? 由乎道也。何以尽德? 以无为用。以无为用,则莫不载也。”[②]王弼通过注《周易》和《老子》,十分明确地指出道德的形而上基础和伦理规范分属两个互不相干的层面,将纠缠不清的好坏价值问题,转化为有与无的形而上哲学命题,斩断了宇宙论儒学支配人世秩序变化之根,此后,再也不能用天象来直接干涉人间道德秩序,限制了应然的无限扩张。

在《论语释疑》中,王弼常常用“无”来解释孔子思想。例如,在解“子曰,志于道”这句话时,他一连用了好几个“无”字来说明何为道,因为道是不可唯象的无,因此志于道,就只能倾慕而已。[③] 王弼还大讲“以无为君”,[④]“圣人体无”和“崇本息末”,[⑤]其意思都是一样的。你们知道王弼讲的“老不及圣”这个故事吗? 故事说,当王弼未成年时,有一个当官的问他,既然无这么重要,为什么孔圣人

---

① 此句见《老子》二十五章“人法地,地法天,天法道,道法自然”之注,王弼注曰:“道不违自然,乃得其性,法自然也。法自然者,在方而法方,在圆而法圆,于自然无所违也。自然者,无称之言,穷极之辞也。”以上参见《王弼集校释·老子道德经注·上篇二十五章》,上册,第65页。

② 此句见《老子》三十八章注。参见《王弼集校释·老子道德经注·下篇三十八章》,上册,第93页。

③ 此条王弼以邢昺之疏为注:“道者,无之称也,无不通也,无不由也。况之曰道,寂然无体,不可为象。是道不可已,故但志慕而已。”参见《王弼集校释·论语释疑·述而》,下册,第624页。

④ 此观念出自《老子》第二十三章注“道以无形无为成济万物,故从事于道者以无为为君,不言为教,绵绵若存,而物得其真。”参见《王弼集校释·老子道德经注·上篇二十三章》,上册,第58页。

⑤ 此观念可见《老子指略》中“老子之书其几乎可一言以蔽之,噫! 崇本息末而已矣。”一语。参见《王弼集校释·老子指略》,上册,第198页。

从来不谈无,而老子却要大谈特谈呢?王弼的回答很巧妙,他说,这表明孔子比老子高明,认识到无不可说,所以才不去说无①。讲无为讲到头,那讲话都不必要了。一讲话就是有嘛,就有了规定性嘛。所以,孔子对无的了解比老子高明,这个叫老不及圣。

王弼注的《周易》《老子》和《论语》,以"无"来讲何为"道",以及万物由无而生,哲学史上把他和何晏被归为玄学贵无派。而我们认为,更为重要的意义是,玄学要引进与儒家有为相反的道家无为价值作为新道德,就必须肯定无为价值为正当,才能克服其道德论证的矛盾。王弼完全解决了这个难题。他的做法是以存有论来做道德论证,从"无"是形而上的道、是根本,由此推出"无为"是最高道德价值。从此以后,在道德论证中,道德被明确分为形而上基础和伦理规范这样两个互不相干的层面。正因为王弼做出如此重要的哲学工作,他进入中国历史上伟大的哲学家之列,当之无愧。王弼的哲学论述逻辑和方法,也正是北宋建构理学的方法。要理解宋明理学,首先要弄懂王弼。②

正如汤用彤先生总结和评价王弼哲学的那样,它是:"留儒家孔子之位,而内容则充以老、庄之学说。"③一旦"无"成为抽象的道德、充斥它的内容就不仅可以是老庄学说,还可以接引佛学的"空"了。例如东晋名僧道安(312~385)所说的"无在万化之前,空为众形之始",④就是用王弼讲的"无"来解释般若学的空。这一点,我

---

① 何劭《王弼传》中指出:"时裴徽为吏部郎,弼未弱冠,往造焉。徽见一而异之,问弼曰:'夫无者诚万物之所资也,然圣人莫肯致言,而老氏申之无已者何?'弼曰:'圣人体无,无又不可以训,故不说也。老子是有者也,故恒言无所不足。'"何劭《王弼传》引自钟会传注,参见《三国志·王毌丘诸葛邓钟第二十八》,第3册,卷28,第795页。

② 王弼的哲学方法为此后宋明理学的形成准备了前提。如在指称"道"这一形而上层面的语言模式上,王弼讲的"一"是"无",而宋明儒是用"性"与"理一分殊","一"是指天理,两者具有相同的指称结构。

③ 参见汤用彤:《魏晋玄学论稿》,上海古籍出版社2005年版,第90页。

④ 引自(隋)吉藏:《中观论疏》,收于《大正新修大藏经》,第42册,第29页。

将在第四讲中展开。

“玄礼双修”中的“礼”是在生活中落实儒家伦理,“玄”是以道家价值为道德,两者是可以并存的。一旦以玄学理念引进佛学的空,佛教又是舍离此世的,必然会与“礼”发生冲突。如何化解这种冲突呢?玄学理论本身的发展逻辑是:从何晏、王弼的贵无论,发展到贵有论,再到调和二者的学说,把对以无为核心的玄理的向往变为对自然的追求,这是通过注庄子实现的。玄学重点从注老转化为注庄极为重要,开启了常识理性形成的第二阶段。

从“贵有论”到“独化”和“玄冥之境”

据余敦康的研究,老学在两汉时期一直没有中断,而庄学却沉寂已久。三国西晋的名士何晏、王弼、阮籍、嵇康等玄学家都热衷于注《老子》。随着玄风日盛,名士们也意识到清谈玄理与名教之间有一种“芒乎何之,忽乎何适”的疑惑。到西晋统一后的元康年间,玄学家们、特别是郭象(字子玄,约 252 ~ 312)发现《庄子》的“内圣外王”,有助于消除自然与名教的对立,于是“重新发现了庄子,把正始年间《易》《老》兼综的玄学推进到以庄学为主体的发展阶段”。①

“老庄”这个说法是司马迁在《史记》里讲的。魏晋时,按人们认为老子和庄子哪一个更重要的偏好不同,有时称“老庄”,有时叫做“庄老”。需要指出的是,注释老子和注释庄子是有差别的。老子只留下《道德经》,《道德经》五千言重点就是讲无和无为,这也是魏晋注老的重点所在。庄子讲什么呢?庄子主要讲自

① 以上参见余敦康:《从〈庄子〉到郭象〈庄子注〉》,收于氏著:《中国哲学论集》,辽宁大学出版社 1998 年版,第 306 页;在这篇文章中,作者还指出阮籍、嵇康二人的“越名教而任自然”的庄学思想,“在理想与现实、自由与必然、无为与有为、天与人的关系中,只看到了对立而看不到统一。照郭象看来,这是对庄子思想的一种误解,所以他在《庄子注》中,极力破除这种误解,强调它们的统一。”参见余敦康:《从〈庄子〉到郭象〈庄子注〉》,第 309 页。

然,讲齐物和齐论。讲齐物和齐论发展到顶,就会超越生死和万物差异,但仍是自然。注老子以无和无为为主,注庄子以自然为要,这种差异,引导着两个不同的方向。注译老子重无和无为,以无作为道德论证的后设层面,可接引佛学舍离此世的超越视野,亲和解脱宗教,主要是大乘佛学。玄学发展到注庄子则突出自然,以自然为意识形态后设层面,这样,就不会导致超越视野由此世向彼世的转向。只有完成了这一步,中国人的常识理性和艺术精神才得以形成。

注庄子的代表人物有两个,一个叫向秀,一个叫郭象,是玄学发展中里程碑式的思想家。向秀是竹林七贤之一,当老友嵇康被诛杀后,他写了痛悼亡友的名赋《思旧赋》,但他又投降当局做官,处世态度受到讥议。向秀的注庄子很有名,被同时代人称为"发明奇趣,振起玄风"。[①] 但向秀死得早,还没有注完庄子的《秋水》《至乐》篇就死了。郭象注庄子在其后,他的庄子注成为流传至今的定本,此后,庄学成为一门显学。因向秀和郭象的庄子注混在一起,产生了思想史中一段公案。有一说法是指因向秀的儿子不能完成父业,郭象借机剽窃了向秀的注解;另一说法是郭象没有剽窃,是进一步发展了向秀的说法,叫述而广之。[②]

我在香港中文大学时曾给学生出了一个题目,向秀和郭象两人都注庄子,是否可以找到一个方法,把向秀的注和郭象的注分开来。这个在思想史上应该是做得到的。牟宗三先生就是通过理念形态的剖析,找到二程之间思想的差别,把《二程集》里面哪句话是程颢(字伯淳,学者称明道先生,1032～1085)讲的,哪句话是程颐(字正叔,也称伊川先生,1033～1107)讲的分得清清楚楚。对庄子的理解,向秀和郭象应该是有差别的,可以把两人的观

---

① 《晋书·列传第十九·向秀》,第5册,卷49,第1374页。

② 此二说分别见之于《晋书·郭象传》主张郭象剽窃向秀注,以及《晋书·向秀传》主张向秀先注,而郭象"述而广之"。

念形态抽象成为理念形态(idea type),再用它来判句,这个注是谁的,另一个注又是谁的。我出了这个题目,但没有人做。诸位有兴趣的话,可以去做做。

第一讲讲荀子时提到,先秦把人为制造的事物叫做“伪”,荀子认为道德规范就是圣人之伪、创造出来的。魏晋以后,强调自然的合理,“伪”就变成假东西了,成了一个贬义词。与“伪”相反的自然才是好的。何为“自然”?自然是指万物生来的那个样子和本性。向秀没有完整的文集传世,研究他的思想有点难。但从他与嵇康就养生问题的争论来看,他已经以“自然”和“自然之理”为根据来谈人性了。他说:“且夫嗜欲、好荣恶辱,好逸恶劳,皆生于自然”;“口思五味,目思五色,感而思室,饥而求食,自然之理也”;强调人“生之为乐”,就会追求恩爱、天伦、燕婉、荣华、饮食,“此五情,此天理之自然”。① 他认为这些欲望本身的正当性来自于其各任其性,不假外求。

向秀谈的“自然”,既肯定万物自生、有自性,人的任自然也很合理,从而肯定了在现世中追求荣华富贵与享乐是正当的,任自然和崇名教就可以调和在一起,当然会受到那些既要清高逍遥,又要肯定现存秩序的高官名士的欢迎。因此,自向秀注庄子后,在“儒、墨之迹见鄙,道家之言遂盛”潮流中,士人以追求自然来修身,兴起游山玩水之风。②

在玄学发展中,追求自然和追求无不同,“自然”是一种“有”。与向秀同时期的裴頠(字逸民,267~300)写了篇《崇有论》。以往哲学史对裴頠的思想评价不高,认为他只不过谈了点常识,没有义理。这种看法也对。裴頠在反驳何晏、特别是王弼的万物本于无

---

① (魏)向秀:《难嵇叔夜〈养生论〉》,收入韩格平主编:《魏晋全书》,吉林文史出版社2006年版,第2册,第552~553页。

② 《晋书·列传第十九·向秀》,第5册,卷49,第1374~1375页。

时说,无是不能化生出万物之有,凡存在者,都是自生的。[①] 裴頠只停留在用万物的自生、自化来讲万物的起源和本质,这一点早被何晏、王弼批倒了,他肯定不是贵无派的对手。[②] 要战胜"贵无",必须将"无"也归为"自然",这一步是郭象迈出的。

针对玄学内部贵无和贵有之争,郭象说,你们纠缠于万物是生于无还是有,都错了,不会有结果的。他通过注庄子来阐明自己的看法。首先,他明确反对贵无派讲万物本于无,他说:"无也,则胡能造物哉","无既无矣,则不能生有";同时,他又指出,说"有"能创生其他各种"有"也很荒谬,他反问道:"岂有之所能有乎?"[③]既然郭象认为无不能生有,有也不能生有,那么,万物又从何而来?郭象说,如果你遍索万物万情产生原因而不得的话,你就会明白,我不能化生出他物,他物也不能生我,各个存在物都是"我自然矣";万物的存在本来就是那样,不需要依赖于其他条件;自然才是

---

① 裴頠在《崇有论》中指出:"夫至无者无以能生,故始生者自生也。"参见《晋书·列传第五·裴秀》,第4册,卷35,第1046页。

② 如果讲万物的生成,一旦先涉及某具体事物,包括老子说虚幻的精气之类的,那就已经指涉某一具体的存在了,而不可能是其他的存在物,因此不能用"有"来解释万有的产生。所以何、王是把"无"提升于凌驾万物之上的"道"的本体论高度,使之具有抽象性和普遍性,这样的"无"才可能化育万物。用何晏的话说,就是"夫唯无名,故可得遍以天下之名名之。"参见何晏《无名论》,引自《列子集释》,卷4,仲尼篇注"荡荡乎民无能名焉"一句,第121页。虽然王弼大讲无生有,但他并没有使用"本无"这个词。据汤用彤先生指出,最早是裴頠在《崇有论》使用"本无"的。以上说法参见汤用彤:《汉魏两晋南北朝佛教史》(增订本),第135~136页。而支娄迦谶所译的《道行般若经》与《般若三昧经》中,早于玄学使用"本无"一词。但是,支娄迦谶的"本无"是指本来即无,即"空",不同于玄学家指万物本于无的"本无"概念。

③ 以上二文分别参见《庄子集释·齐物论第二》,卷1下,第50、111页。参见《庄子集释·杂篇庚桑楚第二十三》,卷8上,第802页。

万物存在的根据,不必再追问缘故。① 郭象用“自然”封住了贵无和贵有两派关于万物生成的争论。“自然”是郭象注庄子使用频度最高的关键词之一。②

郭象在《庄子注》序言中,讲他自己的哲学总纲是要弄明白这样一个问题:“上知造物无物,下知有物之自造”,③意思是说,必须上知并没有一个作为造物者的存在,下知物各自造。同时,他又强调世间自生自性的万物“未有不独化于玄冥之境者也”,④即万有的存在都是从“玄冥之境”各自独化而来的。“玄冥之境”是郭象用来讲形而上层面的特定用语,它又是指什么呢?郭象在注庄子中一个有关“玄冥”的寓言时,给出了他自己的定义,他说:“玄冥者,所以名无而非无也。”⑤玄冥的名称是“无”,但又不是无。那它是什么呢?郭象也曾讲过,所有呈现不同形状和性质的万物,究其本源,全部是自然地冥合于同一个至深之理。⑥ 由此可见,郭象所说的“玄冥之境”是具有至理、可以使万物独化的场所,是一种幽黑不

① 郭象在《庄子·齐物论注》中说:“然则生生者谁哉?块然而自生耳。自生耳,非我生也。我既不能生物,物亦不能生我,则我自然矣。”(《庄子集释·齐物论第二》,卷1下,页50);“起索真宰之朕迹,而亦终不得,则明物皆自然,无使物然也”、“自然生我,我自然生。故自然者,即我之自然,岂远之哉”!(《庄子集释·齐物论第二》,卷1下,第56页);“物各自造而无所待焉。”(《庄子集释·齐物论第二》,卷1下,第112页)

② 据学者统计,在《庄子·内篇》注中涉及“自然”一词共有46条。参见程剑平:“从老庄到郭象:自然观的转变”,收于《恒道》第3辑,吉林文史出版社2005年版。

③ 参见(晋)郭象:《庄子序》,收于《庄子集释》,第3页。

④ 在《齐物论注》中,郭象对玄冥之境定义道:“是以涉有物之域,虽复罔两,未有不独化于玄冥者也。”参见《庄子集释·齐物论第二》,卷1下,第111页。

⑤ 参见《庄子集释·大宗师第六》,卷3上,第257页。《庄子·大宗师》有句:“于讴闻之玄冥,玄冥闻之参寥”,是假设的人名,实指一种混沌不分、深不可测的状态。

⑥ 如《齐物论注》中指出:“物各自然,不知所以然而然,则形虽弥异,其然弥同也”;“夫物有自然,理有至极。循而直往,则冥然自合,非所言也”。以上参见《庄子集释·齐物论第二》,卷1下,第55、99页。

可测、无规定性、浑然一体的抽象地存在的自然状态，是主观上不可见、不能区分而只能想象的境界。

如此，郭象以“自然”为核心观念，建构出既包括世间万物万事的实然层面，又有追求形而上的境界层面的统一的玄学体系。为什么郭象要如此煞费苦心地构造这样一种哲学？实际上，他也是为了解决长期困惑士人的修身问题。在郭象的时代，宇宙论儒学已破灭，政治和社会动荡不已，现实政治不可为，玄学和大乘佛学成为显学。但玄学的贵无和贵有两派都没有给出可以令士人安顿身心的修身之道，大量士人通过玄学的无和自然观念去理解和接受佛学的无和空，沉迷于佛学及其修身工夫。而在郭象的理论中，无论是“物各自然”的万物，还是抽象存有的“玄冥之境”，两者“皆自然也”。① 郭象讲的“自然”既不是佛家否定一切的空，②也不是道家或王弼讲的“无”，而是两个不同层面上存在的状态和根据。

为什么郭象的哲学玄理可以使士人身心都得到安顿呢？因为郭象用这样分为两个层面的玄理来谈修身，就可以从庄子的内圣外王之道推演出新的圣人观，这就是他说的：“夫圣人虽在庙堂之上，然其心无异于山林之中。”③而且，郭象认为讲道德规范的名教

---

① 如《大宗师注》中指出：“知天人之所为者，皆自然也；则内放其身而外冥于物，与众玄同，任之而无不至者也。”参见《庄子集释·大宗师第六》，卷3上，第224页。

② 在考察“自然”词义时，以往的研究多指出当时的佛经翻译，是借用道家“自然”的概念和术语，这固然不错。然而最近有学者指出，佛经在使用“自然”一词时，也赋予了“自然”一词佛学的意义。如《道行经》中的“如色之自然故为色”，“识之自然故为识”中的“自然”，就是“本无”、“性空”之意。《光明赞经》中的“一切诸法为无所有，则谓自然”，这里的“自然”是般若学否定一切的意思，显然与玄学有很大差距。参见洪修平：《佛教般若学思想的传入和魏晋玄学的产生》，收于氏著：《中国佛教与儒道思想》，宗教文化出版社2004年版，第10～11页。

③ 参见《庄子集释·逍遥游第一》，卷1上，第28页。

也属于自然,[①]即使你在俗世当官从政,在家做家长,只要你的心境保有如在山林之中那样的超然心态,你就达到了圣人的精神境界。你只要能做到"无心而顺物","与物冥合",就可以超越自我及生死,达到那种自由的"弥贯万物而玄同彼我,泯然与天下为一"[②]自得的精神境界。这一境界好像有点类似于佛教,但它不同于佛家追求出世的解脱,而仅是个体精神自由的超脱的自然状态。士人有了这种精神追求,就不必如佛家那样脱离现实世界去求得内心清静,也不再拘泥于现实生活束缚和生死,你在现世中也可以获得个体的精神解放。从此以后,在现世生活中追求超越现实的个体的精神自由,成为士大夫的普遍生活态度。

从学术思想上看,郭象把自然合理分为两个层次,在现实层面,万物的创生是物各自造,不需要追究其生成的原因。汤用彤先生把这种观点称为现象的多元论。[③] 另一个是形而上层面,它是没有任何规定性的玄冥境界,代表顺应于天(自然)的宇宙秩序的至理。玄学发展到郭象,具体和抽象的两层次都以自然来作为论证根据,可以与佛教划出界限,只有发展到这一步,中国文化独特的常识理性精神才得以形成。虽然,在先秦中国人已有常识与常情合理的思维方法,但如果仅仅停留在具体事物和人之常情层面来理解常识的合理性,还不能说是成熟的理性。只有具备两层结构的思维模式,才可以称为我们所说的常识理性。

常识理性具有两层次结构十分重要。从此,常识本身不须怀

---

① 郭象在《齐物论注》指出:"君臣上下,手足外内,乃天理自然。"参见《庄子集释·齐物论第二》,卷1下,第58页。

② 参见《庄子集释·人间世第四》,卷2中,第185页。

③ 汤用彤先生指出:"郭象只承认现象世界之实在,现象之外再没有东西,一切事物的产生都是无用的,是偶然的,是突然而生的,每个事物都是独立的,所以郭象的学说为多元论。王弼的学说为抽象一元论(abstract monism),而向郭之'崇有'为现象多元论(phenomenal pluralism)。"参见汤用彤:《崇有之学与向郭学说》,收于氏著:《魏晋玄学论稿》,第167~168页。

疑,其存在本身就是理,不需追问其成因,并且常识还是用来理解其他事物的根据;用常识外推和类比的推导去理解自然和社会现象,形成一套常识性的宇宙万物自然形成的理论。这是一种不同于古希腊基于公理用逻辑推导的思维模式。从此,杜绝了宇宙论儒学的死灰复燃,儒生再也不会像汉儒那样陷入迷信的泥潭。常识理性有了抽象的理性层面,就可以吸收消化佛学和道、玄,从而开启了此后宋明儒对天理的思考及理学的不同谱系。从思想史上来看,郭象的重要性在于他完成了中国文化常识合理精神的哲学表达。

第三讲专门讲魏晋玄学,是因为它孕育了中国人的常识理性,这对中国文化进一步发展太重要了。本讲座正是基于这种深层结构,才可以把中国古代思想和近现代以至于当代思想的演变统一起来考察。

3.4 常识理性和中国艺术的精神

自然合理的双重后果

学术界早已公认,中国不同于西方及其他文明的独特艺术精神是在魏晋南北朝时期成熟的。我们认为,这正是由于经过魏晋玄学,常识合理变成中国人的深层思维模式的结果。在常识理性支配下,士人对道德的追求和修身,必然会有思想和感情两个方面的表达:前者是以常识合理为正当性根据所建构出来的各种思想观念系统,后者是超越现实的精神境界和独特的审美情趣,表现在中国绘画、书法作品中。中国的艺术精神与常识理性是共生物,也可以说二者是一体的两面,它们当然是同步形成的。因此,常识理性精神可以从理论和感性两个方面来讨论。正如今日我们讲西方理性主义时,既可以从科学、哲学等理论形态来讲,也可以从艺术审美系统来讲。

理解常识合理与艺术精神的同源性,首先要强调它们都是来自于魏晋玄学以自然为道德的追求。第一讲中我曾借用劳思光先生讲道家的“观赏的自我”,这里面已经包含着艺术精神的萌芽了,可以用庄子的一个寓言来说明。你们读过《庄子》吧,文采飞扬,气象博大。《庄子·外篇》里有一个叫“山木篇”的故事。庄子与弟子到山里去玩,看到一棵树,长得奇形怪状却茂盛无比。他问伐木人为什么不砍这棵树呢?伐木人讲,这棵树每一根树枝都是弯曲的,毫无用处,砍下来有什么用啊。庄子说,这棵树因为其无材而得以保全不被砍伐,以终天年。庄子到朋友家,朋友叫仆人杀雁招待庄子。仆人问主人,家里有两只雁,一只会叫另一只不会叫,杀哪一只呢?主人讲杀不会叫的那一只。后来学生问庄子:“昨日山中之木,以不材得终其天年;今主人之雁,以不材死,先生将何处?”①到底怎么才是对的呢?

这个故事很有名啊,你们说什么是对的呢?庄子笑着回答说:“周将处乎材与不材之间。”这个回答看来很滑头,其实庄子还进一步解释说,他说的处于材与不材之间,就是一种不受拘泥之累的态度,顺应自然之道而浮游于虚无之境,这才是对的。② 庄子的本意是有材和无材都无所谓,甚至活着死掉也无所谓。这棵树长成这个样子,这只雁会叫不会叫,它们生来那样就是那样,无所谓有材,也无所谓无材。有材无材都是一样的,没有意义,都不重要,关键是你的精神要从这个执着中摆脱出来。庄子接着讲了一大段话,讲怎么摆脱执着,成为一个具有逍遥精神境界的观赏的自我。必须指出,观赏的自我是艺术表现的前提,但还不能说是成熟的艺术

① 参见《庄子集释·山木第二十》,卷7上,第668页。

② 《山木篇》指出:“周将处乎材与不材之间。材与不材之间,似之而非也,故未免乎累。若夫乘道德而浮游则不然。”参见《庄子集释·山木第二十》,卷7上,第668页。

精神。艺术精神的形成,需要有艺术追求,这是魏晋玄学以自然为道德的结果。

仍以“山木篇”为例,如果执着于生死问题,就如同庄子的那些追问无材之树及哑雁为何一活一死的学生那样,内心会感到十分困惑、焦虑。庄子倡导的这种不执着的逍遥心态,一旦转化为追求以自然为道德的修身,那么,道家那种观赏逍遥的追求,就会转化为道教追求保全形躯和长生不老。追求形躯保全和长生,是以自然为道德追求的第一种转化方向,它促进了道教的大发展。在历史上,《庄子》成为道教经典——《南华真经》的时代较晚,是唐代的事情。①

追求自然的第二种方向是常识合理精神的形成。郭象注庄子,是把对“自然”的理解转化为一种肯定,实际什么样就是什么样,不要去追求它的原因嘛,即常识合理。肯定常识、不追究常识背后的原因,将其转化为理论探讨,常识理性成为表达具有两个层次的道德哲学的框架。对于士人的修身来说,常识理性的境界和现实两个层面都是以追求自然作为最高道德的表现。在现实生活中,它落实为儒家道德伦理关系的实践及修身,常识理性投射到感性上,这就是中国艺术精神的起源。因为游山玩水、绘画和书法都可以表现出一个人的修身程度和境界水平的高低。因此,可以说魏晋玄学产生了追求个体的精神自由外,还塑造出中国文人的独特艺术精神和审美标准。

中国艺术精神的本质

在先秦道家那里,“道法自然”并不是以自然为道德,也不是以

① 罗宗强指出庄子在唐代天宝元年(742 年)被封为南华真人,称《庄子》为《南华真经》,表示了《庄子》一书在唐代是被视同为道教经典而提升其地位。详参罗宗强:“唐人对《庄子》思想的解读”,收入氏著:《因缘集——罗宗强自选集》,南开大学出版社 2004 年版,第 361 ~ 362 页。

表达自然为目标,而是和自然融为一体,顺其自然。到魏晋时朝,这种心灵状态发生了一个很大的变化,自然成为修身目标,是士人追求的至高道德情怀。对比一下庄子与东晋末年陶渊明(约 365 ~ 427)在如何看待死亡问题上的不同态度,就可以看出这种变化。你们都知道庄子的老婆死后他鼓盆而歌的故事吧,在庄子看来,死是回归于自然嘛,值得庆贺。陶渊明也写过不少谈死亡的诗,有一首说:“亲戚或余悲,他人亦已歌,死去何所道,托体同山阿。”①从这首诗可以看到,陶渊明继承了庄子视死亡为自然的态度,但他与庄子鼓盆而歌的逍遥潇洒又不一样,他把死亡当做常识,不值得一谈,归于尘土而已。也就是说,庄子以逍遥自在的态度来看待生死,在陶渊明那里转化为视死亡为常识。

当死亡成为常识不值得说时,逍遥生活方式本身就是艺术的目标。在归隐躬耕的生活中,追求心灵的宁静与淡泊,是一种道德境界。因此,他无论是种柳置菊,还是写诗弹琴,都是为了表达自己的情操。陶渊明不解音律,②却还要在陋室中放上一把五音不全的琴,朋友聚会时总要拨弄一番,并说一句妙语:“但识琴中趣,何劳弦上声!”③即使自己音律不行(或琴音不准),也要追求弹琴之趣味。这种态度不能简单地视为附庸风雅,也不仅仅是庄子的与自然合一,而是表现了他追求艺术情趣就如同追求道德般那样执着,是常识理性以自然作为最高道德的感性表现。

---

① (晋)陶渊明:《拟挽歌辞》,收入逯钦立辑:《先秦魏晋南北朝诗·晋诗·陶渊明》,中册,卷 17,第 1013 页。

② 萧统《陶渊明传》《晋书》中的《隐逸传》都指明陶渊明不解音律,但有学者从陶渊明诗文中指出其自言“少学琴书”,故认为陶渊明并非不解音律之人,而是因为家贫故只能拥有五音不全之琴。此种主张参见王叔岷:《陶渊明诗笺证稿》,中华书局 2007 年版,第 16 页。

③ 如《陶潜传》中所言:“性不解音,而畜素琴一张,弦徽不具,每朋酒之会,则抚而和之,曰:‘但识琴中趣,何劳弦上声!’”参见《晋书·列传第六十四·隐逸·陶潜》,第 8 册,卷 94,第 2463 页。

徐复观先生(1903～1982)在他的名著《中国艺术精神》中提出一个重要观点,认为孔子的审美精神主要表现在音乐上,由于《乐经》失传使得中国文化艺术精神寄托到老庄。这是一个非常重要的见解,揭示出中国艺术精神和庄学的关系。但是对徐先生的《乐经》失传使得中国文化艺术精神寄托到庄学之上的说法,我有两点不同看法。第一,由于中国文化是以道德为终极关怀,讨论艺术精神的起源也不能脱离这一终极关怀。我强调的是,不能把魏晋玄学等同于先秦庄学。中国艺术精神的形成,是通过玄学把道家价值作为道德目标追求而完成的。第二,表现中国艺术精神的主体,以音乐为代表没有说服力,我认为应该是书法。

书法精神是什么?书法是写字的艺术,写字不能没有规矩,很难用庄学去谈书法。我喜欢用一句话来形容书法精神,就是孔子说的"七十从心所欲不逾矩"。中国文化是道德规范的文化,中国文人在道德规范中追求美,需要长期修炼,活到七十岁才能做到"从心所欲不逾矩",这很像书法追求的境界。书法的精神和审美对中国传统绘画影响极大。在艺术史上,为什么对作为艺术表现的书法的狂热追求,绘画中的传神论和山水画画论,这些重要现象都发生在魏晋南北朝时期呢?其奥秘正在于魏晋南北朝确立了以自然为道德,这才是中国艺术的精神,它是和常识理性同步形成的。

"画山水"观念的起源

法国地理学家奥古斯丁·柏克(Augustin Berque)有个很有意思的观察,他指出,人类历史上只有两种文明创造出以自然山水为关注对象的风景画,一个是文艺复兴时代的欧洲,最早的风景画家是第一个新教国家尼德兰的帕蒂尼尔(Joachim Patinir 1480～1524),反映出基督教世俗化(入世转向)与风景画和静物画起源之间的内在联系;另一个是魏晋南北朝的中国,比西方早了近千年。①为什么中国山水画出现得那么早?这是艺术史上长期得不到解决的问题。

众所周知,早在古希腊,西方雕塑和绘画就以追求真实为目标。古希腊对何为美有一个基本观念,认为唯有真实才是美的,任何艺术品都不可能美到像真实那个程度,追求真实的表现成为西方绘画的大传统。而中国的绘画精神,无论是画山水还是画人物、花鸟都不是以追求真实为最高目标,而是表现传神和境界。我在中国美术学院教中国思想史,美院学生经常问我这样一个问题:为什么中国艺术范式和西方不同?特别是为什么中国绘画和艺术精神均起源于魏晋南北朝时期呢?从2008年起,我开始在美院招收中国思想与绘画专业的博士和硕士研究生,希望他们能通过具体的个案研究来回答上述问题。从他们的研究结果来看,答案很明确,中国绘画的传神论和画山水观念在魏晋南北朝时期的提出和成熟绝不是偶然的,正好反映出中国独特的常识理性和艺术精神是一体两面,所以才同步形成。

我给一个博士生赵超出的题目是"画山水"观念的起源。经过一番研究后,他对我讲,他觉得非常奇怪,一般来讲都是先有绘画,才有对这个画为什么好的评论;而中国是画山水的画论出现在南朝,山水画一直要到唐末五代才开始真正兴起。也就是说,中国是先有画山水为正当的观念,后有山水画。如何解释这种画论、观念先行、实践在后的现象呢?这正是赵超研究的切入点。

学术界对山水画起源的研究,大多围绕着解读第一篇山水画

---

① Augustin Berque, *Les raisons du paysage. De la chine antique aux environnements de syntheèse* (Paris:Hazan,1995),pp. 34-35. 转引自幽兰:"景观:中国山水画与西方风景画的比较研究I",载《二十一世纪》总第78期(2003年8月),第79~88页。法国汉学家幽兰(Yolaine Escande)的"景观:中国山水画与西方风景画的比较研究"一文共连载三期,另两期为《二十一世纪》总第79期,2003年10月刊,第77~86页;总第80期,2003年12月刊,第101~105页。

画论、即南朝宗炳(375～443)的《画山水序》展开。[①] 主流看法是受道家和道教与自然合一的影响,促使山水画起源。[②] 而赵超认为这篇画论的宗旨是确立画山水具有道德修身意义的观念,这样,画山水才具有无可置疑的正当性。[③] 任何观念起源的研究都必须在文本和关键词上找到证据,那么这个发现有没有直接证据呢?

宗炳的《画山水序》是山水画画论的开天辟地之作,中国是考证大国,差不多所有的古典文献都经一代一代学者考证过,特别是经清儒考证过,但清儒并没有批注过《画山水序》,一直要到民国时才有人去批注。这是为什么?因为画论从来被视为六经之末嘛。至今还没有人对《画山水序》作过严格的文本分析,于是赵超用了八万字逐字逐句重新解读这篇只有五百字左右的画论。他的研究不拘泥于宗炳个人倾向于佛或道家,而是要搞清楚当时士人为什么那么热衷于画山水画?经他逐字解读《画山水序》后,令人大吃一惊。这篇文章并不是专谈审美的文章,其主旨是讲士人为什么要画山水画。

---

① 徐复观(1903～1982)、陈传席等学者认为宗炳《画山水序》主轴思想为道家思想;而刘纪纲、林朝成、李幸玲等人则主张为佛家思想。相关讨论可参见陈传席:《六朝画论研究》,台北学生书局1991年版,"第五章 宗炳《画山水序》研究";刘纪纲:《宗炳的〈画山水序〉》,收于李泽厚、刘纪纲主编:《中国美学史》第二卷,台北谷风出版社1987年版;李幸玲:"六朝居士佛教艺术的理论与实践——以宗炳《画山水序》为中心",载《中国学术年刊》第29期春季号(2007年3月),第21～42页;沈千涵:"从得道至悟道——由博山炉探究宗炳《画山水序》中的山水思想",载《艺术论坛》第7期(2009年12月),第1～18页。

② 关于山水画与道教之关系,学界亦有所讨论,如指出中国山水画受到道教思想"自然合一""恬淡""静泊"很大影响,像是宋初郭忠恕(?～977)、元代黄公望(1269～1354)等人都是道教徒;也谈到中国的山水画受到道教圣域洞天福地崇拜的启发,故观山水画等同于悟道仪式。以上研究成果可参见卿希泰、唐大潮:《道教史》,中国社会科学出版社1994年版,第438～439页;[日]古川渥著,许菁娟译:《幻想的地志学》,台北边城出版社2005年版,第30～31页。

③ 赵超:《"画山水"观念的形成——重新注解宗炳〈画山水序〉探明画山水观念的起源》,中国美术学院2013年博士学位论文。

文章开头的三句话说圣人和贤者都要修身,因为山水“质有而灵趣”,观山水也可以修身,讲游山玩水具有修身意义、是正当的。接着说远古轩辕、尧等圣贤生平中皆必有游山水之行,观山水之形,可得“仁者乐”之道。又说他自己也钟爱山水、游山水,栖丘饮谷三十余年,在老之将至,再也不能随心所欲地游山水时,于是以画山水代之。宗炳还曾自叹“老疾俱至,名山恐难遍观,唯当澄怀观道,卧以游之”。① 游山玩水你要年轻,你要能爬得动山啊,老了爬不动了怎么办?你仍然可以澄静心怀、卧游体道,用画山水来“畅神”修身。在佛教“观想”的影响下,宗炳终于提出了以“卧游”观山水画的鉴赏方式。② 由此可见,魏晋六朝士人的“画山水”来源于“观画中山水”,它是“游山水”的修身行为的延续,而画山水正是表达士人才性和他们修身体道的方法,从而奠定了山水画是中国文人画主流形式的地位。

另外,赵超还从思想文化史来分析游山水和山水画起源的关系。自东汉末出现对宇宙论儒学的逆反,“游”这一在先秦道家中表达不受约束的情意我的重要价值及观念,开始受到士大夫的接纳和追捧。玄学初兴时,嵇康、阮籍等七贤常聚游于竹林,肆意欢宴,这也是他们逃离现实血腥政治的行为方式。③ 玄学发展到郭象阶段,以自然这一核心观念作为“玄冥之境”和物各自造的共同根据,确立了包括自然山水在内的万物的价值。这样,山水就不再是道家价值虚无的逍遥自在之物,欣赏山水也具备了很高的审美价

---

① (梁)沈约:《宋书·列传第五十三·隐逸》,中华书局1974年版,第8册,卷93,第2279页。

② 关于宗炳提出的“卧游”观念,如何作为艺术鉴赏程序,可参见尤煌杰:“宗炳‘澄怀味象’之美学意蕴”,载《哲学与文化》第35卷第6期(2008年6月),第149~165页。

③ 嵇康的《与山巨源绝交书》中说“游山泽,观鱼鸟,心甚乐之。一行作吏,此事便废”,“游山泽”还只是逃避政治事务的方式。参见(晋)嵇康著,戴明扬校注:《嵇康集校注·与山巨源绝交书》,第2卷,第123页。

值和修身意义。正如后来刘勰(465～520)总结所说:“庄老告退,而山水方滋。”①到东晋早期,自然山水已成为王、谢名士集团的诗文歌咏对象。随着山水受到士人推崇并与他们“游”的行为相结合,游山水成为士大夫阶层的重要生活内容和修身方式,引发了中国文化史上叹为观止的游山水风潮。因此,也就不难理解为什么宗炳的《画山水序》会在东晋末年横空出世,即为什么画山水观念出现在山水画兴起之前了。

宗炳的《画山水序》在中国美术史上十分有名,历来只是被视为谈山水画审美以及怎么画山水画的文章。赵超对这篇画论的研究,揭示了画山水起源于以追求自然为道德的修身,这是一个新发现。

传神论的起源

几乎与宗炳论证画山水正当性的同期,出现了“传神论”,并从此支配了中国人物画的传统。我给另外一个博士生罗小珊的题目是探讨传神论的起源。西方绘画也讲传神,但神形是分不开的,离开了形似怎么传神呢?画形只有画到最逼真生动了,就传神了嘛。而中国传神论的神形是可分离的。我们都知道画龙点睛的故事,画一条飞龙,点睛点得好,龙就活了,可以飞起来。东晋画家顾恺之(约348～409)画人物可以“数年不点目睛”。他认为画人物的“四体妍媸”不重要,重要的是要传神,画人难难在“神气难知”。

中国人物画的注重在点睛,是因为认为神可以从形中分离出来,集中表现在眼神上。中国美院国画系主任尉晓榕教授是当代著名的人物画家,对此有个精彩的说法。他说,以前画人物画怎么

---

① 刘勰《明诗第六》:“宋初文咏,体有因革。庄老告退,而山水方滋;俪采百字之偶,争价一句之奇,情必极貌以写物,辞必穷力而追新,此近世之所竞也。”参见(梁)刘勰著,周振甫注:《文心雕龙注释·明诗第六》,人民文学出版社1981年版,第49页。

传神啊,就是点睛嘛。历代画人物画一天到晚在点睛上下工夫。睛要点出来才传神。怎么点睛呢?原来以为点睛的墨不够黑,用越来越黑的墨,墨不行就用油漆来点,最后纸都点穿了还是传不了神。尉晓榕在画人物时,有时有意不去点睛。

为什么魏晋南北朝时中国文人会接受神形分离的传神论?显而易见,这也是因为魏晋玄学嘛。与何晏、王弼同时代的刘劭写了一本《人物志》,也是重要的玄学著作。《人物志》品评人物有双重标准,既有道德性、政治性,也极度重视人的外貌、气质及性格,这些外在的形式表征被称为"才性",他认为才性是人的内在品性的表现。一旦把人的才性和外貌这类先天禀赋视为内在道德的外显形式时,品鉴人物的才性就成为最时髦的话题。这种风潮下,我前面讲到的那些魏晋名士注重男性美貌和个性表现达到狂热的地步,也就不足为怪了。与刘劭《人物志》的道德性与外在表征的双重标准一致,传神的审美标准也有神似和形似两种要求,好的作品除了形似,更重要的是神似,即必须表现其内在的气质秉性。

此外,王弼在解《系辞传》时有一个十分著名的观点,叫"得意而忘象",他夸张地说:"忘象以求其意,义斯见矣。"①"象"原指卦象,"忘象"就是不要执着于那些烦琐不堪的卦象,才能理解其本意。所以王弼说"存象者,非得意者也","忘象者,乃得意者也",②只有忘象,才得真意。这个说法对中国艺术精神有很大、很深远的影响,正如汤用彤先生所说:"按玄者玄远。宅心玄远,则重神理而遗形骸。"③

罗小珊的博士论文是研究传神论起源。④ 她指出,魏晋时人们已普遍接受了形神可以分离的观念,又受到佛教的影响,顾恺之的

---

① 《王弼集校释·周易略例·明象》,下册,第609页。
② 《王弼集校释·周易略例·明象》,下册,第609页。
③ 参见汤用彤:《言意之辨》,收于氏著:《魏晋玄学论稿》,第30页。
④ 罗小珊:《传神论的起源》,中国美术学院2013年博士学位论文。

审美和绘画理念是主张神主形次，人物画要追求表现神和气韵生动。他说，画人物应表达出“神仪在心”的“阴阳之数”和“美丽之形”，以睛目传人物的气质之神；画家作画时应“迁想妙得”“以形写神”“晤对通神”。为什么画人物要追求以形写神呢？顾恺之说，是为了达到“玄赏则不待喻”的艺术效果；而画家在追求表现神似的过程中，自己也可以体悟玄冥境界之神妙，他说：“神属冥茫，居然有得一之想。”此后，中国人物画的审美标准是传神、追求气韵生动的表现。①

也就是说，当玄学发展到以自然取代无作为新道德时，中国人的常识合理才有了形而上的层面，中国独特的常识理性和艺术精神同步形成了。魏晋南北朝时期，不仅出现了画山水和传神论的论述，书法艺术也达到一个高峰，王羲之（字逸少，321～379，或303～361）也是东晋人。虽然早在汉代就已经有书法艺术了，但在汉代由于没有形成道德意识形态背后的个体之精神层面追求，字写得再好，主要是为了实用，写草书仍受到非难。一直到魏晋，开拓出个体精神解放，追求比实用更高的境界，书法艺术、书法审美才大量风行起来，王羲之的书法备受推崇，享有“天下第一行书”盛誉，他也成为书圣。

有关中国思想和艺术精神的研究才刚刚开始，前面举的两个例子只是初步的探讨。但是，我们已经可以从中看出魏晋南北朝的思想大转向与中国艺术精神起源是密切相关的。任何一种类型的轴心文明，其终极关怀都会将该文明特有的终极价值投射到方方面面，前两讲主要是从终极关怀对社会组织形态的塑造上来讲的，本讲还涉及文明类型与艺术精神起源的关系，当然也应该从终

---

① 相关研究成果，参见罗小珊：《言意之辨与传神论》，收于金观涛、毛建波主编：《中国思想与绘画：教学和研究集》（一），中国美术学院出版社2012年版，第58～69页；罗小珊：《传神论的佛学渊源》，收于金观涛、毛建波主编：《中国思想与绘画：教学和研究集》（二），中国美术学院出版社2013年版，第88～105页。

极价值所规定的审美价值来分析。就绘画而言,艺术创作的灵魂是表现个体精神,在中国历史上,魏晋玄学强调玄冥之境与现象在自然上的一致性,一方面使得士大夫可以从现实生活的名教约束中走出来,追求个体的精神解放;另一方面,士大夫可以通过画山水和传神来表达其对终极关怀(道德)的追求,艺术境界的表现与道德修身又结合在一起了。玄学的重要功能是促成中国文化常识理性的形成,由于常识理性有了形而上的后设层面,书法和绘画都可以在这个层面上表现士人个体的自由精神和境界,从而发展出中国文化的艺术精神和文人画传统。

终极关怀的变化对文化融合的意义

现在,可以简单地概括一下魏晋玄学和中国文明第一次文化融合的关系了。虽然魏晋玄学的价值观与儒学相反,但其超越视野也是在此世,终极关怀仍然是道德。玄学追求的道德价值主要有两种不同倾向,一种是以无为为新道德,另一种是以自然为新道德。玄学和佛学理论都具有两层次结构,玄学注重无为的倾向是亲和印度大乘佛学的本土思想资源,令佛教在中国迅速传播。而向善的意志指向自然,可以阻止由于佛教兴起而导致的中国人超越视野从此世到舍离此世的转向。因此,玄学发展到这一步,中国文化特有的意识形态后设层面中的常识合理以及独特的艺术精神才得以确立。在常识理性的主导下,心性论儒学在南北朝后期兴起并成为隋唐建立家国同构的大一统帝国的意识形态。也就是说,魏晋时期的思想大转向在中国思想文化史上有两个重大作用,一是促使中国文明与佛教文明的融合,二是产生中国文明特有的常识理性,只有完成了这两点,才会有隋、唐高度繁荣的文化艺术以及其后宋代理学的形成。

中国文明与外来文明的第二次大融合是从十九世纪初到现在。我们知道甲午战争之后,儒学的不可欲也导致了道德价值的逆反,形成了以追求平等的革命乌托邦为新的终极关怀,它成为中国知识分子亲和马列主义、接受共产主义的本土思想资源。从历史上这两次道德价值逆反的比较可以看到,某种终极关怀自身的可变性,是融合外来文化的主要机制。

终极关怀变化对社会的再塑造,对其他文明也十分重要。例如,印度文化的超越视野是依靠个体修炼、追求解脱,在这同一超越视野下,不同的宗教派别有不同的追求。佛教的超越视野和婆罗门教一样,都以解脱为终极关怀,但佛学是主张众生平等,追求主观解脱,就解脱方式而言,这是对婆罗门教的全盘否定。佛教在批判婆罗门教中兴起,一度占有主流地位。这种剧变对印度的影响极大。早期婆罗门教盛行时,印度社会组织形态是小国林立,建立不起来统一国家。当佛教成为主导以后,印度出现了统一的孔雀王朝。后来印度教取代佛教,印度社会再次回归小国林立不能整合的局面。

在西方历史上也能看到类似的文明融合现象。古希腊、罗马的超越视野是以求知为终极关怀。到公元三四世纪前后,产生了在希腊思想基础上发展出来的新柏拉图主义,这种宗教哲学主张一切存在皆来自一源,当灵魂追求到来源本身时,可以与上帝合而为一。新柏拉图主义亲和希伯来宗教,超越视野出现了由此世到彼世的大转向,其后果是古希腊、罗马文明和希伯来宗教的大融合。天主教就是古希腊罗马的终极关怀跟希伯来宗教融合的结果,理性求知和皈依上帝的正当性结合到一起了,呈现出双重正当性。这种结合对西方现代社会的产生极为重要。我后面会讲到,西方的现代性产生于天主教文明,天主教文明中具有有两种终极关怀,一个是理性,一个是上帝,这两个东西的二元分裂产生了现代性。所以没有文明的融合,是不会有现代社会的。

关于印度终极关怀的变化,以及古希腊罗马文明如何同希伯来文明融合,我们只能用二手资料从事研究,不可能作出类似上面对魏晋玄学那样较为细致的分析。追求大历史观,需要不同轴心文明历史学家和思想家的合作。在本讲一开始我强调魏晋玄学的研究对大历史有意义,就是想通过分析玄学来说明它对贯通地理解中国思想史有多么重要。讲了这么多魏晋玄学及其在思想史上的重要性,还是要回到中国文化如何消化佛教文化这一问题上来。这正是第四讲的内容。

第四讲　佛学和中国式佛教

导言：为什么要讨论佛学和佛教？

中国历史上继魏晋南北朝长期分裂后，隋唐重新实现了大一统，再次建立起家国同构的强盛中华帝国，儒学又成为官方意识形态。在长达三百年左右的分裂时期，中国本土发生着民族和文化的大融合，但融合最后并没有完成。众所周知，隋唐仍是胡风大盛的时代，皇家有鲜卑拓跋部血统，唐代名将高仙芝（？～756）是高句丽人，哥舒瀚（？～757）和安禄山（703～757）是突厥人，安史之乱后搞藩镇割据的也大多为胡人将领。儒、佛、道同居文化和宗教的主导地位，而伊斯兰教、袄教、景教和摩尼教也可以立足和发展。隋唐时期中国出现了政治开明、经济繁荣、文化艺术多元包容、绚烂多彩的盛世气象，令人缅怀不已。

但是，你们是否想过如下问题：既然民族和文化融合最后没有完成，为什么隋唐能够以儒学重新建立家国同构的统一帝国？为什么唐代佛教势力会发展到全面影响帝国的政治、经济和社会生活的地步，以至于唐武宗（李瀍，814～846）要发动著名的会昌灭佛？为什么继唐代盛世之后又出现持续五十年的五代十国之乱？

对这些重大历史现象,也可以从思想史角度得到解释,它们反映出中国文化融合佛教及儒学复兴历史过程的漫长和复杂性。这一过程大致经历了三个阶段。第一阶段是佛教的传入和广泛传播,中国人接受了佛学的普遍主体观念,道德主体意识发生了变化,南北朝后期心性论儒学兴起,成为隋唐重建大一统帝国的意识形态。但是,由于融合过程并没有完成,唐以后又发生了五代的分裂。在隋唐五代的第二阶段,一方面是中国式佛教宗派的开宗及兴盛,全面影响到文化和社会生活各个方面;另一方面是在常识理性支配下儒学的道统意识抬头和复兴,这两个方面同时存在造成了儒学和佛教之间的冲突和拒斥。第三个阶段是在常识理性支配下,完成了心性论儒学和佛学修身方法的整合,儒学发展为程朱理学新形态,它标志着文化融合的完成,从此中国再也没有发生过长期分裂割据的局面。

中国思想史讲座中,这一讲专门讲印度佛学和中国式佛教,似乎有点离题。但是,要讨论中国文化消化佛教的机制,只有先搞清楚什么是佛教,特别是印度佛教,才能理解中国人是如何接受佛教中“如来”或“真如”等深刻观念,意识到在个别主体之上存在一个超越的普遍主体,个体可以通过修炼追求与这个普遍主体的合一。正是在这一思想基础上,才有心性论儒学的兴起并成为重建家国同构的意识形态。此后,唐儒意识到必须复兴中断已久的孟子心性论作为儒学道统,并以常识理性两层次结构为儒学心性论打下形而上基础,经过第二、第三阶段的融合,中国文化最后才能消化佛教。

今天的中国思想文化是消化佛教的结果,佛教早已融入中国文化的大传统,不了解佛学,就无法理解唐代思想和宋明理学,也无法理解清代以后乃至当今中国文化发展的内在理路,这已是学术界共识。这一壮丽的消化过程历经千年之久,因此本讲讲佛教义理和中国化佛教,就不能视为中国思想史的旁岔,而是在梳理我们民族文化之根的大历史叙述中之必要环节。先简单解释一下第四讲题目。佛学是佛教哲学的简称,中国式佛教是用中国文化独特的道德哲学思维模式对佛教哲学吸收、消化而演绎出来的另一套思想文化系统和宗教,两者既相关联又不尽相同。

今天要在三小时内讲清楚中印两个思想文化系统及其融合,好像不太可能。其实,正因为佛学是非常深刻的人生哲学,是一整套高度自洽的哲理,如果弄懂其思想结构的话,反而并不难懂。真正深刻的东西,一定是简明的。你不懂,是你思想方式不对。那么,学佛学的困难在哪儿呢?由于佛学不仅是一套关于宇宙生成和人生的哲理,而且它还要改变我们的生活态度,理解佛学原理和修行分不开,这对思想史研究极重要。

学佛是要修行的,修行不简单,是一辈子工夫,要顺着"八正道"去修行。① 佛学的修行有三个要点,第一要戒,第二要定,第三要悟。而我只是一个思想史研究者,研究过一点儿佛学道理而没有修行功夫,讲佛学当然是有困难的。各位有兴趣的话,自己去修行。我在讲佛教道理时,高度强调其修行方法的重要性,因为它涉及能否真正体悟宋明理学的隐变量(Latent variable)。下面先讲佛教义理,再讲它和中国文化的关系。中国文化对佛学的消化及吸收,其后果是宋明理学的形成、它为家国同构的社会组织蓝图重新打下了思想基础。

4.1　佛教的基本思想

印度解脱宗教的结构

讲印度佛学之前,先回忆一下第一讲讲到的四种超越突破形

---

① 佛教的"八正道"是"正见、正志、正语、正业、正命、正精进、正念、正定"。参见《佛光大辞典》"八正道"条,http://www.fgs.org.tw/fgs_book/fgs_drser.aspx,最后访问时间:2013 年 12 月 4 日。

态。第一种是希伯来宗教对上帝的信仰,第二种是印度的解脱宗教,第三种是古希腊以理性认知为生命的意义,第四种是中国以道德为终极关怀。其中,第二种和第四种有一个共同点,这就是依靠个人修炼追求终极价值。正因为有这一共同点,魏晋玄学可以亲和印度佛教。佛教是印度解脱宗教中的一种,佛学义理中有超越个体的普遍主体,它是个人修行、追求解脱的终极目标,只有先了解解脱宗教的思维模式,才能讲清楚佛学的道理。我先引用佛陀讲的一个故事,来对比一下四种超越视野下可能的人生态度。

在《箭喻经》中,佛陀以一个中了毒箭的人为喻来讲解脱道理。有个人中了毒箭,痛苦不堪,马上就要死了。但这个人不断追问,箭是谁射的?是个婆罗门呢、还是个刹帝利?他为什么要射我?他穿什么衣服?拿什么弓?佛陀问,这些问题有意义吗?你都快死了,你痛苦不堪,你应该赶快拔掉那支箭才对啊。佛陀批评的是这样一种态度,即把弄清真相——知识,看得比什么都重要。这恰恰是古希腊以认知求真为人生意义的终极关怀。

在印度文化传统和佛陀看来,追求此世的知识对个体生命并不具有最重要的终极意义,那么,什么才是人生最重要的意义呢?这就是视解脱为终极关怀。正如佛陀所说,你中了毒箭痛苦不堪,你首先要把箭拔出来。拔出来也不一定有用,你中毒马上就要死了,更重要的是,你要真正懂得怎么面对死亡的道理,免于对死亡的恐惧,你才会得到解脱。这样,印度解脱宗教就跟古希腊的在此世追求知识的超越视野区别开来了。

如果是一个基督徒中了毒箭,并且快要死了,他面对死亡时会做什么?这就是把自己的灵魂交给上帝,祈求上帝,使自己的灵魂得救。这和佛陀讲的也不同。基督徒面对死亡时,是依靠外在的神秘力量,而不是依靠自己的能力来摆脱痛苦,是他力拯救宗教。[①] 而佛教主张必须依靠个体自己的力量来摆脱生存的痛苦，是自力拯救宗教。印度与希伯来两种宗教在追求离开此世的目标上是一致的，但在依靠自己或外在他力上，二者就区分开来了。再假定一个儒生中了箭，他怎么做呢？他会忍住，痛苦是要熬过去的，只要一生实践了儒家道德理想，死了也无所谓，成仁嘛。在依靠自己努力追求终极价值这一点上，佛学跟儒学是一致的，但儒学修身目标是在此世追求道德理想的实践。你们看，佛学跟这三种超越突破都不一样，它强调依靠自身的力量离开此世、寻找解脱。这就是印度文明超越突破的基本视野。

印度的宗教流派很多，教义差别也很大，但它们的共同之处是依靠自己的修行，离开这个痛苦的世界。印度文化的这种价值取向有一个基本前提，就是认为现实世界是苦的，痛苦不堪，根本不值得留恋。人们是否承认并接受这种对现世的看法，是能不能接受印度宗教的前提。如果一个中国人看破了政治上的虚伪，认为荣华富贵、功成名就都没什么意义，他也并不会觉得此世是苦的，他可以退出江湖，活得像老庄说的那样洒脱。如果他对此世生活的理解是像中了毒箭那样苦不堪言，还老庄得起来吗？还逍遥得起来吗？因此，印度解脱宗教的前提是认为此世是苦的，而且只能依靠自己的力量才能得到解脱。

一般来说，对苦难产生的根源有两种不同的看法，它们对应着依靠自己的力量求得解脱的办法。有一种人生之苦，是因为欲望没有得到满足而产生的，只要消除欲望，就可以摆脱这种苦，可称之为主观原因说。人为什么有痛苦呢？因为我有占有的欲望。比

---

① 基督宗教中，也有与仅追求他力救赎的主流不同之派别，如由卡尔文（John Calvin，1509～1564）所创立的卡尔文教派，即与天主教徒或路德派信徒不同，卡尔文教派主张无法借助善功来换取他力对信徒的庇佑，保证死后一定都能上天堂，卡尔文教徒只能洁身自爱，使自己过着圣洁生活，以证明自己是选民，这是基督宗教内部对于他力拯救的一种调整与修正。参见［德］韦伯（Max weber）著，康乐、简惠美译：《基督新教伦理与资本主义精神》，远流出版公司 2007 年版，第 130 页。

如说一个小伙子追求女朋友,没有得到爱情,痛苦不堪。用主观原因来看很简单,你为什么要爱她呢?你的痛苦是由爱的欲望而产生的,如果你没有爱她的欲望,那自然会从痛苦中解脱出来。那些因罢官或商场失意所产生的苦恼,都可以归为这类。你为什么要去当官、为什么要从商呢?要知道,“我”不等于“我有”啊。你想要有这个、有那个,就产生了得不到它们的痛苦。你不要这些东西,自然就不会痛苦了。总之,只要舍弃占有的欲望,你就没有这些苦恼了。①

但是,还有一类人生苦难是客观存在的,和占有的欲望无关。如一个人生下来并不是出于自己的选择,但你生下来之后就必然有生老病死啊,这些并不是占有欲望所导致的。你突然间瘫痪了,或者得了重病,或者衰老,苦不堪言。② 这些苦跟欲望并没有关系。印度婆罗门教把生老病死等苦难看成是客观的,并且把宇宙看做是由不同的解脱等级组成的世界,每个人的此世是生活在某个固定等级上,这就是种姓制。由此规定的解脱方法是,除了那些从事不洁职业的低等级种姓外,其他种姓的人只要遵守你所属种姓的戒律和不断修行就能获得第二生命,得到解脱,死后投胎再生时,将不再堕入苦海。婆罗门教代表了印度早期解脱宗教的基本面貌。

对产生人生之苦的主观或客观的两种看法,可以统一起来吗?可以。大约在公元前五六世纪,印度出了一个历史上最伟大的哲学家乔达摩·悉达多(前 563 ~ 前 483),他成佛后被称为释迦牟

---

① 以上此种因占有欲望不能满足,而在内心所产生的痛苦感,即为佛教“八苦”中的“求不得苦”。参见《佛光大辞典》中“求不得苦”条,http://www.fgs.org.tw/fgs_book/fgs_drser.aspx,最后访问时间:2013 年 12 月 4 日。

② 此即佛教“八苦”中的生、老、病、死苦。生苦有五种:受胎苦、种子苦、增长苦、出胎苦、种类苦;老苦有两种,增长苦、灭坏苦;病苦有两种,身病苦、心病苦;死苦有两种,病死苦,外缘苦。参见《佛光大辞典》“八苦”条,http://www.fgs.org.tw/fgs_book/fgs_drser.aspx,最后访问时间:2013 年 12 月 4 日。

尼,意思是出身于释迦族的大彻大悟的人,被尊为佛陀。他的哲学思考非常深刻,把欲望得不到满足的主观之苦和生老病死的客观之苦统一起来,提出了一套非常重要的解脱哲学,这个就叫佛陀悟道。佛陀悟到了什么?这个解脱之道到底是什么?佛教这些早期基本教义都记录在《阿含经》里。

早期佛学基本教义:《阿含经》

佛教最重要的原始经典是《阿含经》。你们都知道佛教有小乘、大乘之分,但知道"乘"的意思吗?至今,"乘"的意思没变,就是指乘坐某种交通工具到某一目的地,如乘火车、乘飞机。佛教的"乘"是指芸芸众生得到解脱到达彼岸的几种主要方法(法门)。《阿含经》是佛教三乘共依的圣典。[1] 释迦牟尼在世时并没有文字流传的经文,在佛灭的当年和其后一百年,佛陀弟子两次大集结,整理辑录了佛陀传教及其弟子言行的不同本子,统称《阿含经》。在佛教逾千年的发展史上,各派各宗的思想和观点都可以在那里找到源头。《阿含经》内容十分庞杂,其核心的观念是用十二个逻辑环节来解释世界以及自我的产生和人生痛苦的根源,佛家称之为十二因缘。这是佛陀最伟大的贡献。

何为"因缘"?佛经中并没有对因和缘作出严格的界说。劳思光先生对因和缘有一个分别的解释,"因"(Hetu)是事物的原因决定性条件。这当然是对的。至于"缘"(Paccaga),他说是次要原因辅助性条件。[2] 这就有点问题了。缘怎么会是辅助性的次要原因呢?因和缘怎么能分出主要决定性和次要辅助性呢?我认为,更

---

① 所谓"三乘"即依照众生的钝根、中根、利根不同,而施予运载不同根器众生渡越生死到涅槃彼岸之三种法门,计有小乘、中乘、大乘;又称下乘、中乘、上乘。参见《佛光大辞典》中"三乘"条,http://www.fgs.org.tw/fgs_book/fgs_drser.aspx,最后访问时间:2013 年 12 月 4 日。

② 劳思光:《新编中国哲学史》,第 2 卷,第 154 页。

准确点儿说,因是指由一个规定性产生另外一个规定性,缘是指两个(或更多的)规定性偶尔碰到一起的机会。事物存在的条件为因,几种规定性碰在一起是缘,讲其偶然性。

比方说,今天来听课的一位朋友,很不幸途中发生车祸,被车撞伤了。他为什么受伤?被汽车撞了。被汽车撞是他受伤的原因。为什么是这辆车?为什么单单撞他呢?因为,正好在那个时刻、那个地点他和那辆车碰到一块儿,这就是缘。这个人被车撞伤,因是汽车撞他,缘就是这个人和这辆车两个规定性在那个时刻偶然碰到一块儿,是因和缘的结合。在佛学中,讲万物万事的存在和发生都是因和缘的结果。佛学用"因缘"来说明万物的存在依赖于条件和偶然机缘,其目的是为了说明世事的无常。

相对于婆罗门教主张的吠陀天启、祭祀万能和婆罗门种姓至上这三大纲领的命定论倾向,佛陀以相互的依存关系来解释世界万物和人生的一切现象,佛陀说:"此有故彼有,此生故彼生;此无故彼无,此灭故彼灭";①又经常用"两束芦苇,互依不倒"来讲任何存在都是互为条件和互为因果的,其意思是世间万物万事的存在和发生,都是"由因缘而起"。佛学的因缘观,也称为"缘起"。

更重要的是,佛教认为世间的万事万物(佛学术语叫"诸法"),都是由这种互为依存的关系而成立,没有所谓的实体存在,用佛学的话说就是,离开缘起,诸法皆空。② 佛陀是用因与缘的聚散来解释世界及个别自我是如何产生的,特别是用它来分析苦的根源。要说明这个起源,很复杂啊,有十二个逻辑环节,所以叫十二因缘。如果不把第一"无明"和第二"行"算在内,也可称为十因缘。十二

---

① 引自(宋)天竺三藏求那跋陀罗译:《杂阿含经》,收于《大正新修大藏经》,第2册,第67页上。

② 这就是龙树说的:"众因缘生法,我说即是空。"见龙树菩萨造梵志青目释,姚秦三藏鸠摩罗什译:《中论·观四谛品第二十四》,第4卷,收于《大正新修大藏经》,第30册,第33页。

因缘是理解佛学原始教义的关键,后面讲的所有内容都是从这个基本假设中发展出来的。如果这个问题不清楚,后面也不清楚,这里糊涂后面也糊涂。今天我要提出一个哲学框架,便于各位理解十二因缘。

十二因缘

十二因缘出自《阿含经》,佛陀讲:“无明缘行,行缘识,识缘名色,名色缘六处(六入),六处缘触,触缘受,受缘爱,爱缘取,取缘有,有缘生,生缘老病死。”这句话是什么意思呢?十二因缘的第一个是“无明”(Avijjā,巴利文,下同)。什么是“无明”?它是指在个别自我产生之前,意识一开始处于无明状态,是苦的根源。用劳思光先生的话讲就是开始丧失主体自由的“自我之昏昧”状态,不知道解脱之道。紧接着第二是“行”(Saṅkhāra),巴利文的原意是指“被放在一起”,“行”是由无明引起的,但它不是指人的行动,而是指某种心理倾向或心灵意识的状态。上述讲法可能有点含混,容易误导,反而丧失清晰性。我要借用现象学的说法,把佛学中的“行”称为意向性(Intentionality)的出现。

有了“行”这种意识的意向性,就会产生第三个环节“识”(Viññāna)。“识”即心识,指分而知之的认知,用佛学的话讲就是“了了别知名为识”。根据现象学原理,意向性必定指向对象,与对象同时呈现出来的“知”,又可分成知的对象和知的过程。我们通常把知的对象看做是知的前提,但佛学认为,认知主体与认知对象两者是同时呈现的。这一点在佛学中极为重要,整个大千世界之所以分辨得出来都是“识”的结果。

20世纪的现象学有一个重要发现:人的意识活动的基本特点是它一定会指向某一个对象,没有不指向对象的意识。因此,可以用现象学的意向性来解释佛学的“行”和“识”。你们想想看,当你有意识的时候,意识能没有对象吗?不可能!意识的对象可以是客体,也可以是不存在的东西。意向性必定指向对象,意味着意识和意识的对象是同时产生的,现象学就是在这一原则上建立起来的一整套哲学。[①] 早在两千多年前佛陀就发现了这一原则,并用它来讲十二因缘,可见,佛学哲学比现象学更早、更深刻。

好,下面再来看佛陀是怎样解释万物和个别自我的产生,并论证它们是互相依存的呢? 十二因缘的第四环节“名色”(Nāmarūpa),就是回答这个问题的。“名色”由“名”(Nama)和“色”(rupa)两个词复合而成。主体意向性指向对象,对象呈现以后,就有各种各样的性质了,也可以说意向性指向具体目标以后,对象就具有规定性了。这些规定性及其互相结合产生了名色。什么是“名”呢? 在佛学里,“名”是指外拓型的精神活动,因精神活动是无形相的,故以“名”代指之;“色”是指具体的物质对象。[②] 简单地说,名色即指身心活动的总合。需要强调的是,十二因缘中位处第三的“识”和第四的“名色”,是同时呈现、不可分割的;“识”有时是指个别自我产生的初始状态(也有人将其看做受精卵发育成胎儿)。

一旦“识”和“名色”结合了,接着会产生什么呢? 这就是第五“六入”(salāyatana),或者叫“六处”。“六入”是指人的六种感官以及它们感知的对象,佛学称眼、耳、鼻、舌、身、意为“六根”,它们的功能分别是视觉、听觉、嗅觉、味觉、触觉、意识(思维)。所谓“入”是讲人的六种感觉器官和功能开始互相结合,同时也就产生了感知的具体对象,它们有可能使主体陷于花花世界。

这里有两个系统,一个是人的六种感觉系统,另一个是这些感

---

① 关于“意向性”这概念,在胡赛尔(Edmund Gustav Albrecht Husserl,1859～1938)现象学成名著作《逻辑研究》(*Logische Untersuchungen*)中有所讨论,可参见吴汝钧:《胡赛尔现象学解析》,台湾商务印书馆2001年版,第74～77页。

② 《佛说法乘义决定经》:“佛言。名谓非色四蕴受想行识。色谓形质。体即四大。”见西天三藏明因妙善普济法师金总持等奉诏译:《佛说法乘义决定经》,上卷,收于《大正新修大藏经》,第17册,第654页。

觉的对象,即外部世界。这两种规定性是互为条件的,由缘互相结合起来的。有了这些感觉的结合,才有作为个别的自我,即有了主体。但光讲这个还不够,根据现象学意向性原则,意向性跟对象是同时存在的,所以它既是主体的形成,也是客观世界的呈现。一定不要忘记,佛学中所谓的世界,是指由自我的意向性创造出来的那个世界。

由“六入”产生出十二因缘中的第六环节,叫“触”(phassa),巴利文 Phassa 源自动词 phussati,意为“去碰”。“触”是主、客体的接触,主体接触客体的过程中,个别之自我感知到客体存在。例如,当眼睛(感官,佛学称为“根”)去看一枝红玫瑰(眼睛注意的对象,“境”),还要通过你的神经知觉意识(“识”),三者结合才能使你能“看见”,这就是“触”。也就是说,“触”是在感觉器官(根)、感觉对象(境)与知觉意识(识)三者之聚合时,才能使外部世界呈现出来。从此之后有了两个世界,一个是自我的主体世界,我有感受能力,我可以感受这个、感受那个;另外一个是对象的世界。这时候主观感受的世界跟我可以感受到的那个客观世界就会发生接触。

一旦到了“触”这一步,也即主体的感官、外境以及意识三者聚合在一起时,你就会对这些对象产生具体感受,这就是第七环节的“受”(Vedanā)。对外界有感受,于是喜、怒、哀、乐就源源不断地出来了。紧接着第八环是“爱”(Tanhā),字面意思是“渴”,即欲望。我觉得有些东西很美好,有些不好,你会爱那些你认为美好的东西。这时,你就会产生占有喜欢的东西的欲望,想方设法占有它、得到它,这就是第九环“取”(Upādāna)。“取”之后第十环节是“有”(Bhava),巴利文的原义是指持续存在的状态。“有”之后,是十二因缘的第十一环“生”(Jāti),就是诞生,出现个体的生存状态。佛陀接着说,这样一种“生”不能长久,必定要死的。这就是十二因缘的最后一环“老死”(Jarāmarana)它是由年老(jarā)及死亡(marana)两词复合而成。

人生难道不是“我”变成“我有”的过程吗？中国人讲“生不带来，死不带去”。一个人上小学、中学，再上大学，当了企业家，功成名就，名号越来越多，钱越来越多，房子也越来越多。我是什么？我生出来长得这个样子，我有爹妈，有这个名字，有房有车，有博士头衔，有这样高的社会地位，有那么多财产……我是有这个、有那个，占有各种特定的存在，使得“我”变成“我有”。这就是生命过程本身啊。但不论你的人生是成功还是失败，任何人都要面临疾病、衰老和死亡。用存在主义哲学的话说就是，人是面对死亡的存在。①

为什么“我有”一定会消失？人一定会老死呢？十二因缘既然对个别自我的形成作出解释，那“老死”是必然的。上述逻辑中，任何规定性都由因和缘产生，而因缘本身是无常的，万物存在都是偶然碰到一块儿而已，是靠不住的，什么时候分离就不知道了。主体和客体都是这样。你现有的任何东西，都可能丧失。因为缘起的偶然性和非恒常性，自我和事物的规定性以及它们之间的关系是随机的，万物和任何个别自我最后迟早都要灭亡。这就是佛教对世界和生命的勾画。世界有生有灭，人生就是占有的自我在无常的洪流中挣扎，由此推出世界和自我一定是苦难的。

解脱之道与“三法印”

你们看啊，十二因缘描述了个别自我产生之前以及从诞生到死亡的过程，环环相扣，揭示出个别自我的产生和人生痛苦的根源，逻辑非常严密。既然是这样的话，人又怎么做到不痛苦、如何得到解脱呢？用佛学的话来说，如何才能离苦呢？佛教讲解脱之道，要落实在个体的修行上。佛教产生之前的印度各解脱宗教都

---

① 如劳思光指出“人之存在”是透过“趋向死亡之存有”(Sein zum Tode)来进行解析的。相关讨论参见劳思光：《存在主义哲学新编》，香港中文大学出版社2001年版，第71~72页。

强调修行，[①]如婆罗门教的禅定和苦行。那么，佛教的修行与之有何不同呢？简单地说，佛教是严格按照十二因缘来解释苦难的根源，并依此规定了相应的解脱之道和修行原则。大乘佛学用“三法印”来讲修行原理。法印的意思是，如同印信那样，是得到证明的佛之正法。

根据十二因缘，三法印中的第一条，是指世间一切事物的存在都处于生生灭灭的变化中，终归幻灭（即“诸行无常”）；第二条是说世间一切事物和自我都是由主体（意向性）建构出来的，并没有实有的存在（即“诸法无我”）。首先弄明白这两条，无常即是苦，无我得解脱，就会去追求第三法印——“涅槃寂静”。[②] “涅槃”（Nibbāna），指进入一种永远脱离人生烦恼、痛苦、得到解脱的寂静状态。[③]

由于婆罗门教没有十二因缘的教义，因此对自我的产生及苦的根源的理解，与佛教完全不同。婆罗门教认为，有一个绝对的永恒不变的（也即不是“无常”）真实的大我之客观存在（也即不是“无我”）。这样，虽然佛教继承了婆罗门教的修行方法——戒、定、慧，但其原理和基础完全不同。所以佛教高度强调理解的智慧，即

---

① 禁欲苦行的目的，就是要通过戒除人类本能的欲望，而达到物我合一的出神境界。如宗教社会学家波得·伯格（Peter L. Berger）提到禁欲的目的是，在完全的物我合一的境界里，自我的泯灭以及融入神圣的实在物，便是可以想象到的至福。［美］彼得·伯格著：《神圣的帷幕·神义论的问题》，萧羡一译，商周出版2003年版，第80页。

② 龙树在《大智度论》中指出：“问曰：何等是佛法印？答曰：佛法印有三种：一者、一切有为法，念念生灭皆无常；二者、一切法无我；三者、寂灭涅槃。”见圣者龙树造，后秦龟兹国三藏鸠摩罗什译：《大智度论·八念义第三十六之余》，卷22，收于《大正新修大藏经》，第25册，第222页。

③ “涅槃”犹可细分为两种，一为有余涅槃，即尚存有漏依身而色心相续，此为在世即烦恼永尽而断生死之因；一为无余涅槃，更灭依身而无所余，即命终之时证无余涅槃，两种涅槃同为一体。参见《佛光大辞典》中“二种涅槃”条，http://www.fgs.org.tw/fgs_book/fgs_drser.aspx，最后访问时间：2013年12月4日。

悟、觉,只有理解了十二因缘,你才能理解为什么依“戒”“定”“慧”修身是正确的解脱之道。

第一个修炼之法是戒。怎么做到戒呢?首先你要区分我与我有。你是你有吗?你是你的名声、财产和社会关系的总和吗?不是啊。我没有名、没有社会关系、没有财产时,我还是我啊,我可以不是我有。这点很厉害。戒就是你要尽可能不去占有,这样你就不会产生这类丧失我有以后的痛苦。佛教对于不同的佛弟子有不同的禁戒,从几戒到几百戒,但最基本的五戒是居家弟子也必须遵守的,这就是不杀生、不偷盗、不邪淫、不妄语、不饮酒。

第二是定,通大小乘;不管哪一派,都是以定为修道的根基。离开禅定,修道就无从谈起。什么是定呢?就是说尽可能使你的意识不指向任何对象,不产生那些因缘结果。人能不能在有清醒意识的时候,意识又不指向任何对象,做不做得到?努力修炼这个就是定的功夫。你们试过没有?我想大多数人要是意识不指向对象就是睡着了吧。睡着了还有梦啊。定颇不容易。佛教的打坐、瑜伽、禅定都是要去定。

接着还有第三条叫做慧。即使戒了恶行妄语,也能做到定了,人总是还要面对生病吧,还要面对老死吧。你生来的模样、你的身体都是“你有”嘛,根据十二因缘,这些虽然不是你后天占有来的,却是由“爱”之前的几个环节——“无明”和“行”衍生出来的。因此,你还要明白在“我有”之前,包括你的身体的个别自我,是怎么由无常的因缘而产生的,这要靠你去体会、去理解,也就是“慧”。这才是对完整生命的觉悟。有了这样的大智慧,才能大彻大悟。所以,在戒、定、慧三学中,慧是解脱的主因,所谓依戒生定,依定发慧,由戒超越恶趣,由定而离欲界,由慧超越三界。①

① [日]木村泰贤著,演培法师译:《小乘佛教思想论》,天华出版事业股份有限公司1990年版,第654页。

佛教修炼的戒、定、慧，都是要令主体达到一种很高的精神境界，求得从苦难人世解脱。我要问，人靠修炼能达到这种精神状态吗？佛教认为可以，即达到三法印中不可思议的涅槃寂静状态。涅槃境界是类似于火被吹熄那样，灭除一切生死痛苦的寂静状态。修炼就是通过冥想和修炼意志，以智慧吹熄烦恼之火，让主体的意向性指向静寂。进入涅槃寂静得到解脱，有一个关键性指标，这就是摆脱生死轮回。那么，什么是轮回呢？

怎样理解轮回？

《阿含经》讲十二因缘经常被解释为生命流转轮回（Samsāra）的过程，佛经中说："轮回六趣，如旋火轮。"[①]也就是俗话说的人死了以后有可能坠入六道轮回，常将其视为灵魂的投胎再生。其实，这种轮回和灵魂转世概念，都来自于婆罗门教，或是出于对十二因缘的误解。我问一个问题：根据我前面讲的逻辑，佛学主张有灵魂吗？佛学是无神论，应该不承认有不灭的个体灵魂。但是，如果没有灵魂，是什么在轮回，又怎么理解佛教在讲修行时常提及的轮回观呢？

先看一下佛陀是在什么情境下讲轮回的。佛陀说，人们之所以陷入"长夜轮回生死"境地，是因为不知道苦的根源是被"无明所盖，爱结所系"，就如同一只被绳子拴在柱子上的狗，只要系绳不断，这只狗就只能绕柱而转。[②] 佛陀讲轮回，是为了要用缘起观来讲苦之根源。这和婆罗门教的轮回观有根本不同。简单地讲，婆罗门教的轮回是"真我"的轮回，佛教的轮回是"无我"的轮回。

---

① 东晋天竺三藏佛陀跋陀罗译：《佛说观佛三昧海经·观四无量心品第五》，第6卷，收于《大正新修大藏经》，第15册，第674页。

② 在《杂阿含经》第10卷中指出："众生于无始生死，无明所盖，爱结所系，长夜轮回生死，不知苦际。诸比丘！譬如狗绳系着柱，结系不断故，顺柱而转，若住、若卧，不离于柱。如是凡愚众生。"见宋天竺三藏求那跋陀罗译：《杂阿含经》，第10卷，收于《大正新修大藏经》，第2册，第69页。

婆罗门教认为,有一个不变的、唯一的、主宰性的“真我”(梵)存在,一个人的灵魂当然是存在的;因此四大种姓中的前三个种姓:婆罗门、刹帝利、吠舍等,可以在轮回中生生世世永袭不变,甚至因善行而往生更好的种姓。而佛教的无我轮回则认为,任何存在都是十二因缘决定的,任何存在都没有固定状态而处于变化中(“诸行无相”),任何既有的存在,都是主观建构出来的不真实(“诸法无我”);缘起论否定了实相和自性,也就否定了婆罗门的命定说,而主张众生平等。在佛教的修行中,下等种姓如悟到苦的根源,今生苦修善德,来世可以升为上等种姓。[①] 佛教的无我轮回并不是简单地把平等观念注入婆罗门教的轮回观,它特别强调破除“我执”,也涉及悟道、苦行修炼等。佛教的轮回观,特别注重一个人当下的言行影响力(即“业”)以及悟道(慧)。[②]

佛学的无我轮回观存在一基本的逻辑困难,这就是既然佛教认为无我,那何来前世今生?为何还有轮回?只有回到十二因缘的结构,才能理解佛学中的轮回究竟是什么意思。在某种意义上,轮回是指不同的个别自我在形成及解体过程中偶然的相似性。正因为相似,好像有一个“无我”的规定性载体(灵魂)存在,其实这只是假象。为了便于理解,可以把十二因缘的结构简化成图 4-1,十二因缘的某些环节合并在图中的同一方框中:

---

① 在佛教的轮回观下,印度种姓中的吠舍甚至于奴隶,都可以从不能轮回的限定中,获得往上层种姓轮回的机会与可能,这是佛教对印度教轮回制度的一种改革。

② 这就是佛经《百业经》所说的:“众生之诸业,百劫不毁坏,因缘聚合时,其果定成熟。”印顺法师是从因果法则来讲从业受果:佛教的轮回观是业及依业而有的轮回,没有轮回主体的神我,没有身心以外的业力。见释印顺著:《佛法概论》,上海古籍出版社 2001 年版,第 55 页。

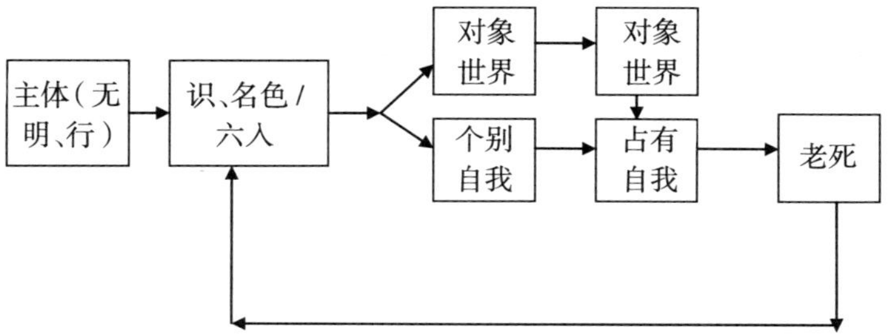

图4－1　十二因缘的结构

所谓轮回转世，是指个别的自我在老死之后，你今生的某些规定性——包括你的言行及其影响力（业），并没有随之灰飞烟灭，它们会反过来影响来世自我的形成。从图4－1看，就是这些规定性存在一个从“老死”到“识”与“六入”的反馈回路。跳出轮回，就是个别自我不断修炼提升，打断这个回路得到解脱，超越到“无明”之前的涅槃寂静状态，不再坠入痛苦的生死轮回。问题是为什么有这样的反馈回路存在？在什么条件下，个体今生的规定性会留下印记并重新聚合在一起呢？让我们先来分析十二因缘的结构。

图4－1中的第一个框包括了主体的“无明”及其产生的“行”；第二个框包括“行”之后的“识”“名色”和“六入”。六入之后分为上下两个小框，即由主体的感官、外境以及意识结合在一起的“触”，由触同时产生了对象世界和个别自我；由个别自我的触、受、爱、取、有，使个别自我变为占有的自我，占有的自我就是生，最后一个框是老死。所谓老死，就是所有这些规定性及其结合统统解体了。老死以后，如果存在轮回，只有两种可能。

第一，佛学中讲的老死只是指身体形质的消灭，你一生中某些规定性的印记——如言行造下的业——并没有随之消亡，这些印记就形成一个返回到第二个框的回路，影响另一个个别自我的形成。也就是说，言行造下的业对来世有影响。举个例子，当佛教徒看到一个做了很多坏事（孽）并受到惩罚的人，常常会说：“报应报应,前世做的孽啊。”这是不少人对佛教轮回的理解。但是,老死之后形成的图4-1的第二个框,那些没有完全解体的无形的规定性,在一定因缘下结合在一起,又开始一个新的人生,这样算不算“真我”之灵魂呢?讲不清楚这一点,就和婆罗门教真我的轮回划不清界线,也无法理解什么是佛陀主张的无我的轮回。

第二种解释,涉及如何理解第二个框的反馈回路。它强调,个别自我是不可能知道有没有这样一个反馈回路的。只能用个别的自我在解体后,和某一个“六入”是否有相吻合的印记来判定。如果有,才可以说原有的个别自我老死后,其轮回转世了。多年前我看过一个印度电影《童妻》,一家人生了一个小女孩,她居然具有远处某个已死去人的记忆。她知道她是某人的老婆,家里有什么东西记得一清二楚。这就会被当做转世的证据。个别的自我老死以后,其印记和某一个“六入”形成的主体相符,这完全可能是巧合。甚至发生巧合的可以不是某一个特定的个别主体,而是某一类主体;可以是人,也可以是狗和狐狸之类的动物。《聊斋志异》里有大量这样的故事。换言之,有没有这反馈回路,只能从两个主体规定性有无相同之处来判定。实际上,反馈回路是完全不可知的。

我认为,第二种解释比较符合佛陀的原意。原始经典《阿含经》记录了佛陀讲轮回的言论,但佛陀并没有明确说灵魂是有或没有的,这正是佛陀的大智慧。释迦牟尼悟出了世事无常、生命无常,用十二因缘来解释生命在一世一世的苦难中流转。在此后佛学发展过程中,所有这些佛陀没有讲明、复杂而含混不清的观念逐渐显现出来,充分展现了各种可能性,形成不同的流派。大乘唯识论佛学就是特别强调十二因缘中的“识”对再生具有决定意义,把“识”视为再生的种子,不同的类别犹如不同的种子,决定了下一世你是属于哪一类。这些均属于后人的解释。

总之,佛陀所谓跳出轮回的解脱之道,本质上不是要去知道老死以后发生了什么,在何种情况下有灵魂的流转,有多少个循环,而是从个别自我形成过程中摆脱出来,回到图 4－1“六入”前的状态,甚至让十二因缘各环节都不起作用。既然是回到个别主体出现前的状态,解脱之目标和结果绝非个别的自我,而是超越个别的自我的某种目标,它规定了佛教发展的方向。

4.2　大乘佛学

个人解脱还是普度众生?

从上述讨论可见,佛学是一个逻辑非常严密、高度自洽的理论体系,它居然在公元前五六世纪的印度出现,我觉得非常了不起,佛陀是人类有史以来最伟大的哲学家。佛学义理有三个基本要点,一是规定性由主体而生,二是个别主体形成的机制,三是解脱必须从个别主体的种种限制中解脱出来,回到不再形成个别主体的那种状态。由这三个要点规定了佛教如下发展方向,先是出现大乘中观哲学,再走向唯识论。在印度,它促使婆罗门教转化为印度教,在中国则是普遍道德主体的形成。先讨论一下,为何早期佛学会出现向大乘中观的转化。

释迦牟尼去世之后三四百年间,佛教进入部派分化竞起的时代。大约在公元前一世纪,源于大众部的大乘佛教开始兴起,并成为佛教的主流,其特点是注重对佛身和佛性的思辨。中观哲学为其早期形态,称为般若空宗。其传入中国之后,马上与玄学思辨一拍即合,成为中国佛教主流。那些不同意大乘传承传统佛法的印度部派佛教被为小乘,小乘含有贬抑的意思。[①] 我要问一个问题,在座的有很多是学佛的吧,大乘和小乘有什么不一样?小乘度自

① 释印顺:《印度佛教思想史》,中华书局 2010 年版,第 159 页。

己,大乘度众生。对！但你们想过没有,为什么大乘要度众生呢？中国人往往从道德角度来想象佛教,来理解普度众生的意思。这是不对的,因为佛学不是道德宗教。

我以前多次讲过“善”是“好”的普遍化,从道德上讲,只有我自己好还不够,更重要的是教化天下,要所有人都好才是最高的道德目标。佛学的追求是解脱,不是道德宗教,为什么也要讲普度众生呢？佛学讲解脱,是指主体的解脱,这没有疑问。但是,这个主体并不总是特指某一个别的自我。要理解这一点,还是要回到十二因缘上来讨论,看看图4－1,个别自我是在“六入”以后才产生的啊。每一个解脱者都是个别自我,你悟到你是一系列条件(因缘)产生的,抛弃了占有的个别自我,但并不能得到最终解脱;还要在来世或多世不断地修炼,最后提升到“无明”之前原初的普遍主体,才会得到真正的解脱。虽然佛陀并没有讲只有解放全人类才能解放自己,但是显而易见,原初的主体并不是个别自我。

那么,这个不同于个别主体的原初主体是什么呢？劳思光先生的哲学书里是用“最高主体”来指称它的,而我觉得用“普遍主体”或“绝对主体”来称呼它或许更好些。佛学讲个别主体的解脱,必须要上升到与超越个别主体的普遍主体之合一,才能获得真正解脱,你的解脱是归复这个普遍主体的过程。因此,大乘强调不能仅仅停留在我个人的解脱,解脱不是你个人的事,其他人老是解脱不了,你一个人行吗？如此一来,你的解脱就跟其他人的解脱有了密切关系了。

在大乘看来,小乘只看到缘起的具体环节和追求解脱的个人修炼,而大乘佛教追求大家都解脱的普度众生。为了普度众生,修行者就须要具有舍身和慈悲两种精神。而只有普度众生,个别小我才能获得真正的解脱。我觉得佛学讲普度众生很有道理,非常了不起。除了讲普度众生,大乘跟小乘还有一个主要差别,就是对如来的理解有差异。这样，我们就先要弄明白何为“如来”？

何为“如来”？

“如来”是释迦牟尼佛的多个名字之一。[①] 为什么佛陀的名字叫“如来”？“如来”的梵语 Tathāgata，tathā 的意思是“如”，āgata 意思是“来”，合称是“好像来了一样”。《金刚经》说：“如来者，无所从来，亦无所去，故名如来。”[②]我认为“如来”是佛典中译里翻得最好的词。中文字面“如来”是什么意思？你以为他好像来了，又好像没来，他是你意念中的一个存在。用佛经的说法，如鸟在天上飞过，没有留下痕迹。“如来”是指那个了解真理、来过世间但已没有踪迹可寻的大彻大悟的释迦牟尼佛。一代又一代的寻找真理的修行者，只能重新开始追寻他。

如来是一个终极的解脱者，或者说是作为终极解脱状态存在的主体。那么，如来是人格神吗？佛教是宗教，但不是有神论，佛经一再说，缘起法则与如来的出世与不出世无关。其实，你们不要看佛经就可以想明白，如来不是人格神。为什么不是呢？他不是“我有”，而是对真理大彻大悟、其本身就是相对于空的绝对存在。如来不是一个人格神，这很玄妙，也非常深刻。这一点对于大乘、小乘的任何修行者来说都是如此。既然大乘与小乘都要追求与普遍主体如来的合一，达到解脱，那么，它们对如来的认识有什么差别呢？

简单地说，大乘侧重对佛身、佛性的思辨，可以从两方面来理

---

① “如来”是这个普遍主体即“万有之本体”的名字，是释迦牟尼的法身，释迦牟尼是祂在人世间的名字。佛经译为中文时，谈这个万有本体的词汇很多，有时音译，有时意译。意译的词有“真如”“毕竟空”“如”“如如”“空相”“法界”“法身”“胜义”等，令人眼花缭乱。

② 姚秦天竺三藏鸠摩罗什译：《金刚般若波罗蜜经》，第二十九品，收于《大正新修大藏经》，第 8 册，第 752 页。

解普遍主体,一种是那个凌驾所有个别主体之上的绝对存在;另一种是所有个别主体的集合。由于对如来佛性的思辨有这两重含义,大乘的修身就有两个基本立足点:第一,如来是一个超越个别主体的、已经达到最终解脱状态的绝对存在,你的解脱修行就是要向如来靠近啊。第二,如来是所有得到解脱的个体的集合,所以修行解脱不是你个人的事,你的解脱既是个人修行,也是你对你和如来关系的想象,你要像如来那样普度众生。大乘认为佛陀如来有三身的变化,①如来被视为普遍主体的绝对存在(即"法身"),释迦牟尼则被视为普遍主体在世间现身的"应身"。因此,大乘与侧重于个体自身修炼的小乘不同,提倡佛门弟子应当以如来化身的佛陀为榜样,发起帮助他人一起求解脱的宏愿,普度众生。

佛教是自力拯救宗教,大乘和小乘的修身都是强调个别自我的努力,但由于二者的以上差别,修身上也有所不同。大乘佛教特别强调个人的慈悲和舍身。譬如说,夏天有的和尚脱光上衣喂蚊子,看到老虎饿了就让老虎吃,这是舍身、慈悲嘛。用佛学术语来说,小乘注重个体的解脱,最后修成罗汉,大乘则重视菩萨行。也就是说,按大乘的修行原则,你首先要立誓为众生利益吃苦与牺牲,这叫发"菩提心",②不达普度众生的目的,宁愿自己的个体不入涅槃的最后解脱,而生生世世地救世,这样的苦行救世者就是菩萨。在大乘看来,小乘追求个别自我的最终解脱,只可称为"自了汉"。

---

① 佛的三身有多种说法,最流行为:法身、报身、应身。"法身"指佛所证显的超越真如之理;"报身"是像好具足的身体;"应身"是随众生根器而示现的现实身体,与化身略同。详细参见吴汝钧:《佛教思想大辞典》,台湾商务印书馆1992年版,第67页。

② 《现观庄严论》中说:"发心为利他,求正等菩提。"参见弥勒菩萨原著,华智(巴珠)仁波切、全知麦彭仁波切等注释,索达吉堪布仁波切汉译:《现观庄严论释·遍智品第一》,心一堂出版社2014年版,第79页。

我们知道,佛陀创造了佛教的教义,但在世时并没有留下文字。流传下来的佛经,是信众在佛灭以后根据口传所记录下来的有关佛陀言论和事情。佛学中,“经”是记录佛陀言行的文字,“论”不是如来讲的,是佛教论师后来对经的解释。儒家经学中也有这种经和论的区别。大乘佛学兴起以后,为了与小乘相区别,就要光大如来教义,重新阐释经,于是出现了许多“论”。譬如,像龙树啊,世亲、无著兄弟啊,弥勒啊,他们写了很多“论”。这些人的地位也很高,都是菩萨,但还没有达到如来那么高的境界。

总之,大乘与小乘的区别在于,大乘讲解脱,是要普度众生,才能追求与普遍主体(如来)合一的最根本解脱。大乘有三种面向:一是讨论世界是如何形成的,否定独立之实有,指向以空论为核心的中观;二是突出强调十二因缘中“识”的关键作用,讲佛学和修身,指向唯识论。三是回答是否所有的个别自我都可以达到解脱,主张人人都可以成佛的是真常之教;但真常之教在印度佛教中不是主流。大乘区别于小乘、从原始佛教中凸显出来,为什么首先是中观哲学的兴起?因为在佛教义理中,中观特别强调除了普遍主体,世上万事万物和所有个别自我都是虚假的空的存在。

大乘第一阶段　中观:“八不中道”

讲以中观哲学为核心的大乘佛学,必须讲龙树。龙树活跃在公元二世纪,生卒日期不详,是佛陀以后最伟大的哲学家,他的论辩术非常厉害。据说龙树年轻时去跟师傅学幻术、隐身术,他还真学成了。他跟三个朋友用隐身术跑到皇宫里去调戏宫女,有一次被识破,宫里设伏劫杀,三个朋友当场被乱刀砍死。龙树躲过此劫后大彻大悟:欲望为苦之本啊!从此发愿学佛寻找真理。据说龙树在龙王指导下,到海底去拿到一部真经,这有点像孙悟空的故事。他读这部真经时悟出一个道理,叫做“诸经一相”。

这句话是什么意思?“诸经”是指佛学有非常多的经典,诸经讲了很多道理,每一部分都有详细的展开,很复杂啊。龙树非常有悟性,他忽然意识到,那么多经文中的道理有一个共同性,这就是“诸经一相”。你们想想看,十二因缘诸环节中的共同性即“一相”是什么呢?这个一相就是空,包括自我和世界的产生,都是十二因缘的结果,不是独立的实有,它们是由主体意向性建构出来的,离开主体,一切均不能存在。世界和自我既不是有、也不是无,而是假、是空。龙树用十二因缘的条件性逻辑,阐释佛经中所有的论题。他发现都是在讲空,这就是“诸经一相”,龙树对空的论述叫“空论”。

我认为空论是佛学中最玄妙、最有才气的理论。空论要证明世界和个别自我都是不真实的,最后的真实是不可言说的。因为讲话要依靠概念,而概念会遮蔽真相;言说要依赖于言说者(有)和言说指涉的具体对象(也是有),而它们都是建构出来的。空论论证,凡是普遍主体之外的一切事物、任何东西,包括言说者和言说的对象都是意向性建构的结果,不是真实的存在(无自性),都是假的。龙树在代表著作《中论》讲了一句很重要的话:“众因缘生法,我说即是无,亦为是假名,亦是中道义。”[①]这句话的意思是,所有东西的存在都是有条件的,由十二因缘产生的,离开了这些条件,根本就是空的。什么叫做空呢?空是指一切法都是假的、不真实的,既无性相可应,亦非思议可计。

用空论观点看问题,也叫“中论”“中观”。为什么空论又叫“中论”“中观”呢?“中”是个比喻。用龙树的话讲叫“八不中道”,即用“八不”来说明何为“中道”。这八不是:“不生亦不灭,不常亦

① 龙树菩萨造梵志青目释,姚秦三藏鸠摩罗什译:《中论·中论观四谛品第二十四》,第4卷,收于《大正新修大藏经》,第30册,第33页。

不断，不一亦不异，不来亦不出”。[①] 其中，“生”与“灭”、“常”与“断”、“一”与“异”、“来”与“出”是四对相反的概念，对这八种概念统统来个否定，离开两个极端，就叫“中”。既然悟到了空义，“中”就是破除并离开对一切事物的两种极端的偏见，即是龙树说的“中道”。悟到中道这一层后，便要用中道来观察反思一切，所以叫“中观”。

“八不中道”是龙树典型的论证方法，也被称为否定的辩证法，其特点是辨析条件性，再加以否定。只要你讲任何一个问题，他都可以用否定的方法找出你立论中互相矛盾的结论，即都是错的，所以不成立。其方法类似于归谬法。据说龙树从来没有被驳倒过。为什么他可以做到永远不被驳倒呢？道理很简单，因为龙树从来没有提出过一个肯定的命题。这很厉害啊。任何一个肯定命题，都可以用这个办法将其驳倒。

从般若空宗到唯识论的“妙有”

龙树创立大乘佛学，主要是依据《大般若经》，其全称是《大般若波罗蜜多经》。“般若”（bō rě）和“波罗蜜”是梵语音译，“般若”也作“波若”，其意是超越的智慧；“波罗蜜”意为到彼岸。《般若波罗蜜多经》即佛陀讲解脱到彼岸的智慧。因为《大般若经》非常重要，其《八千颂》三百年以后发展成为《十万颂》，为了学习和记忆，出现其精缩本《心经》，短《心经》只有260个字，专讲“诸法皆空”，即万事万物都是由“因缘和合”而成，因而也被称为“空经”。

龙树开创的中论、中观也称“般若学”。般若学是高度思辨的哲学，通过否定实有而得到空，最后否定了指涉和概念本

---

① 龙树菩萨造梵志青目释，姚秦三藏鸠摩罗什译：《中论·中论观因缘品第一》，第1卷，收于《大正新修大藏经》，第30册，第1页。

身。与此相关,佛经记载了佛陀不回答弟子提问的“十四无记”问题,①这里就不讨论了。龙树用他的否定辩证法把空论发挥到极致。大乘般若的修行是普度众生,最后达到那个不可思议的、不可指涉的极为神秘的状态,最后指向的目标不仅是个体的解脱,而且是大彻大悟的智慧,这正是“般若”的原意。

在龙树的时代,大乘佛法已流行两百年,作为大乘行者的龙树

---

① 《阿含经》中记载了佛陀弟子多次向佛陀请教、但佛陀没有明确回答的十四个问题,被称为“十四无记”。它们是:1. 世间有常(世界恒常存在吗?);2. 世间无常(世界不恒常存在吗?);3. 世间有常无常(世界既恒常又不恒常吗?);4. 世间非有常非无常(世界既非恒常又非不恒常吗?);5. 世间有边(世界有边际吗?);6. 世间无边(世界无边际吗?);7. 世间有边无边(世界既有边又无边吗?);8. 世间非有边非无边(世界既非有边又非无边吗?);9. 是命是身(生命与自我是同一的吗?);10. 命异身异(生命与自我不是同一的吗?);11. 如来死后有(如来死后还存在吗?);12. 如来死后无(如来死后不存在了吗?);13. 如来死后有无(如来死后既存在又不存在吗?);14. 如来死后非有非无(如来死后既非存在又非不存在吗?)。佛陀对这十四个超验性的问题,皆不置可否、避而不答。但论师们都要去解释,为什么佛陀不回答这十四个问题。

龙树是这样解释“十四无记”的:他先说,具有超越智慧的佛陀之所以不回答这些问题,是因为它们是非经验性的;接着说,谈世界是存在的或不存在的,都不符合缘起的条件性原理,所以佛不予回答。换言之,龙树是用不合经验论和缘起法来回答这个问题的。但龙树不能解释按四组命题、每组有四问,应该是十六个问题,但为什么佛经中只有十四个而不是十六个问题呢?也就是关于人的生命与自我,只有两问呢?

我们可以分析一下,“十四无记”所涉及的四组命题,其中,对世界的存在是有还是没有(1~4),世界是有边界还是无边界(5~8),如来死后是存在还是不存在(11~14)这三组命题,各有四个问题;而对生命与自我是否同一(9~10)命题,只提两个问题。我们先看前三组的命题。从逻辑上看一下,每一组的前两问,不是A就是非A,代表两者不能同时成立,符合逻辑;而第三问则是,既是A又是非A,可以称为不确定性,在此意义上这个问题也成立;但第四问是,既非A又非非A时,这是对第三个问题的否定,也就是连不确定性也给否定了,这时已否定了指涉和命题的本身。这就是我讲的其否定任何规定性。为什么佛陀对生命与自我一组问题只提前两问?这一点我也不太不清楚。有一个猜想,如果这样,就等于取消了这个问题,佛教就无法讲轮回与多世修炼,追求与普遍主体的合一的解脱之道了。也许这是佛陀比龙树高明之处。在佛学哲学家的思考里面,留下了很多空白的东西。各位有兴趣的话,可以去思考。

写了《中论》和《大智度论》，抓住“诸经一相”，力图解决传统佛法和大乘佛法的严重对立，依空性成立一切来推出一切法空，把大乘佛法推向一个新的高峰。在相当程度上可以说，以缘起与空性的统一来确立不二的中道，兼容并蓄地统摄了大乘与传统佛法。① 虽然龙树把佛学推到极高明的思辨阶段，但也带来一个根本性的问题：是否缘起本身也具有空性？也就是说，龙树对佛学的发展，可能面临自我否定的悖论。② 因为佛学理论本身亦是一种论述，如果任何一种论述皆不真实，佛学说的解脱之道难道是假的吗？只要思维严密，就立即可以感受到问题的严重性。

佛陀讲十二因缘，是讲世界是怎么建立起来的，个别自我怎么形成的，这一切又如何成为苦的根源，这是讲解脱的基础；但这一套论述本身必须是真的，讲解脱才有意义。而《中论》讲的十二因缘，是要破除对一切法的执见，指向空，证明一切都是虚幻的，甚至连言说本身都否定了。如果真是这样，佛陀讲十二因缘，讲自我及其解脱的基础又何在？

龙树本人亦意识到这一点。中论把“诸法皆空”推向极端，彻底否定现象界的经验事实；这时，人们言行就不再会有业报，修行的意义何在？更何况把言说和概念也否定了，说空之理、般若（超越的智慧）是不是真的呢？针对这些问题，龙树提出的解决方法是，承认有现象界的道理（俗谛），同时又认为存在一个超越经验和概念的可言说之绝对真实（胜义谛，即如来、真如）；修行者要追求与这个最后之绝对真实的合一。但是，龙树的解释并不能被普遍接受，甚至被视为是离开原始佛教经验论立场之虚无论。到公元四五

---

① 释印顺：《印度佛教思想史》，第114～115页。

② 对龙树是否认为缘起也是“空”（假）的，佛学界一直争论不休。如印顺的这种说法，中观统一了空性和缘起。但是，佛学哲学家加鲁帕赫那则分析指出，龙树认为缘起也是一种相对性，是空性。见D. J. Kalupahana著，陈铫鸿译：《佛教哲学——一个历史的分析》，华宇出版社1984年版，第十一章“中观的超越论”，第105～106页。

世纪,无著、世亲兄弟超越龙树,把大乘佛教发展到唯识论阶段。

唯识论与“八识”

世亲的《唯识二十论》《唯识三十论》,是唯识宗的奠基著作。唯识论并不反对龙树的中道观,只是要破除“空”的绝对化。唯识论以十二因缘的第三支“识”为中心,论述包括人和万物在内的现象界都是由“识”建构出来的,故称为唯识论。用唯识论经典《解深密经》的说法是:“我说识所缘,唯识所现故”,①即自我和世界都是因“识”的缘变而显现出来的,这就是“万法唯识”,借用后来中国佛学对唯识论的说法,亦可叫做“真空妙有”。

“妙有”是什么意思呢?在佛陀所讲的十二因缘中,唯识论特别强调“识”(心有),认为“识”是缘生出世界万物、个别自我以及人之生老病死的本原,离开了“识”,自我和世界全都是假的、虚幻的(境空)。修行者只有理解了这个虚幻的世界是怎么被“识”建构出来的,才能在修行时破除对有或对无的执着,得到最后解脱。近来,有些人认为唯识论用“极微非实有”来论证万物皆空,极微虽占有空间,但不断地分解下去就会出现与“空”相似的形相,不能称为实有的物质,由此证明没有不变的、不可分解的物质本体;这些看法与现代物理学颇有相通之处。

唯识论在“识”上大做文章,发展出一套很奥妙的“心有境空”理论,重点讲个别自我从出生到老死是如何被“识”建构出来的,重视无我轮回和解脱。其主要经典有:《成唯识论》《唯识三十颂》《解深密经》《瑜伽师地论》《入楞伽经》《十地经论》《百法明门论》等。这些名字很怪,实际上,有些是以经典产生地点命名的,如“楞伽”是山名。

---

① 大唐三藏法师玄奘奉诏译:《解深密经·分别瑜伽品第六》,第3卷,收于《大正新修大藏经》,第16册,第698页。

唯识论尊弥勒佛为本派鼻祖。弥勒菩萨曾把宇宙的存在分解为六百六十要素,世亲把它们缩减为以“识”为中心的“百法”,①即以心识来讲自我和万物的产生与变化;并把“识”视为统领此后一切的变化之根本,用“百法”来说明个别自我这个主体和大千世界都是识变的结果。要理解唯识论,就要了解什么是“八识”,特别是第八识“阿赖耶识”的功能。我还是要回到如图4－1所示的基本结构来看。

十二因缘中,“识”与“名色”之后是“六入”。人有五官嘛,有眼、耳、鼻、舌,身,对应着视、听、闻、味、触五种感觉;第六是意,是指人的意念、抽象能力和想象力。这分明只有“六识”,即“眼识”“耳识”“鼻识”“舌识”“身识”“意识”,为什么唯识论要讲八识呢?这是因为佛学的最终目的是追求解脱之道。这六识构成个别自我,六识以后,就产生我执,执着于各式各样的我有幻像而不能解脱,它们随着由生到老死的历程,终究会死亡、灰飞烟灭。如果仅从六识来讲解脱,解脱只限此世,忽略了老死后可能存在的反馈回路,对个别自我再次形成的影响,即不能讲清轮回和业报。因此又加了两识,即第七识“末那识”(manas)和第八识“阿赖耶识”(alaya)。第七识又叫“污染识”,由它产生我痴、我见、我慢、我爱四大烦恼。不同佛教流派对后面两种识有不同说法,相当复杂,但都认为“阿赖耶识”是八识中最重要的一识,它是产生宇宙万物和自我意识、精神的本原。②

为什么说“阿赖耶识”最重要呢?因为“阿赖耶识”是储藏未来

① “百法”也称为“五位百法”,这五位就是心法、心所法、色法、心不相应行法和无为法。见《佛光大辞典》中“百法”条,http://www.fgs.org.tw/fgs_book/fgs_drser.aspx,最后访问时间:2013年12月4日。

② 唯识宗内另有主张以第九识阿摩罗识为清净识者,关于第九识的研究,可参考[日]岩田良三:“Amala-jJAnaと阿摩罗识について”,载《印度学佛教学研究》第19卷第2号(1971年3月),第136～137页;[日]岩田良三:“摄大乘论と九识说について”,载《印度学佛教学研究》第20卷第2号(1972年3月),第302～305页。

变化、生长万有的种子库,因此也称为“种子识”“藏识”,主宰着个别自我的命运和生死轮回。释迦牟尼佛只讲业报,并没有专门讲种子问题,那么,为什么唯识论要大讲“阿赖耶识”和种子的重要性呢？我们再回到图4-1那个结构中来看。佛经讲轮回的重点不在灵魂,而在揭示个人的修行之道并非于一世中完成的,一切众生,在此生的每一个起心动念,每一言行,是善是恶都要留下无形的业种,它们不会随着你生命的死亡而消失。因此,在有轮回的多世修行的成佛过程中,如果有稳定的循环存在,那么仅讲“六入”、“六识”是不够的,还要推到含藏决定你未来的阶段。你此生言行的善恶,在未受报之前会变成善恶种子,它是形成你下一世的形态和继续修行的本钱。这就是“阿赖耶识”存在的意义。

个别自我的形成有如种子发芽成长,“阿赖耶识”含藏着生长万有的种子,每个人的种子类型是不一样的。这是唯识论中最复杂、最难以说清楚的问题。“阿赖耶识”含藏着什么样的种子,决定了修行者是否具有佛性,其重要性可想而知。佛教按觉悟方式把一切众生分为五种种姓,分别是“菩萨种姓”“独觉种姓”“声闻种姓”“不定种姓”和最低一级的“无性有情”种姓,也就是“一阐提”(Isanti),这一类人没有佛性。

印度佛教大多认为“一阐提”成不了佛,但是如果把“一阐提”排除在追求解脱的大门之外,并不符合《大般涅槃经》所说“一切众生悉有佛性”。佛陀强调佛性即是菩提种子,修行者是否能得到解脱,取决于个人的自由意志,修行者只要坚定信念、依八正道而行,就可能获得最终解脱。为了弥补这个问题,唯识论发展出一套有关种子被熏习的说法,“有漏种子”可以熏习成为出世的“无漏种子”,种子另可分成了“本有种子”和“新熏种子”。因为种子有这些差别,对修行者的要求也不一样,不同的说法构成了唯识论的不同派别及修炼要求。从唯识论经典《摄大乘论》提出“种子”概念,到《成唯识论》发展出一套极为复杂的成佛求解脱的理论和修行实践要求。

你们看，佛学唯识论的种子说搞成这么复杂，讲种子有不同类型，唯识论发展到这个阶段，使得它可以与婆罗门教规范的种姓制度相合，可以容受于婆罗教和其他本土的泛神、多神论，从而促成印度教的兴起。这也就决定了后来佛教在印度的衰落命运。

大乘佛教两阶段与真常之教

般若中观和唯识论是大乘发展的两个阶段，它们都讲普度众生，讲修行者个别主体要通过不断修炼，去追求与那个真实不虚、如常不变的普遍主体合一，达到舍离此世苦难的最后解脱。但对这个普遍主体的理解，中观与唯识的侧重有所不同。中观是用般若的超越智慧讲一切法空，达到大彻大悟的涅槃寂静境界，早期中译是用“本无”来指涉这个普遍主体；而唯识论到唐代玄奘（602～664）为了与此区别，使用“真如”来指涉这个普遍主体。何为“真如”？唯识论强调的“真”是真实不虚，“如”是如常不变，合此二义，就是真如。[①] 上海普陀有一个站，站名就叫真如，可见佛学渗透中国文化有多么普遍。可惜现在很多人已经忘记它的本来意义。

印度大乘佛教的展开除了中观与唯识两阶段外，后期还有密宗和一个真常流派，密宗主要保留在藏传佛教中。[②] 这两派都相信人人皆可成佛，这里我主要讲对汉地影响最大的真常流派。目前，

---

① 玄奘《成唯识论》卷9中提到：“真谓真实显非虚妄。如谓如常表无变易。谓此真实于一切位常如其性故曰真如。”此解释最准确。见护法等菩萨造，三藏法师玄奘奉诏译：《成唯识论》，第9卷，收于《大正新修大藏经》，第31册，第48页。参见赵东明：《〈解深密经〉之“真如”观探析——兼论〈成唯识论〉的解释》，收于《大专学生佛学论文集》，华严莲社2009年版，第125～152页，http://www.doc88.com/p-275181179015.html，最后访问时间：2014年4月4日。

② 在大乘佛教传播中，信众难以掌握太长太繁复的经文，于是出现不少摘要本。精简到最后，就变成咒语。如弥勒的《现观庄严论》最后浓缩成几句话，成为咒语，即密咒。公元七世纪左右，大乘佛教还吸收了婆罗门教咒语，创造出极富神秘色彩的宗教实践方式，形成注重戒律和拜师口传的密宗。

对印度佛教是否形成了真常之教的派别,尚有争论。“真常之教”是劳思光先生的提法,①印顺法师则称为“真常唯心论”。②《大般涅槃经》《妙法莲华经》《大方广佛华严经》中,都记录了佛陀讲一切众生皆有佛性、可以成佛的言论,可视为真常流派的经典,但此后并没有印度佛教著名论师发挥佛陀这一观点的论著。但是,这几部经传入中土后,受到中国佛教徒的高度重视,他们依经造论,中国佛教几个最重要的流派都是依大乘真常之教来立论开宗的。

为什么真常之教会大盛于中国?你们没有忘记吧,中国文明的超越视野是以依靠个体的自力修身,追求在此世的道德完善为终极关怀。由于道德具有可欲性,是每个人只要想做就可以做得到的,因此,中国人在接受佛教时,很容易从道德的可欲性来想象佛教的修行,就如个人实践道德那样,每个人靠自己的修行可以得到最后的解脱。佛教的中国化,就是中国以道德完善为终极关怀的文化对印度佛教的再造,其主要特征是把向善的意志指向解脱。所以,真常之教在印度佛教中并不突出,但在中国就变得非常重要了。真常之教的三部经典《大般涅槃经》讲人人可以成佛,成为中国佛学的基础,《法华经》是天台宗的基础,《华严经》是华严宗的基础。

以上,简单介绍了印度佛学的原始教义,以及小乘以后大乘的发展,即中观和唯识论两阶段以及跟中国式佛学关系最密切的真常之教。佛学虽然复杂,但它的义理却深刻而简明,可以为具有强大吸引力的追求解脱之道的修身运动提供丰富而深厚的基础。佛教哲学不仅影响了中国,还影响了整个东南亚,消化了当地的地方宗教,对轴心文明的演化非常重要。我推荐各位看劳思光先生的《新编中国哲学史》第二卷,半本书就把佛学的义理讲得非常清楚。

---

① 劳思光:《新编中国哲学史》,第2卷,第188页。

② 印顺法师说,如来藏说的一切众生有如来藏,皆有佛性,皆可成佛,和阿赖耶识说融摄贯通而成“真常唯心论”。参见释印顺:《印度佛教思想史》,第261~265页。

有人要修行的话,那就自己去修呗。

4.3　佛教进入中国的三个阶段

格义阶段:选择性吸收

以上主要讲印度佛学,现在回到中国文化讲中国人对佛学的接受过程。这一过程大致经历了选择性吸收(即格义)、学习和重构三阶段,最后是中国式佛教即心性论佛学的成熟和盛行。中国接受并消化佛教是一个很漫长的过程,与中国文化主流思想的关系也相当纠缠、复杂,但只要抓住观念意义演化的主线,就一点儿也不杂乱。

第一个阶段是格义。什么是格义?格义就是用中国人熟悉的观念来理解(格)外来观念的意思(义),对佛教的亲和是通过道家和玄学的无、自然等观念,去格佛学的空、真和妙有之义。第三讲中,我讲道家的支解可以分为五个方面作为修身目标,主要讨论了魏晋玄学在四个方面的显现和展开,还没有分析第五个方面,即以追求"无"的境界作为修身目标,以及它怎么亲和大乘佛教的传入。玄学中注老子和注庄子的侧重不一样,注庄子是以自然为道德,产生了中国独特的常识理性;而注老子则是把向善的意志指向无,以无为作为至高道德,它可以接引佛学的空,只要终极目标从此世走向舍离此世,就是中国式佛教了。

佛教最早传入约在公元七十年前后的东汉明帝时期,根据巴利文佛经编译出的极为短小的《四十二章经》,①使用了士人熟悉的儒家道德观念,如用"善"和"仁爱"来宣讲小乘佛教的解脱教义和

① 《四十二章经》所据底本及译者,没有定论。汉末三国,支谦又重译该经。公元四至五世纪,天竺或西域来华高僧,先后译出了《长阿含经》《中阿含经》《杂阿含经》《增一阿含经》,简称"四阿含"。

戒律。[①] 这说明士人一开始就是用中国文化的意义世界来理解佛教的。由于儒学基本价值和佛教相悖,佛教刚传入时士大夫将其视为神仙术,影响不大。[②] 东汉解体后,社会动荡不已,生命易逝,生活中没有安全感,印度大乘佛教为在苦难中挣扎的芸芸众生提供了心灵慰藉和一整套修身方法,开始快速传播。

东汉晚期,第一部中文大乘般若经典《道行般若经》由通中文的西域僧人支娄迦谶(约二世纪)译出。经文使用“无”“本无”“自然”等道玄术语,去格义佛学的“空”“真如”“性空”等概念。三国时吴国大月氏后裔支谦法师(约三世纪)又重译般若经《大明度无极经》,用“大明”译“般若”智慧,用“无极”译“彼岸”,“度无极”是讲解脱之道。这两部大乘般若经的中译本,出现在正始玄风兴起之前。正始玄风兴起时,在洛阳聚集着很多玄学名士和译经传教的西域、印度僧人,般若学与玄风互相激荡,深得君王、名士之心,大乘佛学迅速传播。

早期般若经的中译,常用道家和魏晋玄学的“无”和“自然”这两个核心观念去格义佛教般若学,很容易为士人接受,但是也会造成对佛学的极大误解。表面上看,“无”和“空”有点近似,实则两者有根本差异。道家和玄学的“无”,是与“有”相对的、客观的“无”,用这种意义上的“无”去格义佛学的“空”,会造成对佛学“空”义的重大误解。第三讲曾介绍王弼对“无”的看法,他说,如果要理解万物万形如何产生,就必须归一,这个“一”就是“无”,宇宙万物始于无。他用“无”来定义“道”,从而把“无”提升到超越具体的有和无

---

① 例如,《四十二章经》用“善”来讲解脱之道:“沙门问佛:何者为善?何者最大?佛言:行道守真者善,志与道合者大”;又用“无我”来讲“空”:“佛言:当念身中四大,各有自名,都无我者。我既都无,其如幻耳!”见明古吴藕益释智旭:《佛说四十二章经解》,收入《新纂续藏经》,东京国书刊行会1975~1989年出版,第37册,第670~671页。

② 释大睿:《中国佛教早期忏罪思想之形成与发展》,载《中华佛学研究》第2期(1998年3月),第314页。

的存有论高度。① 但是,佛学的“空”根本不是指万物的生成或存有,即不是客观的“有”或“无”的问题,而是讲万物及自我皆无自性,它们统统是由十二因缘建构出来的虚幻假象,缘起而生、缘散而灭,离开主体的建构就什么都没有。早期般若学中译使用的“本无”一词,与王弼玄学中的“本无”,即万物“以无为本”并非一回事。佛学中的“本无”是用于指称那个超越个别主体、真实的永恒不变的普遍主体,即是绝对的“真”,也即“真如”。②

早在玄学兴起前,东汉支娄迦谶等僧人已开始使用道家“自然”一词来翻译般若经典的“自性”“空”等观念。③ 玄学兴起后,“自然”一词之义更庞杂,用在格义佛学的意思也更为宽泛。曾有学者把西晋竺法护(约三四世纪间)中译的《正法华经》里作为名词使用的“自然”与梵文对照后发现,“自然”一词居然对应着佛学里

---

① 王弼认为“寂然至无”才是万物的本原和创生之母,故他在《周易·复卦》注说:“天地虽大,富有万物,雷动风行,运化万变,寂然至无是其本矣。”(《王弼集校释·释周易注·复卦》,第 337 页)又于《老子道德经注》中说:“凡有皆始于无,故未形无名之时,则为万物之始。”(《王弼集校释·老子道德经注·一章》,第 1 页)由此可见王弼与先秦老庄讲“道”是不可言说、没有具体内容的形而上存在状态不同,王弼赋予了“道”以明确的内涵,这就是“无”,正如《论语释疑》中提到:“道者,无之称也,无不通也,无不由也。况之曰道。”(《王弼集校释·论语释疑·述而》,第 624 页)

② 据蔡振丰研究,“本无”一词翻译自“tathatā”(“如”、“真如”),“本无”的译名来源可能与《道行般若经·本无品》有关,“本无”是指“其本为无所来、无所去、无住、无异、无所挂碍、无有作者、无所得”。参见蔡振丰:“魏晋玄学中的‘自然’义”,载《成大中文学报》,第 1 ~ 34 页。

③ 支娄迦谶译《佛说伅真陀罗所问如来三昧经·卷下》中有:“诸法本净,若空自然无有,自然故无垢”;《佛说阿阇世王经·卷下》中有:“诸法一切无有垢无有净,诸法自然本无,本无自然故曰诸法。”以上参见后汉月氏三藏支娄迦谶译:《佛说伅真陀罗所问如来三昧经》,下卷,收于《大正新修大藏经》,第 15 册,第 362 页;后汉月氏三藏支娄迦谶译:《佛说阿阇世王经》,下卷,收于《大正新修大藏经》,第 15 册,第 401 页。

至少五种不同的重要概念,如“自性”“本性”和“涅槃”等。① 佛学本意是阐释解脱之道,否定万物的实有和自性,追求与普遍主体合一的涅槃境界。在玄学发展的不同阶段,“自然”一词的意义不同。因此,格义佛学经典中的“自然”一词意义,不同时期不同的人有不同说法或侧重,也就更加难以把握了。第三讲指出,郭象哲学使用的“自然”,是形而上的“玄冥之境”和现象界的“物各自造”这两方面的统一根据。他也曾用“自然”来解庄子的“真宰”和“性”,说明形而上的无和性都是出于自然,②不必再去深究其意。但是郭象讲的“任真而直往”,体现在此世的儒家六经上,③而佛家追求的“真”是出世的、彼岸的普遍主体。

总之,用玄学的“无”和“自然”去格义般若空宗的中心思想,如“空”或“性”“法”“真如”,必然会带来巨大的意义混淆,引起激烈争论。使用道家或玄学观念去格义印度大乘般若学,由于强调的重点各有不同,因而形成了中国大乘般若学的六家七宗不同流派。④ 你们看,在中国文化吸收大乘般若学的第一阶段,有多热闹啊。

---

① 黄国清研究西晋竺法护的中译本《正法华经》中,“自然”共使用了75次,最重要的是作为名词使用的“自然”,共9次,对照梵文,其所指涉的梵文词语有“svabhava”(自性)、“prakrti”(本性)、“nirvana”(涅槃)、“svalaksana”(自相)、“asambhuta”(无生)等,竺法护都译为“自然”,产生解读上的难题。参见黄国清:“竺法护译《正法华经》‘自然’译词析论”,载《中华佛学研究》2001年第5期,第105~122页。

② 郭象注《齐物论》“若有真宰,而特不得其朕”一句为:“起索真宰之朕迹,而亦终不得,则明物皆自然,无使物然者也。”(《庄子集释·齐物论第二》,卷1下,第56页);注《山木》“人之不能有天,性也”一句为:“自然耳,故曰性。”(《庄子集释·山木第二十》,卷7上,第694页)。

③ 郭象《庄子·天运注》:“所以迹者,真性也。夫任物之真性者,其迹则六经也。”见《庄子集释·天运第十四》,卷5下,第532页。

④ 据汤用彤先生考证,六家七宗的代表人物为:“本无”的道安,“即色”的支道林,“识含”的于法开,“幻化”的释道壹,“心无”的支敏度、竺法温等,“缘会”的于道邃,“本无异”的竺法深。见汤用彤:《汉魏两晋南北朝佛教史》(增订本),第九章“释道安时代之般若学”,第132页。也有人认为,六家七宗还包括了小乘佛学,此种说法参见杨维中:“‘六家七宗’新论”,载《陕西师范大学学报》(哲学社会科学版)2002年第1期,第24~29页。

学习阶段:佛经大翻译运动

正当南方东晋的六家七宗为般若学的义理争论得互不服气、互不相让时,北方的后秦迎来精通般若学的大师鸠摩罗什法师(334~413)入住长安,开启了长达三百余年的佛经大翻译运动,推动中国文化进入学习印度解脱文化的新阶段。中国文化用道家或玄学观念去格义佛经,只是亲和接受佛教必经的第一步,佛学的下一步发展是对格义佛学产生的各种歧见和流派来个大清理。只有经过第二阶段的正本清源,士人向善的意志才由道德心渐渐演变为对佛性的理解,才会放到佛学的普遍主体上来。

在中国佛教传播史上,鸠摩罗什太重要了。南怀瑾先生(1918~2012)讲过许多鸠摩罗什的故事,他说当时为了请鸠摩罗什,君王及强人竟不惜发动战争灭掉几个小国。[①] 鸠摩罗什在当时就是这么重要。鸠摩罗什深知东汉末以来中译般若经已带来极大误解,于是他带领八百弟子,历时十二年,重译三十五部、二百九十四卷佛教经典。他在重译《摩诃般若波罗蜜经》时加了六十多万字,重新解释和命名佛教的关键词。例如,他把支娄迦谶、支谦译的般若经"本无品"改为"真如品",把旧译中的"自然"改为"真性"。[②] 此后,经过鸠摩罗什重译的重要佛经和佛学术语,流传至今。

僧肇(384~414)是鸠摩罗什的最有名门生,也是中国佛教史上标志性的重要人物。僧肇自幼受玄风浸润,"志好玄微,每以《庄》《老》为心要",又通儒家。他出家师从鸠摩罗什之后,曾讲习鸠摩罗什所译三论(中论、百论、十二门论),对中观空论有很深的

---

① 南怀瑾:《金刚经说什么》(第2版),复旦大学出版社2002年版,第13页。

② "真如"一词定名,如任继愈先生指出:"'佛'代表最高真理、最高精神实体,这个精神实体又叫'真如'。"参见任继愈:《泛神论在宇宙观方面对宗教的破坏作用》,载《天人之际》,上海文艺出版社1998年版,第153~154页;而"自然"变为"真性"的说法可参见蔡振丰:"魏晋玄学中的'自然'义",载《成大中文学报》,第1~34页。

理解,被鸠摩罗什叹为奇才,称他为中土“解空第一”。《肇论》是僧肇的中观论文集,[①]是中国佛学由格义阶段向学习阶段转化的代表作。

这里,简单介绍一下《肇论》中的两篇代表作。《般若无知论》一文专讲什么是般若的超越智慧。从篇名看有点奇怪,般若怎么会与“无知”相关呢?僧肇是从“圣心”与“凡心”的区别来说明什么是般若。他说,“凡心”的有知,只是对现象的具体知识,这种知识再多,也不显智慧。“圣心无知”则是一种精神上的绝对无差别境界,这种“无分别智”的超越智慧,可称为“不知之知”,故“无所不知”。这很像老庄和玄学说法,是把佛看做圣人。与道家和玄学不同的是,般若智能的目标不在人间世俗社会,而是要开启凡夫俗子的觉悟,去体悟追求与彼岸的无相真理合一的解脱之道。

六家七宗中有三个重要流派,分别从“本无”“心无”和“即色”来解般若学的“空”。僧肇针对这三家写了《不真空论》,批判它们都背离了般若学。[②] “不真空”是什么意思啊?即世间万象是不真(“不真”意为不根本,即指无自性)的,这就是“空”之大义。他在这篇文章中说:“待缘而后有者,故知有非真有”[③],其意思是,现象界的万有万事及其变化,统统是缘起缘灭的条件性、由意向性偶然建构出来的假象,其本性是空,因此是假有,假有即不真,即空。僧

① 关于僧肇事迹,可参见梁会稽嘉祥寺沙门释慧皎撰:《高僧传·释僧肇十三》,卷6,收于《大正新修大藏经》,第50册,第365~366页;《肇论》收有《宗本义》《物不迁论》《不真空论》《般若无知论》《涅槃无名论》。

② 杨维中在《论佛教心性论所受道玄思想的影响》一文中指出,“本无”“心无”和“即色”三家分别受到玄学的贵无、崇有和独化三种论说的影响,以玄释佛理。载佛教在线,http://news.fjnet.com/fjlw/200908/t20090814_131608.htm,访问时间:2014年4月29日;关于《肇论》对三家的批判讨论,可参见黄敬家:“僧肇‘不真空’义及其对三家般若学的评破——以《肇论》注疏的诠释为讨论范围”,载《师大学报》(人文与社会类)第53卷第2期(2008年7月),第27~42页。

③ 后秦长安释僧肇:《肇论·不真空论第二》,收于《大正新修大藏经》,第45册,第152页。

肇除了讲万物是“有者非真有”的空之外,还讲了存在一个真实的绝对主体,它超越有无,“虽无而非无,无者不绝虚”,“有无称异,其致一也”;这个真实的普遍主体可以“触事而真”。[①] 这就是后来中国佛学讲的“真空妙有”。[②]

“妙有”概念出自王弼。如前所说,王弼在解释生成万物的“一”即“无”时,使用了“妙有”的概念。[③] 虽然道家和玄学中的“无”并不是佛学中的“真”,但僧肇的“触事而真”与王弼“妙有”在思路和用语上却有相通之处。另外,僧肇讲“圣心无知”,也继承了王弼的“圣人有情”及“老不及圣”的淑世关怀,[④]他本人很注重发挥大乘普度众生、慈悲救世的入世品格。因此,僧肇既是般若中观

---

① 如僧肇《不真空论》指出:“万物果有其所以不有,有其所以不无。有其所以不有,故虽有而非有,有其所以不无,故虽无而非无。虽无而非无,无者不绝虚;虽有而非有,有者非真有。若有不即真,无不夷迹,然则有无称异,其致一也。”;又“然则道远乎哉?触事而真;圣远乎哉?体之即神”。见后秦长安释僧肇:《肇论》,收于《大正新修大藏经》,第 45 册,第 152 ~ 153 页。

② 如《荷泽大师显宗纪》中指出:“湛然常寂,应用无方,用而常空,空而常用。用而不有,即是真空;空而不无,便成妙有。”而《佛学大辞典》中则解“真空妙有”一词为:“非空之空而非如小乘偏执之但空,谓之真空。非有之有,而非如凡夫妄计之实有,谓之妙有。”以上参见道原:《景德传灯录》,第 30 卷,收于《大正新修大藏经》,第 51 册,第 459 页;丁福保:《佛学大辞典》,上海书店 1991 年版,下册,第 1756 页。

③ 《昭明文选》中孙绰《游天台山赋》有句话“太虚辽廓而无阂,运自然之妙有”,李善注疏这句话时引“王弼曰:‘一数之始,而物之极也。谓之为妙有者,欲言有,不见其形,则非有,故谓之妙;欲言其物由之以生,则非无,故谓之有也。斯乃无中之有,谓之妙有也。’”见孙兴公:《孙兴公游天台山赋》,收入(梁)萧统编,(唐)李善注:《文选》,上海古籍出版社 1986 年版,第 2 册,第 11 卷,第 494 ~ 495 页。

④ 关于王弼“圣人有情”说,即相对于汉魏流行之圣人无情说而生,王弼认为圣人有情而不累于情,则有情圣人境界更胜于无情圣人,王弼以此判别老子不及孔子。关于“圣人有情”说讨论,可参见汤用彤:《王弼圣人有情义释》,收于氏著:《魏晋玄学论稿》,第 59 ~ 68 页;吴冠宏:“王弼思想之历程性的探寻:从圣人无情到圣人有情之转变的考察”,载《台湾东亚文明研究学刊》第 5 卷第 1 期(2008 年 6 月),第 145 ~ 174 页。

学的重镇,受到佛门激赏,同时他又被儒门中人赞为“佛之正说”。[①]可惜的是,僧肇这位佛学中国化的关键人物也和王弼一样早殇。

中国的佛经大翻译运动是由鸠摩罗什及其弟子开始的,主要是翻译般若中观学的经论。此后,佛经的大翻译又转向大乘佛教的唯识论,其中最著名的译经家就是《西游记》中的那个唐僧,即玄奘。在玄奘之前,还有南朝梁武帝(萧衍,464～549)礼请来华的另一个梵僧真谛(499～569),他的名声虽不及鸠摩罗什和玄奘,但也名列佛教四大翻译家之一。真谛和玄奘翻译的基本是唯识论。我问一个问题,佛经大翻译运动搞了两三百年,经典成堆了,中国式佛教也在兴起,为什么玄奘还要花毕生精力到印度去取经呢?这是因为玄奘觉得当时流行的大量中译本佛经多有舛误,因此他要去印度求真经,弄清楚佛陀到底是怎么讲的,把纯正的唯识论带回中国。[②]

玄奘千辛万苦跑到印度去取经,游学十七年,行程五万里,学问精湛,口才了得,到各地论辩佛理,打败很多印度和尚,名震五竺。有一次,两个小国因为争相邀请玄奘到本国讲演,几乎要动刀兵打起仗来。他在印度时还用梵文写了三部论著,成为中国佛教界唯一对印度佛学发生影响的人物。[③] 玄奘把大乘佛教唯识宗创始人世亲写的《唯识三十颂》及另外印度十大论师对该论的诠释,

---

① 参见王仲尧:《易学与佛教》,中国书店2001年版,第二章“僧肇般若学与王弼易学”,第82页。

② 梁启超指出:“奘师西游动机,原因对于本国摄论宗诸师所谈法相有所不慊,乃欲深探其本。换言之,即对于无著世亲一派之大乘学欲为彻底的研究。”见梁启超:《附录三　支那内学院精校本〈玄奘传〉书后》,收于氏著:《佛学研究十八篇》,江苏文艺出版社2008年版,第375页。

③ 玄奘用梵文写的论著是《会宗论》《制恶见论》《三身论》,见吕澂:《玄奘与印度佛学——从玄奘在印所著的三论说起》,收于氏著:《吕澂集》,中国社会科学出版社1995年版,第285页。

编译为《成唯识论》，开创了中国佛教的法相唯识宗。①

我们可把玄奘取经看做是试图扭转中国式佛教、重返印度佛教运动的代表。虽然，他澄清了中国式佛教对唯识论的误解，他倡导的唯识论在当时影响也很大，但长远看并不成功。玄奘的翻译忠于原典，但过于深奥，后来流传下来的大多仍是鸠摩罗什的译经，而玄奘创立的法相宗仅传四代而绝。从中国佛教宗派对社会的影响力来看，唯识论没有般若和禅宗大。为什么中国人对唯识论兴趣不大？这个问题非常有意思。我认为，一方面是因为唯识论的义理太复杂，更为关键的是，中国人一旦真正理解了般若学，关注焦点就改变了，对佛学的兴趣转移到用自己熟悉的思维模式重建中国式佛教上去了。

佛教大翻译运动的命运说明，中国人关注佛教的重点和印度不同。忠于原典的学习没有持续下去。士人最关注的焦点是用中国文化重构佛教。那么，中国佛教理论的焦点是什么呢？印度佛学家不太关心是否人人都能成佛的问题，玄奘的《成唯识论》是相当印度式的，也不主张人人都可以成佛。但中国人总是从道德哲学上理解宗教，向善是人人可欲的，只要遵守佛教戒律、严格修炼，把向善的道德意志指向解脱，人人皆可成佛就是顺理成章的事。佛教要在中国广泛传播，首先就要承认人人都有如儒家所说的道德心那样的佛性，主张人人皆可成佛。

孟子最早提出每个人凭自己的内心就能判别何为道德，人人都可以修炼成君子儒，后来因汉代天人相应的宇宙论儒学盛行四百年而沉寂，道家和玄学在融合印度文化中的重要性在于，通过把向善的道德意志指向“无”，并开拓出一个形而上的妙有玄冥境界，既可以接引般若学的“空”，又可以沿用佛教的一整套修炼方法，去

① 中国人所撰写的《唯识论》，只有二十世纪由熊十力所著之《新唯识论》，其目的是用唯识论去破除新文化运动后知识分子对科学之执着，结果开启了新儒家。《新唯识论》讲的是新儒家而不是唯识论。这是后话。

观想佛学玄妙的超越世俗之真谛。中国式佛教的大传播,使儒生看到普世的道德心与人人都有佛性可以相通,于是重新重视孟子心性论的儒学传统。因此,我觉得劳思光先生把中国式佛学称为心性论佛教,“心性论”这个词用得很好,抓住了中国佛教的基本精神。当这个基本精神突显出来,必然会触及是不是人人都能成佛的问题,佛教在中国就开始了第三阶段,即用中国文化重构佛学。因此,佛教在中国的传播,心性论佛教一定会凸显出来并在最后压倒印度佛学。

重构阶段:中国心性论佛教

鸠摩罗什的另一个学生竺道生(355～434),是最早宣讲人人可以成佛的中国和尚。我讲一个“生公说法,顽石点头”的故事。竺道生坚信人人心中都有一个真常之我,宣讲人人只要穷理尽性都可以成佛的观点。但当时没有人信他的观点,胡说八道嘛,邪说惑众,把他逐出僧团。因为根据当时流行的由法显(约 337～422)译出的六卷《涅槃经》,虽然讲了一切众生都有佛性,但同时强调“一阐提”不能成佛。竺道生的讲法是离经逆道啊。据传,竺道生被赶出南京流落到苏州虎丘,对着周围的石头讲经。他问石头:我说人人皆可成佛符合佛陀原意吗?众石点头说,对啊,对啊。后来,竺道生到庐山讲佛学时,北凉译经师昙无谶(385～433)译出大本《大般涅槃经》四十卷流传到南方,其中记录了佛陀曾讲过“一阐提悉有佛性”,可以成佛,[①]证实了竺道生是对的,赢得广大信众的佩服。竺道生除了宣讲众生都可以成佛之外,还注重顿悟对修炼的重要性,这两个要点都是根植于中国思维模式,逐渐大行其道,他在佛教的地位也日益崇高。

---

① 参见北凉天竺三藏昙无谶译:《大般涅槃经·光明遍照高贵德王菩萨品第十之二》,第 22 卷,收于《大正新修大藏经》,第 12 册,第 493 页。

必须注意，中国式佛教与印度佛教的教义差别很大。有什么不一样呢？印度佛学中有两个主体，一个是由因缘建构出来的虚假个别自我，另一个是超越现象界的真实的普遍主体，两者不能混同。但在中国式佛学里，就向善的意志而言，个别自我和普遍主体是一回事啊。因人人皆有向善意志，所以中国式佛学认为人人有佛性，印度佛学并非如此。因此，在中国文化融合印度佛教的第三阶段，是用心性论重构印度佛教。其突出的表现是，中国僧人在阐释印度佛学的经论时，特别强调"一心"。发挥中国式心性论佛教"一心"观念最有代表性、影响最大的是《大乘起信论》。

《大乘起信论》是中国式佛学的重要经典，也是一本奇书，其中译本出现在南朝后期，相传是古印度马鸣菩萨著，由真谛和尚译成中文，佛学界至今仍在争论这本书的真伪问题。[①] 最有意思的是，《大乘起信论》在中国影响极为深远，而在印度本土则早已失传，现在流传下来的梵文版《大乘起信论》和老子《道德经》，还是唐玄奘由中文翻译过去的。《大乘起信论》只有一万一千字左右，高度浓缩大乘佛学唯识论，将"一心"说成是真如，[②]提出了一个非常中国式的重要观点，这就是"一心开二门"。

什么叫一心开二门呢？一心是指每个人都有"真如心"，即如来藏心，万法源于此，它包摄一切世间法和出世间法。二门是说每个人的一心都有两个门，一个是真如之门，一个是生灭之门。如果门开错了，进入生灭之门，就会堕入滚滚红尘的六道轮回，不能返回。还有一个真如之门，只要开启这扇门，就可以进入解脱之门、修成正果。你们看，一心开二门的结构不是跟道德的结构是一模

---

① 吕澂先生认为在历史上，《大乘起信论》已"证其与马鸣、真谛无涉"，而"是依据魏译《楞伽》而写作"的。以上主张分见吕澂：《〈起信〉与禅》《〈起信〉与〈楞伽〉》，收于氏著：《吕澂集》，第 181 ~ 183、194 页。

② 《大乘起信论》中指出："一切法从本已来，离言说相、离名字相、离心缘相，毕竟平等、无有变异、不可破坏，唯是一心故名真如。"见马鸣菩萨造，梁西印度三藏法师真谛译：《大乘起信论》，收于《大正新修大藏经》，第 32 册，第 576 页。

一样吗?什么是道德?是向善的意志指向善,每个人心中也有两个门,一个门是善,一个门是恶,为善行恶全在一念之间。一心开二门中,这两个门改了名字,善对应解脱之门,恶对应迷失之门。中国式佛学被赋予了道德结构。

学术界对《大乘起信论》的定位是:它是开创中国式心性论佛学的标志。因为它最易于被以道德为终极关怀的中国文化理解和接受。所以《大乘起信论》成为中国式佛学的重要经典,对整个东亚的影响也很巨大。正如我们的老朋友傅伟勋(1933 ~ 1996)先生所说:"说《起信论》是东亚(中、韩、日三国)大乘佛教思想史上最具影响力、最被看重的金鼎之作,也不算是夸张之词。"①顺便讲一个故事。毛泽东思想成熟后,提出了改造中国社会的新民主主义。你们知不知道,二十世纪四十年代毛泽东《新民主主义论》为了在白区流行,小册子的封皮伪装书名是什么吗?正是《大乘起信论》啊。这绝不仅仅是巧合。《大乘起信论》是中国式佛学,《新民主主义论》是中国式马列主义。

《大乘起信论》的出现,是中国式佛教形成的标志,影响深远而巨大。隋唐时期佛教大盛,形成了中国大乘佛教的八大宗派:三论宗(也称法性宗)、天台宗、华严宗(也称贤首宗)、瑜伽宗(也称法相宗、唯识宗)、律宗、禅宗、净土宗、密宗。其中最具中国本土特色的是天台、华严、净土、禅宗四大宗派。

天台宗、华严宗、净土宗

天台宗、华严宗、净土宗和禅宗都是中国独创的佛教。天台和华严分别继承并改造了印度大乘佛学的般若学和唯识论两大派,净土宗则独尊念佛,求往西天净土,简单易行。禅宗是心性论佛学

---

① 傅伟勋:"《大乘起信论》义理新探",载《中华佛学学报》第 3 期(1990 年 4 月),第 118 页。

的最完善形态。我先讲前面的三宗,谈它们各自从佛学中找到什么样的理据和说法,并发展为中国式心性论佛教。

先谈天台宗。天台宗的修行强调定慧双修的止观,义理以龙树的中观为本原,依据鸠摩罗什译的《法华经》《大智度论》《中论》,提出"一心三观"和"一念三千"两个要点。什么叫一心三观?南北朝后期的慧文法师(515～577),研读龙树的《大智度论》和《中论》,体认到般若智慧的空、假、中,"三智实在一心中得",由此提出天台宗一心三观的基本理念。三观是指对世界的看法有空、假、中这三个角度。空就是万物的实相都是空的,万物得以成立的条件是缘起;假也是说万物都是假的,离不开主体的建构;中是离开事物的两个极端,持超脱的中道。一心贯通圆融着空、假、中三观,所以叫一心三观。这是天台宗的基本教义。

天台宗讲的"一念三千"又是什么意思呢?佛学称现象世界为法界,它可以分成一百个界,其中每一个界又可以分成十个状态,所以有"百界千如"。佛学还讲三世间,众生世间、国土世间、五阴世间,与百界千如相配一共就有三千个。一念三千的"念"是指一个心念起动的刹那间,一念之动对应着三千种性相,起一念必落一界。强调修行者的一心之动念,对应着三千个法界,从天堂开始到地狱,从过去到未来,你是选解脱、还是迷失或堕落?完全取决于你一心的一念之间。一念可以使你迷失,也可以解脱;一念可以使你成佛,也可以堕落地狱。这就叫一念三千。这个很厉害啊。

印度佛学讲成佛的时候,认为解脱修行到一定程度以后是不会逆转的。但与此有差别,天台宗的一念三千讲修行者的主体有选择的自由。中国人是从道德模式来看修炼过程的,道德是向善的意志,一心可以向善,也可以向恶,任何时候一心之念都可能发生向善或向恶的逆转。因此,中国心性论佛教把道德主体的可善可恶投射到成佛的修炼上,就是说你别指望修炼到一定程度后就不会退回去,没这回事!《西游记》说唐僧和尚的前身是金蝉子,金蝉子就是因为修行的时候稍微不太注意就被打下来要重新修一遍嘛。这完全是中国心性论佛教啊。由此可见,天台宗与印度佛教不同,是建立在把"心"视为普遍道德主体的中国化佛教。这一点很重要。

不同于天台宗以般若空论为主要教义,华严宗是以大乘唯识论经典《华严经》所开出的中国式佛教,在唐朝武则天(武曌,624~705)当朝时非常有影响力。华严宗的三祖法藏大师(643~712)被武则天赐为"贤首",捧为国师,所以这一派又称为贤首宗。华严宗作为中国式心性论佛教,其基本教义是由二祖智俨(602~668)在二十七岁所著的《华严经搜玄记》奠定,①是用"一心"来讲"总该万有""无尽缘起"的真法界,强调"一心"是真如佛性,即普遍主体;所以,真法界也可称为"一心法界"。华严宗的特点是在讲缘起时,强调互为缘起、重重无尽的无尽缘起;又强调"六相圆融"。有哪六相啊?六相分别是总相、别相,同相、异相,成相、坏相,一共六个,分成三对。六相圆融是指每一对互相依存,三对之间也互相依存,意思是,这六相既表现在一个事物中,也同时表现在一切事物中;六相同时具足相应,圆融无碍。

华严宗把佛学的"相"与儒、道、玄三家常用的体用观念相结合来讲"六相圆融"。所谓"相"就是普遍现象及成相的法则,把现象界法则投射到心性论中,就可以得到普遍法则的互相依存。你看世界的时候,没有个别哪来总体?个别和总体互相依存。你看事物,既可看到同的一面也可以看到异的一面,没有相同何来有异?你可以看到事物成立的一面即成相,也可以看它败坏的一面即坏相,成相跟坏相也是互相依赖的。在一个觉悟者看来,宇宙万物是统一的整体,所有的事物与事物之间都是圆融无碍的。所以,华严宗是从唯识论衍生出来的中国式心性论佛教流派。其论述的虽然

① 智俨的《华严经搜玄记》,是依东晋佛驮跋陀罗所译的六十卷《大方广佛华严经》所作;提出华严宗的"六相"、"十玄"和"五教"等基本教义。

是“相”，但本质和天台宗一样，仍是普遍的主体。

净土宗的理念是会通《华严》奥藏，《法华》秘髓，主张教、禅、律、净诸宗的融合兼修。这一派的修身法门由北魏昙鸾法师(476～542)奠定。据说昙鸾为了求长生，曾请教在中土的北印度高僧大翻译家菩提留支(Bodhiruci，约五至六世纪间)，获《观无量寿经》。他钻研后认为，这部经讲的十六观想太复杂，于是他提出只要独尊念佛，日夜口诵阿弥陀佛名号，即可共往西方净土的修行法门。因其简单易行，净土法门深受百姓欢迎。净土宗的流行，亦是普遍主体的道德化和社会化的过程。我幼年时曾随父母住在钱塘江六和塔不远之处，度过了我的童年时代。2006年我与青峰重访故居，景色依旧，房子已久无人居住，感慨颇多。六和塔是五代末净土宗的永明延寿大师(904～975)奉诏所建的镇潮之塔。

讲中国化佛教的天台、华严、净土三派时，我要强调虽然三派所奉行的佛教经典和修行方法有所不同，但这三派都强化了从普遍主体来讲人人皆有佛性，个人的修行要和普遍主体合一；三派都用一心来讲佛性，使佛教的普遍主体越来越接近儒学的道德主体。因道德的可欲性，修行也越来越注重个体的意志是去恶向善，修行亦日趋简化，且不拘一格，其成熟状态即是禅宗。

4.4　中国式佛教与社会的互动

禅宗：心性论佛学的最终形态

“禅”是印度文“禅那”(巴利语：Bhavana，梵语：Dhyāna)的简称，汉译“静虑”，是印度古代各种教派奉行的静坐敛心、正思审虑之修行方法。而佛陀强调的禅观是以追求涅槃为目的，禅定是修行者要依禅学方法去修定的功夫，但没有发展出对应的佛教流派。达摩祖师(？～536)在中土创立的汉传禅宗与印度禅学并不是一回事。禅宗不特别重视其教义的系统性,其教义杂含佛教大乘的般若中观和重视本性清净的如来藏两个学派,同时又深受中国文化影响。禅宗的修行方法强调个人的修为以及神秘经验,以开悟见性,即证悟到自性清净心为修行重点。

从开始弘扬达摩学说的二祖慧可(487~593)到五祖弘忍(601~675),都是以《楞伽经》来做实践的印证,直到唐朝第六代祖师慧能(638~713)改以《金刚般若经》为正宗,禅宗发生了革命性变化,叫六祖革命。[①] 自慧能开始,禅法以定慧为本,禅定和顿悟合一。他讲顿悟,就是要不立文字,直指人心,见性成佛。这是对印度佛教的真正革命。中国式佛教的天台和华严两宗都还没有真正成熟,到禅宗才真正成熟。禅宗使心性论佛学纯粹化了,并与印度佛学区别开来。从此,禅宗在中国佛教各流派中突现出来,成为心性论佛学的代名词。

慧能出家的故事,可以反映出禅宗的精神。慧能出生在新州,就是今天的广东新兴县,三岁就没了父亲,母子俩后来到了广州,相依为命,艰难度日。慧能一个大字不识,长大了靠卖柴维持生活。某日,他挑担卖柴时听到有人念金刚经,突然有所感悟,决定出家,便去投奔禅宗第五代祖师弘忍。慧能出家后是个打杂工,可能连正式和尚都不算,半年后当他再次听到弘忍讲《金刚经》类似句子时就豁然大悟了。[②] 经过考虑,弘忍没把禅宗衣钵传给神秀(606~706),而传给慧能。这个故事人人皆知。

你们知道他两次听到的是《金刚经》中的哪些句子吗?第一次听到的经文是讲当释迦牟尼还是善慧童子时曾从燃灯佛修行,有个提问是:释迦牟尼在那里修行有收获吗?慧能听到的回答是这

---

① 参见吕澂:《中国佛学源流略讲》,中华书局1983年版,第211页。另有学者从不同面相来谈“六祖革命”,可参见赖永海:《论六祖革命》,载赖永海主编:《禅学研究》(第五辑),江苏古籍出版社2002年版,第1~5页。

② 释印顺:《中国禅宗史》,团结出版社2009年版,第135~138页。

样:“如来在燃灯佛所,于法实无所得。”[①]这话是什么意思?不好懂啊。但慧能马上听明白了,就是说如来在哪里悟道并不要紧,即使是在燃灯佛悟道之处修行,于法也没有帮助,悟道的关键在于心。他第二次听到的是“应无所住而生其心”,这句话又是什么意思?一个人“有所住”,即执着于现象世界,就会生出杂念的烦恼心;慧能悟到了“无所住”就是既不执着于外境又不执着于心念,一无所执,生出个清静解脱之心。

这些话代表了禅宗的全部精神:悟道在于你的心,心静与不静,对佛法的体悟跟你出不出家、看不看经典并没有关系。这就是慧能见性成佛的出发点。从慧能开始,禅宗大传播。唐后期发生会昌灭佛,佛经大量流失,不依经论的禅宗反而能迅速成为中国佛学的主流。从《大乘起信论》的一心开二门到慧能的顿悟,中国式佛学成熟了。劳思光先生把禅宗基本教义归为四点:“不依经论”“定慧不二”“见性成佛”“无念、无相、无住”,[②]我认为最重要的是前三点。

第一个是叫“不依经论”,就是书本压根儿不重要,我心领悟就行了,这就是“心迷《法华》转,心悟转《法华》”,“若自悟者,不假外求”。[③] 第二个是叫“定慧不二”。佛教修行除了戒,还有定和慧,二者并不等同。慧是指理解,要悟;定就是禅定。而禅宗认为真正的定就是慧,真正的慧也即定。别看我今天在这里讲佛学,但我从来没有修炼过,在我看来定和慧是两个东西,慧还可以,定就很难啊。在禅宗看来,定慧是一个东西,不能定即不能慧,不能慧也就不能定,所以叫定慧不二。第三个就是“见性成佛”、顿悟。禅宗认为,悟是突变,一下子发生的,不需要慢慢积累。除了顿悟,佛和众

---

① 元魏天竺三藏菩提流支译:《金刚般若波罗蜜经》,收于《大正新修大藏经》,第8册,第753页。

② 劳思光:《新编中国哲学史》,第2卷,第269~274页。

③ 古筠比丘德异撰:《六祖大师法宝坛经》,收于《大正新修大藏经》,第48册,第1卷,机缘第七,第355页;般若第二,第351页。

生就没有差别,这就是“不悟即佛是众生,一念悟时众生是佛”。①

这三点概括得极好,为什么中国式佛学本质可以归为这三点呢?我认为这正是把向善的意志定义为心,再将心指向解脱的纯粹表达啊!难道需要看书才能做到心向善吗?不需要。意志指向善既是对道德的理解,也是道德在内心的持守及达成,这不就是定慧不二的结构吗?难道向善需要积累吗?也不要。只要把道德追求的善换成解脱,就是禅宗。可以说心性论佛学就是向善的意志指向解脱,这是中国式佛教结构纯粹的表达。正因如此,到唐代的中后期,天台宗、华严宗都被禅宗压倒了,其他宗派更加式微。

“一心”的呈现:心性论佛学的结构及其对儒学的冲击

中国式佛学看起来非常复杂,实际上相当简单,一句话就可以说清楚。从中国文化是以道德为终极关怀的文明类型来看,这就是向善意志(即心)对佛学的消化。这一过程可以简单概括为图4－2的三个框图:

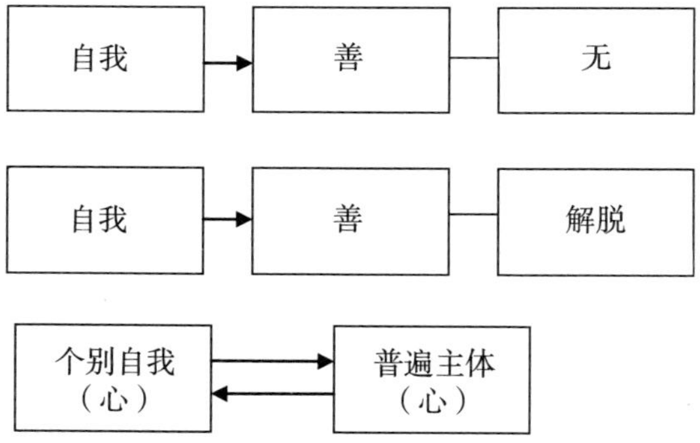

图4－2　中国式佛学和心性论的成熟

① 古筠比丘德异撰:《六祖大师法宝坛经》,收于《大正新修大藏经》,第48册,第1卷,般若第二,第351页。

图 4－2 中，上图是魏晋玄学结构，向善的意志指向无，发生了对佛教的亲和；中图表示向善的意志由无指向解脱，影响到中国式心性论佛学的产生，这两点我已讲完。现在要讲讲第三个框图。中国式心性论佛学以“一心”来表述的普遍主体与个别主体及二者间的关系，这是中国文化中全新的要素。从先秦到汉代，心性论都是孟子讲的个别道德主体的伦理道德，很难理解作为普遍主体的“一心”。只有经过玄、道、佛的提升，有了超越的形而上层面，儒学消化了佛学，儒学心性论的个别主体才可以转变为对其与普遍主体关系的理解。这就大大强化了中国道德哲学的主体性。

必须强调中国式佛学跟印度佛学的基本结构有以下三大差别。第一，印度佛教以解脱为最高目标，中国心性论佛学追求的解脱更具有道德性，从道德具有可欲性来理解人人成佛的可能性，这正是禅宗的不依经论、定慧不二和顿悟的深层结构。第二，印度佛教中的个别自我和普遍主体之间分得很清楚，二者的关系和差别产生了佛学的各种理论和难点；而中国式佛教如图 4－2 所示，个别主体跟普遍主体的分界不是很清楚，强调圆融备具。第三，印度佛学是阐扬追求舍离此世的解脱之道，而中国式佛学在常识理性支配下可以出现入世转向。这三个差别很重要。下一讲要讲宋明理学，这三个差别是理解宋明理学分系等疑难问题的钥匙。

从南北朝后期到隋唐，越来越多的儒生强烈意识到，只有恢复中断了近千年之久的孟子心性论，才能抗衡日益全面笼罩中国文化的佛教势力。韩愈（字退之，768～824）曾经很肯定地说：孟子死后，从秦汉到隋唐，儒家道统一直是中断的。① 今天，我们很难理解韩愈的话。汉代不是确立了儒学为官方意识形态、并没有中断吗？

---

① 韩愈《原道》指出：“周道衰，孔子没。火于秦，黄老于汉，佛于晋、魏、梁、隋之间”，“轲之死，不得其传焉”。参见（唐）韩愈撰，马其昶校注，马茂元整理：《韩昌黎文集校注》，上海古籍出版社 1986 年版，第 14、18 页。以下所引《韩昌黎文集校注》皆依此版本，只注书名、篇名与页码，其余不再注明。

确实,汉代独尊儒术,但汉代官方儒学不是韩愈讲的以孟子心性论为基石的道统,而是天人感应的宇宙论儒学,家国同构体中的道德规范来源于天。东汉灭亡后,大一统帝国分崩离析,玄学和佛道两教先后兴起,从理论和士子修身两方面质疑、挑战儒学。

一直到南北朝后期,随着常识理性和心性论佛学的成熟和大普及,中唐以韩愈、柳宗元(字子厚,773~819)和李翱(字习之,772~841)为代表,产生了复兴孟子心性论为儒家道统的意识大觉醒。到北宋张载(字子厚,人称横渠先生,1020~1077)提出"为天地立心",是何等的气魄啊。这在汉以前是没有的,魏晋时候也没有,到唐代以后就非常明显了。个别主体跟普遍主体打通,这是中国式佛学的基本结构。理学第三系有"天心"的说法,那是一个充满天地的普遍的道德意志,它来自心性论佛学的普遍主体,表面上与汉代宇宙论儒学类似,但又避免了天人感应的迷信。近代中国种种特有的文化现象,如革命乌托邦和烈士精神,其主体大多都是来自于心性论佛学的基本结构。

隋唐帝国兴起与秦汉的类似性

现在,可以回答在本讲导言中提出的问题了。在佛、道二教大盛的南北朝后期,为什么家国同构的大一统帝国——隋唐帝国可以兴起?为了说明这一重大历史现象,我们先比较一下秦汉帝国和隋唐帝国的类似性。中国历史上的王朝循环,最突出的现象莫过于秦汉跟隋唐之间的相似性。秦汉和隋唐之前都曾出现长达数百年的分裂,在秦和隋两个短命的大一统王朝之后,出现了汉和唐两个盛大王朝。这是偶然的吗?当然不是。

第二讲指出,先秦列国争霸数百年,秦国重用法家,有效地调动社会资源,极大地增强了政府汲取能力,使秦国具有统一中国的强大国力。但是,过度的社会动员也是秦王朝致命的原因,导致民不聊生,天怒人怨,陈胜与吴广揭竿而起,秦王朝二世而亡。取而代之的汉朝实行与民休息政策,重新寻找统治的正当性,结果找到了儒学。表面上看,这样的过程在隋、唐之间又再一次发生,但其背后的思想原因跟秦、汉并不完全一样。

不一样在哪儿呢?隋朝建立,靠的不是法家而是受到佛学影响的儒学。魏晋南北朝是世家、豪强、门阀的天下,儒学并没中断,其形态主要是家学。在南北朝后期,西魏宇文泰(507~556)执政时发布了由儒者苏绰(字令绰,498~546)撰写的《六条诏书》。如学者指出的那样,《六条诏书》是以儒学为立国根本,提出"以财聚人,以仁守位"[①]的王道仁政是政治统治的正当性根据,而王道仁政的基础则是人性论。[②]《六条诏书》提出治国方针是:"凡治民之体,先当治心",强调治心乃治国之本。诏书中说,治心的重要性在于"心者,一身之主,百行之本。心不清净,则思虑妄生",人人、特别是君王要由治心做起。为什么君王要行仁政呢?因为"天地之性,唯人为贵。明其有中和之心"。[③] 苏绰用了"心不清净,则思虑妄生"和"中和之心"(即普遍主体),来讲儒家王道仁政的人性论基础,很明显是受到了中国式心性论佛学影响。苏绰还有一点了不起之处,他能超越自己世族出身局限,批评凭门资、先世爵禄而任官的九品官人法,主张选拔官员应"擢贤良"。

《六条诏书》实为西魏北周的经国大法,也为隋唐帝国的建立奠定了基石。隋唐帝国统治者大都是出于西魏八柱国及其下十二

---

① (唐)令狐德棻等撰:《周书·列传第十五·苏绰》,中华书局1971年版,卷23,第390页。以下所引《周书》皆依此版本,只注书名、篇名、卷数与页码,其余不再注明。

② 李中华:"苏绰《六条诏书》的儒学思想评析——兼谈北朝儒学",收于国际儒学联合会编:《纪念孔子诞辰2555年会议论文集》(卷三),国际儒学联合会、中国孔子基金会2004年版,第1045~1055页。

③ 以上参见《周书·列传第十五·苏绰》,卷23,第382~383页。

将军组成的关陇集团。① 隋开国之帝杨坚(541～604)之父杨忠(507～568)是十二将军之一,因跟随宇文泰起义有功被封为隋国公。不论杨坚是否以禅让得天下,《六条诏书》也是他的施政纲领。隋文帝杨坚实行了一系列重建家国同构大一统帝国的重大举措,例如抑豪强和世家大族,仿北魏行均田法,政府重编并控制全国土地和户籍;设立三省六部,以科举制取代九品官人制,很快出现了政治清明、社会繁荣的"开皇之治"。唐朝沿袭隋代,走向盛世。

请你们不要忘记前三讲的内容。当孟子在先秦提出心性论和王道仁政时,尚未有大一统帝国,也没有与此理念对应的政治伦理实践。汉代建立了家国同构之大一统国家,但其实行仁政的正当性来自于宇宙论儒学,儒生通过为皇帝服务来维系家国同构的大一统国家运作。两汉四百余年,宇宙论儒学已沦为迷信。从东汉末年到南北朝的数百年间,在宇宙论儒学不可欲的情况下,玄风大盛,道教兴起,佛教后来居上,出现儒道佛鼎立并重的思想文化格局,家国同构大一统国家的社会组织蓝图受干扰。

东汉解体至隋、唐帝国建立前后,儒家思想家的思想混杂,著述中大量使用佛教术语。例如梁武帝时的重要经学家皇侃(488～545)移用僧肇的"般若无知"去论儒学的"圣人无知"。② 到南北朝

---

① 八个柱国大将军分别是宇文泰(北周王朝建立者)、元欣、李虎(李渊祖父)、李弼(李密曾祖)、独孤信(李渊外祖父)、赵贵、于谨、侯莫陈崇。八柱国为他们子孙建立了厚实的功业基础,如《周书》记载:"当时荣盛,莫与为比。故今之称门阀者,咸推八柱国家云。"以上参见《周书·侯莫陈崇传》,卷16,第272页;关于八柱国的兵制由来及其内涵,可参见陈寅恪著,万绳楠整理:《陈寅恪魏晋南北朝史讲演录》,黄山书社2002年版,第十九篇"宇文氏之府兵及关陇集团(附乡兵)",第305～307页。

② 皇侃承袭王弼的"性其情"学说,用玄学的有无、动静观念来诠释孔子的"性相近也,习相远也";又用佛教"过去、现在、未来"的三世说,重新解释孔子的"未知生、焉知死",他还语带批评地说"周孔之教,唯说现在,不明过去、未来"。僧肇的"般若无知"论,在皇侃笔下变为儒家的"圣人无知"。以上论述参见姜广辉主编:《中国经学思想史》,第2卷,第四十三章"玄学为统领,汉学佛学为辅弼——皇侃的《论语集解义疏》",第710～716页。

后期,中国人接受了佛学普遍主体的观念,儒生将此重要观念作为王道仁政的基础,才会出现苏绰《六条诏令》那种以治心为治国之本的政治思想,使得儒家王道仁政有了以普遍性为出发点的心性论基础。

隋唐重建大一统的家国同构之帝国后,太宗时钦定孔颖达(字仲达,574~648)的《五经正义》为官修正本,儒学成为唐代官学。研究者指出五经的定本,大多继承了经玄学洗礼的南朝学统。例如,孔颖达把《系辞传》"一阴一阳之谓道"的"一"解释为"无",得出"无阴无阳,乃谓之道"的新说法,并进一步说"无"是能开通万物的"太虚",太虚则是"不可分别、唯一而已"的主体。① 很明显,孔颖达的这种论述结构脱胎于玄学的有无之辨,又包容了佛学认定存在不可分别的、唯一真实的普遍主体。

从以上讨论可见,随着中国式心性论佛教的普及,儒生把来自佛学的普遍主体观念移植到儒学政治思想中,出现了西魏包容佛、玄、道的《六条诏令》和唐代作为官学的五经,才能使家国同构的政治和社会制度重获正当性和可行性。必须指出,隋唐时期的思想文化格局仍然是儒、佛、道鼎立并重,反映出常识理性尚未完成消化佛道以及重建儒家道德意识形态的历程。本讲重点是讨论印度佛学和中国式心性论佛学,先简单讲讲常识理性对心性论佛学的改造。

常识理性对禅宗的改造

隋唐时期常识合理已深入人心,常识理性对佛教的消化和改

---

① 孔颖达注疏《系辞上》"一阴一阳之谓道"一句言道:"一谓无也,无阴无阳,乃谓之道。一得为无者,无是虚无,虚无是大虚,不可分别,唯一而已,故以一为无也。"参见(魏)王弼、(晋)韩康伯注,(唐)孔颖达正义:《宋本周易注疏》,中华书局1988年版,上册,第670~671页。以下所引《宋本周易注疏》皆依此版本,只注书名、篇名、册别与页码,其余不再注明。

造,表现在以下三方面:第一,在思想境界层面打通了个别主体向普遍主体的转化渠道,中国式心性论佛学从此告别印度佛学,本土佛教创宗立派;第二,遏制了士大夫的超越视野从此世转化为舍离此世的趋势;第三,最具入世转向特点的禅宗,成为中国本土佛教的主流形态并迅速发展。我在这一讲花了这么多时间讲印度佛教和中国式佛教的差别,还是要回到中国思想文化自身的演变上来,并指出中国式佛教是常识理性消化佛教的结果,它对中国思想的演化极为重要。

常识理性对心性论佛教的塑造,不仅使禅宗与印度佛学有巨大差异,亦与日本禅宗拉开距离。我们知道,常识理性视死亡为常识,对儒生来说,成仙成佛没有太大意义。禅宗的顿悟蕴含着使佛教追求来世解脱的世俗化倾向,顿悟也可以成为儒生的修身法门,使他们在现世的道德修身实践中追求天人之际的境界。这样讲不太好理解,我讲一个“野狐禅”故事,有助于理解常识理性对禅宗的改造。

这个故事收在禅宗文献集《五灯会元》里。唐代时,有位老者天天去听百丈怀海禅师(749～814)讲经说法,是最积极的一个。有一天百丈禅师讲完后,其他人都走了,就剩下这个老者不走。百丈禅师问他为什么不走,老者讲:我不是和尚,我是一只狐狸,但五百年前我是和尚。我变成狐狸是因为我答错了一个问题,这个问题是:“大修之人落因果否?”我回答:“大修之人不落因果。”至今天还不明白我错在哪里。百丈禅师说:你再来问我一次。狐狸问:“大修之人落因果否?”百丈禅师答:“大修之人不昧因果。”百丈禅师的回答只改了一个字,“落”改为“昧”,狐狸听后顿悟,马上向百丈禅师磕头请求说:我终于得到了解脱。希望老师不要把我当成异类,请当做僧人来埋葬我。第二天早上,禅寺钟声敲响,哪个和尚死了呢?百丈禅师带着众僧跑到山后,找到一只像小牛那么大的死狐狸,命人按亡僧之礼火葬了。

这个故事是讲：一个字错了，意思就全错了。那么，不落因果和不昧因果的差别在哪里呢？不落因果是说你通过修行可以跳出因果轮回而成佛，而不昧因果是说先不管你是否跳得出轮回，该死还得死，修炼是为了不迷惑于因果。老和尚指出，如修行之人以为可以不落因果，恰恰陷入邪见，属于禅宗讲的大妄语，结果变成狐狸。我认为，这个故事涉及佛学一个基本立场的变化，就是把印度佛教追求舍离此世的解脱，改变成中国式的在此世追求精神的解脱。显然，这一变化是受到唐代极为强大的常识理性的影响。常识理性视死为常识，人总有一死，但是你仍可以在此世追求解脱之道。

余英时先生曾用入世转向来形容唐代佛教，是很有见地的。什么是入世转向呢？禅宗式的在此世寻求精神解脱，对士人有极大的吸引力。我不需要出家也可以解脱，居士也可以解脱。读书人学佛修炼嘛，不一定是要在死后成仙成佛，而是追求在此世精神的解脱。这是一个根本的变化，变化是源于常识理性对中国式佛教的改造。

你们一定会问，常识理性对心性论佛学的改造，对此后中国思想的发展有那么重要吗？当然很重要。因为这是常识理性作为中国文化的后设层面对中国文化的大改造第一步，第二步是消化了心性论佛教后，重新塑造儒家道德意识形态。当儒学终于消化佛学，成为建立在常识理性之上的观念系统，宋明理学便成熟了。从此，常识理性和道德意识形态的互动成为中国文化的深层结构，规定了中国近现代思想和古代思想的连续性，这是下一讲的内容。在讲宋明理学之前，有必要十分简略地描述一下佛教与社会之间的双向塑造，粗线条地涉及佛教在印度、中国、日本等不同文明中与社会的互动。

佛教和东亚社会之间的双向塑造

我讲中国思想史有一个基本框架，就是要分析思想跟社会的互动。本讲中心议题是佛教,也应讲讲佛教和社会双向塑造的一般模式。但是,佛教怎么跟社会互动,讲起来有点困难。因为佛教跟儒学不一样。儒学提出了明确的社会组织蓝图,其对社会的塑造和社会对观念系统的反作用相当明确,这就是儒学和家国同构体互动的基本逻辑。而佛教是解脱宗教,要舍离此世,一般没有很具体的社会组织蓝图,因此不太好讲佛教和社会之间长久而深远的双向塑造。

佛教和希伯来宗教的超越视野,规定了它们是不以此世作为终极意义的高级宗教,因此并没有明确提出相应的社会组织蓝图。但这两种宗教所规定之人人应该遵守的道德信条,也会影响并塑造个体和社会的价值取向,从而为社会组织提供一套行为规范。正因为如此,佛教和希伯来宗教在不同社会,有可能和当地的各种价值系统结合,甚至容受低层次的宗教信仰。而对这些不同价值系统和信仰的容受,反过来又会影响高级宗教与社会之间的互动方式。如果发生文化融合,该高级宗教可以从其他终极关怀中接受部分社会组织蓝图,从而刻画出社会和高级宗教互动的线索,影响到传统社会组织蓝图的变化和演化。

例如,希伯来宗教的基督教一系,把等待上帝审判的教会视为现世组织,没有明确的社会组织蓝图,但它可以和现存的观念系统结合,如采用罗马法来组织社会,这就是天主教社会。天主教作为希伯来超越视野跟古希腊罗马超越视野的融合,罗马法律为中世纪封建社会提供了部分组织原则,天主教和古希腊罗马两种超越视野与欧洲社会组织形态之间的双向塑造,制约着欧洲文化和社会的发展变化。

在这些方面,佛教和基督教有点儿类似。佛教在印度的兴起本是对婆罗门教的否定。同样是舍离此世的解脱宗教,但与佛教相比,婆罗门教对社会组织基本细胞有相对明确的规定,这就是种姓制度。婆罗门教信仰产生于公元前一千五百年前后,种姓是印度社会组织的基本细胞，由于种姓制对统一国家的拒斥，印度文明一直处于小国林立状态。大约晚于婆罗门教一千年，先后出现了反对婆罗门教的种姓命定论和种姓制的耆那教和佛教。佛教提倡绝对的平等观和救苦救难的慈悲，深受下等种姓的欢迎，信仰者日众。佛教兴起之后，对统一国家的拒斥消失，公元前三世纪印度出现了第一个统一的孔雀王朝，阿育王（约前 303 ~ 前 232）将佛教定为国教。统一带来了国力强盛，大量僧人派往世界各地传播佛教，佛教渐渐成为世界性重要宗教。

印度的婆罗门教在佛教强大冲击下，曾一度衰落。但大乘佛教发展到唯识论阶段后，发展出分为不同类型的“种子”观念，与婆罗门教的差别和对立就不那么尖锐了。只要把唯识论的普遍主体如来变为婆罗门教的梵天，并重申种姓制度的正当性，再吸收印度社会广泛的原始信仰，就演化成具有社会整合力的印度教，种姓制度也发展到新形态。此后，佛教再也不是印度教的对手。印度文明重新进入小国林立、拒斥统一帝国的状态。

佛教是完成了超越突破的文明，它在东亚各国和不同地区、不同社会的传播，向信众灌输众生平等、慈悲的信仰。对于那些尚未完成超越突破的国家和地区来说，佛教容受、融合当地形形色色的本土信仰，促使这些社会成为轴心文明的一部分。因此，佛教和印度教对东南亚各国的影响很大，特别是佛教，至今仍然是南亚泰国、柬埔寨等国的主要信仰。但对于已完成超越突破并已形成与之相应的社会结构的文明古国来，譬如说中国，情况就不一样了。

佛教追求解脱、主张众生平等。从理论上讲，如果佛教全面笼罩社会，每个个体生命的终极意义是追求解脱，那么，孝道、家庭伦常关系是没有意义的，就很难形成普遍的家长制、宗族组织，更不可能把国看成家的放大，建立起家国同构体。而中国在先秦时代已实现了以道德为终极关怀的超越突破，并以此塑造了西汉的家国同构的大一统帝国。大约在公元一世纪佛教传入中国时，这种由儒家政治文化赋予正当性的社会基本结构已相当稳固。从东汉末年到隋唐,佛教对中国社会的影响巨大,但至多是对这种社会结构带来某种障碍而已。在魏晋南北朝时期,无论是早期玄学、道教与佛教的相互吸纳,还是后来的儒释道并存,儒家作为家学或区域性政权的官方意识形态,儒学传承从未中断,六朝后期心性论儒学兴起,隋唐又重建了家国同构体的统一大帝国。但隋唐时期,中国文化尚未消化佛教。儒学如何最后消化佛教,是下一讲的内容。

隋唐之际,佛教和儒学传入朝鲜、日本,从对朝、日社会的影响来看,佛教比儒学的影响力更大。七世纪圣德太子(574~622)笃信佛教,亲自撰写《三经义疏》推广佛法,他也曾试图模仿、引进隋朝政治制度,但并不那么成功,这时开始有了“天皇”的说法。不久,大化改新推行以皇权为中心的中央集权,被视为天皇制的确立。但直到八世纪成书的《日本书记》,才构造出推至公元前六百六十年到当时的万世一系的天皇谱系。平安时代(相当于中晚唐时期)出现了“神佛本迹一体”的说法,即日本神道教的诸神是佛或菩萨,他们是为了应机说法而显现的化身或分身,日本的主要大神——天照大神被视为如来的化身,供奉在伊势神宫。天皇作为天照大神万世一系之神裔而获得神圣性,成为日本历史延续和日本精神的最高神圣代表。可见,佛教和本土神道教的结合中最后走向以佛教为主体,神道亦借佛教获得超越视野。佛教把日本人对天照大神的信仰转化为对天皇的崇拜,塑造出天皇万世一系的观念及日本史观。从此,天皇成为凝聚日本人的共同信仰以及政治结构中不可或缺的最高代表。

需要指出,日本传统文化中一直存在神道、佛教和儒学三个因素,佛教和神道的互相容受,儒学和佛学的互相排斥,使佛教更容易深入日本基层社会。在佛教和神道背景下,佛教与日本社会和文化的互动,也使得日本社会无法形成稳定的宗族,更不可能建立中国式的家国同构体。到十世纪,职业武士和地方贵族结合的武士集团势力渐大，镰仓幕府（1185～1333）建立了第一个全国性的武家政权，室町幕府（1336～1573）继之，确立了日本社会天皇—幕府的二元政治结构。虽然幕府是日本社会的实际统治者，但其权力来源是天皇，幕府首领以天皇授予的“征夷大将军”身份来实行统治，天皇始终是日本精神的最高代表和统治者。但是，日本这种天皇—幕府二元政治结构并不稳定，地方武力集团争权不已，社会长期动荡。

佛教在中国传播发展后，先经朝鲜再传入日本。佛教传入朝鲜和日本前，这两个地区有各种本土信仰，社会形态也较初级，这与佛教传入中国时已形成稳定的家国同构大一统国家很不一样。佛教传入东瀛之后才有“日本”之称。朝鲜社会情况介于中国和日本之间。朝鲜半岛在李朝建立之前已有很长的文字记载历史，三国时代已形成了贵族制度，但政治和社会一直相当动荡。佛教传入朝鲜后，势力长期大于儒学，但是儒学影响力也不小。到高丽时代以佛教立国，以贵族制治国。高丽的光宗九年（958 年），开始实施模仿唐朝的科举制，只有贵族才能参加正统科举，但也有部分科举额员向社会成员开放，以儒学选拔管理社会的官员。只有到李朝建立以后，以程朱理学为官方意识形态、坚决排斥佛教，朝鲜的家族制度、贵族等级制度（两班制）、科举制等才得以稳固。也就说，是在排斥佛教的情况下朝鲜的社会形态才真正确立并稳固起来的。

由此可见，只要分析佛教在中、日、韩跟本土信仰和宗教的关系，分析佛教与各原有社会结构及传统的关系与冲突，就可以剖析中国跟日本、朝鲜社会结构的差别。特别是研究宋明理学与社会的互动，才能对东亚社会有较深入的了解。到近现代，中、日、韩三国不同的思想文化和社会结构差别仍极为重要，正是这些差别构成了三国现代转型方式的不同。

第五讲　宋明理学与第一次文化融合

导言:宋明理学在儒学中的定位

今天讲宋明理学。我先问一下,为什么宋明的儒学被称为理学?简单地说,宋明儒学的核心观念是理,并以理为核心建构出不同于唐以前的儒学新体系。在以理为中心的新儒学体系中,又有以程颐、朱熹主张的“性即理”之程朱理学,和以陆九渊(字子静,号象山,1139～1193)、王守仁(字伯安,号阳明子,1472～1529)主张的“心即理”的陆王心学等不同的体系,它们合起来统称为宋明理学。

我们研究中国传统思想文化的目的是为了理解近现代,这一讲正好处于思想史十讲的中间,是把中国古代和近现代思想联系起来的承上启下环节,很重要。今天,很多人不能深究中国近现代思想的变化,是因为对古代思想的片面了解和遗忘。人们常常爱讲思想的深层结构,实际上中国近现代的各种思潮,毛泽东思想也好,三民主义也好,中国式自由主义也好,各种意识形态争论,其深层结构无不与宋明理学相关。不理解宋明理学,就讲不清中国近代思想的深层结构。

这一讲有点难,困难来自两个方面。第一,今天读宋明理学文献,朱熹讲的天理,王阳明讲的良知,字面意义好像很容易理解,其实,常常不得要领。思想史方法的第一步是同情的了解,要进入宋明儒的思想背景和心态,做不到这一点就无法真正理解他们在讲什么。但是,盛行五百年的宋明理学,明清之际就被批判、甚至抛弃了,今天这一讲,我想要帮助你们回到宋明理学的心态,颇不容易啊。

第二个困难是找不到好的教本。此讲之前,我主要是用劳思光先生的《新编中国哲学史》为参考书。劳先生的前两卷十分精彩简明,但到第三卷上下两册,讲宋明理学、明清之际思想以及清代实学,就显得烦琐、主线不明,不仅不太好读,甚至可能会有误导。为什么呢？劳先生书的优点是从儒家道德哲学的特质出发,贯穿并强调道德主体性分析;其问题是有时把道德规范来源和道德价值混为一谈。他在分析荀子思想时已有这一缺陷,讲宋明理学时,问题就显现出来。由于劳先生过分强调道德的主体性,反对宋明理学的分系,主张理学只有一系;但分系恰恰是宋明理学最重要的现象,分系开启了以后的意识形态争论。各位可以参看我和青峰写的《中国现代思想的起源》①,比较清晰简明,但你们也可能会认为不太好读。我这次尽量讲详细点,弥补这个缺点。

理学的形成,经历了隋唐、五代一直到两宋的漫长过程。自东汉后没有人再相信宇宙论儒学,皇帝权威不能来自于宇宙论式的天道了。经过魏晋南北朝的大分裂后,隋唐重建大一统帝国,儒学是官方意识形态,但是,由于儒学尚没有完成对佛、道的消化及融合,这就带来两个突出问题:一是儒学自身理论上的缺陷使得统一王权缺乏天道观的支持,大一统帝国并不稳固;二是作为社会组织

① 金观涛、刘青峰:《中国现代思想的起源:超稳定结构和中国政治文化的演变》(第1卷),香港中文大学出版社1999年版;法律出版社2011年版。

力量的儒生阶层,大多是以佛教作为个人的修身工夫。只有到宋代,常识理性消化了佛、道,建立起可以与佛教、道教相抗衡的理学体系,这两个问题才得以克服。我们先从唐代儒学面临的问题讲起。

5.1 隋唐到五代:儒学与佛、道教的冲突及融合

唐代的政治思想及儒学面临的问题

现在的古装电视剧常常以贞观之治和武则天为题材,你们想过没有,为什么这两种现象——仁政纳谏典型的贞观之治和历史上唯一的女皇帝武则天——都出现在唐代?有哪位学员读过《贞观政要》?写这本书的人叫吴竞(670~749),是武则天朝的修史官。他为什么写《贞观政要》?很明确,是要为李唐帝王找统治正当性。《贞观政要》记录了唐太宗(李世民,598~649)的治国理念,讲君臣关系和对话,讲怎么处理军政、经济以及征伐安边等大事,也讲怎么处理皇子问题,等等。仁政是全书品评人和事的标准。唐太宗鉴于隋代的短命,认识到“以仁义为治者,国祚延长”,提出要“专以仁义诚信为治”。[①]《贞观政要》塑造出唐太宗行仁政、治天下的圣君形象,另一个突出人物是敢于犯颜直谏的谏臣魏征(字玄成,580~643)。

魏征曾向太宗面陈谏议达五十次之多,谏言达数十余万言。作为臣子,其言辞之激烈,有时搞得太宗下不了台。为什么魏征的胆量如此之大?唐太宗反而对他尊重有加,魏征病逝,亲往吊唁,

---

① 贞观元年,唐太宗说:“朕看古来帝王以仁义为治者,国祚延长,任法御人者,虽救弊于一时,败亡亦促。即见前王成事,足是元龟,今欲专以仁义诚信为治,望革近代之浇薄也。”参见(唐)吴竞编著:《贞观政要·仁义第十三》,上海古籍出版社1978年版,第5卷,第149页。

痛哭失去“人镜”？关键是君臣均认同仁政爱民的治国理念。唐太宗、魏征的思想又是从何而来？魏征是隋代大儒王通（字仲淹，号文中子，584～617）的弟子，王通创立的河汾之学大盛于初唐，孟子的心性论和仁政王道为其学派的宗旨。①

如果仅仅以是否行王道仁政来评价君臣的话，唐太宗和魏征的形象当然很高大光辉，唐太宗是标准的好皇帝，魏征是大忠臣，但是，宋明儒就不这样看。他们批评唐太宗有夷狄之风，三纲不正，无君臣之道，酿成藩镇之乱；②又骂魏征早在隋唐之际就不断归降，四易其主，是贰臣。宋儒骂唐初的三纲不正，也反映在武则天称帝上。如果仅以行王道为正当性的标准来看，武则天当然可以称帝。但是，在宋明理学成熟后，多了一个包含三纲秩序的天理层面——天道，所以才有宋儒如此严苛的批评。

历史上，从西汉的吕后专权，到晚清的慈禧太后（叶赫那拉·杏贞，1835～1908）垂帘听政，女人处于大一统帝国权力中心并不罕见。但是由于儒学规定了男尊女卑、夫为妻纲，女人不能处于伦常等级的顶端，皇后、太后的权力再大，只能幕后操控，只有在唐代出现过真正的女皇帝。武则天凭什么可以改国号、跑到前台称帝呢？行仁政只是她称帝的理论根据之一，而非全部。武则天本人笃信佛教，但在儒、道两家论述中都找不到女性称帝的论述，而佛教《大云经》有女身为帝的故事。只要把武则天附会为弥勒佛转

---

① 关于王通生平与思想研究，可参见杨永安：《王通研究》，香港大学中文系1992年版。

② 程颐：“唐有天下，如贞观、开元间，虽号太平，然有夷狄之风。三纲不正，无父子、君臣、夫妇，其原始于太宗也。……君不君，臣不臣，故藩镇不宾，权臣跋扈，陵夷有五代之乱。”见（宋）程颐、程颢著：《二程集·河南程氏遗书·伊川先生语四》，王孝鱼点校，中华书局1981年版，第18卷，第236页。以下所引《二程集》皆依此版本，只注书名、篇名、卷数与页码，其余不再注明。

世,她就可以取代李唐君王,改国号当上女皇帝。①

隋唐承袭六朝的释、道、儒三教并存之局,唐代皇帝的个人信仰随个人喜好而变,支持唐代皇权的观念系统相当复杂。唐高祖(李渊,566~635)认老子为始祖,诏告以“老先、次孔、末后释宗”为国策。② 到唐太宗立孔庙,尊儒学。而他的儿子唐高宗(李治,628~683)则笃信道教,追封老子为太上玄元皇帝,下诏以《道德经》为上经,与儒家经典同列为科考内容。③ 高宗在世时,已与皇后武则天并称二圣;后来信仰佛教的武则天以女帝君临天下十五年。最虔信佛教的是宪宗(李纯,778~820),每年要举行三十几次迎佛骨舍利仪式。由此可见,虽然儒学是唐代官方意识形态,但皇帝个人的宗教信仰也对社会生活有重要影响。到唐代中后期,佛教势力大到扰乱经济和民生的地步。从政治思想来看,如果皇权及道德秩序缺乏天道观的有力支持,仅以仁政和王道作为正当性的王权巩固得了吗?这正是唐代儒学面临的第一个大问题。

在汉代,皇帝权威来自宇宙论儒学,有天道的支持,这是维持大一统的家国同构体有效运作的前提,改朝换代和易姓革命也是以宇宙论儒学的天道循环为根据。而在唐代以孟子的行仁政为统治正当性,孟子曾说:“君有大过则谏,反复之而不听,则易位”,④只

---

① 《大云经》中有“女既承正威伏天下”的话。洛阳白马寺住持薛怀义和尚(武则天的面首)献上他注解的《大云经疏》指出:“弥勒下生作女王,威伏天下”,把武曌比为弥勒菩萨降生,当以女身取代李唐君王,成为天下共主。以上原文参见北凉天竺三藏昙无谶译:《大方等无想经》,收于《大正新修大藏经》,第12册,第6卷,第1107页。关于武则天被附会为弥勒下生之过程,考参见方立天:《中国佛教文化》,中国人民大学出版社2006年版,第198页。

② 武德八年(625年),高祖李渊颁布《先老后释诏》:“老教孔教,此土先宗,释教后兴,宜从客礼。令老先、次孔、末后释宗。”参见大唐西明寺沙门释道宣撰:《续高僧传》,收于《大正新修大藏经》,第50册,第24卷,第634页。

③ 关于唐高宗尊老子的相关举措,可参见卿希泰、唐大潮:《道教史》,第99~101页。

④ 《孟子集注·万章章句下》,第11卷,第324页。

要行仁政,谁都可以当皇帝,只要认为皇帝无道,臣子就可以不服从,甚至取而代之、自立为王。这就造成了皇权和以皇帝为中心的中央政府缺乏权威性,盛唐之际就发生了安史之乱,藩镇拥兵自重。唐代的藩镇割据,兵叛将离屡见不鲜。除制度问题外,思想史原因是唐代儒学缺乏天道观的支持,皇权的意识形态基础不稳固。① 因此,当唐帝国在农民起义和地方割据中解体时,中国再一次陷于五代大分裂。

除王权缺乏天道支持外,以仁政为核心的儒学还有另外一个大问题,这就是它尚不能成为士人安身立命的修身之学。唐初,太宗征集天下名儒为学官,命颜师古(字籀,581～645)考订《五经》、孔颖达编定《五经正义》,作为士子科举的标准定本后,儒学已有官学之尊,但是在社会生活中并没有太大的竞争优势,士子常常感叹儒门冷落。唐代士人科考、做官需要读经,他们念书也多是在寺庙里,元杂剧《西厢记》写唐代传奇的故事就发生在寺庙里。唐代士子读经,大多数是经营仕途,与修身关系不大。劳思光曾这样描绘唐代士人,他们"投牒自试,以图出身。不中则寄食僧寺,取径终南;中式则上书权门,苦求官禄。盖此辈将仕进之事纯视为谋生之途。对国政民生之利病,并无主张,且多未用心"。② 这样的儒佛两面人,又如何能落实修齐治平的儒家道德理想呢?

总之,唐代儒学面临两个亟须解决的理论难题,一是如何强化皇权权威,为其提供不同于汉代天人感应迷信但又立基于天道的

---

① 唐代之际存在天道观与天道自然与人事无涉等天人关系讨论,虽说仍有天道观的思想,但天道自然的主张却更具普遍性。关于唐代重视符瑞与天道自然的讨论,可参见[日]戸崎哲彦:"唐代中期における儒教神学への抵抗一天命・祥瑞の思想をめぐる韩愈・柳宗元の対立とその政治的背景",载《滋贺大学经济学部研究年报》(1996年),第81～122页、王德权:"李华政治社会论的素描—中唐士人自省风气的转折",载《国立政治大学历史学报》第26期(2006年11月),第1～28页。

② 劳思光:《新编中国哲学史》(第3卷上),广西师范大学出版社2005年版,第54页。

儒学理论支撑;二是如何提升儒学粗浅的心性论,使之可以与心性论佛学相抗衡,成为士人安身立命的修身之学。中唐以后的古文运动,提倡“以文载道”,表面上是改变六朝以来的虚浮文风,实则是开始正视上述两大问题,反映了儒生承续中华文化命脉意识的大觉醒。韩愈、柳宗元、刘禹锡(字梦得,772~842)、李翱是代表人物。

韩愈、李翱对重建儒学心性论的贡献

韩愈激烈反佛排佛,公开反对宪宗迎佛骨,因之被贬岭南。他批佛教“不知君臣之义、父子之情”,只不过是“夷狄一法耳”。[①] 他所倡之道“非向所谓老与佛之道”,而是被淹没千年的孟子心性论。[②] 韩愈以高扬先秦孟子学说为正宗的中华文化道统,因此在思想史上有重要地位。韩愈一生严于律己,命运坎坷,坚持了君子固穷、不趋时的道德操守,但是他在困顿之际时仍然免不了感慨:“未知夫天竟如何? 命竟如何? 由人乎哉,不由人乎哉?”[③]这反映出在唐代由于孟子心性论尚缺乏天道观,不能满足儒生对天人合一的精神追求,使得如韩愈这样的大儒在身处于逆境、感到无奈和困惑时,也难免会怨天尤人。

与韩愈亦师亦友的李翱,写出名著《复性书》,迈出了儒学心性论的理论化、抗衡佛教的极为重要一步。何为“复性”?“复”的意思是回归原点,“性”指人的本性。他认为,人性善,但是当人受到情感欲望干扰时,就会偏离善的心性,修身就是克服导致偏离的因素,恢复人本性之善,这就是“复性”。但为什么人的本性是善? 在唐代佛教如日中天,孟子的性善说远远不敌佛学,必须找寻其形而上基础。

---

① 《韩昌黎文集校注·论佛骨表》,第613、616页。

② 《韩昌黎文集校注·原道》,第18页。

③ 《韩昌黎文集校注·上考功崔虞部书》,第662页。

先秦谈形而上的主要是道家老庄，儒家谈形而上问题的是《易》和《礼记》里的《中庸》等篇。李翱试图为儒学心性论找到形而上的基础，其方法是回到儒家经典《易》和《中庸》。[①] 在道、玄、佛学流行数百年后，士人普遍接受了如下观念：凡讲到形而上层面，它必然具有寂然不动、永恒不变的性质。《复性书》正是从"寂然不动"本体的角度来谈人性和天道的关系。李翱重解《中庸》头三句话"天命之谓性，率性之谓道，修道之谓教"，他说："人生而静，天之性也"，人性之静是"天之命也"；讲"道"时说："道也者，至诚也"，而诚是"定也、不动也"，由此推出，"率性之谓道"的"道"就是儒家的"至诚"。他强调具有形而上性质的诚作为"人之道"，使人具有"择善而固执之"的道德自由意志，当然是与天道合一的。[②] 基于这种信念，《复性书》认为儒家道德伦理的实践就是要"尽性"，诚心发用，充分实现人之性而复归于天道，就可以参赞天地而与天道合一。[③]

李翱的《复性书》是从本体论高度来讲人性和儒家至诚的道德来源，力图找到使儒家本于人性的道德观与天道性命合一的途径，但仅限于用儒学资源尚不能给出自圆其说的论述。因此，他不得

---

① 据计锋"从'诚'到'真'的观念史研究"（未刊稿）一文统计，《复性书》有十几处引用《易》与《中庸》，占全文近两成篇幅。其引用《易》之部分多为天道学说，引用《中庸》则主要是谈"性即天命"，唯天下至诚则能尽人之性，方能与天地参。该文也分析对照了《复性书》与佛学在用语和论述结构上的同和异。

② 李翱《复性书》："或曰：我未明也，敢问何谓'天命之谓性'？"曰："人生而静，天之性也，性者天之命也。""'率性之谓道'何谓也？"曰："率，循也，循其源而反其性者，道也；道也者，至诚也；至诚者，天之道也。诚者，定也、不动也。""'修道之谓教'何谓也？"故曰："'诚之者，人之道也。'、'诚之者，择善而固执之者也。'……"见（唐）李翱：《复性书·中》，收于《李文公集》，台湾商务印书馆 1965 年台一版，明成化乙未刊本，卷 2。

③ 李翱《复性书》："子思曰：'惟天下至诚为能尽其性；能尽其性，则能尽人之性；能尽人之性，则能尽物之性；能尽物之性，则可以赞天地之化育；可以赞天地之化育，则可以与天地参矣。……'"见李翱：《复性书·上》，收于《李文公集》，卷 2。

不大量借用了佛学的概念和逻辑。例如,他用“静”“不动”来讲性和诚,诚是圣人之性,“寂然不动,是至诚也”,[1]这不正是佛学的真如之境吗？又如,他还说“明与昏性本无有,则同与不同二皆离矣”,[2]则脱胎于《大乘起信论》的一心开真如与生灭二门之说。

佛教和儒学本来是互相矛盾的,虽然李翱试图回到儒学的道德本位来给出善的形而上根据,但他无法解决两者间的冲突。他只是从佛学那里拿来精妙心性论,而善必须付之于道德实践,以寂静不动作为善的本体,又如何能转化为儒生的修身和道德实践呢？这些问题不解决,孟子心性论就不足以和佛教抗衡。如何消化融合佛学,这是唐儒尚未解决的难题。

分裂的五代与山水画的崛起

正因为心性论儒学尚没有消化佛教,即使它成为官方意识形态,仍不断面临佛教挑战。皇帝为了捍卫儒学官方哲学地位和克服佛教带来的社会问题,只能发动反佛运动。历史上,一共发生过四次著名的灭佛运动,目的都是为了克服佛教干扰,抑制分裂,建立或维护大一统帝国。前两次是北魏太武帝(拓跋焘,408～452)和北周武帝(宇文邕,543～578)的灭佛,发生在大一统帝国兴起的前夕。第三次是唐武宗的会昌灭佛,第四次是五代后期的周世宗(柴荣,921～959)灭佛,是儒学消化佛教前最后一次灭佛。由皇帝发起的这四次灭佛,佛教界称为“三武一宗”法难。可见佛教和心性论儒学的冲突有多么持久、深刻。

唐以后的五代十国,中国又出现五十年的分裂。五代大概换了五个朝代,平均七八年一次;十国是指中原以外林立的小国。讲一个小插曲。我在中国美院教书时,常到西湖边散步,每次路经钱

① 李翱《复性书》:“是故诚者,圣人性之也。寂然不动,是至诚也。”见李翱:《复性书·上》,收于《李文公集》,卷2。

② 李翱:《复性书·上》,收于《李文公集》,卷2。

王祠看到“功在东南”的牌坊就有点困惑：这个钱王是哪个朝代的什么王啊？后来一查才知道，原来他就是五代时在杭州割据称王的钱镠(852～932)。这个小国是十国之一的吴越，后灭于北宋。据传，钱镠笃信佛教，受命于千手千眼观音而称王，他对百姓行仁政而被后世纪念。你们看，钱镠占地为王，又对百姓行仁政，这不正是儒学仁政和佛教并存导致五代分裂割据的典型例子吗？

五代的分裂虽然没有魏晋南北朝那么长，影响却很深远。隋唐很强盛，疆域辽阔，随着唐朝衰落和五代分裂，北部、西北部地区的游牧、半农半牧民族政权再一次获得发展壮大的空间和时间，以致两宋王朝始终难以抵御渐次崛起的辽、夏、金，此后更有蒙古旋风席卷世界。韦政通先生有个很生动的讲法，他说五代十国是寒风凛冽的时代。当时，社会分裂动荡，百姓生活不安定，士人尚未找到明确的文化方向。奇怪的是，这一时期的艺术成就却非常突出。

前些年有个以五代为背景的电影叫《夜宴》。我猜想，也许是受到顾闳中(南唐人，生卒年不详)《韩熙载夜宴图》的启发吧。这张画是描绘南唐中书侍郎韩熙载(字叔言，902～970)的夜宴场面，人物、场景惟妙惟肖。《韩熙载夜宴图》这样的人物画已经很厉害了，但最突出的还是在五代出现了荆浩(五代后梁，生卒年不详)、关仝(五代后梁，生卒年不详)、董源(字叔达，？～约962)、巨然(五代宋初，生卒年不详)、李成(字咸熙，约919～967)几个最伟大的山水画家。为什么这些伟大的山水画家集中出现在五代？这是偶然的吗？我不知道在座的是否熟悉历代山水画。盛唐时期的山水画金碧辉煌，五代和宋元以后的山水画恬淡自然，不仅风格大变，还成为中国画的主流。那么，支配审美情趣转变的思想观念又是什么呢？

第三讲已讲过中国的常识理性和艺术精神是一体两面。魏晋南北朝时期玄学和佛学大盛，玄学以道家价值为新的道德追求，

“自然”成为现象界和境界两个层面的合理性基础。在这种观念支配下,士人认为游山玩水、画山水是修身养性的重要方式,以游山玩水修身并与佛教观想结合,产生了画山水具有道德修身正当性的观念;到唐末五代,山水画大放异彩,成为中国文人画的主流形式。

我在中国美院的另一个博士研究生计锋,研究了从五代荆浩的《笔法记》到北宋大山水画家郭熙的《林泉高致》,以及稍晚的韩拙《山水纯全集》,论证山水画从中国画中凸显出来是一个与宋明理学形成的同步过程。[①] 他指出,常识理性成熟后已具有玄学和佛学那样的两层次结构,这种思维模式深刻地影响着荆浩的审美和绘画理念。在《笔法记》中,荆浩区分了“似”与“真”两个不同概念,非一切色相可及的“真”优于只注重表现对象的真实样貌的“似”。因此,荆浩认为,画家不能单凭直观经验来摄取描摹山水,还必须要“度物象而取其真”。[②] 所谓“度物象”,是要理解自然山水背后的终极来源与基本秩序,“取其真”即表现超越山水形貌、符合天道秩序的“气质俱盛”的“真者”。这样,画画时就需要着意于经营自然景观的上下、大小、远近、前后、阴阳等关系。在这种审美观看来,唐代那种设色艳丽的画法是只得山水表象,而单纯墨色的黑白深浅则更具有超越性与象征性,于是水墨画成为中国山水画的主流形式。

计锋还研究了郭熙《林泉高致》,该文一开始就说:士人的保全

① 计锋:《山水画的崛起于宋明理学》,中国美术学院2014年博士学位论文。

② 荆浩在《笔法记》中说:“度物象而取其真”,“真”者为“物象之源”又谓之“性”;同篇又说:“张僧繇所遗之图甚亏其理,夫随类赋彩自古有能,如水墨晕章兴我唐代,故张璪员外树石气韵俱盛,笔墨积微,真思卓然,不贵五彩,旷古绝今未之有也。”原文参见荆浩:《笔法记》,收于俞剑华编:《中国画论类编》,人民美术出版社1986年版,第605、607页。荆浩的意思是不度脱物象则不知理,反之则“真思卓然,不贵五彩,旷古绝今”,他认为现象背后的真相是超越一切之“性”与“理”,非一切色相之可及。

生命高洁和向往林泉应有两个限定:一是不求离世;二是不能违背君臣父子之忠孝节义。这表明,到北宋,士大夫更为自觉地以画山水来作为自己的艺术追求和道德境界的最佳表达方式,这就是山水画成熟的原因。今天我们一谈宇宙,就会想到星空,但对生活在传统社会的士大夫来说,他们心中的宇宙并不是天体,而是人生活于其中的自然界。难道表现天地秩序能离开高山流水吗?能离开人吗?正因为天道秩序与人间道德秩序是相通的,此后山水画有一个重要原则,这就是山水风景必须可望、可行、可游、可居。山水画展开的空间无论多么博大,在崇山峻岭、石崖流水中,都要表现出那是画家向往的可居之处。[①] 山水境地之妙可与个人的才性质量相融贯,山水画的境界越高,反映着画家对天地万物之秩序的体悟越深。

我讲思想史也穿插着讲点美术史,是因为中国思想史和美术史的展开是同步的。山水画在五代的异军突起,预示着中国文化的走向,这就是用常识理性重构儒学,解决唐代儒学发展面临的困境,并重建世间的道德秩序。北宋时开始创建理学,我将山水画视为宋明理学的视觉形态,其演变当然和宋明理学亦步亦趋。

常识理性对儒学的重构

在讨论常识理性如何重构儒学前,回顾前几讲相关的内容。先秦儒学六经中的《周易》,已提供了一个将价值变化与宇宙变化合一的世界观。到汉代,用《周易》讲天道并推出儒家伦理,其后果是天人感应的迷信猖獗。从王弼开始,用"有"和"无"注解《周易》成为新方向,从本体论高度来谈宇宙生成和变化。佛教传入中土

---

① 宋人郭熙、郭思父子撰之《林泉高致》画论中提道:"世之笃论,谓山水有可行者,有可望者,有可游者,有可居者,画凡至此,皆入妙品。……君子之所以渴慕林泉者,正谓此佳处故也。"参见(宋)郭熙、郭思父子:《林泉高致》,收于俞剑华编:《中国画论类编》,第 632 页。

经过漫长的中国化过程,到唐代形成了中国式的心性论佛教,中国文化接受了存在普遍主体的观念,它与《周易》注释的本体论化倾向相结合,在唐代出现了不少著名的易学大家。[①] 因此,宋代哲学家可以在常识理性基础上重新定义《周易》中使用的理和气、阴和阳等重要概念,并以这些概念来重建新儒学。我们今天看《周易》觉得难懂,但从宋人的名句"闲坐小窗读周易,不知春去几多时",[②] 可以想见当时读《周易》多么普及,而且读起来非常享受。

先秦诸子在使用理和气、阴和阳这些观念时,最初是本于常识的、具体的对象。"理"这个字的原始意思是指剖开一块玉后看到的纹路条理,从纹路条理的意思可以引申出整理、沟通、秩序等多重意思,再到今天说的"道理"的理。可见,理的意义有一个从具体到抽象化的过程。[③] 气的观念亦如此,如《周易》中说"精气为

---

① 唐代出了许多易学大家,孔颖达奉唐太宗之命编纂《五经正义》,他编注的《周易正义》是最重要的易学著述。孔颖达继承了王弼易学,又往前走了一大步,他重新肯定了两汉以来象数易学的思想价值,从而开启出宋人象数、义理合流的先河。孔颖达在《周易正义》的序中讲《易》的理论价值在于能把天地、人伦和王道联系一起,他说:"故《易》者所以断天地,理人伦,而明王道。"(《宋本周易注疏·周易正义序·第一 论"易"之三名》,上册,第 23 页)孔颖达还说:"微妙无方,理不可知,目不可见,不知所以然而然,谓之神道。"(《宋本周易注疏·观卦》中"观天之神道,而四时不忒"疏语,上册,第 277 页)、"然变化运行,在阴阳二气。"(《宋本周易注疏·周易正义序·周易正义序·第一 论"易"之三名》,上册,第 16 页)。

② (宋)叶采:《书事》,收于傅璇宗等主编:《全宋诗》,北京大学出版社 1998 年版,第 63 册,第 39858 页。

③ 先秦哲学家把"理"看做是不同事物借以互相区别开来的特殊性质和规律,如韩非说:"理者,成物之文也",又说"万物各异理"(《韩非子集解·解老第二十》,第 6 卷,第 146 ~ 147 页)。又如《管子·心术上》指出:"理也者,明分以谕义之意也。"参见(春秋)管仲撰,黎翔凤校注,梁运华整理:《管子校注·心术上第三十六》,中华书局 2004 年版,中册,第 13 卷,第 770 页。而孔子多讲代表伦理秩序的"礼",极少用"理"字;荀子用"理"表示论述的一致性。可见先秦使用"理"字时尚没有特别强调其形而上的哲学意义和道德含义。儒学发展到理学阶段,"理"才成为对宇宙秩序和世间万物本性的统一表达。

物”,[①]《庄子》的“通天下一气耳”,认为人的生死是由气的聚散而定。[②]《中庸》则指出气构成人的形体,而理赋予人的特性。[③]《周易》中最常用的观念是阴阳,这一对观念本基于男女两性繁殖的常识,并以此类推来看万物的创生。

这些附着于具体对象的观念,虽然可以用常识类比的方法抽象化,但也会造成很大问题,一旦抽象化还是有可能离开理性的。例如,汉代宇宙论儒学最后陷入天人感应的迷信。只有经过玄、道和佛学的洗礼,特别是常识理性成熟后,理和气、阴和阳等观念具有形而上的意义时,它们才能成为常识理性建构观念系统的基本砖块。这样,无论人们在具体的还是抽象的层面使用这些观念,推理都不会越出常识分类和外推的轨道,也就不至于落入迷信的泥坑了。

汉代起“春秋”一直是群经的中心,到唐五代,常识理性已经成熟,士人对儒家经典重要性的看法也发生了改变,《周易》《中庸》《大学》超过“春秋”成为最受重视的儒学经典。安史之乱(755 ~ 763)后,官员和士子追捧研习《大学》《中庸》成为风气,士子认识到“《大学》有明德之道,《中庸》有尽性之术”[④];又如李翱把《大学》《中庸》视为儒家的性命之书。[⑤] 这种风气说明,士人已经意识

① 语出《周易·系辞上》,孔颖达疏为:“谓阴阳精灵之气,氤氲积聚而为万物也。”见《宋本周易注疏》,下册,第 10 卷,第 669 页。

② 《庄子·知北游》:“人之生,气之聚也;聚则为生,散则为死。”见《庄子集释·知北游第二十二》,第 733 页。

③ 朱熹的《中庸章句》注对“天命之谓性,率性之谓道,修道之谓教”一句时指出:“天以阴阳五行化生万物,气以成形,而理亦赋焉。”参见《中庸章句》,第 17 页。

④ “《大学》有明德之道,《中庸》有尽性之术”一语,乃唐人权德舆(759 ~ 818)在《明经策问七道》中第二道对于当时士子的提问。以上原文参见(唐)权德舆:《明经策问七道·礼记》,〈新刊权载之文集〉,收于《续修四库全书》,上海古籍出版社 2002 年版,卷 40,总第 273 页。

⑤ 相关讨论参见张跃:《唐代后期儒学的新趋向》,文津出版社 1993 年版,第 139 ~ 141 页。

到要再一次回到儒家经典来重构儒学。

以常识理性重构整个儒学的基础,是解决唐代儒学面临的两大理论难题的根本方法。一方面,要用常识理性重建天人合一的常识宇宙观,由天道来论证儒家伦理的合理,为皇权提供天道的支持;另一方面,用常识理性提出一套来自于佛教但又区别于佛教的修身方法,把成佛变为成圣,以克服士人的儒佛两面人问题。这两个方面必须是自洽的、没有逻辑矛盾的。只有这种建立在常识理性之上的儒学,才是可以和佛教匹敌的思想体系。

先看常识理性重建天道观方面。自郭象注《庄子》把“自然”作为形而上的“玄冥之境”与“物各自造”的具体存在之物这两者的共同根据,以“自然”为合理性根据标志着中国文化的理性精神开始具有了两层次结构。常识理性成熟后,无论是在具体事物的现象界,还是在具有一致性的天道、天理和性的抽象层面,这两个层次都是以常识和人之常情为合理性根据。用常识理性重建儒学天道观,需要系统地贯彻常识类比和外推的思想方法,以儒学的理和气、阴和阳等基本观念为组成理论大厦的砖块,把儒学纳入常识理性的两层次基本结构。

用常识理性结构重建儒学体系,还需要把个人的道德实践和纯化向善的意志的修身,与宇宙生成论整合成为一个贯通的理论体系。虽然早在先秦,孟子就曾讲过人人皆可成尧舜,但长期以来儒生的修身目标是成为君子。魏晋以后到隋唐五代,心性论佛教流播大江南北,人人皆可成佛的观念深入人心。在常识理性支配下,人的生存意义不再是注重死后的解脱,士人在现实生活中追求修身安天下,也可以获得贯通天人之际的生命意义,这样,成佛就会转化为成圣的追求。同时,还必须根据这种贯通天人的道德理念提出一套修身方法,使士人以“静”和“定”为基本功的修身与佛学追求来世解脱的修炼区别开来。

到宋代,儒学发展的这两个巨大理论难题终于被克服了。自汉代儒学成为中国文化主流以后,从来没有如两宋那样出现过这么多具有原创性的哲学家。中国历史上有过两个辉煌的哲学时代,一个是春秋战国时期,意味着中国文化实现了超越突破;另一个是两宋到明代,创建了作为儒学新形态的理学,意味着儒学最终消化了佛学,完成了第一次文化融合。

5.2　程朱理学的创建

周敦颐:太极图说和圣人可学

常识理性对儒学的重建由三个环节组成。第一步是将儒学纳入常识理性基本结构,即提出常识的自然宇宙观,实现道德伦理和宇宙秩序的合一;第二步是在常识理性基本结构中重新定义儒学的基本观念,并推出相应的道德实践和修身方法;第三步是建立符合常识理性基本结构的整合性理论体系,一举解决唐代儒学面临的所有问题。北宋五子中周敦颐(字茂叔,号濂溪,1017～1073)、邵雍(字尧夫,谥康节,1011～1077)迈出第一步,张载、程颢、程颐紧跟第二步,南宋朱熹完成第三步,把北宋五子理论综合成为一个全新的哲学体系,程朱理学形成。北宋五子和朱熹的学术路径都是"出入于老、释","返求诸六经而后得之"。① 一开始,宋代新儒学被称为"道学",明代才定名为"理学",②表明常识理性对儒学重构的完成。

先讨论建立理学的第一步,始于周敦颐。周敦颐很少使用"理"字,却被尊为理学的宗师,他的代表著作是《太极图说》和《通

① 语出《二程集·河南程氏文集·伊川先生文七·明道先生行状》,第 11 卷,第 638 页。

② 参见姜广辉主编:《中国经学思想史》,中国社会科学出版社 2010 年版,第 3 卷,第 344～345 页。

书》。看上去《太极图说》很简单,只不过重画了一张太极图,再写了短短二百五十个字来解释此图,但它在中国思想史上占有极为重要的位置,以至于后来儒、道、释三家都抢着说它属于自家源流。[①]《太极图说》也不难懂,先说无极生出太极;太极动,产生阴阳;阴阳结合五行,生成万物,然后再讲儒家伦理准则和修身要领。别看《太极图说》的内容和文字如此简单,它却建构出儒学的自然宇宙观,使儒学可以在常识理性框架中发展。

《太极图说》的第一句"自无极而为太极",[②]讲无极生出太极,是理解全文的纲要。先秦道家老子讲的无极是"无名天地之始",世间万物及法则都"复归于无极";后来王弼把无极发挥为"无穷也"。道家和玄学的无极都是指万物产生之前那个不可名状的无形无象、无始无终之状态。此后佛家讲"物我玄会,归乎无极",[③]佛学中的无极是指那个恒久寂静的普遍主体。周敦颐讲的"自无极而为太极",是把道、玄、佛意义上的无极嫁接到儒家的太极上,给出了理学的宇宙观。

《太极图说》正是用这样的宇宙观来讲万物的自然生成的。文中先讲太极动、生成万物,又有两句很关键的话:"无极之真,二五之精,妙合而凝"[④]来加以解释这一点。"无极之真"是指太极在其

① 道家说《太极图说》来自方士修炼之术的《无极先天图》,释家说它来自佛家禅学。以上讨论可参见李养正:《〈太极图〉、〈无极图〉、〈太极先天图〉蕴意及源流考辨》,收于李养正著、张继禹编定:《道教经史论稿》,华夏出版社1995年版,第415~456页;[日]忽滑谷快天:《中国禅学思想史·第二十五章 宋儒之道学》,朱谦之译,上海古籍出版社1994年版,第556~559页。

② 《太极图说》首句原初有二版本,一为《国史·周敦颐传》中记为"自无极而为太极",另一为《九江故家传本》记为"无极而生太极",前者常见。

③ 参见后秦长安释僧肇:《肇论·涅槃无名论·通古第十七》,收于《大正新修大藏经》,第45册,第161页。

④ 见(宋)周敦颐撰,陈克明点校:《周敦颐集·太极图说》,中华书局1990年版,卷1,第4页。以下所引《周敦颐集》皆依此版本,只注书名、篇名、卷数与页码,其余不再注明。

未动之前与寂然不动的无极合一的本原；一旦太极动，就会产生阴和阳及五行即“二五”；“之精”则指充斥“太极”的元气。[①] “妙合而凝”讲阴阳五行及元气妙合凝聚，产生出变化无穷的万物。这十二个字对《周易》原本使用太极、阴阳五行和元气来解释宇宙生成和变化，来了个乾坤再造：把含有元气、未动之前的太极说成是“无极之真”，太极就有了形而上的层面，并且把太极与元气混一的儒学观念引入形而上层面，太极未动之前的无极成为不空之真。这样，由玄道讲万物生成本于无的观念，就可以转变为儒家的太极之动产生阴阳五行与元气妙合凝聚的万物生成及变化观了。这是一个常识理性框架下的宇宙自然生成论。

这种观念与郭象从“独化”和“玄冥之境”来讲万物自然生成有区别吗？当然有区别。周敦颐的《太极图说》只是借用了玄学讲物各自造和代表无规定性的精神境界的两层次结构，把类似于“玄冥之境”的“无极”嫁接到儒学“太极”观念之上，再从儒学的太极动、阴阳五行和气来讲宇宙万物如何自然生成。在常识理性框架中，《太极图说》建立起这样的宇宙论，就可以接着讲道德和修身了。

与李翱的论述出发点一样，周敦颐的《太极图说》也是从普遍主体具有的寂静不动之性来讲儒家道德的：“圣人定之以中正仁义，而主静，立人极焉”，[②]句中“人极”是指人作为天地万物精华所

---

① 郑玄《周易注》谓“太极”为“是极中之道，淳和未分之气也”（《增补郑氏周易》，第 7 ~ 176 页）；汉刘歆谓：“太极中央元气”（《全上古三代秦汉三国六朝文 · 全汉文 · 刘歆二》，卷 41，第 418 页）；唐孔颖达《周易正义》指出：“太极谓天地未分之前，元气混而为一。”（《宋本周易注疏. 系辞上》，“易有太极”条，下册，第 725 页）。以上参见（汉）郑玄撰，（宋）王应麟辑，（清）惠栋考补：《增补郑氏周易》，台湾商务印书馆影印文渊阁《四库全书》本 7，1983 年版。

② 见《周敦颐集 · 太极图说》，卷 1，第 6 页。

钟之最灵秀者所体现的特质。① 这句话的意思是圣人根据“主静”的人之性,确立了中正仁义为“人极”的道德内涵。接着,文章引用《易经》中圣人“与天地合其德”和“原始反终”,来说明“人极”就是返回其原点,即那个主静且具有中正仁义之德的形而上存在。这样,周敦颐论证了无极、太极和人极同源,这正是儒家道德伦理和修身的本原和基础。

再看周敦颐的《通书》。《通书》解决了儒学的另一个重大命题,这就是圣人可学。开篇第一句话就问:“曰,圣可学乎? 曰,可”。第二句是回答修身要点:“无欲也”,②修身要领只有一个,就是去欲。在汉代因为圣人不可学,最多可以修炼成为君子,君子的道德实践必须是为帝王服务。周敦颐则肯定地说,圣人可学,士子只要去欲修身就可以成圣,③在境界上明显高于为帝王服务。

周敦颐是如何论证圣人可学的呢?《通书》也是以《中庸》讲“诚”为根据,诚是儒家为德之本之天道根据,是圣人的道德境界。④《通书》强调“寂然不动者,诚也”,所以诚与天德之始的乾元为一体,是属于形而上层面。那么,诚这个形而上的本体,又如何与人的道德实践相关联呢? 文中说,一旦太极动、乾道变化,诚就会挺

① 朱熹在《近思录》谈为学之道时,更清楚地说明:“天地储精,得五行之秀者为人。其本也真而静,其未发也五性具焉,曰仁义礼智信”,就是说人的本性是“真而静”,含有未发的仁义礼智信这五性之德。参见陈荣捷:《近思录详注集评·为学大要》,华东师范大学出版社 2007 年版,卷 2,第 41 页。

② 周敦颐《通书·圣学》讲修炼成圣的要点:“曰:‘有要乎?’曰:‘有’。‘请闻焉’。曰:‘一为要。一者,无欲也……’”见《周敦颐集·通书·圣学第二十》,卷 2,第 29 页。

③ 关于圣人可学与不可学问题,一般来说汉代到魏晋仍多谓圣人不可至、不能学;到隋唐才转变成圣人可由顿悟成圣而至,但仍不能学;到宋代才形成圣人可至可学之说。相关论述可见汤用彤:“谢灵运《辨宗论》书后”,载《魏晋玄学论稿》,第 94 ~ 95 页。

④ 《中庸》:“诚者,天之道也;诚之者,人之道也。诚者不勉而中,不思而得,从容中道,圣人也。”参见《中庸集注》,第 31 页。

立出来,赋予人不思而得、纯粹至善之性。① 由此规定了儒家君子的修身就是去欲,恢复人性之初的诚,达到无欲的圣人之境。周敦颐说:"圣,诚而已矣。"只要能做到诚,就能成圣。我们今天很难理解,为什么宋明儒在修身问题上总是在未发、已发问题上纠缠,其实,因为理学初建时就规定了诚是指德性未发的主静状态,是修身目标。修身可以成圣,就是修这个与天道合一的诚的圣人之境嘛。

对唐代儒学在佛、道冲击下的两大理论难题:一是如何找到儒家道德伦理的形而上的本原,使之具有与天道合一的正当性;二是如何克服士人修身上的儒佛两面人困扰,周敦颐的《太极图说》和《通书》给出了纲领性的简明解决方案。周敦颐用常识理性来重建儒学,一是把太极未动之前的寂然状态确定为儒家伦理"人极"、"诚"的形而上的本原,为政治儒学注入了天道观的基础;二是把人人皆可成佛转化为人人皆可以成圣,把佛家去欲和主静的修炼,转变为儒家自身的修身法门,克服了儒佛两面人的困扰,使儒生士子安身立命的修身养德和修齐治平的人间关怀,可以达至超越个人生命限制的天人合一的境界。周敦颐的理论并没有展开,但是他建立在常识理性上的宇宙观是可以改进的,规定了此后理学的发展方向。②

周敦颐生前并不那么有名,在其身后他的理论贡献日益显现出重要性,因此被推崇为理学的开宗鼻祖。陶渊明是隐士,喜欢菊花,菊花成为隐士的比喻。周敦颐以喜爱莲花闻名,莲花出淤泥而不染。儒生有治国平天下抱负,要在烦琐事务和功名利禄的干扰中洁身自好,出淤泥而不染,除了廉洁正直外,最重要的是应有高

---

① 引文均见周敦颐《通书》:"诚者,圣人之本。'大哉乾元,万物资始',诚之源也。'乾道变化,各正性命',诚斯立焉。纯粹至善者也。"见《周敦颐集·通书·诚上第一》,卷2,第12~13页。

② 如何克服人极和无极并立的问题,要到朱熹才最后解决。朱熹认为,儒家伦理秩序与先天地而存在的"理"是同一的。相关论述参见陈荣捷:《近思录详注集评·为学大要》,卷2,第41页。

于现实生活的修身目标。汉唐以前,这样的追求是不可想象的。

如何给出一个常识可理解的宇宙观,是北宋儒者的理论追求,邵雍也不例外。与周敦颐的“太极图”类似,邵雍也有个“先天图”。他说:“心为太极”,“阴阳真精是生五行,所以天地之数各五”;①又说“先天学,心法也”,②邵雍使用的概念和论述逻辑更接近佛学的“以心观物”。他不但讲宇宙的生成还要讲宇宙的毁灭,并精确计算宇宙循环的周期有多长。易学用阴阳对应着奇和偶两个符号,可以排出八卦和六十四重卦,邵雍的“先天图”用奇偶符号组合的变化,推演六十四重卦正好构成一个循环周期,他说这就是宇宙周期。③

邵雍把三十年定为一世,十二世为一运,三十运为一会,十二会为一元。宇宙循环周期的一元有多少年?等于 30 × 12 × 30 × 12,即十二万九千六百年。宇宙是以十二万九千六百年为周期,生而灭、灭而生地循环着。邵雍把上古三代定在第六会,过了第六会,由盛至衰,到十一会,一切衰落,十二会是一元终结。劳先生说这是退化史观。④ 邵雍的循环宇宙观也是常识宇宙观,三十年为一世是三十天为一月的想象,十二世为一运是十二个月为一年的联想,月和年的周期都是常识。

根据邵雍的宇宙观,今天的事情在十二万九千六百年后会再一次发生。著名政治思想史家萧公权先生(1897 ~ 1981)在退休

---

① 参见(宋)邵雍著、郭彧整理:《邵雍集·观物外篇中之下》,中华书局 2010 年版,第 131 页。以下所引《邵雍集》皆依此版本,只注书名、篇名与页码,其余不再注明。

② 参见《邵雍集·观物外篇下之下》,第 163 页;《邵雍集·观物外篇下之中》,第 159 页。

③ 邵雍先排出所有由奇符号组成的重卦,再用偶符号一个个替代其中的奇符号,直到组成所有都是偶符号的重卦;再让奇符号渐渐增加,回到所有由奇符号组成的重卦,六十四个重卦正好构成一个循环。

④ 劳先生认为邵雍史观乃是“极度悲观之‘史观’,与近世流行之‘进步’观念恰相反矣”。参见劳思光:《新编中国哲学史》,第 3 卷上,第 122 ~ 123 页。

前、上完最后一课时对学生讲:我跟同学们有个约会,十二万九千六百年以后,再次相见。他就是用邵雍的说法。用今天的科学来看,宇宙从创生到毁灭十二万九千六百年太短,但对我们人生跟文明经验来说已经很长了。我希望邵雍是对的,在十二万九千六百年以后我们还在这里讲座。顺便说一下,邵雍也是个算命大家,可以算出未来将要发生的事。据说他生前把他死后谁来盗墓都算出来了,他临死前叫人来看他下葬,让人看到墓里面没有什么贵重物品。

你们看,从儒家太极出发可以产生两种常识宇宙观,一个是创造以后永远如此,这是周敦颐的太极图;另一个是邵雍的先天图,宇宙的创造与毁灭在不断循环中。朱熹对这两种宇宙观都有兴趣,但他最后选择了周敦颐的太极图,主张创生以后永远是这样的宇宙观。邵雍在儒学中的地位并不那么重要,今天我们讲邵雍是北宋五子之一,是因为朱熹对邵雍的兴趣一直不减。儒家大多不太喜欢术数,邵雍临死前请程颐为他写墓志铭,程颐就对他不太感兴趣。

张载、程颢和程颐:气论、《定性书》、“性即理”

周敦颐的真正成功之处在于,他勾画出的宇宙自然形成的蓝图以及提出圣人可学的理论具有常识理性二层次结构,方法上是使用常识外推,这两点为建构新儒学打下基础。但是,他还留下一些理论缺环和不明之处,有待克服和发展。例如,他讲的“二五之精”是指阴阳五行和气都是实然,它们和作为应然的道德无直接关系,还必须论证宇宙秩序也是一种道德等级秩序,才能把基于常识的观念与道德实践直接挂起钩来。又如,必须从常识的宇宙论来论证作为儒家道德核心的“仁”在宇宙秩序中的普遍存在。在常识理性宇宙模型中,北宋五子中的另外三人,张载、程颢和程颐,完善了新儒学建构中的上述论述和核心观念。

张载在常识理性的宇宙论中突出了气的观念,以打通形而上的本体与自然万物的关联。先秦哲学中的气,主要用于表达物质、人的情感和实践活动等形而下的器之层面。《正蒙》是张载的代表著作,他强调气之本体的“至静无感”,这与周敦颐的《太极图说》一致,气也是属于形而上的本体;这种讲法已不同于先秦道家仅仅说无形太虚是气了。张载还说,气具有动之性,气之动就能产生出万物。① 周敦颐的宇宙论是以太极动和“二五之精”来讲万物的生成,张载则进一步论证了至静无感的形而上的气与太极合一,又由于气之性是一个大活物,气便成为太极动的动力,解决了太极动的内因。而气之动产生的万物,既是物质的,又是情感的。这样,就可以用气把形而上的宇宙天道与代表人的情感、道德实践活动联系在一起了。张载的气论式宇宙论比周敦颐以太极为中心的常识宇宙观更动态、更道德化。

中国文化最有代表性的名句是张载讲的“为天地立心,为生民立道(命),为去(往)圣继绝学,为万世开太平”。② 我父亲是个化学教授,也抄了这四句话贴在墙上。但是,今天人们大多只读懂最后一句“为万世开太平”,并不知道前面三句在讲什么。先看第一句,人怎么能为天地立心呢?“天地之心”的说法,古已有之,本是指上天的生生之德,③孟子也曾讲“万物皆备于我”,但都并没论证

---

① 张载《正蒙·太和篇》有“太虚无形,气之本体,……至静无感,性之渊源”“寂然不动”“太虚即气”“合虚与气,有性之名”等说法(《正蒙》,第7~9页);又《横渠易说》有:“天惟运动一气,鼓万物而生”“气块然太虚,升降飞扬,未尝止息”之说(《横渠易说》,第185页)。以上参见(宋)张载撰,章锡琛点校:《张载集》,中华书局1978年版。以下所引《张载集》皆依此版本,只注书名、篇名与页码,其余不再注明。

② 此语见《张载集·近思录拾遗》,第376页。后人惯用之“为天地立心,为生民立命,为往圣继绝学,为万世开太平”乃《宋元学案》引文时所改。

③ 如《尚书·咸有一德》:“克享天心,受天明命。”参见(汉)孔安国传、(唐)孔颖达正义、黄怀信整理:《尚书正义·商书·咸有一德第八》,上海古籍出版社2007年版,第8卷,第322页;《周易·复卦》:“复,其见天地之心乎”(《宋本周易注疏·复卦》,上册,第5卷,第308页);《礼记·礼运篇》:“人者,天地之心也,五行之端也”(《礼记集解·礼运第九之二》,中册,卷22,第612页)。

为什么是这样的。既然天地本已有心,为什么张载还要为天地立心呢? 他讲的为天地立心,是把天地看做一个大活物,气是心的物质形态。张载用气论打通了天地万物与人的德性我为同一本原,所以他说:“民吾同胞,物吾与也”。[①] 这样,张载就把心性论佛学中的普遍主体转化为儒学追求的以道德为内容的普遍主体,这个道德性的普遍主体就是张载为天地所立之心。

一旦理解了第一句“为天地立心”的意思,第二、三句就顺理成章了。“为生民立道(命)”中的“道(命)”是“天道(性命)”,“立道(命)”就是要把天赋予每个人——包括皇帝、百官和民众等所有人的天性,都视为普遍主体天心(儒家道德)之一源,道德律令成为每个人的性命之本。[②] 第三句话“为去(往)圣继绝学”,“去(往)圣”是何人? 当然是指孟子。孟子的心性论学说中断千年之久,这才要“为去(往)圣继绝学”嘛。有了前三句,才能做到“为万世开太平”。张载认为道德伦理属于宇宙秩序的普遍主体,才讲得出这等气魄的话来。这四句话对于君子儒来说,一方面他们可以进行为万世开太平的道德实践,更重要的是,他们可以通过不懈的修身,因明致诚、致学成圣,达到天人合一的境界。[③]

张载年轻时志不在理论,对打仗很有兴趣。他曾投靠镇守延安的范仲淹(字希文,谥文正,989～1052),想要跟随范仲淹打仗。范仲淹见他悟性高,又那么有志向,就对他说:“儒者自有名教,何事于兵?”打仗没什么意思,你还是去搞理论吧,劝他读《中庸》。[④] 张载苦研《中庸》二十年,成为大思想家。我看到这个材料很惊讶。

---

① 此语见于《张载集·正蒙·乾称篇第十七》,第62页。按:《西铭》本为《正蒙·乾称》首段。章锡琛点校本将《西铭》归于《正蒙》中。

② 《诚明篇》“性者万物之一源,非有我之得私也。惟大人为能尽其道,是故立必俱立”。参见《张载集·正蒙·诚明篇第六》,第21页。

③ 张载指出:“儒者则因明致诚,因明致诚,故天人合一,致学而可以成圣,得天而未始遗人。”参见《张载集·正蒙·乾称篇第十七》,第65页。

④ 吕大临:《横渠先生行状》,收于《张载集》,第381页。

北宋儒者是什么心态啊,面临西夏、辽那么大的军事压力,像范仲淹这样带兵的人却认为打仗没有意义,做理论才有意义。可见当时士人一门心思都在建构理论上。

张载的气论也是常识观念可理解的,比周敦颐以“太极”为中心的常识宇宙观更具体了。你们看,从周敦颐提出太极图说,讲圣人可学,迈出新哲学的第一步,张载走出第二步,说宇宙万物是气组成的,它不仅有生命,而且有道德。张载是另外两个大思想家程颢和程颐两兄弟的表叔,二程兄弟对儒学的核心价值与理的关系以及修身方法做出了进一步的论证和阐发。二程的言论集被编在一起,常不作区分,其实,程氏两兄弟对人性和道德论证的出发点并不完全一样,因此他们提出的修身方式也有差别。

先看哥哥程颢。程颢把“仁”视为天地万物所固有,是以常识理性中的人之常情为出发点。“仁”字是人字边加二,道德伦理就是讲两个人之间相处关系的准则。孔子讲的“仁”主要指俗世伦理,跟天地宇宙没太大关系。中文里“仁”字的意思很多,“果仁”指核,“麻木不仁”的“仁”指感知。程颢把“仁”视为天地的道德感知,①它是人的道德感来源,也是人心和天心相通共同之点。

程颢的道德哲学以“浑然与物同体”的“仁”为出发点,由此他的修身要点有二,一是居敬,②二是性无内外之分。《定性书》是程颢回答张载、谈修身的一封信。③“定性”本是张载讲修身的观点。张载认为,人要摆脱物欲的诱惑,就要与万物相隔绝,才能做到定性。程颢不同意张载这种人心与万物相隔的看法,他认为仁与天

---

① 程颢指出:“医书言手足痿痹为不仁,此言最善名状。”参见《二程集·河南程氏遗书·识仁篇》,第2卷上,第15页。

② 程颢指出:“学者需先识仁。仁者,浑然与物同体。义、礼、知、信皆仁也。识得此理,以诚敬存之而已,不须防检,不须穷索。”参见《二程集·河南程氏遗书》,第2卷上,第16~17页。

③ 《定性书》原名为《答横渠张子厚先生书》,清吕留良刻本题目作《答横渠先生定性书》。

地万物浑然为一体，所以认得本心之仁，就无所不至。① 程颢说，只要心合于理了，也即《中庸》所讲的在喜怒哀乐未发时与天理、道德法则的合一，人就能“廓然而大公，内外两忘”。何为“内外两忘”？以自己的无内外之分的本性为出发点，就可以做到应外界之事物而不为物所累。② 程颢吸收了佛家的修身方法，又非常注意与佛家的区别，他说，修身目标是追求天理仁心，与“佛氏总为一己之私，是安得同乎？”③

程颢曾很明白地说过，他的学问是跟人学来的，但“天理二字却是自家体贴出来的”。④ 从此，他开始用“天理”来表达宇宙秩序。二程兄弟都重视天理，但对天理的理解却有很大差异。程颢侧重于从“仁心”这一普遍主体来讲天理，而弟弟程颐则明确地说“性即理也，所谓理，性是也”，⑤提出“性即理”这一核心观念。今天讲的“程朱理学”中的这个“程”专指程颐。“性即理”三个字看似简单，但能说出来实则不易。朱熹曾评论说，孔孟之后没人看到这一点，也没有人敢这样讲。⑥

儒家讲“性”，多是发挥《中庸》里讲的“天命之谓性”。人和万物各有其性，千差万别，牛有牛性，马有马性，人有人性，男女有不同的

---

① 程颢指出：“仁者，以天地万物为一体，莫非己也。认得为己，何所不至？”参见《二程集·河南程氏遗书》，第 2 卷上，第 15 页。

② 程颢《定性书》：“所谓定者，动亦定，静亦定，无将迎，无内外，……以己性为有内外也。”“与其非外而是内，不若内外之两忘。两忘则澄然无事矣。无事则定，定则明，明则尚何应物之为累哉？”参见《二程集·河南程氏文集·答横渠张子厚先生书》，第 2 卷，第 460 ~461 页。

③ 《二程集·河南程氏遗书·明道先生语四·亥九月过汝所闻》，第 14 卷，第 142 页。

④ 《二程集·河南程氏外书》，第 12 卷，第 424 页。

⑤ 《二程集·河南程氏遗书·伊川先生语八上·伊川杂录》，第 22 卷上，第 292 页。

⑥ 朱熹：“自孔、孟后，无人见得到此，亦是从古无人敢如此道。”参见《朱子全书·朱子语类·孟子九》，第 16 册，卷 59，第 1889 页。

性。程颐的高明之处是指出,天、性、心是从三种角度看的同一之理。[①] 他又说:“性之自然者谓之天”,万物的自然秉性就是天。[②]很显然,他沿用了郭象以自然作为形而上和具体事物的根据,是以常识理性的自然为根据,去讲万物之自然存在都是本于天理的。程颐由此可推论说:“一人之心即天地之心,一物之理即万物之理。”[③]这句话的意思是,对于人来说,理就是具有道德感即具有向善意志的人心,小我之一心即是作为普遍主体的天地之心,每一物之理即体现着万物生成的普遍之理。

这种理论规定了程朱理学的修身模式是“穷理尽性”。穷理是穷极世间的每一物之理,进而体悟万物相通之理;尽性就是去认识自己本于天地之心的性,达到知天之诚。这就是二程所讲修身成圣是“圣人公心尽天地万物之理”。[④] 不同于周敦颐的修身“主静”,程颐强调穷理修身的“为学之大要”是“敬”。[⑤] 仅做到静还不够,还要敬,修身要持身恭敬,如临深渊、如履薄冰,通过体悟现世的人心和万物之理,达到天人合一的天理境界,这样就一下子和佛学主静修炼追求解脱区别开来了。

举一个程颐修身的例子。网上很容易查到“程门立雪”的故事,但误解了本意。故事说,有一天四十多岁的哲学家杨时(号龟山,1053~1135)去找程颐请教问题,程颐正在打瞌睡,或者说午睡(网上这么讲的啊),他不敢打扰,就站在门外等程颐醒来。在他等

---

① 程颐:“自理言之谓之天,自禀受言之谓之性,自存诸人言之谓之心。”参见《二程集·河南程氏遗书·伊川先生语八上·伊川杂录》,第22卷上,第296~297页。

② 《二程集·河南程氏遗书·伊川先生语十一》,卷25,第318页。

③ 《二程集·河南程氏遗书·二先生语二上》,第2卷上,第13页。

④ 《二程集·河南程氏粹言·论道篇》,第1卷,第1181页。

⑤ 程颐:“君子主敬以直其内。”参见《二程集·周易程氏传·周易上经上·坤》,第1卷,第712页。

待时，雪下了一尺多厚，杨时成为一个雪人。[1] 今天多用这个故事来讲学生对老师的尊敬。问题是，程颐是在打瞌睡吗？原文是用“瞑坐”。什么是瞑坐？瞑坐本是佛学的修身功夫，宋儒也以瞑坐修身，但并不是追求解脱。杨时来找程颐之时，程颐专心打坐，是以居敬之心冥想天地万物之理，学生当然不能打搅。故事中的老师和学生都有主敬的心态。今天已没有这种精神状态了。

我们可以用建大厦作为比喻来讲北宋五子对建构宋明理学的贡献。以常识理性为根据，周敦颐给出一个儒学两层次的结构蓝图，张载、程颢和程颐则用理、气、性、命等观念，以及它们之间的关系来充实和细化这一框架。但这只是重建儒学的初级阶段，直到南宋朱熹作为集大成者，根据周敦颐的蓝图才把张载、程颐等给出的概念综合成为一个漂亮而庞大的理论体系，这就是程朱理学。

朱熹体系的形成

当代中国人对程朱理学的漂亮不太有感觉，我本来也是这样。1992 年我和青峰到日本访问，东京大学的朋友尾崎文昭教授的话令我毕生难忘。他说，你们中国有伟大思想家，日本没有。这话对我来讲并不奇怪，中国当然有伟大的思想家，孔子啊，庄子啊。没想到这位日本朋友讲的并不是孔孟老庄，他说的伟大思想家是朱熹。当时我对宋明理学还没有足够的了解，心想朱熹有那么重要吗？后来理解了朱熹的体系，才意识到其理论结构的漂亮。所谓理论体系漂亮，是指一个庞大理论体系实现了各种观念的自洽和方法的一致。儒学是中国最重要的文化理论，但先秦孔孟只给出了儒学的核心价值；汉代宇宙论儒学虽然很宏大，但不够自洽，缺陷很多，沦为迷信；只有到南宋朱熹才建构出第一个庞大而又自洽

---

① （元）脱脱等撰：《宋史·杨时传》，卷 428，收于中华书局编辑部编：《二十四史》（简体字本），中华书局 2000 年版，第 9955～9956 页。

的儒学理论体系。可惜,当代中国人已不了解程朱理学的思维模式了。

朱熹的理论雄心很大,他以常识理性为基石,综合北宋五子哲学,建构出一个新的有两层次结构的儒学体系。他至少须要整合如下五个领域:第一是周敦颐的宇宙形成模型;第二是张载的气论,说明万物如何生成;第三是程颐的"性即理",指出道德规范如何来源于宇宙秩序;第四是如何处理主敬和主静的修身;第五是道德实践过程及中庸原则。关键在于,他是否能找到统一的常识类比和外推方法,一举完成这五个领域的统合。

"理"是朱熹的道德哲学体系和修身方法的核心观念。这个"理"既是一个包罗万象的普遍之理,也是万物万事的具体之理。用朱熹的话说:"合天地万物而言,只是一个理,及在人,则又各自有一个理。"[①]对普遍之理和具体个别之理的关系,他说:"万物皆有此理,理皆同出一源,但所居之位不同,则其理之用不一。"[②]其意思是,万物之性都是由理所规定的,千差万别的事物都是出于"一理";这个理赋予每种事物各自的一个理,所以物各有其特性及功用,也就是程颐讲的"理一分殊"。

从常识来看,每一种存在之物都有其具体之理,这是不容置疑的。朱熹的理论出发点,正是牢固地建立在常识理性中的常识是不容怀疑的基础上。在这一基础上,又如何讲宇宙万物的生成呢?这就涉及理和气的关系。在朱熹的理论中的理是先于万物而存在的秩序,是规定事物应该成为什么样子的原则。这可能有点不太好理解。我打个比喻,理犹如先于实物的模具,气是物质填料,气填入模具,就会根据理所规定的样子铸造出特定的物件来。理是先于物的条理、秩序的规定性,理在气先。另外,"有理必有气"本

① 《朱子全书·朱子语录》,第14册,卷1,第114页。
② 《朱子全书·朱子语录》,第14册,卷18,第606页。

身也是一条理,这样,气将实现(填充)理,万物根据各自的理而自然生成。这是一个比“太极图说”更精致的、更符合常识的宇宙观。

朱熹曾说在没有父子存在的时候,就已经有父子关系了。今天我们很不好理解,没有父子怎么会有父子关系呢?但在朱熹的体系中,理是规定事物性质以及它们之间应然关系的存在,例如,儒家伦理中的孝是理,具体的父子血缘关系是气,道德实践是实现孝这个理而已。朱熹是从“性即理”来讲理气关系的,按照理在气先,当然是父子伦理先于父子血缘关系了。

由于气有清浊之分,气填充理时,结果有所不同,故人有聪明和愚钝之分,天赋不一。但是,源于天理规定的人之性是相同的,这就是每个人的道德属性,以及由它规定的人际关系和伦理秩序。皇帝、臣子、家庭伦理的等级秩序统统来自于理。当气代表物质创造万物的时候,气多了不行,少了也不行;当气代表实践和情感时,情感卷入也要恰如其分,避免过和不及。你们看,朱熹哲学无论是宇宙创造,或者讲道德实践和修身时,都是采用常识类比外推方法,具有逻辑的一致性。

朱熹理论中最值得重视的部分,是他给出了与其理论相配合的修身方法。从周敦颐的静之诚到二程的定性、主敬,都是把佛教的解脱转化为儒者的成圣,但还不足以讲清楚儒学独特的修身模式。诚、定性、主敬只是对应着《大学》的格物、致知、诚意、正心、修身、齐家、治国、平天下八条目中的诚意、正心两条,它们如何和其他六条统一呢?朱熹的理论体系具有理气二元、先有理后有气的结构,与此对应的修身也分为两部分。第一部分是排除欲望,去冥想气未动时的纯粹天理世界,这一环节涵盖了周敦颐的至诚和二程的主敬、定性。第二部分是格物致知,必须读书博学、研究万物之理,触类旁通,即穷理尽性,去理解秉气所生的每一具体之物中蕴涵着的统一天理,理解了儒家道德与天理的一致性,才能自觉地践行修身、齐家、治国、平天下。

朱熹对弟子讲修身方法时,曾说过:“半日静坐、半日读书”,[①]这种说法有点夸张,但符合他的修身方法。为什么要静坐?静坐是以静养神的姿势和方法,敬才能守住一心之主宰,[②]排除欲望(气)的干扰,冥想那个纯粹的天理世界。为什么又要半日读书?朱熹的求知读书“道问学”是为了穷理,理解天理的普遍道德秩序。你们看,汉唐儒生的修身主要落实在道德实践方面,而朱熹的修身则强调了精神境界的追求和对知识的重视,将其视为道德实践的前提,这是史无前例的。

出于修身方法和宇宙论高度自洽,朱熹把《大学》开头三句话“大学之道,在明明德,在亲民,在止于至善”,定为儒家三纲领。他解释说,“明明德”的第一个“明”字是动词,“明德”是“人之所得乎天”的光明道德,即“本体之明”。因每个人由不同的“气禀所拘,人欲所蔽”,使得他们“有时而昏”;修身就是要明明德,“以复其初”,达到“尽夫天理之极,而无一毫人欲之私”的明德之境。[③] 这样,朱熹从“存天理、灭人欲”的明明德,[④]推出齐家、治国、平天下建立道德秩序的理想和修身实践。

朱熹建立在常识理性之上的理学体系,实现了从理论和修身实践高度自洽。从此,儒家伦理和皇帝权威重新获得了形而上的天道支持,具有更大的权威性,使得董仲舒讲的“天不变,道亦不变”,才真正成为家国同构组织方式的可靠根据,后来成为元、明、

---

① 朱熹教其门人郭德元“半日静坐,半日读书”(《朱子全书·朱子语类·训门人四》,第18册,卷116,第3674页)。他教黄子耕以静养神时说:“但加趺静坐,目视鼻端,注心脐腹之下,久自温暖,即渐见功效矣。”(《朱子全书·晦庵先生朱文公集·答黄子耕》,第22册,第51卷,第2381页)。

② 朱熹《大学或问上》指出:“敬者,一心之主宰,而万事之本根也。……然则敬之一字,岂非圣学始终之要也哉?”参见《朱子全书·大学或问上》,第6册,第506~507页。

③ 以上参见《大学章句》,第3页。

④ 朱熹言道:“圣贤千言万语,只是教人明天理,灭人欲。”见《朱子全书·朱子语类》,第14册,第12卷,第367页。

清三朝的官方意识形态。又因为朱熹的修身方法与佛教划清界限,使士人既可以在现实政治和社会生活中履行儒家伦理,又能追求道德理想境界,解决了士子安身立命的大问题。

朱熹是整合北宋五子理论并建立起完整理论体系的集大成者,他在利用《太极图说》时遇到一点困难。在周敦颐的理论框架中太极来自于无极,但在朱熹的理论体系中,儒家道德之诚是天所赋予的正理,就是太极,[①]太极即天理,太极之上不能再有另一个无极之本原。为了理论纯粹和自洽,朱熹删去了《太极图说》“自无极而为太极”这句话中的“自”与“为”两个字,改成“无极而太极”,[②]意思就变为无极就是太极,太极之上没有更高的本原。劳先生对朱熹为了自己理论完美而去篡改文献的这种做法,颇有微词。也许,朱熹是为了要与玄、佛、道相区别,突出儒家观点,才这样地改动周敦颐的“太极图说”吧。在朱熹看来,太极就是理,他进一步把“太极,形而上之道也;阴阳,形而下之器也”的讲法,转换为常识可理解的理和气之说法:“理也者,形而上之道也,生物之本也;气也

---

① 朱熹在《通书注》中指出:“诚者,至实而无妄之谓,天所赋,物所受之正理也。……诚即所谓太极也。”参见《朱子全书·通书注·诚上第一》,第13册,第97页。

② 《朱子全书·近思录》,第13册,卷1,第167页。对于“自无极而为太极”一说,朱熹认为应该为“无极而太极”,他在《记濂溪传》中指出,“戊申六月,在玉山邂逅洪景卢内翰,借得所修国史,中有濂溪、程、张等传,尽载太极图说。盖濂溪于是始得立传,作史者于此为有功矣。然此说本语首句但云‘无极而太极’,今传所载乃云‘自无极而为太极’,不知其何所据而增此‘自’、‘为’二字也。夫以本文之意,亲切浑全,明白如此,而浅见之士犹或妄有讥议。若增此字,其为前贤之累,启后学之疑,益以甚矣。”以上原文参见《朱子全书·晦庵先生朱文公文集(五)·记濂溪传》,第24册,第71卷,第3410页;关于朱熹删改太极图说之研究,可参考张祥龙:《周敦颐的〈太极图说〉、〈易〉象数及西方有关学说》,收于吴展良编:《东亚近世世界观的形成》,台湾大学出版中心2007年版,第119~121页。

者,形而下之器也,生物之具也。"[①]这样,朱熹把北宋五子创造的观念整合成一个先有理后有气的具有两层次结构并高度自洽的理论系统。

《近思录》:理学修身结构之呈现

任何宏大理论的表达,一定要有相应著作。儒家著述最重要的形式是编注圣人语录,《论语》是编孔子及其弟子语录的文献。圣人语录编成后,后人用注解语录的方式去发挥自己的见解。孔子的《论语》没什么结构,每章的第一句话前两个字就是章名,如第一章第一句是"学而时习之",章名就是"学而"。[②] "文革"前编的《毛主席语录》是有结构的,分成三十二章,每章的名即为该章内容。

朱熹和吕祖谦(字伯恭,世称东莱先生,1137 ~ 1181)共同编了一本《近思录》,收编了周敦颐、张载、二程等人共六百二十二条语录,分为十四卷。朱熹编语录很用心地安排分卷、定名和章节,以便呈现出他的理学结构。你们看过《近思录》没有?书名《近思录》用了《论语·子张》中一句话:"博学而笃志,切问而近思,仁在其中矣。"[③]何为"近思"?就是从近处的基于人人皆知的常识开始思考。劳先生不太重视《近思录》,但钱穆十分推崇此书,他说:"后人

---

① 朱熹在《系辞上传第五》中"是故易有太极"条下谈到:"太极者其理也"(《朱子全书·周易本义》,第1册,第133页)。又在《答黄道夫》一文中说:"理也者,形而上之道也,生物之本也;气也者,形而下之器也,生物之具也。"(《朱子全书·晦庵先生朱文公文集(四)·答黄道夫》,第23册,第2775页)。

② 我在讲《论语》时,曾从使用最多的"知""仁"和"君子"三个关键词来讲其观念结构。"知"就是自我意识觉醒的道德感,"仁"是道德的内涵,"君子"是做有道德的人。今年我请学生做《近思录》关键词统计分析,发现"君子"前面多了二十几个关键词,如"道""心""天""理""气""圣人"等,可见从《论语》到《近思录》对道德的领悟细化了许多。《近思录》的观念结构和《论语》不同。

③ 《论语集注·子张第十九》,第189页。

治宋代理学,无不首读《近思录》。”①

《近思录》分成十四卷,题目如下:②

卷一·道体(道体)

卷二·为学大要(为学)

卷三·格物穷理(致知)

卷四·存养(存养)

卷五·改过迁善克己复礼(克己)

卷六·齐家之道(家道)

卷七·出处进退辞受之义(出处)

卷八·治国平天下之道(治体)

卷九·制度(治法)

卷十·君子处世之方(政事)

卷十一·教学之道(教学)

卷十二·改过及人心疵病(警戒)

卷十三·异端之学(异端)

卷十四·圣贤气象(圣贤)

后序·提要

分析一下这十四卷的结构。第一卷道体讲天道,给出先理后气的常识宇宙观。第二卷讲为学之大要,提出主敬和穷理的修身纲领。其后,从第三卷到第十卷这八卷,与格物、致知、诚意、正心、修身、齐家、治国、平天下的修身八条目不完全一样。朱熹改了些什么呢?他先用格物穷理来讲致知,之后加了个主静的存养。下面才讲家道,就是齐家。本来该接着讲治国平天下了,朱熹又加了

① 钱穆:《朱子新学案(三)·朱子对濂溪横渠明道伊川四人之称述》,收于钱宾四先生全集编辑委员会编:《钱宾四先生全集》,联经出版公司1998年版,第13册,第65页。

② 这十四卷前面卷名是原书朱子所定卷名,后面括号中是台湾版《近思录今注今译》标题,为叶采所定卷目,可以更好地理解各卷内容。

个“出处”,即“进退辞受”原则。这两点修订都很重要。如果一个儒生出于道德考虑不想从政,或假定皇帝不要你当官了,你怎么办？不要紧。儒生在读书当官的仕途之外多了一种选择,这就是独善其身,像荷花一样出污泥而不染。你可以在自己家里修身做君子,读书教书,教化天下呵。这或许比为国家服务更有意义、境界更高。这很了不得。

接着,朱熹把治国平天下的内容细化了。他把治国平天下分为治体、治法及政事三种。治体讲治国的基本原则(理),政事是具体举措;治法讲政府组织和运作(气)。此后再讲修身要点,如何学习、慎独及改过。你还必须要了解哪些是异端,朱熹还专门讲异端来判教,这是为了跟佛学区分开来。最后,因为圣人可学,专门有一卷来讲圣人气象。你们看,这样一个结构对应着新的意义系统,意味着儒学发展到新阶段。这是孔孟之后儒学理论的一个大飞跃。

四书五经的形成

程朱理学的形成意味着儒学已消化融合了佛教,形成了有别于汉唐儒学的新儒学,并提出了新的修身方法之后,就会按此标准重新选择和编排儒家经典,这就是四书五经。何为四书五经？五经还是指先秦儒家文献“诗”“书”“礼”“易”“春秋”,四书则是指由朱熹编注的《论语》《孟子》《大学》和《中庸》。虽然《论语》《孟子》是儒学创始人的思想言论,但直到朱熹编四书前都还不属于经。《大学》讲儒学的三纲领和修身八条目,《中庸》讲道德和修身来源于天。朱熹把《大学》《中庸》两篇从《礼记》中抽出来成为独立经典,是要强调它们对理解儒学核心价值的重要性。[①] 简单地

① 关于《大学》与《中庸》成为经典的过程,可参见杨儒宾:“《中庸》《大学》变成经典的历程:从性命之书的观点立论”,收于李明辉编:《中国经典诠释传统(二):儒学篇》,台湾大学出版中心 2004 年版,第 113 ~ 157 页。

讲，四书五经就是用四书来统率五经。原来五经上面没有纲，有了四书后，纲举目张，儒学被纳入程朱理学的结构。朱熹身后，宋仁宗皇庆二年(1313 年)，朝廷诏定明经科考试中用朱注《四书》。自此，四书纳入官方意识形态。

我还想从文化融合方面多讲几句。《中庸》被提升到与孔孟经典并列的四书之前，已受到佛家重视。最早是陈寅恪先生(1890～1969)在《冯友兰〈中国哲学史(下册)〉审查报告》中提及，北宋初年天台宗僧人智圆(976～1022)自号中庸子，曾写《中庸子传》，以龙树的中道义来解释中庸。余英时先生也指出："《中庸》的发现与流传似与南北朝以来的道家或佛教徒的关系最为密切。"①心性论佛教要在中国传播，就一定要发掘中国文化中可以援引的文化资源，因为《中庸》大讲心性，所以受到佛教徒的重视。反过来，儒家要消化佛教，也要回到自家经典的《中庸》。可见文化融合是一个互相发现、促进的过程。

从唐末到北宋五子，再到南宋朱熹，儒学终于消化了佛道两个思想体系，对儒家经典做出了创造性的新理解；儒学被提升到理学新阶段。从朱熹开始，儒学成为一个以常识理性为根据、思考精密、气象宏大的观念系统，无论从理论结构，还是思辨能力上看，再或是以修身追求超越个体生命限制的境界来看，都给出了完整的方案。儒学作为中国政治文化的主流形式从孔孟到朱熹发展到理学新阶段，终于形成了一个完整的理论体系。

理学成熟以后，从观念系统和社会互动来看，其重要性主要表现在以下两方面。第一，程朱理学被定为官方意识形态后，元、明、

---

① 以上转引自夏长朴："论《中庸》兴起与宋代儒学发展的关系"一文。夏长朴把余先生《朱熹的历史世界——宋代士大夫政治文化的研究》的相关见解概括为三点：第一，南北朝以来，《中庸》开始受到注意并且有数本批注出现，应与佛教徒的"格义"或新道家"清谈"的需要有关；第二，唐代李翱所接受的《中庸》传承，应该来自佛教徒的系统；第三，《中庸》在北宋受到儒者注意，是因为释家的影响。夏文收于彭林编：《中国经学》(第 2 辑)，广西师范大学出版社 2007 年版，第 131～187 页。

清再也没有发生大分裂,也没有再出现汉代那样的迷信泛滥;在社会上,家族组织完善化并向民间普及。儒生克服了儒佛两面人的困境,强化了儒生阶层的社会功能。这当然和程朱理学从天理推出儒家伦理,给出了大一统和皇权正当性论证有关。与此同时,理学也带来思想僵化和对人性的压抑及其他问题。这一点我将在第六讲讨论。

程朱理学的第二个重要功能,是开启了中国思想史上道德意识形态的内部争论。这一点极为重要。春秋战国诸子间的争鸣,是百家多元思想之争。宇宙论儒学松动后,产生儒释道三家不同价值系统的信仰之争和互斥。与此不同,从北宋五子初建理学之时,儒学理论内部就出现分歧,分歧日渐突出,使理学内部衍生出不同派系。为什么会这样呢?因为,理学是建立在常识理性框架中的,以常识理性为论证道德的最终判据,而常识理性中有常识合理和人之常情合理这样两个不同的且不容置疑的出发点,它们分别对应着"性即理"和"心即理";从不同的出发点可以有不同的道德论证方式以及不同的修身模式,它们同样有效,都具有正当性。其结果必然引发理学内部意识形态的争论。邓小平有句名言,叫不争论。中国人真的能做到不争论吗?从程朱理学诞生到现在,道德意识形态内部的争论一直没有中断过啊。

需要强调的是,在常识理性指导下所建立的道德意识形态可以有不同的模式,不同的模式使得宋明理学内部分成不同的派系,不同派系之间互相争论,开启了道德意识形态不同的发展方向,同时也增强了中国文化受冲击时的应变能力。只有了解常识理性作为宋明理学的深层结构是如何制约着理学的分系,才能理解这种深层结构对中国近现代思想发展的影响。

5.3　第一次文化融合的完成及理学的分系

心学和理学的对峙

在常识理性结构中,程朱理学的性即理认为常识的、自然的宇宙万物之性是天理,先有天理(外部秩序),再讲每个人的道德感,由此来证成儒家道德伦理。但这不是论证儒家伦理成立的唯一模式。与朱熹同时代的哲学家陆九渊提倡心即理,是以常识理性中、同样是不能质疑的作为人之常情的善为出发点,人人都有的内心之善(道德心),可以外通于代表普遍道德秩序的天理。也就是说,常识理性所构造的道德哲学中性即理和心即理两个方向,分成程朱理学和陆王心学两个不同的派系。

陆九渊根据孟子的四端说,①提出心即理。他这样论证:“四端者,即此心也。天之所以与我者,即此心也。人皆有是心,心皆具是理。心即理也。”②陆九渊认为,作为道德规范的理压根儿不是外在的,天赋予人心的不可泯灭的道德感就是理;人的悖理违义行为,是心受蔽于外物所致,只要思考如何回到人的本心,道德伦理的本义就能判然而明。③ 据此,他豪迈地说:“宇宙便是吾心,吾心即是宇宙”,④人心小小方寸,实则充塞于宇宙。陆九渊指责朱熹的

---

① 《公孙丑上》:“恻隐之心,仁之端也,羞恶之心,义之端也,辞让之心,礼之端也,是非之心,智之端也。”参见《孟子集注·公孙丑章句上》,卷3,第238页。

② (宋)陆九渊著、钟哲点校:《陆九渊集·与李宰二》,中华书局1980年版,卷11,第149页。以下所引《陆九渊集》皆依此版本,只注书名、篇名、卷数与页码,其余不再注明。

③ 陆九渊:“义理之在人心,实天之所与,而不可泯灭焉者也。彼其受蔽于物而至于悖理违义,盖亦弗思焉耳。诚能反而思之,则是非取舍盖有隐然而动,判然而明,决然而无碍者矣。”参见《陆九渊集·思则得之》,卷32,第376页。

④ 参见《陆九渊集·杂说》,卷22,第273页。

格物致知、穷理尽性修身方法过于"支离破碎";而他的修身是直指本心,"明心见性"。朱熹不服,骂陆九渊的修身方法全然不明理气二分之理,如私盐贩子之瞒天过海的勾当。① 此后,理学内部心即理和性即理两种相反的观点争论不休。我们都有体会,某一意识形态内部的争论,或称路线斗争,往往最激烈,你死我活。

儒家内部第一次大争论的鹅湖之会,发生在朱熹和吕祖谦编《近思录》的前后。南宋淳熙二年(1175 年)朱熹送吕祖谦一块儿从福建回浙江,途经江西铅山,顺便逗留鹅湖寺。吕祖谦写信邀约在江西金溪的陆九龄(字子寿,号复斋,1132 ~ 1180)、陆九渊兄弟前来聚会。当时性即理和心即理两派已壁垒分明,闽北、浙东、皖南的朱、陆弟子朋友,以及闻风而至的学者约百余人,旁听两派大师的会讲比武。在吕祖谦主持下,朱熹与陆氏兄弟激辩三日。朱熹指陆九渊讲的心即理,"宇宙即吾心",能与佛学划清界限吗?不就是禅嘛。讲"六经注我",不用求知、穷理了,如何修身?陆氏兄弟说朱熹,你不是讲性即理、要去穷一个个理吗?每个事情都有一个理,怎么穷得完呢?搞到头发白了你也弄不懂什么是天理嘛。两位大师唇枪舌剑,针锋相对,就是谈不拢,最后陆氏兄弟略占上风。

别看朱熹与陆九渊辩论时互不相让,但他们互相欣赏,不像我们今天有些人辩论以后双方连话都不讲了。鹅湖之会后,朱熹邀请陆九渊到他那里去讲学,讲题是:君子喻于义,小人喻于利。陆九渊批判佛教为个人求解脱,就是喻于利,朱熹非常赞同。有时间的话,我们可以去游一游铅山鹅湖寺,重温中国历史上第一次思想大辩论的热烈气氛。

朱熹的思想又被称为朱子学,消化了佛学又和佛教划清了界

---

① 朱指陆"只我胸中流出底是天理,全不着得些工夫,看来这错处,只在不知有气禀之性。"参见《朱子全书》,第 18 册,第 124 卷,第 3887 页。

线，因此在中国和整个东亚的影响很大，君王和士子都非常喜欢。朱熹这个人是思想家，学问好，但他太喜欢参与政治，总是搅到政治斗争中去，处理政治能力又不强，为他晚年带来挫折。皇帝本来喜欢理学，因朱熹参与政争，就不喜欢他了，他受到打击，理学也被禁过一阵子。[①] 朱熹的学说虽曾受到一时压抑，但因其利于治道，很快又成为显学，成为元明清三代的官方意识形态。朱熹注的四书是科考内容，读书人自小就要死记硬背朱熹著述，士人修身也是主敬式的格物穷理。

陆九渊开创的心学命运不太好。照理讲，陆九渊跟朱熹在鹅湖会讲辩论时还势均力敌，为什么后来陆九渊的那一套理论长期默默无闻呢？我想可能有两个原因。一是禅宗在宋代还太厉害，当时"释氏本心，圣人本天"的讲法很流行，[②]陆九渊的心即理跟禅宗太像了，这对当时极力要区分开来儒学和佛学的儒生来说，显然缺乏吸引力。另外一个原因，程朱理学已完成了以常识合理为出发点的理论建构，而陆九渊尚没有完成以人之常情之善作为道德基础的体系建构，心学还没有形成如程朱理学那样的完整体系。一直要到明代中后期，朱子学日益僵化，成为禁锢士人的思想牢笼时，王阳明以良知作为不容置疑的出发点，才建构出可以跟程朱理学相匹敌的心学体系。

"穷理"还是"致良知"？

王阳明的悟道，正是从发现程朱理学修身的困难开始的。你们都听说过王阳明格竹子的故事吧？他年轻时曾对着竹子坐了几天几夜，后来病倒了，也没格出竹子的道理来。今天人们会觉得这个故事很可笑，坐在那里格竹子能认识竹子吗？钱穆曾谈及朱熹

---

① 关于朱熹被打为伪学与受到禁制的过程，可参见蔡方鹿：《朱熹与中国文化》，贵州人民出版社 2001 年版，第 12～14 页。

② 《二程集·河南程氏遗书·伊川先生语七下》，第 21 卷下，第 274 页。

是如何格竹子之理的:“朱子听一道士讲竹子夜间生长,日间不生长。他一天曾住在一和尚寺里,闲着无事,晚上去量竹子,明天又去量。他说‘这道士的话靠不住’。”①难道阳明苦坐数日格不出竹子道理,是因为他没有像朱熹那样测量竹子的生长吗?其实,朱熹讲的格物穷理主要不是做实验,而是主敬、静坐冥想,体悟具体对象的个别之理,上升为理解天理,然后再从天理来理解世间人伦道德。强调对道德的理解依赖于常识,格致只是丰富和整理常识并进而理解天理的过程。

我们今天已不了解宋明儒的格物致知(简称格知)的修身模式了,那可是儒生每天日常生活中最重要的事呵。好在中国绘画传统保留了格致方法。我在中国美院的第一个博士研究生张东华,他的博士论文是研究南宋儒生宋伯仁(字器之,号雪岩,生卒年不详)的《梅花喜神谱》,还原出儒生格致修身的过程。② 他发现,宋伯仁的格梅,第一步是爱梅、种梅、赏梅,长期观察、记录梅花各种形态,然后绘成梅谱。宋伯仁做这些事主要不是为了了解梅花知识的求知,而是用常识类比方法去思考与梅花相关的事理,理解儒家道德与天理相通。例如,宋伯仁观察到梅花有的花型很像一把扇子,就会联想到这是儒家的教化天下,赋诗一首说明此意。可见,格致是在格每个具体事物的具体之理,然后用常识贯穿起来指向天地万物之理,再回到理解儒家伦理的秩序。

王阳明悟道过程很漫长。他年轻时格竹子格出病来,已怀疑程朱理学的修身方法有问题。二十年后他被贬贵州时,突然领悟

---

① 钱穆:《从中国历史来看中国民族性及中国文化》,收于钱宾四先生全集编辑委员会编:《钱宾四先生全集》,第 40 册,第 104 页。

② 张东华:《格致与花鸟画——南宋宋伯仁〈梅花喜神谱〉为例》,中国美术学院 2012 年博士学位论文。

到“圣人之道，吾性自足，向之求理于事物者误也”，[①]这就是著名的龙场悟道。阳明体认到天理圣人之道压根儿不在外部，每个人的人心所具有的向善意志就是天理的根据，朱熹那种通过格心外事物之理去了解天理，完全是误人的。他把常识理性中与天理相通的人之常情之善称为“良知”。陆九渊讲心即理，但修身方法不明确，到王阳明说“致良知”才是修身之正道，批评程朱的性即理及穷理尽性的修身统统是道德哲学的歧途。

简单地讲，阳明心学的两个要点是致良知与知行合一。先讲致良知。与朱熹一样，王阳明也认为人的“天命之性，粹然至善”，“是皆明德之本体”，不同的是，他说这个本体就是“所谓良知者也”；[②]人心不是一块肉，“吾心之良知，即所谓天理也”。[③] 明明德就是致良知，令人人具有的自然情感中的善呈现出来，就能知善恶、辨是非。阳明把人心具有的怜悯羞耻等善端提升到天命所赋的本体层次上，又用致良知把人的道德社会实践和修身贯通起来，给出一个有二层次结构、自洽的心学理论体系。

从这种心学理论来看，阳明认为，程朱那种主敬的“于事事物上求至善”的由外向内的格物修身工夫，完全搞错了方向。修身应该直截了当地转向内心良知，由内向外推，他说“知至善，惟在吾心，则求之有定向”。王阳明把“格”训为“至”，[④]格物过程就是致良知，“随时就事上致其良知，便是格物”，[⑤]当我随便碰到某一事物，只要我致良知就可以了解它是善还是恶，要穷个什么理呵。阳

---

① （明）王守仁撰、吴光等编校：《王阳明全集·年谱一·正德戊寅征赣》，上海古籍出版社 1992 年版，下册，卷 33，第 1228 页。以下所引《王阳明全集》皆依此版本，只注书名、篇名、册别、卷数与页码，其余不再注明。

② 《王阳明全集·亲民堂记乙酉》，上册，卷 7，第 251 页。

③ 《王阳明全集·传习录中》，上册，卷 2，第 45 页。

④ 王阳明《传习录》：“‘格’字之义，有以‘至’字训者，如‘格于文祖’、‘有苗来格’，是以‘至’训者也。”参见《王阳明全集·传习录中》，上册，卷 2，第 47 页。

⑤ 《王阳明全集·传习录中·答聂文蔚书》，上册，卷 2，第 83 页。

明嘲笑朱熹在孔门讲修身千年之后,在“诚”上加了个“敬”字,简直是画蛇添足,他说,修身“惟以诚意为主,而用格物之工,故不需添一个‘敬’字”。①

一旦完成这一转变,儒生的修身就不再需要去格物穷理,而是致良知过程:人只要致良知、依良知而行,就能做出符合儒家止于至善的行为。由此,阳明推出了心学的知行合一论。知并不在行(意向性指向善)之前,知行合一,他说:“只说一个知已自有行在,只说一个行已自有知在。”②王阳明以常识理性中人之常情之善完成的心即理的心学体系,无论从理论体系或修身原则上看,均比程朱理学的性即理更简洁、易懂易行,因此很快弟子遍天下,盛极一时。

“天泉证道”和“满街是圣人”

王阳明把他的道德哲学归结为四句话:“无善无恶是心之体,有善有恶是意之动,知善知恶是良知,为善去恶是格物”,③也称阳明四句教。心之体本来没有善恶,心动起意才有善恶之分;个别人的良知与普遍之理的心体相通,因此良知是知善知恶的;人去实现这个善就是格物(道德实践)了。阳明四句教呈现出心学两层次结构:心的本体和良知自然涌现。这四句话也称为“天泉证道”。

“天泉”是绍兴天泉桥,“天泉证道”发生在嘉靖六年(1527 年)秋天。在如何理解心体和修身问题上,阳明的弟子发生了分歧,这与日后王学分派有关。阳明有两个学生,一个叫王畿(字汝中,号龙溪,1498 ~ 1583),一个叫钱德洪(字洪甫,世称绪山先生,1496 ~

---

① 阳明在《传习录》说:“若须用添个敬字,缘何孔门倒将一个最紧要的字落了,直待千余年后要人来补出。正谓以诚意为主,即不须添敬字,所以提出个诚意来说,正是学问的大头脑处。……今说这里补个敬字,那里补个诚字,未免画蛇添足。”以上参见《王阳明全集·传习录中》,上册,卷 2,第 38 ~ 39 页。

② 《王阳明全集·传习录上》,上册,卷 1,第 4 页。

③ 《王阳明全集·传习录下》,上册,卷 3,第 117 页。

1574)，二人都同意四句教的第一句“无善无恶是心之体”，但王畿认为，如果第一句话成立，此后三句提到的意、良知、物都应该是无善无恶的，才能说得彻底通透。王畿的推理是，心之体是自然存在，意是心体的自然呈现，以此类推，意之动、良知和格物都是无善无恶的。钱德洪说老师之言不可改一字。人如果不在意念、知善恶和为善去恶上做修身的工夫，又如何能了解并返回那个无善无恶的心体呢？王畿和钱德洪二人吵了起来，争执不下，就去请老师裁决。

阳明第二天正好要出门，当晚在天泉桥上作了回答。你们猜，他是如何评论弟子的两种不同观点？阳明闻之大喜，说你们的争论涉及我的学问要义了。以后，王畿要多用德洪的工夫，德洪要悟透王畿讲的本体；只要你们的观点相得益彰，我的学问就没有遗念了。阳明说，王畿从心体的无善无恶推到意、知、物都是无善无恶，在我这里适用于有利根之人；德洪坚持我的四句教，是针对大多数中等悟性或以下之人而言，这叫“为其次立法”。[①] 阳明讲的心之体属于无善无恶的形而上层面，对于悟性高的人，只要悟出心体是无善恶，便能人己内外都通透了。但对于道德不纯粹的人，习性遮蔽良知，习惯成自然，显现之意不一定是良知，故不能放松修身工夫。

王畿和钱德洪对阳明四句教理解的分歧，涉及心体的意之动是否会自然显现为良知，埋下日后阳明心学分化的种子。在明代中后期，理学内部的两大派中，作为官学的程朱理学日益僵化，渐失士子之心，而新兴的阳明心学则风行大江南北。阳明后学的分派很复杂，王学左派的进路是强化与扩张人之常情之善，即良知的

---

① 不少哲学书都有王阳明“天泉证道”的言论，文字不一。本文引用的是：“二君之见正好相取，不可相病。汝中须用德洪功夫，德洪须透汝中本体。二君相取为益，吾学更无遗念矣。”参见《王阳明全集·年谱三》，下册，卷35，第1306页；“汝中之见，是我这里接利根人的；德洪之见，是我这里为其次立法的。二君相取为用，则中人上下皆可引入于道。”参见《王阳明全集·传习录下》，上册，卷3，第117页。

意义和范围,从良知现成说推出多元的道德标准,打破道德精英主义,反抗权威,终于引爆了明末思想的大解放。

狂禅和明末思想大解放

明末阳明学及其后学的大流行,带来思想大解放,异端之说无奇不有。为什么致良知有如此之大的魔力?原因在于致良知中对什么是符合良知的道德具有主观性,开启了道德多元主义之门。从孔孟讲义利之辨起,儒家便主张义不是利,极力区别个人私利(利)与普遍的善(义);虽然善是好(个人感知的好与利)的普遍化,但又认为义并不等于个人私利而且义高于利,所以孟子才会说舍生取义。这是儒家道德论证的核心问题。

儒学发展到理学形态后,程朱理学的性即理是以常识理性中的常识为出发点,其修身模式必然包括穷理尽性,只有观察研究身外之物的道理(格物)和读书才能弄明白通天下事物之理。阳明把孟子性善论发挥到极致,以常识理性中人之常情之善(良知)为出发点,反对程朱式的修身模式,提出致良知即可修身成圣。阳明后学进一步简化了对良知的理解,把人的求利动机或需求都看做现成良知。[①] 现成良知把人之常情合理与善等同,个人当下感受和自然情感都视为良知的涌现,这就取消了善是好的普遍化。由于不同人认为的善与好可以是完全不一样的,甚至是不能互相沟通的,但在现成良知看来它们都是对的,这就带来了道德多元主义和思想的解放。

阳明曾就日常生活讲了一些致良知的功夫,例如,去除读书中

① 如李贽认为:"夫私者人之心也,人必有私而后其心乃见,若无私则无心矣。"参见(明)李贽撰,张建业主编:《李贽文集·藏书·德业儒臣后论》,社会科学出版社2000年版,第3卷,第626页。

强记、欲速之心是致良知之功，[1]顺从父兄之命也需由致良知上判断。[2] 阳明后学中，王艮（字汝止，号心斋，1483～1541）创立的泰州学派发展了阳明的致良知说，提出“百姓日用即道”的著名论纲，将其师之论推而广之。据《明史》所载：“艮本狂士，往往驾师说上之，持论益高远。”[3]王艮出身烧盐的灶户，身为贱民，少时贫不能学，自学成才，拜阳明为师，成为高足；后来自立门户，开创泰州学派，弟子多为下层民众。前面提到的阳明另一高足王畿，也被归于这一派。泰州学派把致良知说推至极端，人做任何事都可以看成是致良知，甚至推出来与孔孟相反的说法。如孟子讲杀身成仁、舍生取义，而王艮则由致良知推出明哲保身也是“良知良能”。[4] 罗近溪（又名罗汝芳，1515～1588）倡赤子良知、做事不拘谨，视道德为个人生命力的表现，追求“生意活泼，了无滞碍”的乐之境。这样，人的“坐起歌咏”、“饥来吃饭倦来眠”，都可以视为致良知。[5]

---

① 《传习录》指出：“先生曰：‘……且如读书时，良知知得强记之心不是，即克去之；有欲速之心不是，即克去之；有夸多斗靡之心不是，即克去之：如此亦只是终日与圣贤印对，是个纯乎天理之心。任他读书，亦只是调摄此心而已，何累之有？’”参见《王阳明全集·传习录下》，上册，卷3，第100页。

② 阳明于《与王公弼》一文中指出：“当弃富贵即弃富贵，只是致良知；当从父兄之命即从父兄之命，亦只是致良知。其间权量轻重，稍有私意于良知，便自不安。凡认贼作子者，缘不知在良知上用功，是以有此。若只在良知上体认，所谓‘虽不中，不远矣’。”参见《王阳明全集·与王公弼》，上册，卷6，第215页。

③ （清）张廷玉等撰：《明史·儒林二·王畿传附王艮传》，中华书局1974年版，第24册，卷283，第7275页。

④ 王艮《心斋语录》说：“明哲者，良知也。明哲保身者，良知良能也。”参见（清）黄宗羲着，沈芝盈点校：《明儒学案·泰州学案一·处士王心斋先生艮》，中华书局1985年版，卷32，第715页。以下所引《明儒学案》皆依此版本，只注书名、篇名、卷数与页码，其余不再注明。

⑤ 荒木见梧先生曾研究明人邓豁渠，并指出他沾染泰州宗风而有“要得超凡入圣，必须一切放下。有心放下，就饭不下。饥来吃饭倦来眠，行所无事，不求放下，心自放下，一切放下”之说。由此可见泰州宗风遍及生活一切，皆在“良知”之“心”上“致”之。以上参见［日］荒木见悟著，廖肇亨译：《明末清初的思想与佛教“邓豁渠的出现及其背景”》，上海古籍出版社2010年版，第124～141页。

在修身成圣问题上,阳明曾讲过凡圣都可以致良知,也常与他的弟子谈论“满街都是圣人”问题,但他终不能摆脱知识分子的精英倾向。① 而主张现成良知说的泰州学派王艮、王襞(字东顺,号东崖,1511~1587)父子,则提出“愚夫、愚妇与知能行,便是道”,②最后打掉了阳明心学中的精英主义和对劳动者的优越感,一个大字不识的贩夫走卒从他们日常所作所为也能够悟道、致良知,堂堂正正做人,成为圣人。你们看,阳明心学开启的道德论证和修身模式,不需要知识分子或其他社会阶层作为道德精英,这正是毛泽东讲“六亿神州尽舜尧”的先声啊。

阳明曾说过,一个人判断是非时贵在得之于己心;就算是孔子说过的话,你心中觉得不对时,也不敢以为是。③ 嵇文甫(1895~1963)认为,这反映出阳明主张个人应有独立见解、降低圣人之训的自由精神。嵇文甫把王畿、王艮、王襞、王栋(字隆吉,号一庵,1503~1581)、颜钧(字子和,号山农,1504~1596)、何心隐(名汝元,号夫山,1517~1579)、管志道(字登之,号东溟,1536~1608)、罗近溪、周汝登(字继元,别号海门,1547~1629)等人称为王门左派,其基本特点是狂禅。④ 左派之狂,表现在他们提出离经叛道的异端思想,做出反社会的特异行为。王学左派之极端者,例如何心隐曾按《大学》修齐治平原则,在家乡江西永丰设“萃和堂”合族而居,自创小社群生活,吃大锅饭,互通有无,被官方视为妖人,成为

---

① 《传习录》:“惟圣人能致其良知,而愚夫愚妇不能致,此圣愚之所由分也。”参见《王阳明全集·传习录中》,上册,卷2,第49页。

② (明)王艮撰,陈祝生等校点:《王心斋全集·语录》,江苏教育出版社2001年版,卷1,第6页。

③ 阳明《传习录》:“夫学贵得之心。求之于心而非也,虽其言之出于孔子,不敢以为是也,而况其未及孔子者乎?求之于心而是也,虽其言之出于庸常,不敢以为非也,而况其出于孔子者乎?”以上参见《王阳明全集·传习录中·答罗整庵少宰书》,上册,卷2,第76页。

④ 嵇文甫:《左派王学》,上海书店1990年版,第17页。

思想犯，最后被官方用刑杀害。李贽更为有名，称何心隐为老英雄。他曾当官二十年，因受不了约束而弃官。他以童心为道德，特立独行，洁身自好，入空门而不受戒；读书立说，放言品评历史人物。李贽言行之大胆，也不见容于官方和社会，七十六岁在狱中自杀身亡。

王门左派把阳明的精神发展到极端，固然具有反权威、反专制的叛逆精神，但也表现了良知的傲慢，以为只要致良知了，就能占据着道德制高点，这也成为中国人极端道德自信的根据。与道德的极端自信互相联系，是对人性的极端乐观和光明的快乐主义。①阳明临死前，学生问他有无遗言，阳明说："此心光明，亦复何言。"②王艮发挥了阳明的光明主义，写过一个《乐学歌》，建议你们找来念念。他说："不乐不是学，不学不是乐"，"乐是学，学便乐"，此心光明，心安理得。其子王襞进一步说："乐者心之本体也。有不乐焉，非心之初也。吾求以复其初而已矣。"③后世儒者骂他们是王学末流，批评他们束书不观，无穷地乐观，内心完全没有罪恶感（即张灏先生讲的幽暗意识）。我认为，重要的不是去评价其对错，而是分析为何明末儒学会出现这些不可思议的思潮。

其实，王艮、王襞父子主张的现成良知说，在当时就受到号称王学正宗的江右学派的聂豹（字文蔚，号双江，1487～1563）、罗洪先（字达夫，号念庵，1504～1564）等人的批判。在聂双江、罗念庵看来，现成良知只讲自然情感呈现时，心立即知善恶，完全混淆了作为心体的良知和个人对情境的当下感知，这样的修身类似于禅宗顿悟。罗念庵认为："世间那有现成良知？良知非万死工夫，断

① 泰州学派继承王阳明光明主义的研究，可参见萧裕民："王阳明思想中一个应被重视的部分——'乐'"，载《兴大中文学报》第17期（2005年6月），第575～604页。

② 《王阳明全集·年谱三》，卷35，第1324页。

③ 《明儒学案·泰州学案一·处士王东崖先生襞·东崖语录》，卷32，第723页。

不能生也,不是现成可得。”①这一派力主在修身的道德实践上狠下工夫,才能体悟到“意未发”之良知的本体。明末有很多大儒投入心学内部的辩论。

总之,从北宋五子,到南宋朱熹形成了性即理的程朱理学,再到明代阳明形成了心即理的陆王心学及其后学。理学内部的程朱和陆王两派提出了不同的理论和修身原则,展开道德意识形态大争论,推动了儒学内部的分化。但是,理学内部的这些林林总总派系,全都是以常识理性为根据的。我们可以从分析常识理性的基本出发点及推理模式上,比较清楚地理解宋明理学的分系。

宋明理学的分系

为什么程朱理学和阳明心学两大派之间的争论旷日持久、难分高下呢?这是因为,两大派都是以常识理性为建构理论的基础。而常识理性中,可以有常识和人之常情中之善两个出发点,形成了两种不同的正当性标准,道德哲学的证论又可以有由外向内推的和由内向外推的两种不同的推理模式,程朱理学的性即理是以常识为正当性最终标准、由外向内推的模式;阳明心学心即理是以人之常情中之善为正当性最终标准、由内向外推的模式。因为两派都是以常识理性为根据,都没有脱离常识理性的结构,因此两派间虽有争论,但属于儒学理论内部的派系之争。只是程朱理学多了一个官方意识形态的地位。

以常识理性为根据建构的儒学派系,可以有以常识或人之常情中的善两种正当性标准,又有由外向内和由内向外两种推导方式,两两组合,理论上应该共有四种可能性,每一种对应着特定的道德论证模式。表 5 – 1 给出这四种组合,每一种代表理学的一

① (明)罗洪先:《松原志晤》,收入《念庵文集》,台湾商务印书馆影印文渊阁《四库全书》本 1275,1983 年版,卷 8,第 42 页。

个派系：

表 5－1　理学的分系

道德推演模式 / 合理性根据	由外向内（从普遍到个别）	由内向外（从个别到普遍）
常识理性中的常识天然合理	程朱理学(第一系)	气论及断裂型——戴震哲学(第四系)
常识理性中的人之常情天然合理	理学第三系(第三系)	陆王心学(第二系)

表 5－1 中第一种组合为第一系，由常识合理和由外向内推(由普遍到个别)两组要素所组合，对应着程朱理学。性即理是以常识理性中的常识为合理性根据，把客观存在的性质(性)作为应然(道德)的根据；道德论证模式是尽性穷理，即先有一个普遍的充斥天地的道德秩序，每个人的道德(性)来源于宇宙道德秩序。修身方式是儒者从知晓个别具体事物之理(穷理)去理解天理，印证儒家伦理的普世性及正当性，然后再回到个人的道德感和道德实践的展开，是典型的由外向内推的道德论证模式。

表 5－1 中居于第四格的，是和第一系正好相反的组合，记为第二系，对应着陆王心学。其出发点是常识理性中的自然之情之善，即孟子所说的人"所不虑而知者，其良知也"。[①] 阳明本人也清楚讲过他的推理模式是："吾心之良知，即所谓天理也。致吾心良知之天理于事事物物，则事事物物皆得其理矣"，[②]意思是吾心之良知就是所谓的形而上天理，由吾心的良知天理向外推及事事物物，就可明白它们各自之理。黄宗羲(字太冲，号梨洲，1610～1695)也

---

① 《孟子集注·尽心章句上》，卷 13，第 353 页。

② 《王阳明全集·传习录中》，上册，卷 2，第 45 页。

曾指出,阳明的“致良知”是“层层自内而之外”,[①]正是典型的由内向外的推理模式。

除了表5-1两两相反的一、二两种模式外,再看第三系的组合模式:它是以人之常情中之善作为正当性最终根据,但其道德推演方式是由外向内推、追求内外合一的,即从宇宙天地普遍的道德主体落实到个别人的道德心。既然以人心的人之常情之善为道德根据了,怎么还能由外向内推呢?这个有点不太好理解。我在第四讲曾再三指出,中国式心性论佛教的普及使中国人接受了佛教普遍主体的观念,修行者首先要承认如来这个普遍主体的存在,不断追求与普遍主体的合一。只要把佛学的普遍主体转换为儒学的普遍主体天心,从天心理解己心的同一,追求己心与天心的内外合一,这就是理学第三系。

牟宗三先生(1909~1995)最早发现了理学第三系。牟先生通过对程颢、程颐语录的理念型研究,发现了二程的差别。他的做法是根据书中已有标明的二程语录,由此总结出二程在用语、方法和心态方面的差别是:程颢比程颐更喜欢从圆融境界和悟性出发,而弟弟则重理的知识性和秩序性,由此发现两兄弟属于不同的系。他再以此为标准,判别未注明的语录分属于兄或弟。举一个例子。《二程全书》有一句未注明讲者的语录:“医家以不认痛痒谓之不仁。人以不知觉,不认义理为不仁”,“仁者浑然与物同体”。[②]前半句意思很明了,从个人知觉的仁来谈儒家的仁,即从主观(人的知觉)讲心体;而“仁者浑然与物同体”,讲主观之仁与客观的物(性体)浑然一体。于是便判此句是程颢所讲。

如果按表5-1以常识理性为标准,我们也可以从此条语录推出程颢的理念型。前半句第一个“仁”字是指人的感知,正是以普

---

① 《明儒学案·〈姚江学案〉案语》,上册,卷10,第179页。

② 《二程集·河南程氏遗书·元丰己未吕与叔东见二先生语》,第2卷上,第16、33页。

遍主体的人之常情之善为出发点；而“仁者浑然与物同体”的成立，先要承认心体是普遍主体的存在，才能谈它与物的浑然同体，正是由外向内、内外合一的推论模式。程颢还用“天地万物之仁”和“公心”等来讲外在的普遍主体，讲个人内心之善可以感知并与这个“公心”互通合一。因此，属于表 5－1 中正当性根据的是人之常情中之善，道德论证模式是从外向内推、追求内外合一的第三种模式。

牟先生指出，程颢思想理念形态是“以心着性”，使心体与外在性体互相激发、浑然一体，它既不同于程朱理学中的天理是“只存有不活动者”的静态的心外之理，也与阳明心学专讲道德主体的良知的一心朗见、一心伸展不同，应是理学中的第三系。以此为根据，牟先生重新梳理了理学分系，他把从北宋周敦颐、张载、程颢到南宋胡宏（字仁仲，五峰先生，1105～1161）和明末刘宗周（字起东，号念台、蕺山，1578～1645）归为一系，认为这一系和陆王心学属于理学嫡系，而从程颐到朱熹则是道德他律的歧出，是别子为宗。

程氏两兄弟具有不同的道德论证和对修身的看法，也会影响他们的日常行为。举一个例子。有一次两兄弟赴朋友家宴会，主人很好客，请来妓女陪客。程颐不高兴，怎么可以有妓女在场？扭头就走。程颢没走，照样喝酒。第二天程颐问哥哥，昨天有妓女在场，你为什么不走？程颢讲：我心中没有，没看见啊。程颐讲性即理，外在的道德约束很重要，他不能接受妓女参加。程颢从人之常情来理解朋友行为，他讲内外合一的境界，只要本人心外无物，没有感觉，就无所谓嘛。所以，对同一场景，两兄弟的行为完全不一样。① 其实，明清儒生早就明明白白地讲出二程的不一样。如黄宗羲在《明儒学案》为二程分别立传，对语录也有所分判。只是这些

---

① （明）刘宗周撰，吴光主编：《刘宗周全集·人谱杂记二·右记警狎使婢女第十七》，浙江古籍出版社 2007 年版，第 2 册，第 64～65 页。以下所引《刘宗周全集》皆依此版本，只注书名、篇名、册数与页码，其余不再注明。

看法在“五四”以后被遗忘罢了。思想史上新发现的事实大多是当时众所周知的,所谓新发现只是把被遗忘的东西再次呈现出来而已。

分系的理论意义

我和青峰在写《中国现代思想的起源》时一直纳闷,按表5-1两两组合模式,为什么没有人讲与右上格相对应的思想形态呢?按表5-1,这一系在以常识合理为根据上与第一系程朱理学一样,但其推理模式与程朱式的由外向内(即从普遍到个别)的模式相反,是从内向外(从个别到普遍)。我们认为,这种组合方式可能带来正当性最终标准和推导方式不能整合的问题,因此在该书中把这一系称为断裂型。这一系即表5-1中的第四系。

为什么在宋明思想中找不到代表第四系的思想家呢?这是因为理学中的“理”具有本体论意义(即普遍的“性”在个别的“性”之先或合一),而第四系却认为,普遍之理并不是一个真实的存在,主张必是先有个别的具体之理,再推知共同之理。但是,如果不承认普遍之理是先于万物和事理而存在的,那么,形而上的道德世界是不可思议的。只有在明清之际气论哲学兴起以后,否定了宋明理学的先有理后有气,而把理看做是附着于气的性质,或是气运行中显现的法则,才可以认为任何的性和理都是个别的、具体的,不存在普遍的理。这正如清代哲学家戴震(字慎修,号东原,1724~1777)所说:“就事物言,非事物之外别有理义也。”①也就是说,只有在儒学发展到气论哲学阶段后,才出现了以戴震哲学为代表的第四系理念形态。戴震非常重要,是中国式自由主义的原型,第六讲再讲。

---

① (清)戴震著,张岱年主编:《戴震全书·孟子字义疏证》,黄山书社1995年版,卷上,第6册,第158页。以下所引《戴震全书》皆依此版本,只注书名、篇名、册数与页码,其余不再注明。

我们把表5－1所列的这四种道德论证模式称为中国思想的深层结构。需要指出的是，这四种思维模式并不一定要以儒学的存在为条件，即使没有人再相信儒学了，只要中国人仍然以常识理性为合理性根据，又以道德意识形态作为社会制度正当性基础，那么，不论在宋明理学或反思它的思想体系中，或在近现代思想转型时，甚至在中国当代思想中，都会看到意识形态的这四种论证模式。又由于儒学道德意识形态可以有四种论证模式，必然会造成内部的分化和争论。程朱理学和陆王心学的对峙和争论，一方面，是它们各自理论演化的动力；另一方面，每当理学或心学出现问题，或不足以应付社会挑战时，就会有另一种论证模式的儒学派系占上风或出现思潮的转向，这有利于强化儒家道德意识形态的应变能力，也拉开了近现代中国的道德意识形态整体性变化的历史序幕。

这四种思维模式是中国经历第一次文化融合的最大遗产。从明末到二十世纪，这四种论证模式曾以不同面貌显现，表明它们是中国人思想的深层结构。这一讲之所以要花这么多精力来讲理学的分系，分析其思维深层模式，是因为与中国近现代思想变迁相比，儒学内部的分系相对简单，更容易把握。十九世纪中后期中国社会和思想面临三千年来所未有之变局，重大社会事件和思想转型之间的互动令人眼花缭乱，但是如果掌握了思想的分系，就比较容易了解有哪些重要的思想谱系以及它们之间的差别。简单地说，“五四”知识分子接受的马克思主义具有与程朱理学相同的结构，三民主义有着和阳明心学相同的结构；在反对重书本的马列主义中形成的毛泽东思想，具有理学第三系的结构，中国式自由主义的思维模式与戴震思想一脉相承，是第四系结构。后面将要讲中国思想的近代传统，以及“五四”以后二十世纪中国当代思潮和意识形态的宏观变迁，都可纳入这四种模式来加以分析。

5.4 宋明理学的世界影响:对东亚社会的塑造

中国传统社会家国同构体的成熟

理学是中国文化消化融合了佛教的儒学新形态,其与中国社会互动的双向塑造,使得宋明以后家国同构的三层次结构成熟了,此后没有再出现大分裂。另外,理学作为中国文化和印度佛教文化融合的结果,也产生了世界性影响,主要是对东亚佛教社会的改造。先看看宋明理学与中国社会结构的关系。

第二讲指出,汉代确立了中国传统社会的基本结构和文化大传统,宇宙论儒学塑造了家国同构的大一统帝国。家国同构体具有三层次,上层是以皇权为中心的中央官僚机构,其末梢是县级政府,下层是作为社会组织基本细胞的家庭、家族。道德精英儒生作为社会中间层,上可入朝为官,成为官僚机构的骨干;下可回乡居家,是家长或宗族领袖,延伸政府功能,管理基层社会。我们称中层的功能为道德精英的协同效应(参见图2-1)。在汉代,宇宙论儒学规定了作为天之子的皇帝,是宇宙和世间秩序的代表和枢纽,是儒生的道德来源和道德实践的服务对象。

东汉后期宇宙论儒学破产,道德精英的协同效应受到干扰。虽然家仍是社会基层组织,但随着大一统的国的分崩离析,儒学成为家学。一直要到六朝后期,常识理性消化了佛教,形成中国独持的心性论佛教,以行仁政为核心的心性论儒学兴起,隋唐以心性论儒学为官方意识形态,建立了大一统帝国。但心性论儒学尚未从天道给出皇权的最终正当性,整合家国同构体主要靠士族、豪强,因此一旦皇权衰落,大一统帝国就会再一次分裂。只有当儒学最后融合消化了佛、道,演变为理学,程朱理学成为官方意识形态,才可以从天道推出大一统王权的正当性,强化道德精英的协同效应,家国同构体三层次的整合也获得远比两汉及隋唐更强大的组织力量。

程朱理学形成后,儒生的境界追求和修身方法也发生了巨大改变,使宋儒具有道统高于政统的道德勇气。劳思光先生曾指出,与唐儒不同,宋儒有很强的社会责任感,他们"未登仕籍,已忧天下","以天下为己任,非以官职为谋生之道","对于道德文化之轨范,礼乐刑政之措施,无不欲作积极之努力"。[①] 也正如余英时先生指出的那样,宋代出现了士大夫与君王共治天下。儒生的修身有了以成圣为目标的境界层面的追求,使他们进可以治国平天下,退可以居乡教化百姓,成为整合家国同构体三层次的强有力的中间层。

据研究,到南宋时,信奉程朱理学的儒生,已成为主导基层社会的优势群体。儒生通过科举获得的社会身份,使他们可以突破官与民以及不同职业之间的界限,进可以入仕途,退可以居乡,与富豪、胥吏组成基层社会的骨干。在基层社会,士人与政府合作行使着集行政、司法、治安的治权,担当地方建设和教化的组织者。士人的社会角色如此之多及重要,出现了"贤大夫从官者,居官之日少,退闲之日多"的现象。[②] 自儒学纳入常识理性结构,在儒家意识形态与社会间的互动和双向塑造下,宋代以后的中国社会演进为如图 5-1 所示的三层次结构:

---

① 劳思光:《新编中国哲学史》,第 3 卷上,第 54 页。

② 参见袁桷:《延佑四明志》(宋元方志丛刊本),卷 14,第 42 上、下页。转引自黄宽重:"从中央与地方关系互动看宋代基层社会演变",载《历史研究》2005 年第 4 期,第 100~117 页。

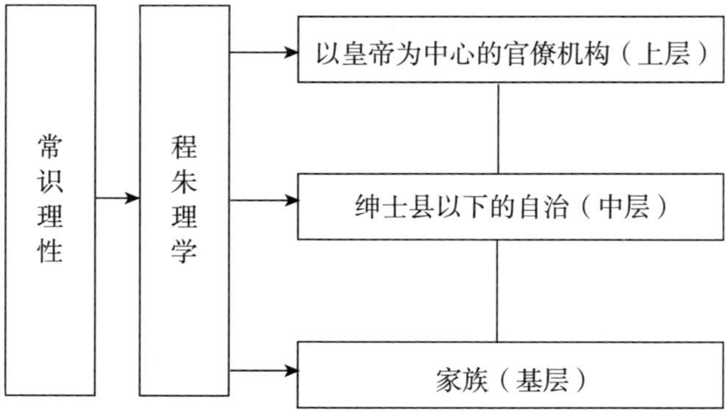

图5-1　宋明理学确立后家国同构体的三层次结构

这种三层次结构与汉唐社会主要有两点差别。第一,家国同构体三层次的中层主导力量,不再是以士族或豪强为主,而是儒家知识分子,士人在基层社会有了广阔的政治、经济和文化的活动空间,他们延伸政府的行政管理功能,实现了县以下的(绅士)自治。第二,在儒家知识分子修身教化天下的取向下,乡约得到推广,家族制度更加完备。程朱理学兴起前,只有官宦之家和世家大族才有祠堂和族谱、家谱;宋以后,村庄的普通百姓人家大都编入族谱和祠堂,这就大大便利了县以下以绅士为主导的基层社会的自治和管理。我们称其为家国同构的三层次的成熟。

一般来说,从汉代到隋唐,帝国人口最多约有六千余万,平均一个县不到五万人。一个县大约有几十、几百个血缘团体(宗族),若干个士族大家或地方豪强就可以主导县以下的地方事务。宋以后,帝国人口开始过亿,政府机构末梢仍然是县,官员编制并没有相应地扩充。清代平均每个县有二十五万人,只有两万多名官员,有功名的绅士多达一百多万,加上其家人共约有五百万,这个中间层是整合基层社会的主导力量。宋以后实现了县以下绅士主导的地方自治,才可以管理如此大的人口规模,形成所谓小政府、大(民间)社会的格局。不了解宋以后中国家国同构体发生的这一变化,就很难理解元、明、清三朝如何凝聚成跨地域的超级帝国且不再发生长期分裂的关键，也无法理解当西方现代冲击来临时，这个社会中层如何转型为独特的儒学式公共空间，在中国现代转型中发挥了极为重要的作用。

程朱理学在朝鲜

程朱理学与社会结构之间的双向塑造，还表现在其与朝鲜、日本社会的互动上。儒学早于佛教传入朝鲜和日本，但后来不是佛教对手，很难深入两国基层社会。只有当融合消化了佛教的程朱理学传入朝鲜、日本并成为两国的政治、社会权力正当性基础后，才扭转了佛教全面主导社会的局面。因此，有不少人用"东亚儒教社会"的形成来讲这一重大历史现象。我认为，十七世纪以后中日韩三国传统社会共同的政治文化并不是泛泛的儒学，而是程朱理学，也称为朱子学。而且，朱子学是从道德哲学来论证政治、社会权力的正当性的，并不是宗教，也不能称为儒教。另外，由于中日韩三国的社会结构和文化传统不同，朱子学在三国所发挥的功能也很不一样。如果不注意这些差别，就很难理解为什么中日韩三国的近代转型出现了那么大的差异。

先看朱子学在朝鲜。

第四讲讲过李朝之前，朝鲜半岛的传统社会尚没有最后定型，政治较为混乱。高丽以佛教为国教，王朝末期佛教衰落；儒学也很普及，不少贵族人士接受了朱子学。朝鲜太祖李成桂（字君晋，号松轩，1335 ~ 1408）受到信奉朱子学的郑道传（字宗之，号三峰，1342 ~ 1398）等儒者的拥戴，于 1392 年（明洪武二十五年）推翻高丽王朝，建立李朝。太祖李成桂倚重郑道传，以排佛扬儒为国策，定朱子学为国学，强化中央集权。此后朱子学成为李朝组织政治和社会及思想文化的官学，对塑造整合朝鲜社会发挥了重要作用。

佛教虽然受到官方程朱理学打压,但仍在民间继续流行。①

由于朱子学是李朝的官方意识形态,家族制得以建立并强化,贵族制的等级也更加严厉,科举制以四书五经为科考内容,选拔官员。李朝也接受以中国为中心的天下观,尊明朝为宗主国,对天朝奉行事大主义。② 李朝执政长达五百余年,无论是从社会的整合程度、建制的连续性,还是从经济文化的发展水平来看,李朝的建立是朝鲜历史上的重大转折点,形成了朝鲜民族,因此,有韩国学者把李朝的建立定为近世。③

李朝的朱子学很兴旺,形成不同派别。到李滉(号退溪,1502～1571)创立了退溪学派后,对朝鲜的政治、社会及百姓生活发生了持久而深入的影响。退溪学对日本儒学也有很大影响,在日本李滉被称为东方朱子。退溪学的"主理论"尊奉朱熹的"理先于气"学统和"先知后行"说,形成了重义理之辨、重节义、重气节的传统,强调"破邪显正"。破邪是排斥明朝的阳明心学和本国偏离朱子学的徐敬德等人的学说;显正是光大朱子学,强调朱熹的诚心正意、居敬的修身,以振奋士气。其他如古汉学、禅学以及后来的东学也统统被视为异端、邪教而受到打击压制。

在这种重义理、重气节的破邪显正、判教卫道的观念主导下,李朝的朱子学被视为不能质疑的天条;同时也塑造了朝鲜民族的坚持大义、严于律己和抗争不屈的传统。明亡之后,李朝官方和民间保持着对明朝的忠诚,视满清统治者为夷狄,祭祀崇祯二百余

---

① 朝鲜佛教深受宋明后中国式佛教影响,主张禅净双修,教理则以华严为主。佛教于韩国(朝鲜)相关发展可参见圣严法师著:《日韩佛教史略》,法鼓文化1997年版。

② "事大主义"是指在传统中华秩序下小国应对大国的方式,事大主义并非朝鲜独有,而为历代弱国、藩国自我保国之道。参见可参见孙卫国:《大明旗号与小中华意识:朝鲜王朝尊周思明问题研究(1637～1800)》,商务印书馆2007年版,第51～62页。

③ 参见[韩]李丙焘:《韩国史大观》,正中书局1979年版,第274～310页。

年。虽然后来朝鲜与清王朝建立了宗藩关系,但对清朝始终有文化上的优越感,以光复明朝、恢复中华文化为己任。这一点对李朝的统治十分重要。程朱理学中有天不变、道亦不变、质疑易姓革命正当性的内容,虽然李朝同样有腐败及动乱以及日本侵扰等内忧外患,但李朝并未发生王朝更替,五百年的统治持续到二十世纪初。

朱子学及其本土化以后在朝鲜具有的独特地位和深远影响,使其内化为近代朝鲜民族认同的重要内容,至今仍然为韩国的国学。由此,我们可以理解为何今日韩国依然强调本国继承了儒学的正宗地位,朝鲜则和中国共产党比革命的纯洁性,两者背后均是程朱理学啊。另外,今天在韩国,基督教、特别是天主教也很普遍。这也许是因为朱子学有追求形而上的天理和对知识的兴趣,特别是其中的实学派,使朝鲜士人更易于接受天主教信仰。

与李朝五百年相对应的是中国明、清两朝,程朱理学同是中、朝两国的官方意识形态,但是,程朱理学在两国思想史上地位并不一样。与李朝官方和民间思想均独尊朱子学相比,程朱理学在明清两朝并没有不可动摇、不能质疑的地位。明代中晚期,程朱理学已僵化,阳明学兴起并受到广大儒生和民间的热烈追捧,实学和气论哲学也开始兴起,出现了思想解放、多元的局面。同期,来华耶稣会传教士带来的大量天主教神学和科技新知,出现第一次西学东传高潮,改信天主教的儒生不乏上层官僚士大夫中的佼佼者。在明清易代之际,包括程朱及阳明在内的理学,成为儒生批判、反思的靶子,涌现出一批开创出中国独特的近代思想传统的大儒,他们以气论哲学反思、批判理学,造成了儒学思想的大转向及分裂。清王朝建立后,虽然仍以程朱理学为官方意识形态,但儒学的民间形态已发生巨大转变,左右着清代主流学术的形态和变化。这是我下一讲要讲的内容。

是什么原因造成朱子学在中国与朝鲜思想史上这种不同地位

的呢？简单地说，因为理学是中国文化经历了千年之久的对外来印度文化融合消化后、由常识理性建构出来的儒学新形态。我在第三、第四讲讲玄学和佛学，花了那么多篇幅讲常识理性的形成和对佛教的消化，到今天才讲宋明理学，就是要揭示儒学的沉寂、复兴与重建的漫长过程。常识理性是中国道德论证的合理性根据，由常识理性的深层结构可以建构出四种理学形态，程朱理学只是其中的一种形态。由于每种形态都具有正当性，因此，理学内部各派之间没有停止与其他派系的争论，争论成为儒学发展的内部动力；不同派系也使儒学没有那么僵化及有较多的应变资源。而在朝鲜，程朱理学是学习中华文化的产物，又被奉为唯一正统思想，并没有接受常识理性所产生的理学分系观念，因此，程朱理学在朝鲜的官方和民间思想中的地位也比在明清两朝更为稳固。

朱子学和日本江户时代

对于朝鲜和日本来说，儒学和佛教都是外来文化，而且佛教的影响力长期大于儒学。但是，在朱子学传入之前，日本已形成与中国和朝鲜不同的二元的超越视野及社会结构。中国文明是以道德为终极关怀，它始终制约着接受和消化印度佛教的长达几近千年过程，最后以常识理性的形成和儒学发展为理学形态而告终。由于常识理性是中国文化深层结构，中国思想文化虽然已融合了印度文明的要素，但它并没有具有两种超越视野。另外，与中国由科举制选拔文官来协助皇帝统治家国同构体的大一统帝国的社会基本结构不同，日本政治上从来没有实行科举制，没有出现过文官制的中央集权政府机构。朱子学传入日本后，虽然成为官学之一，但并不具有李朝那样独尊的地位。

朱子学传入之前，日本的思想格局相当多元，占主导地位的是结合了本土神道的佛教，贵族阶层也热衷于学习儒学提高文化修养。由于佛教并没有把本土的神道教和儒学整合为一种笼罩社会的意识形态，这一切导致日本传统文化结构一直在变迁中。中根千枝曾这样论述："日本文化不存在完全独自的框子、形体和骨架"，"日本接近于没有骨骼的类似于海参那样的生物，原则上不表现出一个明显的形体，经常变化形体"。[①] 这样，在德川幕府初建及中期朱子学被定为官学，理学成为日本的重要政治文化，在日本社会整合、稳定等方面发挥着不可替代的功能。

朱子学传入日本前，日本社会已形成"天皇—幕府"并存的二元政治结构，但并没有解决在地方上拥有实权的将军犯上作乱的问题，长期战乱不已。在室町幕府发生应仁之乱后，各地大名崛起争霸，枭雄争权，最后由德川家康建立德川幕府（1603～1867），这一时期也称为江户时代。江户时代的政治仍是"天皇—幕府"的二元政治结构，天皇（公家）是全日本的代表，幕府将军（武家）掌控全国实际权力。德川家康本人是净土宗的信徒，他保护佛教并颁布"寺院法度"，把佛教各宗派所属寺院纳入规定的属从关系；又实施"寺檀制度"，使全国每一个民众都必须归属护持的寺院。与此同时，德川家康又引入朱子学作为政治制度正当性的根据。也就是说，江户时代的政治意识形态中包含着佛教、神道结合的本土信仰与朱子学等不同成分。

江户时代的天皇即位礼恢复了神道仪式，但并没有取消佛教仪式。在日本，只要承认万世一系的天皇是名义上的最高统治者，佛教和神道就是不可或缺的政治意识形态。而朱子学在中国一元化政治思想中，强调排除异端，排佛反佛。这样，对于作为日本官学的朱子学来说，一方面必须维护以神道、佛教为根据的天皇制，同时又要与佛教划开界线。如何处理这一重大政治思想问题呢？我们来看一下，受到德川家康重用的儒者林罗山（1583～1657）是

---

① 转引自冯玮：《日本通史》，上海社会科学院2008年版，第167页。原文可见［日］中根千枝：《国际社会中的日本文化》，收于［日］井上靖、梅原猛等：《日本人与日本文化》，周世荣译，中国社会科学出版社1991年版，第81～82页。

如何处理这一问题的。林罗山在制定幕府的制度、礼仪、规章和政策法令上发挥了重要作用,他也是坚决反佛的朱子学者,针对神道佛教一体说,他排除佛教、提出“神理合一”,以朱子学中的理还原古代神道,形成“理当心地神道”。[①] 由此,他作出如下论证:“本朝神道是王道,王道是儒道,固无差等”,“王道神道理一”,[②]用神道与儒学同属王道的“理一”来论证天皇制统治的正当性。日本的朱子学为了反对佛教,不但不排除神道,而且主张与其合一,使得日本儒学本身内含着二元结构,决定着日本儒学的演化方向。

江户时代的日本是一个“金字塔”式的等级社会,天皇和将军处于顶端,下面是将军的家臣和藩主,每个藩主都有臣属于他的武士,最下层是农民。朱子学成为日本的重要政治文化后,其政治理念所强调的大义名分和尊上卑下的等级,对实现各个大名的整合、维护日本等级制的封建社会很重要;其强调教化也对设立延伸到基层的管理机构等方面发挥了重要作用。维系日本等级制社会结构需要不同种类的忠,如所有子民对天皇之忠,各封建等级对幕府将军之忠,每个藩主属下武士对主人之忠,等等。朱子学强调现实社会中的理具有等级性,即“理分”,可以为各等级提供的忠于上的原则,而“理一分殊”又为这些不同种类之忠之间的互相整合提供了根据。日本有二百七十六个藩,武士忠于他所属的藩。这些藩全都忠于幕府,所有等级制结构又被包含在万世一系天皇的名义之下,只要将军及其家臣保持着对天皇或比他们高一等级阶层的忠孝和服从,就有了对其领地统治的正当性。

但是,日本朱子学的理分和中国等级制伦理有很大差异。在

---

① 日本神道有数派,分别为“宗源神道”“两部习合神道”“本迹缘起神道”“理当心地神道”,林罗山主张“理当心地神道”一派。相关论述可参见张昆将:《德川日本儒学思想的特质:神道、徂徕学与阳明学》,台湾大学出版中心2007年版,第二章“德川初期朱子学者的理学神道思维”,第65~68页。

② 《罗山文集》附录卷三,转引自李守爱:“论朱子学对江户时代现代意识的启发”,载《日本学刊》总第100期(2007年7月),第118页。

中国,家国同构体中所讲的理分等级秩序,是除了皇帝作为伦常等级顶端外,其他家族原则上是平等的;等级制伦理主要在家族内部,伦常等级的高低主要由血缘亲疏规定,社会阶层之间可以流动。而江户时代的日本朱子学的理分等级制伦理,不仅适用于家庭内部,更是指不同形态的"家"之间的关系,封建社会的各种身份等级是不可逾越、不能流动的。因此,日本一直没有采用如中、朝那样的科举制和官僚制,也没有出现过以儒生为主体的官僚阶层。

德川幕府之所以能长期维持对日本社会的实际统治,除了依靠武力外,还凭借着政治上的"天皇—幕府"二元结构,以及政治思想的两种超越视野,即佛教和神道教提供了天皇信仰的正当性基础,并作为社会日常生活的指导原则,而朱子学则提供了等级制"理"的应然社会组织蓝图,把日本不同阶层的对上级的忠有效地粘合在一起。

由于中、日传统社会的基本结构、政治制度不同,在日本,朱子学虽为官学,但儒士的政治地位并不高。例如,前面提到的那个对德川幕府初建有重要贡献的林罗山,其后的山鹿素行(1622～1685)、荻生徂徕(1666～1728)等,虽然都是曾受到当政者重用的儒者,但他们的身份不过是幕僚、智囊而已。在社会生活中,神道、佛教掌管着日本人日常生活中最重要的生死祭祀,儒者则主要从事儒医和传播非宗教文化知识的教师职业,以专业立足社会。日本儒者这种非政治、非宗教的身份,不仅使得日本的儒学没有像在中国和朝鲜那样僵化,而且理学中强调个人立志、修身成圣的思想,也受到那些被等级制束缚、希冀通过个人努力提高社会地位的下级武士和庶民的欢迎。

不少人认为,江户时代的天皇有点像西欧的教皇,而掌握实权的将军、大名类似欧洲分裂社会中的世俗统治者。因此,日本被称为封建社会,并将其和西方中世纪封建社会相比。实际上,虽然日本与西欧的传统社会都是等级制社会,但有极大差别。西欧封建社会等级制度是用罗马私法组织起来的,天主教法制封建社会背后的观念系统是托马斯·阿奎那的神学。而日本德川幕府封建等级制度,沿袭了传统的贵族制和二元政治结构,由佛教、神道和日本朱子学的忠孝之理提供正当性根据。

值得注意的是,虽然日本和西欧的封建社会的组织原则及理念很不同,但由于它们都具有两种超越视野:托马斯·阿奎那神学融合了希伯来超越视野和古希腊罗马超越视野,日本江户时代的意识形态也有两种超越视野并存,一个是佛教和本土神道教,另一个是朱子学的以忠孝为核心的道德伦理,这就使得二者在演化的深层结构上存在某种类似性。我将在第七讲讨论现代性问题时会讲到,天主教文明中存在两种超越视野,在某种条件下,两种超越视野会变成互相分离但并立的存在,即对上帝的信仰和理性互相分离与并存,这是现代性起源的条件和机制。在江户时代,日本社会的二元政治结构和文化思想中有两种超越视野的格局,使朱子学也较快地演变为主张二元分离的日本式儒学——徂徕学,本土国学兴起,兰学流行。朱子学的穷理、重知识,可以亲和兰学(Dutch learning)、西学。明治前后的政治革新,十分借重儒学的尊王攘夷、收回各地藩主政治权力的大一统思想。甚至,西方天赋人权观念在日本的接受和普及,也是在儒学框架中被理解的。[1] 这种多元的思想格局,形成学习现代性的最佳宏观条件,日本成为东亚最快最早完成现代转型的国家。

小结一下。从第三讲到第五讲,我们讨论了自汉代宇宙论儒学破产,到宋明理学消化融合了佛、道二教,程朱理学成为包括中国在内的东亚政治文化主流形式;并指出程朱理学在中、日、韩三国的发展情况具有很大差异,这些差异影响到三国的近现代转型。

---

① 徐兴庆:《导言》,收于张宝三、徐兴庆编:《德川时代日本儒学史论集》,台湾大学出版中心2004年版,第xxvi页。

在中国和朝鲜思想文化中,程朱理学是官方意识形态,两国都不存在两种不同的超越视野;而日本社会在程朱理学传入前,佛教和本土神道教已塑造出日本特有的超越视野,朱子学传入日本后,日本的思想文化结构中便形成具有两种超越视野的结构。因此,当十九世纪中叶面临西方现代文明冲击时,日本社会的现代转型比中国和朝鲜快速、顺利得多。

第六讲　清代思想与中国近代传统

导言:为什么要研究清代思想?

在清一代,程朱理学仍是官方意识形态,照理说,这一讲可以从晚清程朱理学对西方现代文明冲击的回应讲起,岂不是更直接、更简明吗?但是,讲清代思想不能如此简化。因为,在清初和清末作为官学的程朱理学曾受到过两次大冲击,这两次冲击性质和结果完全不同。第一次大冲击,发生在晚明到清初。同期曾出现了第一次西学东渐,但是那时西方现代社会尚在形成中,还谈不上学习现代价值。观念变化仍局限于儒学内部,儒生用气论哲学对理学的反思和清算,催生了新思潮,形成颇为独特的中国近代传统。第二次大冲击发生在十九世纪中后期,不可抗拒的西方现代文明来临,动摇了行之两千年之久的传统政治制度和思想文化,这时程朱理学才受到全面质疑。

思想史研究的困难在于:当一种价值系统受到外来文明冲击而发生变化时,很难区分哪些是来自于原有观念系统的变构,哪些是来自于学习的外来价值。今天讲清代思想,就是为了梳理这个问题。我们认为,虽然这两次大冲击的性质完全不同,却有着某种同构性。明清易代之际社会剧变时期形成的那些民间思想，沉潜二百年后，在十九世纪第二次大冲击来临时被激活，成为接受现代思想的本土资源。因此，分析明清之际儒学的大变迁，有助于理解中国近现代接受外来思想的结构。

最近，从十七世纪即全球视野来考察现代社会形成时期东西方对比的著作多起来了。前些年出了一本畅销书《1688 年的全球史》，讲这一年世界各地发生的大事。[①] 作者为什么要选 1688 年？这一年英国发生光荣革命，建立了人类历史上第一个现代社会，成为传统跟现代的分水岭，以后的世界历史和此前完全不一样了。这一年，彼得大帝（彼得一世，阿列克谢耶维奇·罗曼诺夫，1672～1725）即将开始西化和扩张的宏图大略，一个强大的俄罗斯帝国由此兴起。也是在这一年，康熙皇帝（清圣祖，名玄烨，1654～1722）为故祖母入祖庙举行祭祀大礼，天下已大定。

这本书还列举出 1688 年前后问世的几部划时代著作。牛顿的《自然哲学的数学原理》（1687 年），奠定了现代自然科学基础，洛克（John Locke，1632～1704）的《政府论》（约 1689～1690）提出现代社会组织原则。值得注意的是，作者把王船山（名夫之，1619～1692）的著作与牛顿、洛克的著作并列。王船山真有那么重要吗？作者并没有展开讨论，也许是他有感于当今中国经济崛起的独特性，想要找出中国思想的传统之根吧。

作者没有提及的是 1688 年的日本。这一年，日本改元"元禄"；1690 年第五代幕府将军德川纲吉（1646～1709）重建东京汤岛孔庙圣堂，以便定期举行释奠孔子仪式，承认儒学说明在日本思想中的地位。大约此时，荻生徂徕授课内容编成的处女作《译文筌蹄》，创建了引导日本儒学大转向的古文辞学。他开创的日本式儒

---

① ［英］小约翰·韦尔斯（John E. Wills）：《1688 年的全球史》，赵辉译，海南出版社 2003 年版。

学——徂徕学,强调政治优先、公私分治、政教分离,为二百年后日本社会迅速的现代转型,奠定了思想基础。

确实,明清易代之际,中国和日本出现的新思想对理解其现代转型极为重要。除了王船山,还出现了黄宗羲、刘宗周、顾炎武(亭林先生,1613~1682)等有创新性的大思想家。他们的思想并没有受到西方思想的影响,主要是儒学自身演化及变构的产物,但对清代思想和学术思潮发展、对儒生修身方式都产生过重要影响。特别是在晚清大变局中,王船山、黄宗羲备受重视。在此意义上讲,分析清代思想和中国近代传统,是研究当代中国人思想深层结构的最好案例。

本讲从清代思想讨论中国近代传统的产生。清代思想包括以下四个方面:(1)作为民间的学术潜流之中国近代传统;(2)清初及清末的经世之学和占学界主流的考据学,两者也可以统称为实学;(3)作为清廷官方意识形态的程朱理学;(4)清代中后期的今文经学。这四个方面的复杂关系,以及它和社会的互动,构成了中国思想从传统向现代转变的契机,也是理解当代中国思想深层结构的重要出发点。

6.1 明末清初民间思潮的大转向

士人的亡天下之痛

首先,我要指出清兵入关对中国士人思想的冲击是史无前例的。在中国历史上少数民族入主中原并不罕见。亚洲内陆草原民族对世界历史进程的重大作用,是近年来中外研究的大热点。南北朝时期由诸多非汉民族建立了不同类型的国家,及至隋唐帝国的建立,李唐君主有鲜卑血统,同时具有天可汗和中国皇帝两种身份。元、清亦是如此，一方面，是作为军事同盟共主的大可汗，统领蒙、藏、回各族；另一方面，是代表儒家天道的中国皇帝，建立官僚系统，统治汉人地区。蒙元和满清对中国本土地区的征服和统治，除了武力之外，都是以程朱理学为统治正当性根据，推行科举制、选拔汉族官员，维持着家国同构此一大一统帝国的统治模式。元、清两朝的政治阶层划分上，汉人都处于低等级。但是，汉族士人对两个新政权的整体态度却判然有别，对比宋元和明清两次易代之际汉族士人的不同反应，可以使我们有点儿实感。

"往事已非那可说，且将忠直报皇元"，[①]这是大书画家、宋宗室王孙赵孟頫（字子昂，1254～1322），在元世祖忽必烈（1215～1294）殿前自表心迹的诗句。"皇元"是忽必烈依汉法起的国号。[②] 宋末元初，像赵孟頫这样不再眷恋故宋、选择"且将忠直报皇元"的文臣武将不在少数。如金元之交的理学家郝经（字伯常，1223～1275）曾说"能行中国之道，则中国之主也"，[③]这是汉族儒生仕元的根据。按儒学以文化及伦理为本位的普世主义，只要夷用夏礼，夷就是中国。

在这种观念主导下，北方理学大师许衡（字仲平，1209～1281）与徐世隆（字威卿，1206～1285）、刘秉忠（字仲晦，1216～1274）、张文谦（字仲卿，1216～1283）等受到忽必烈重用，他们参与定朝仪、设置中央与地方政府机构及官制。河北易州张弘范（字仲畴，1238～1280），在征宋决胜的襄樊之战中初露头角，后在元帅伯颜

① 参见（元）杨载：《大元故翰林学士承旨荣禄大夫知制诰兼修国史赵公行状》，收于李修生主编：《全元文》，江苏古籍出版社2001年版，第25册，卷812，第583页。

② 至元八年（1271年）忽必烈颁布《建国号诏》中说："可建国号曰大元，盖取《易经》乾元之义。"参见（明）宋濂撰：《元史·本纪第七·世祖四》，中华书局1976年版，第1册，卷7，第138页。

③ （元）郝经著，秦雪清整理：《郝文忠公陵川文集·与宋国两淮制置使书》，山西人民出版社2006年版，卷37，第515页。

(1236~1295)麾下跨长江、陷临安,俘获幼帝、押送大都,成为灭宋急先锋。不仅有北方的文士、儒将协助忽必烈灭宋,南方士人也纷纷相邀北游京师。他们担心蒙古族的统治会造成“以豪侈粗戾变礼文之俗”,[①]“士人若不至京都,便不足以倡行其道”,或求官,或以理学教化蒙古贵族,是为了以夏变夷。[②] 直到朱元璋(明太祖,1328~1398)灭元,他在登基即位大典的祭天祝文中还说:“自宋运告终,帝命真人于沙漠入中国为天下主”,[③]承认蒙古人对中国的统治是受命于天。

与此相对照,明清鼎革之际,帝王死社稷,儒臣死守城、死封疆,不包括家属,殉明士大夫就达三千八百多人,为历代之最。[④] 未身殉而选择自我放逐的明遗民为数更众,出现了历史上蔚为奇观的明遗民现象。这就自然会令人产生一个问题,为什么有如此之多的明儒不接受“能行中国之道,则中国之主也”的满清新政权?

在宋元和明清两个易代之际,儒生士风和操守观的大转变,固然有其政治的和社会的原因,但从思想史来看,不能不说与程朱理学的普及和僵化有关。程朱理学在元代才开始立为官学,到明代中期已陷入僵化,士子反感其对个人精神的钳制,纷纷转向阳明心学。在宋明理学内部,程朱理学和陆王心学虽有不同的道德论证模式,但都强调道统和天理的一致,士子维护道统的使命感也提升到天理层面。道德优越感的绝对化,使儒生在维护明王朝正朔、强调华夷之辨,排斥草原民族入主中原上更为执着,更为注重名节;

---

① 此处对于元代情况描述,为方孝孺的追忆论述,参见(明)方孝孺著,徐光大点校:《逊志斋集·碑表志·俞先生墓表》,宁波出版社2000年版,卷22,第727页。

② 申万里:“元代江南儒士游京师考述”,载《史学月刊》2008年第10期,第41~50页。

③ (明)夏原吉等编,黄彰健校:《明太祖实录》,台湾“中央研究院”历史语言研究所1984年版,卷28下,总第439页。

④ 何冠彪:“关于明季殉国人数的问题”,载《故宫学术季刊》第10卷第1期(1992年),第97~106页。

在党争和士人小集团内斗中,他们更注重个人思想和品性的纯正。

理学成熟后,儒家政治伦理多了一个天理层面,王权统治与天道秩序整合在一起,大大强化了君主统治的合道性。其实,就君臣关系而言,明代士人远不能与宋儒相比。用余英时先生的话说,宋儒尚可以“得君行道”、傲然以政治主体自居,而明代到王阳明说“思不出其位”时,已避谈政治了。[①] 从太祖朱元璋始,设厂卫监视言路,用廷杖、诏狱污辱官员,施以酷刑,对朝野士子严加监控、迫害,明儒施展治国平天下抱负的政治空间日益窄狭。尽管如此,明儒对皇帝和礼法的尊崇到了无以复加的地步。

明代不仅是“人主用重典”,而且士风也充满着戾气,“士人为苛论,儒者苛于责己,清议苛于论人”;他们以“平时有犯颜敢谏之士,则临难必有杖节死义之臣”为道德律令,承平议政之时,也常以自杀言事,言谏变为以死相逼的死谏;王纲解纽时,又主动趋死;这正如赵园所论:“可以认为,‘死’的主题贯穿了有明始终。”[②]在明末党争中,士人把占据道德制高点看得比性命还要重要,不要说士人集团与阉党为立储之争了,即使是士人间的不同派别,也因争道统之高下而不断分化站队,他们因“党见太深,壁垒过严,以致树敌过多”。[③] 据说,崇祯皇帝(朱由检,1611～1644)自杀前曾痛心叹曰:东林党人误国!

明清之际士人思想另一个重要特征,是对改朝换代的看法发生了变化。在先秦,孟子和荀子都曾以水和舟的关系来讲君臣关

---

① 余英时:《士的传统及其断裂——〈士与中国文化〉新版序》,收于何俊编:《余英时学术思想文选》,上海古籍出版社2010年版,第53～54页。

② 以上参见赵园:《明清士大夫研究》,北京大学出版社1999年版,第19、34页。

③ 葛荃:“论政治思维定势与东林党人的困境”,载《天津社会科学》2001年第6期,第96～100页。

系,[①]汉以后的易姓革命、改朝换代是以五德循环和汤武革命为根据,代表天命的新王朝取代腐朽旧王朝。宋以后,在常识理性基础上,理学消化了佛学,从天道层面强化了君权的治权。北宋二程已开始质疑王者革命的有效性,[②]苏轼(字子瞻,1037~1101)则干脆否定其正当性。明太祖朱元璋曾下令删去《孟子》中关于革命的危险言论。[③] 一旦易姓革命和民众造反的思想缺乏坚强的正当性基础,就容易造成王朝更替机制的失灵。

明末清初,李闯王(李自成,1606~1645)进京,崇祯自缢,本来是可以看做王朝循环、易姓革命环节中摧垮腐朽旧王朝的第一步。但当时有许多士人认为明朝气数未尽,尚未到该亡之时,拒绝与起义军合作。你们去看看,李自成义军中再也看不到像元末刘伯温(名基,1311~1375)辅佐朱元璋那样的例子,义军中像样的士人如李岩(1610~1644),还被道德败坏的牛金星(字聚明,约1595~1652)诬陷而死。[④] 闯王一进京马上腐败,只知道搞钱享受,无法建立新秩序,后有吴三桂(字长伯,1612~1678)引清兵入关,满人一统天下。其教训之深刻,三百年后毛泽东在共产党进城之前,还告诫全党不要学李自成,不要腐败。为此郭沫若(字鼎堂,1892~

① 《荀子集解·王制篇第九》中指出:"传曰:'君者,舟也;庶人者,水也。水则载舟,水则覆舟。"参见《荀子集解·王制篇第九》,第5卷,第148页。

② 《河南程氏外书》中指出:"或言绝笔后,王者可革命,大非也。孔子时,唯可尊周;孟子时,方可革命。时变然也。前一日不可,后一日不可。"此句讲易姓革命是有条件的,孔子时代不可革命,孟子时代则可。参见《二程集·河南程氏外书·春秋录拾遗》,第9卷,第401页。

③ 朱元璋曾命刘三吾删《孟子》为《孟子节文》,以消除孟子学说中的革命思想。参见朱荣贵:"从刘三吾《孟子节文》论君权的限制",载《中国文哲研究集刊》第6期(1995年3月),第173~198页。

④ 大概是康熙年间,一个臣子上奏说,李自成下面的所谓宰相牛金星投降了。他说这个家伙罪大恶极啊,应该杀掉,绝对不应该封官。皇帝讲,牛金星是真心投诚的人,能为国效力,因此不能杀掉。事见《清世祖实录》顺治六年八月甲辰,常若柱弹劾牛金星语。关于牛金星降清与否,学界曾有讨论,相关研究可参见刘德鸿:"关于牛金星降清问题的讨论",载《文献》1985年第2期,第79~86页。

1978)写了《甲申三百年祭》。

为什么李自成集团那么容易腐败？不腐败的前提是具有道德理想的儒生积极辅佐农民起义首领，重建新王朝。明亡之时，王朝更替中农民大起义引发的易姓革命之失效，才有清兵入关。易代是由满清贵族集团完成的。清军进入北京第三天，多尔衮(1612～1650)听从范文程(字宪斗，1597～1666)之言，以国殇礼仪厚葬崇祯，命官民服丧；并宣称江山非得自朱明，是取自乱贼闯王。

明清之际的朝代更替大概也就是三四十年吧，不算太长，但是满人入关后大肆屠城、留发不留头的剃头令，留给汉族儒生的心灵创痛和历史记忆，是史无前例的。许多儒生认为大明不该亡而亡，思考明亡原因。那亡的是什么呢？顾炎武提出亡国亡天下之辨，他说，汤武式易姓革命是亡国，而仁义尽失，率兽食人、人将相食则是亡天下！① 在明清之际的儒生看来，不是一姓之尊的朱明王朝之亡，满清的君临天下是三千年华夏伦理秩序的殒灭，天崩地解，日月无光。这是何等痛彻心扉！他们深怀亡天下之痛，沉痛反思，深深自责。明清之际有不少儒生把明亡的罪责算到宋明理学头上，反思矛头直指理学自身的问题，引发思潮的巨变。

理学境界层面的粉碎

你们都读过黄仁宇的《万历十五年》吧，书中的人物，上至皇帝、文武高官，下至学者，个个都有理想、有操守，都想有所作为，但他们个个都是无力改变现状的失败者。张居正(字叔大，1525～1582)新政提出的"一条鞭法"，把以往按各户不同情况、分别征收赋税和派发徭役的烦琐税制，改为赋税合一，按亩征银，各户用白银向政府缴税，大大简化了政府行政和农户麻烦，并且得到神宗

① 《日知录》中"正始"一文指出："亡国与亡天下奚辨？曰：易姓改号，谓之亡国；仁义充塞，而至于率兽食人，人将相食，谓之亡天下。"参见《日知录集释·正始》，卷13，第590页。

(朱翊钧,1563～1620)的支持。但在全国推行中,实施极为不力,最后无疾而终。而清掌握政权后,继承“一条鞭法”,推行“摊丁入亩”,进一步把人头税并入土地收入统一征收。这项新政实行没多久,成效卓著,人口出现大膨胀,清王朝走向盛世。[①] 同样的好政策,在明末和清初实行起来,一难一易,可见事功能力之天差地别。

问题在于:为什么明儒事功能力如此之差?如同所有王朝末期一样,明末的吏治腐败不足为奇。早在明中后期政治秩序不断溃乱,社会风气日益糜烂,民间士人已经认识到程朱理学的僵化和心学的空疏,令士人缺乏事功能力,难以承担治国平天下之责,他们开始反思理学及其修身方式的问题。例如,重要考据家杨慎(字用修,号升庵,1488～1559),既是反理学急先锋,也很反感阳明心学的“凌虚厉空,师心蔑古”。在他看来“且圣贤之学‘切问近思’,亦何必求知天外之事耶”?[②] 这是从常识理性来质问理学中那个寂然不动、永恒不变的天理境界存在的必要性。照理说,阳明心学讲知行合一,事功能力应该不弱。特别是阳明本人,从小习武,箭射得很准,多次参加平定叛乱,屡建奇功。王学末流中也不乏赤手搏蛇龙的人物。但是,儒生个人的事功能力和普遍士风不能混为一谈。

明末,政治极其黑暗腐败,李自成起义军大乱于内,满人军事强权崛起于东北,但在国家处于内忧外患危局之时,儒生们又热衷于做什么呢?他们或深陷于党争恶斗,不能自拔,或沉溺于心性辩

---

① 可参见本讲座第二讲中图2-2“人口与土地关系”及金观涛、刘青峰:《开放中的变迁》,香港中文大学出版社1993年版;法律出版社2011年版,第349～354页。明以前,人头税是控制人口增长的有效手段。取消人头税后,使得家族内部的余粮可以在边际生产力递减时,可以养活更大量的农村剩余人口,人口增长如脱缰野马,一下子跳到以亿为计的计量级数。

② 参见(明)杨慎:《升庵集·宋儒论天》,台湾商务印书馆景印文渊阁四库全书本1270,1983年版,卷74,第1270～1730页。

论,忘乎所以。当时,游学会讲之风大盛,名儒四处讲学,沉迷于争论理学两派的义理之是非高下,动辄有数以千计的粉丝相随。明亡之前约半世纪,东林八君子之一的顾允成(字季时,1554 ~ 1607),就曾大骂那些“恁是天崩地陷,他也不管,只管讲学耳”的心学信徒。① 康熙朝进士张烈(字武承,1622 ~ 1685)在明亡时二十多岁,他以亲身见闻指出:“夫明之亡,亡于门户;门户始于朋党;朋党始于讲学”。② 理学应该对社会混乱和士人事功能力低下负责任,对明亡负责任,这几乎是当时儒生的共识。

心学又何尝不是如此呢?大儒刘宗周的学问和气节都很了不起,在明之将亡之时,他仍笃信治心可以救国,深信不怕天下没有人才,只怕没有纯正的本心。③ 他讲,只要崇祯帝修德治心、亲近儒臣,就可转乱为治。明亡前两年,崇祯就仿造西洋大炮、保卫关内城池一事征询群臣意见,刘宗周以“不恃人而恃器,国威所以愈顿也”为由,坚决反对。崇祯殉国后,他仍然认为明本无亡国之征,只是由于人才被党争所裹挟,武功丧于文法,政治腐败才出现亡国之征。④ 某日,他正在吃饭,一听到清兵攻陷杭州消息,立即推开饭碗,长叹吾命至此矣,绝食 23 日而亡,其临终前的悲情令学生耿耿于怀。⑤ 而清儒颜元(字易直,号习斋,1635 ~ 1704)在《存学篇》

---

① 《明儒学案 · 东林学案三 · 主事顾泾凡先生允成》,卷 60,第 1469 页。

② 语出纪昀为张烈《王学质疑》一书所撰之提要。参见(清)纪昀:《四库全书总目(三)》,艺文印书馆 1979 年第五版,第 1933 页。

③ 刘宗周在“答某司理”一文中说:“今天下非无才之患,而无本心之患。”参见《刘宗周全集. 答某司理》,第 3 册,第 369 页。

④ 刘宗周认为,“先帝无亡国之征,而政之弊有四:一曰治术坏于刑名,二曰人才消于党论,三曰武功丧于文法,四曰民命促于贿赂,所谓四亡征也。”参见《刘宗周全集 · 君恩未报疏 · 甲申先生附召途次拟言》,第 3 册,第 255 页。

⑤ 参见(清)黄宗羲著,沈善洪主编:《黄宗羲全集 · 子刘子行状》,浙江古籍出版社 1985 年版,第 1 册,卷下,第 245 ~ 249 页。以下所引《黄宗羲全集》皆依此版本,只注书名、篇名、册数、卷数与页码,其余不再注明。

中,痛切指陈明末士风是“无事袖手谈心性,临危一死报君王”。①

你们或许会问,理学在南京已经形成,为何当时并不需要为亡于外族入侵负责?我猜想,宋元易代时儒生可能认为南宋之亡,不是没有英勇抗敌,而是打不过强大的蒙古骑兵。更何况程朱理学尚没被确立为官方哲学,儒生也就不会去追究儒学自身的问题。到明末,程朱理学作为官方意识形态已长达两三百年,理学发展到心学阶段,衍生出更多问题。因此,在明清之际大变局中,人们自然就会思考并追究官方意识形态和士风沉沦的责任。

明末清初儒生对理学的反思,集中在什么问题上呢?除了前面提到的朋党之争和清谈误国之外,矛头主要指向理学的空谈心性,反思集中在空谈心性中的“空”上。这个“空”,是指宋明理学中的道德形而上层面。为什么王学末流如此可憎?顾炎武指出,“以明心见性之空言,代修己治人之实学”,造成了“股肱惰而万事荒,爪牙亡而四国乱,神州荡覆,宗社丘墟”。② 为什么刚健有为的儒学会堕落到空谈心性?王船山认为,因为理学掺杂了佛学,他说:“近世小人之窃儒者,不淫于鬼而淫于释”,所以才有“以良知为门庭,以无忌惮为蹊径”,其流毒“祸烈于蛇龙猛兽”。③ 黄宗羲也认为,理学的“儒释之淆乱久矣”误国。追求天理境界是亡国害死人的玩意儿呵。

中华文明以道德为终极关怀,道德的特点是强调实然不能否

---

① 参见(清)颜元著,王星贤等点校:《颜元集·存学编·学辨一》,中华书局1987年版,卷1,第51页。以下所引《颜元集》皆依此版本,只注书名、篇名与页码,其余不再注明。

② 见《日知录集释·夫子之言性与天道》,卷7,第310页。

③ 王船山这样骂阳明心学之害:“近世小人之窃儒者,不淫于鬼而淫于释,释者,鬼之精者也。以良知为门庭,以无忌惮为蹊径,以堕廉耻、捐君亲为大公无我。……不数月而奉宗社以贻人,较汉之亡为尤亟焉。小人无忌惮之儒,害风俗以陆沉天下,祸烈于蛇龙猛兽,而幸逸其诛。”参见(清)王夫之著,船山全书编辑委员会编校:《船山全书·读通鉴论·汉平帝》,岳麓书社1988~1996年出版,册10,卷5,第203页。以下所引《船山全书》皆依此版本,只注书名、篇名、册数、卷数与页码,其余不再注明。

定应然,儒生道德境界的追求与治国平天下的道德实践本来是两码事。但是,明清之际的儒生认为,华夏之所以亡天下,就是因为理学被佛学侵害而变了质,失去了儒学天行健、务实的特质。也就是说,在明末学界有关心性论的大辩论中,隐藏在理学结构中的那个由接引佛教而来、形而上的道德境界层面凸显出来,使它不再处于实然不能质疑应然的保护伞下。这样一来,必须要从儒学结构中清除佛学的这一层面。但是批判、打掉宋明理学道德境界的形而上层面,并没有改变儒学的道德论证模式和基本结构。我们可以从打掉天理境界层面后儒学的变化,来分析清代思想的走向。

以礼代理、经世致用、考据和格致

理学中,无论是程朱的性即理,还是陆王的心即理,都有一个形而上的天理境界层面。这个形而上的理,是理学各派系整合各自观念系统的枢纽,也是儒生修身实践追求的目标:或冥想寂寥的天理境界,或体悟心外无物的心体。明中叶以后,气论哲学开始兴起,这是明清之际反思、粉碎理学形而上境界层面的理论武器,它把理学的理在气先来了个颠倒,变为理在气中,开拓了儒学理论发展新的方向。你们会问,打掉理学的形而上境界层面是什么意思,又会产生什么样的后果呢?

首先,是儒生修身方式上的大改变。宋明儒特别喜欢辩论,南宋有朱、陆的鹅湖之会,明代更甚,满街都是圣人,动辄有成千上万的讲学辩论场面。多来劲呵!国家都快亡了,还在那里坐而论道,认为辩论天理的意义是什么更为重要。打掉理学的天理境界层面后,中国人对印度文化的思辨玄想兴趣就不那么大了,认为儒生修身,压根儿就不该把佛学那套修身方法带进来,不该去静坐冥想天理。

必须强调,程朱理学和陆王心学冥想天理的方式是不同的。先看程朱式的修身,它有两个要点,一是运用常识格物穷理;二是苦读经典并汲取书本知识,两者融会贯通才能去冥想天理世界。

天理经过气的填充,就是符合天道秩序之道德规范的礼。理解了天理,儒者就能根据礼而自觉地履行齐家治国平天下的道德实践。图 6－1 给出了程朱式道德修身的展开方式。

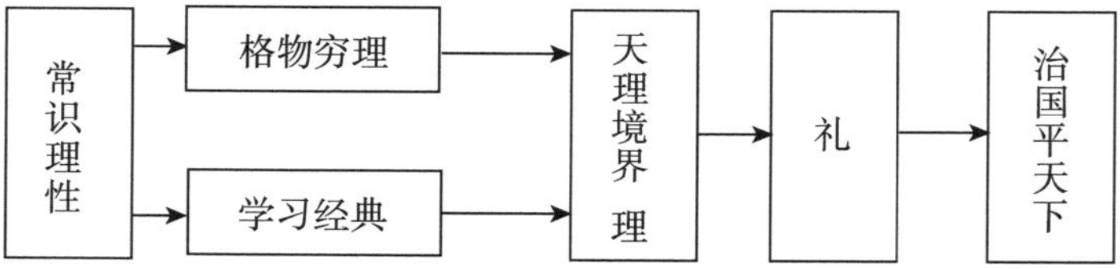

图 6－1　程朱式"性即理"的修身模式

而阳明心学把心体视为天理境界,修身可以简化为致良知,其修身模式为图 6－2 所示:

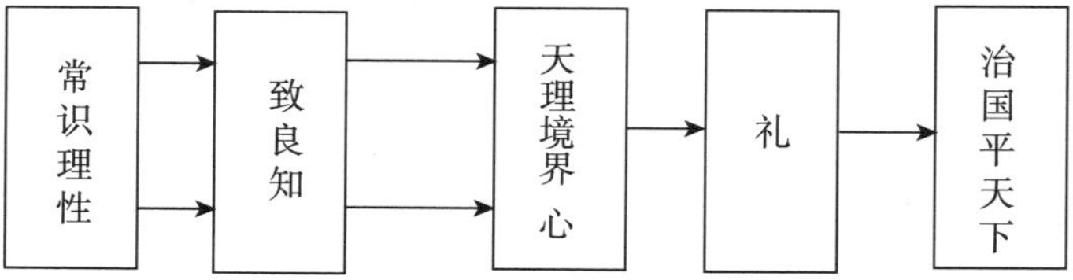

图 6－2　阳明式"心即理"的修身模式

图 6－1 和图 6－2 的共同之处在于,常识理性是道德论证的最终根据,天理则为整合观念系统和修身实践的枢纽。你们想想看,一锤子打掉作为枢轴的境界层面后会有什么样的结果呢? 一旦打掉它,就如抽掉轮子的中轴,但是常识理性仍作为支配性的最后根据,图 6－1 程朱式理学就会分解如图 6－3 的左右两大块:

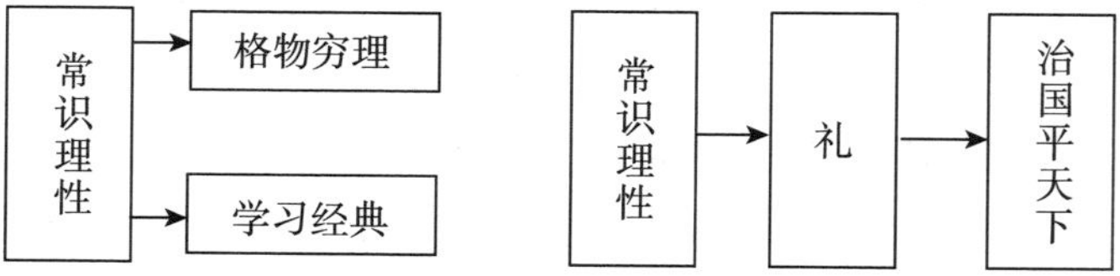

图 6－3　抽掉天理之后的儒学修身模式

图6－3左边这块是程朱理学独有，我们后面再分析。右边这块是理学和心学共同的。我们先对它进行讨论。换言之，对天理境界层的质疑和否定面，使程朱式和心学式两种修身模式都具有图6－3右边所示结构，这就是修身落实到礼和经世。“经世”一词，最早出现在庄子“春秋经世，先王之志”中。① 宋明理学形成之前，没有天理境界层面的追求，不用专门去讲经世，汉唐儒的修身就是经世。理学兴起后，道德理想变成合乎宇宙天理的境界层面，所以，需要先去冥想体悟天理，然后才是经世致用，经世被天理掩盖。

宋明理学盛行近五百年，到什么时候儒生才大讲经世的重要呢？这就是在明代中后期，理学受到质疑，特别是否定掉境界层面以后，儒学出现了两大潮流，一是以礼代理；二是经世致用。“以礼代理”的前一个“礼”字是礼貌的“礼”，“以礼代理”就是用礼、即具体的道德规范来代替天理的“理”。② 一旦儒生普遍接受这种新观念，修身就压根儿不需要必须先冥想或者致良知，去领悟那个飘缈的天理世界，而是在常识理性支配下，直接实践儒家伦理规范的礼，这就是经世致用。明末清初，不管是哪一个学派都要讲经世致用。

打掉天理境界后，虽然理学和心学都有图6－3右边的共同模式，但理学以及常识为道德正当性最终根据，心学则以人之常情为正当性最终根据，经世方式也有新的不同。正因为如此明末清初出现了一批用全新方式来修身的代表人物，如顾炎武、颜元、李二曲（名颙，字中孚，1627～1705）就是代表。

---

① 《庄子集释·齐物论第二》，卷1下，第83页。

② 有关“以礼代理”的研究，可参见张寿安：《以礼代理——凌廷堪与清中叶儒学思想之转变》，台湾“中央研究院”近代史研究所专刊，1994年出版。

6.2 新修身模式的结构和意义

代表人物:顾炎武、颜元、李二曲

二十世纪九十年代拍了个顾炎武的电影,我父亲看后很不理解,问我那个顾炎武为什么那样重要?历史上,顾炎武不仅是抗清志士,也是扭转学术大方向的关键人物。他痛斥王学末流"陷于禅学而不自知",空谈误国,其罪"深于桀纣"。明末士人不是喜欢到处讲学吗?动辄万人空巷,与其针锋相对,顾炎武发誓一辈子不讲学。不讲学干吗呢?结束抗清活动后,顾炎武在调查研究中度过了后半生。在近代革命志士身上,几乎都能看到顾炎武的影子。

一反理学的空想谈玄,顾炎武认为,只有通过实地调查研究,才能了解"国家治乱之原,生民根本之计"。[①] 当时哪有今天的交通之便呵,他怎么跑遍大江南北搞调研呢?他带二马二骡,马当坐骑,骡来驮书,随时取阅。每到道路、关隘、河流,他就下马与书上记载对照,看看是否有问题。问老农、退卒,这里以前有多少驻军啊?道路通向何方?经过验证,书上不对之处就改过来,没有写的就加上去。就这样,顾炎武北游二十余年,踏遍河南、河北、山东、山西、陕西数省的山川河流。我们今天对中国历代军事、地理的知识,很多来自于顾炎武的调查。顾炎武行万里路、读万卷书的调查研究,不仅仅是为了总结国家兴亡的知识,对他个人来说,还是反空谈的修身方式。

与顾炎武的重视调查研究不同,另一种是被梁启超(字卓如,号任公,1873~1929)称为实践主义的修身方式,其代表人物是颜

---

① 见《亭林佚文辑补·与黄太冲书》,此书辑自《黄宗羲全集·思旧录·顾炎武》,第1册,第390页。

元。宋明儒生纠结于心性义理,颜元则反其道而行之,他的修身是"躬行而实践之",以行为先,身体力行,自寻自证天理。他年轻时也曾沉迷于理学义理,三十五岁时他认识到"思不如学,而学必以习",把"学"等同于"习",在反复实践的习中完成学。因此,他把家塾"思古斋"之名改为"习斋",并以此为自己的号。梁启超称颜元"其对于旧思想之解放,最为彻底";①钱穆先生盛赞他把"上之为宋、元、明,其言心性义理","下之为有清一代,其言训诂考据"一壁推倒。②

与宋明儒的白面书生形象相反,颜元习医练武,武功高强。五十七岁时,他曾与商水大侠李子青比武,"不数合,击中其腕"。③ 颜元最重视以实践为主的教育,培养新型人才。六十二岁时,他应邀主持河北肥乡县漳南书院,提倡兼修文武,"宁粗而实,勿妄而虚"④、"宁为真白丁,不作假秀才"。⑤ 这个书院的课程完全是根据他的实践主义哲学设置,分了很多科目,有兵法、布阵等,据说书院还有一架天文望远镜。李约瑟(Joseph Terence Montgomery Needham,1900～1995)称其为十七世纪世界上最先进的学校。可惜学校不久被大水冲掉,今天变成一个旅游景点。

有趣的是,颜元偏偏在书院大门东西两侧分设两个学斋,东边的"理学斋"专教静坐和理学,西边的"帖括斋"讲授八股举业。见之者大为惊奇,你不是最恨理学和科举八股吗?颜元解释说,此二

---

① 参见梁启超:《清代学术概论·颜元》,上海古籍出版社 2000 年版,第 20 页。

② 参见钱穆:《中国近三百年学术史·颜习斋李恕谷》,台湾商务印书馆 1997 年版,上册,第 198 页。

③ 参见(清)李塨:《颜习斋先生年谱》,台湾商务印书馆 1978 年版,辛未五十七岁八月条,第 177 页。

④ 《颜元集·习斋记余·漳南书院记》,第 412 页。

⑤ 参见(清)李塨:《颜习斋先生年谱》,庚寅十六岁,第 11 页。

斋"见为吾道之敌对,非周、孔本学;暂收之以示吾道之广"。[①] 其意思是说,它们是我找的两个对立面呵,叫人们看看它们是什么玩意儿。凡是经历过"文革"的人都熟悉这种通过批判对立面来显示自己立场的思想方式。

另一个与颜元同期的著名民间学者是关中李二曲(李颙)。他幼时家贫辍学,自学成才,名气很大。两任地方官对他尊重有加,皇帝几次下旨要他进京当官,他坚辞不受。与顾、颜一样,他注重学习"礼乐兵刑、赋役农屯"及泰西水法等实用学问。最为特别的是,他写了一篇《悔过自新说》,讲悔过自新是"千圣进修之要诀"、救世之良方。李二曲认为只要天子、地方大员、中小官吏、百姓民众人人都悔过自新,就能达到天下大治。[②] 他认为心本是至善无恶,至纯无瑕,受到欲望和习俗污染而变质,如同明镜蔽于尘垢,宝珠陷于粪坑。他反对心学家的致良知,内心的善哪有可能自然涌现出来呵!他讲悔过自新的修身就如"加刮磨洗剔之功",要用力去除垢秽,[③]采用此取代理学家式的默坐澄心。

从顾、颜、李的不同修身理念和模式,可以看到打掉理学的境界层面后的不同修身形态。他们的修身理念仍然以常识理性为根据,但修身理念中已没有或弱化了体认抽象的天理。常识理性有常识和人之常情两个不同的出发点,顾炎武是以常识为出发点,重实际知识的调研,立足于广泛的社会调查;很像程朱理学打掉天理境界后的形态。颜元的修身直接诉诸行动及实践,完全取消了致良知和穷理尽性,但是对理学的全面反叛,仍有心学中抽掉天理世

① 《颜元集·习斋记余·漳南书院记》,第413页。

② 李二曲在《悔过自新说》一文中指出,愚谓:"天子能悔过自新,则君极建而天下以之平;诸侯能悔过自新,则侯度贞而国以之治;大夫能悔过自新,则臣道立而家以之齐;士庶人能悔过自新,则德业日隆而身以之修,又何弗包举统摄焉!"参见(清)李颙:《悔过自新说》,收于陈俊民点校:《二曲集》,中华书局1996年版,卷1,第4页。

③ 参见(清)李颙:《悔过自新说》,收于陈俊民点校:《二曲集》,卷1,第3页。

界的影子。而李二曲的悔过自新,是以人之常情——心受蔽污染——为出发点,在道德推演上,主张人人悔过自新的普遍社会改良和默坐澄心,这一套修身方式,不就是打掉境界层面的宋明理学第三系吗?

总之,在明清之际的思潮大转向影响下,出现了一批特立独行、标新立异的儒生,他们大胆实践自己认为正确的修己立人、救世报国的修身方式,一扫宋明以来虚浮讲谈的名士之风,塑造出平实典型的清儒楷模。这些大儒不但为清代树立出做人的典范,也开创了全新的学术方向。清以后,中国人告别了玄思,变得很注重实用。这不仅是思想方式的大改变,也表现在艺术的审美方面,家具、器皿的风格也为之一变。用梁启超的话说,吾言"清学之出发点,在对于宋明理学一大反动"。①

考据学及其分化

再来看图6-3的左边示意图。程朱理学对道德天理的体悟有两种途径,一个是用常识格物穷理,另一个是学习儒家经典的圣人之言;一旦打掉作为境界层面的天理世界,程朱式的体悟天理途径,就分别落实到格物穷理和明经两方面了。先看明经。天理境界存在时,明经是学习儒家经典,静心冥想体会它与天理的一致性。在6-3左边图中,取代冥想的是用常识理性严格审视经典的真伪,以了解经典的准确含意,由此开启了清代学界主流的考据潮流。

劳思光先生用从致用到通经、再由通经到考古,去讲清代考据的起源。② 由致用的需要而去通经,这一点不难理解;但为什么通经必须去做文字考古呢?要知道,这正是由常识理性规定的呵。常识

① 梁启超:《清代学术概论·清学的出发点》,第7页。

② 劳思光:《新编中国哲学史》,广西师范大学出版社2005年版,第3卷下,第601页。

用于穷经,首先就要弄清楚现存经典文本中的圣人之言是否为真的,如果是真的,还要弄明白圣人之言的原意是什么。换言之,一旦破除了以天理作为道德的最高的形而上根据,儒学经典本身就具有了最大的权威性。经典要有权威,首先经典文本必须为真,其次对文本字句意义的理解必须要正确,考据学应运而生,并壮大为清代学术的主流。

首先,常识理性赋予考据经典的权威性。顾炎武主张回到汉唐儒所重的经学研究,他批判"今之所谓理学,禅学也",提出考据学的纲领:"古之所谓理学,经学也";说经学是一门"非数十年不能通"的大学问。[①] 顾炎武不是为考据而考据,而是要正本清源,清理禅学对儒学的影响,批判心学空谈心性。他开出了经学考据的新学术方向,被尊为清代考据学的开山宗师。在这一宗旨下,出现了以考据质疑理学的思潮,学术经世催生了考据学潮流,是因为考据并不仅仅是知识的整理,还涉及儒学义理之根基是否可靠。

清初两位考据名家阎若璩(字百诗,1636~1704)和胡渭(字朏明,1633~1714)的研究证明,千百年来历代大儒使用的儒家经典,可能是靠不住的,因此极具震撼力。阎若璩花了三十年的时间写出的《尚书古文疏证》,证明《古文尚书》是东晋梅赜(生卒年不详)所献,是后世的伪著。梁启超称赞阎若璩为"近三百年学术解放之第一功臣"。又如胡渭著十卷《易图明辨》,清理了宋代以来的易图,他指出,六十四卦二体六爻就是《易》之图,舍此之外,别无他图,他说:"凡为易图以附益经之所无者,皆可废也。"[②]因此,朱熹著《周易本义》卷首的九图,皆不是《易》原典所有。这些考据意义重大,足以动摇作为官学的程朱理学的基础。

---

① 参见(清)顾炎武:《顾亭林诗文集·与施愚山书》,中华书局1983年版,卷3,第58页。

② (清)胡渭:《易图明辨题辞》,收于刘保贞著:《〈易图明辨〉导读》,齐鲁书社2004年版,导读第75页。

凌廷堪(字次仲,1757～1809)考证在《论语》及《大学》等儒学经典中"皆未尝有'理'字,徒因释氏以理事法界,遂援之而成此新义,是以宋儒论学,往往理事并称。"①凌廷堪从字词考据上给予理学致命一击。

其次,常识理性也规定了考据学的基本方法。从常识理性来看,要确立经典的权威,首先必须弄清楚经典文本是否可靠。孔孟儒学经典流传久远,经过历代学人注疏阐发义理,文字多有歧义,义理众说纷纭。尤其是宋明儒建立理学体系时,糅合了不少佛、道的理论去重新解释儒学经典。你们看劳先生的书,骂朱熹骂得好厉害,指他所用的儒家经典大多很不可靠,好多是伪经,甚至有刻意改动经典的情形。

考据的目的是要辨别经典文本的真伪和准确意义,基于常识理性,考据学应要遵循以下两条基本原则:第一,重文本,重训诂,无信不征。考据经典文本的字词,孤证不足以信,先要从文本上下义自证其意,再参验同时代其他文献,作为旁证。你讲这个东西真确,光讲一个不行,至少要有两个互相独立的证据吧。第二,是信而好古,需辨析经典版本的先后。文本越早、越接近孔孟时代,就越接近圣人原意。顾炎武特别重视从辨析文字和读音来考订版本的先后,②清代的训诂音韵学之小学特别发达。梁启超在《清代学术概论》中称考据学为正统派,并总结出十大基本方法规矩,③只不过是上述两条基本方法的细化而已。

继顾炎武后约百年,乾嘉时期,前有惠栋(字定宇,1697～

---

① 参见(清)凌廷堪:《好恶说下》,收于《校礼堂文集》,中华书局1998年版,卷16,第142页。

② 顾炎武曾说:"经学自有源流,自汉而六朝而唐而宋,必一一考究,而后及于近儒之所著,然后可以知其异同离合之指。"又说:"读九经自考文始,考文自知音始"。以上参见(清)顾炎武:《顾亭林诗文集》,卷4,"与人书四",第91页;卷4,"答李子德书",第73页。

③ 梁启超:《清代学术概论》,第47～48页。

1758),后有戴震,考据学发展成为一门独立的显学。① 戴震以经学家自居,“凡学始乎离词,中乎辨言,终乎闻道”,②通经首先要去训诂分析字词,其次是辨析文本义理,最终为了明道。戴震难师的故事十分形象地表明常识理性在考据中的核心位置。据说,戴震十岁时,读到《大学章句》中“孔子之言曾子述之”这句话时,去问他的私塾老师:怎么能知道孔子的话是曾子述之?师答:是朱熹说的。戴震再问:孔子、曾子是什么时候人?师说:东周人吧。三问:朱熹是什么时候的人?师答:南宋。两者相距多少年?几近两千年了吧。戴震马上又问:那么,朱熹怎么能知道曾子是这样讲的呢?这一下把老师问住了。幼年的戴震仅凭常识,就可以问得老师语塞。你们看,常识理性用于考据方法,就是如此有力、难以辩驳。

考据学占据清代学术主流几乎长达二百年,形成了不同的学派和家法;而反对浮夸学风,重求知、求证;反对虚言文风,提倡朴实说理,为不同学派的学者共同遵守。因此,考据学也称为朴学。清代考据学内部的汉宋之争又是怎么回事呢?简单地说,所谓宋学一派,其治经特点是重辨析义理,承袭北宋二程“先识义理,方始得经”的治学路数。③ 汉学一派,则以汉儒经说为宗,从语言文字训诂入手。汉宋之争,是在穷经、还是进德,重训诂、还是重义理这两个层次上之争。④ 考据学中的汉宋之争一直持续到清末,导致经学内部的分裂及学科分化。到清末,经学解体,诸子学兴起。

---

① 梁启超:“苟无戴震,则清学能否卓然自树立,盖未可知也。”参见梁启超:《清代学术概论》,第34页。

② 参见(清)戴震:《沈学子文集序》,收于赵玉新点校:《戴震文集》,中华书局1980年版,卷11,第165页。

③ 《二程遗书》中提道:“古之学者,先由经以识义理。盖始学时,尽是传授。后之学者,却先须识义理,方始看得经。”参见《二程集·河南程氏遗书》,卷15,第164页。

④ 张循:“汉学的内在紧张:清代思想史上‘汉宋之争’的一个新解释”,载《中央研究院近史所集刊》2009年第63期,第49~96页。

清代洋洋大观的考据学潮流中,出现了很多代考据大师,除了前面提到的顾炎武、阎若璩、胡渭、惠栋、戴震外,还有江永(字慎修,1681~1762)、毛奇龄(字大可,号西河,1623~1716)、段玉裁(字若膺,号茂堂,1735~1815)、王念孙(字怀祖,1744~1832)、王引之(字伯申,1766~1834)、方东树(字植之,1772~1851)、章学诚(字实斋,1738~1801)、俞樾(字荫甫,1821~1907)、黄以周(字元同,1828~1899),直到清末的章太炎(名炳麟,字枚叔,1869~1936)、王国维等。梁启超的《清代学术概论》曾指出考据学有不同师承和流派。[①] 以往常见的是按考据学家的籍贯来分派,如吴派(惠栋)、皖派(戴震)、扬州派(王念孙、王引之、阮元)、浙派(俞樾、黄以周、章太炎、王国维)。

余英时先生写过一本书《论戴震和章学诚》,发现考据中有两个相对立的典范。一个是戴震,考据做得很细啊;还一个章学诚,跟戴震相反,他考据是先立其大,先有大想法,但没有戴震做得那样准确细致。章学诚做学问不赶潮流,以文史校雠来拯救正陷于文字训诂的时弊,章学诚所说的"六经皆史",强调"史学所以经世,固非空言著述也",[②]其目标是史学经世。他指出,六经是先圣经世的记录,必须还原六经所体现的人伦日用之器的经世功能。正因为如此,考据也就会指向今文经学的复兴。庄存与(字方耕,1719~1788)不满考据学陷于繁言碎辞,他提倡沉寂千年之久的今文经《春秋》公羊学,强调研究《春秋》应突出其政治意义。他说,治春秋阐发微言大义,是要"以为民坊",[③]规范民众的是非观念。当

---

① 我对考据学没有研究,推测一下,如果按照常识理性的两个出发点和两种推导模式,根据这些考据大师的儒学理论倾向,应该可以对他们作出更清晰的定位和分类,这是值得探讨的。

② 参见(清)章学诚:《浙东学术》,收于叶瑛校注:《文史通义校注》,中华书局1985年版,卷5,第524页。

③ 关于庄存与对考据学的态度以及经学思想,可参见郭晓东:《经学、道学与经典诠释》,台湾大学出版中心2011年版,"肆、略论庄存与的经学思想:以庄氏《春秋》学为讨论中心",第167~230页,余例不详举。

时,章学诚和庄存与二人的学术影响力远不及戴震。但到晚清,儒学为了应付西方的冲击,史学经世成为潮流,今文经学也大放异彩。经龚自珍(字璱人,号定庵,1792～1841)、魏源(字默深,1794～1857),廖平(字旭陔,1852～1932),到康有为(字广厦,号长素,又号明夷,1858～1927),终成为托古改制的思想利器。

清代的考据学成就斐然。两千多年来,经典及相关著述堆积如山、杂乱无序,统统经过清儒用常识理性的严格审视,分辨真伪,校勘文本,辨音释义,梳理源流;除考据经典之外,还旁及几乎所有古典文献,对传世文献来了个大清理。正是缘于这一大清理,不仅梁启超这一代人很感谢他们整理了较有系统及可信的书目和文本,今天的学人也受惠于此。

格致之学和中国科学主义的源头

再回到图6－3的左边,打掉天理境界层面后,在常识理性支配下有明经和穷理两个方向,前面讲了与明经相关的考据学兴起,再看看格物穷理的发展。程朱式修身讲格物穷理,以问学求道,宋、元、明三代出现不少著名科学家,如沈括(字存中,号梦溪丈人,1031～1095)、贾宪(北宋人,生卒年不详)、秦九韶(字道古,1208～1261)、杨辉(南宋人,生卒年不详)、郭守敬(字若思,1231～1316)、李时珍(字东璧,1518～1593)、宋应星(字长庚,1587～约1666)、徐霞客(名弘祖,1587～1641)、徐光启(字子先,1562～1633)等。明末清初,打掉天理的境界层面,常识理性支配下的格物穷理落到实处,除了推动着经世致用思潮外,还迎来了第一次西学东传高潮。士大夫对西方各种科技知识表现出极大兴趣,大约在此时,开始用"格致"翻译science,西方的天文地理、数学历算、军工制造、声光化电等,统称为格致之学。格物致知是儒学的修身方法,格致是格物致知的简称,目标是理解儒学的天道,并不是像古希腊文明那种求真的求知。

例如，李时珍谈《本草纲目》意义在于："虽曰医家药品，其考释性理，实吾儒格物之学，可稗尔雅、诗疏之缺。"[①]徐光启虽然信奉了天主，仍认为儒生格物穷理的追求，可以囊括西学的数学、天文历法和各种有形质的研究对象以及工艺。[②] 你们不要以为李时珍、徐光启把专门学问归到格物穷理，是拿官方意识形态当保护伞。其实，这是儒生的普遍看法。李锐（字尚之，1769～1817）的《开方说》在方程理论上有原创性发现，但当时人们最看重的是其经学意义。戴震认为历算新发现的意义，在于加深对经学体系的理解。章学诚也说："道无不该（"该"意为普遍），治方术者，各以所见为至"，[③]治方术也可以闻道。钱大昕（字晓征，1728～1804）明确地说："数为六艺之一，由艺以明道，儒者之学也。"[④]只要儒学作为政治、社会和文化正当性根据的地位没有动摇，士人的修身穷理、求知习艺，以及清初和清末两次西学东传高潮中接受的西学科学知识和技艺，统统可以在儒学的格物穷理和经世致用中找到正当性根据，所以西学知识被称为格致之学。

有不少人、包括梁启超都有这么一种看法，十七世纪西方现代自然科学与清代考据学几乎同时开始起步，考据方法的求真精神与西方科学有点类似，只是研究对象不同，牛顿用科学方法研究自然界，清儒研究故纸堆，结果导致中西科学发展的巨大差异。这种

---

① 参见（明）李时珍：《本草纲目凡例》，收于（明）李时珍著，刘山永主编：《本草纲目》，华夏出版社2008年新校注本第3版，上册，第224页。

② 徐光启："格物穷理之中，又复旁出一种象数之学。象数之学、大者为历法，为律吕；至其他有形有质之物，有度有数之事，无不赖以为用，用之无不尽巧极妙者。"参见（明）徐光启：《泰西水法序》，收于王重民辑校：《徐光启集》，明文书局1986年版，卷2，第66页。

③ 参见（清）章学诚：《章学诚遗书·与陈鉴亭论学》，文物出版社影印嘉业堂刊本1985年版，第86页。

④ 钱大昕之语，出自李锐：《三统术钤跋》，《三统术钤》，收于《嘉定钱大昕全集》（捌），江苏古籍出版社1997年版，第180页；以上例子，转引自洪万生、刘钝："汪莱、李锐与乾嘉学派"，载《汉学研究》1992年第1期，第85～103页。

观点对吗？当然不对。这种比较和由此产生的遗憾必须放到更深层面思考才有意义，这就是科学认知在文化价值传统中的定位。在轴心时代产生的四种文明类型中，中华文化是以道德为终极关怀的文明，儒生的道德追求和修身具有安身立命的意义，经世致用和求知是为了更好地实践道德理想。清初和清末，先后出现了两次包含着大量西方科技知识的格致之学之兴起，它除了正好对应着两次儒学经世致用高潮外，格致之学还反映出重构道德意识形态的需求。在此种意义上讲，于明清之际的第一次格致之学兴起，可以视为中国近代科学主义的源头。

什么是科学主义？科学主义是一种为了意识形态目的而追求科技知识的现代观念。在以道德为终极关怀的中国文化中，格致作为儒家意识形态的有机成分，每当社会出现大危机或需要大变革时，其重要性往往便会被强调和凸显出来。特别是当道德意识形态缺失时，它是中国文化发展中重要的重构意识形态的深层动力。我们揭示明清之际和晚清两次格致之学兴起背后的重构意识形态的深层动力，也是为了说明中国在二十世纪中后期的社会转型中，科学主义兴起的传统基因。①

6.3　气论哲学对儒学的重构：中国近代传统

气论哲学的破与立

理学是建立在常识理性之上的观念系统，前面所讲的否定天理世界后的儒学大转向，只是理学解构的形态，抽掉天理世界后，和解构同步的是气论对儒学的重构。当存在天理境界时，理学内

① 参见刘青峰："二十世纪中国科学主义的两次兴起"，载《二十一世纪》总第4期，1991年4月刊，第32～47页。

部的性即理和心即理两大流派针锋相对，但两派争论得再凶，只不过是对理的形而上层面的不同看法，在理与气关系上，两派都主张先有理后有气，气根据理或心的规定性使万物得以成形；理代表形而上的道，气为形而下的器。①

明清之际对理学的批判，否定了天理的形而上层面，对理气关系上来了个颠倒，气变为第一性的，理不再是一种先验的规定万物特质及秩序的理念形态，它只是气在运行中显现出来的规律和条理。没有脱离气的理，理在气中，理随气变，气不同理亦不同。明清思想家出于对气的理解的不同侧重，去重构儒家道德哲学，形成不同于宋明理学的新义理观。这种以气论为基础的儒学新形态，可以称为气论哲学。

毫无疑问，气是中国最古老的概念和哲学范畴，但不要以为气论哲学古已有之。汉代王充就爱讲气，北宋张载也讲太虚即气，但气论哲学的登场还需要依赖于以下两个条件：其一，常识理性成熟并成为建构新理论的基础；其二，理学理论发展到头了，其社会实践又带来很大问题。这两个条件在明中叶成熟后，气论哲学才真正兴起。与阳明同期的王廷相（字子衡，1474～1544）就曾说过："元气之上无物，无道，无理。"②如果仍以常识理性为最终根据，又是从儒学内部反思理学、否定其形而上层面，就只能是从气论角度

---

① 朱熹有很多关于理与气的语录，如"天地之间，有理有气。理也者，形而上之道也，生物之本也；气也者，形而下之器也，生物之具也。是以人物之生，必禀此理然后有性，必禀此气然后有形。"参见《朱子全书·晦庵先生朱文公文集（三）·答黄道夫》，第23册，卷58，第2755页。又："或问'理在先，气在后'。曰：'理与气本无先后之可言，但推上去时，却如理在先，气在后相似。'"参见《朱子全书·朱子语类·理气上》，第14册，卷1，第115～116页。而王阳明也曾提出理为气之条理一说，如《传习录》指出："理者气之条理；气者理之运用。"参见《王阳明全集·传习录·答陆原静书》，卷2，第62页。由此可见不论朱熹或阳明，在理气关系上都有理先气后的共同认识。

② 参见（明）王廷相著，王孝鱼点校：《王廷相集（二）·雅述·上篇》，中华书局1989年版，第841页。

出发。谈到明末清初的气论哲学,需要注意区别两种类型:一种是用气论解构理学形而上层面的普遍思潮,这里不多讲;另一种是少数思想家用气论建构出来的新思想,我们称之为近代传统。

由于气的含义很多样,不同哲学家对气所代表的意义或是对气的性质的理解有所不同,所以他们创立出来的新思想也是形形色色的。从明清之际到清中叶前期,主要有以王船山、刘宗周、黄宗羲和戴震为代表的四种形态的气论。王船山的气论与唯物论有相类似之处,他推出满汉之别,发清末民族主义之滥觞。刘宗周的气论式心学,在当时便吸引并培养了一批优秀的儒者。从他的《人谱》可以看到"文革""狠批私字一闪念"的影子。黄宗羲是刘宗周弟子,他的气论否定了忠孝同构,反对皇帝家天下。戴震则强调个别性和具体情景,提出一种新的气论观,揭示以理杀人的逻辑。这些新思想大多要到十九世纪中叶以后才被挖掘出来,一直贯穿到二十世纪初。所以,可以把明清之际出现的这些新思想视为近代传统,是十九、二十世纪近现代思想结构的预演。对于整个东亚而言,气论哲学代表了近代思想。下面,简单分析一下这四种气论。

王船山的气论:唯物论和进步观的起源

王船山这个人很不简单,在抗清失败后他不认同清政权,拒不剃头,那时候是留发不留头啊,抓到要杀头的。作为一个明遗民,复明无望,他躲到湘西苗瑶贫瘠山区,以"六经责我开生面,七尺从天乞活埋"为生命意义,著书立说,寻找天道。① 他穷得有时连三餐都没着落,无钱买纸,有的书只好写在账本的反面。老友方以智(字密之,1611~1671)写信劝他当和尚,进寺庙还有碗饭吃哩。船山不肯,拒佛的儒生又怎可以遁入空门呢?船山辛苦笔耕,但在他生前,数百万字的著述全都没有刊行,思想几被埋没二百年。直到

---

① 参见《船山全书·船山诗文拾遗·观生居堂联》,第15册,卷1,第921页。

晚清，由曾国藩（字伯函，1811～1872）、曾国荃（字沅甫，1824～1890）兄弟出资，在船山后人刻印船山遗著基础上，重新汇刊《船山遗书》，曾国藩还亲自撰写序言，船山名字才迅速为国人知晓。此后，他的名著《读通鉴论》《周易外传》《宋论》《黄书》等，对清末反满革命派和二十世纪中国思潮有很大影响。

千万不要忽视船山在中国思想现代转型中的重要性。船山开创的气一元论，为二十世纪中国人迅速接受唯物论和历史唯物主义打下了思想基础。① 为什么这样讲？无论程朱理学和阳明心学两系间的争论有多大，都是把理与天联系在一起的，理是第一性的、主宰性的，是先于并高于气的形而上之存在。船山对宋明理学的理气观来了个彻底颠倒，他说，你们理学家成天谈心、谈性，言天言理，但只有气才是万物存在的终极根据。离开了气，什么都没有呵！② 船山的气论粉碎了理学的形而上天理世界。

张载曾提出理气合一论，船山以横渠为宗，称自己“希张横渠之正学而力不能企”，③他通过注张载的《正蒙》来阐发自己的气论哲学。在理学的术语中，理为道，气是器。而船山则认为，物质性的气是第一性的，“气者，理之依也”，④它是理存在的根据。他反问

① 据曹聚仁回忆，他那一代人早已接受船山哲学，后来看到历史唯物论和船山哲学差不多，便纷纷信之。可见，船山气论是中国人亲和马列主义历史唯物论的原因。曹氏之语参见曹聚仁：《中国学术思想史随笔》，三联书店1986年版，第253～254、370页。即使今天大陆没有多少人讲历史唯物论了，但哲学史研究仍跳不出唯物、唯心框架，就是因为它是船山气论的结构啊。讲道德哲学如果陷入气论，就很难跳出用唯物、唯心来评价古代的思想。

② 王夫之：“气外更无虚托孤立之理也”，“盖言心言性，言天言理，俱必在气上说，若无气处则俱无也。”语出《船山全书·读四书大全说·孟子·告子上篇》，第6册，卷10，第1052、1109页。

③ 参见《船山全书·姜斋文集补遗·自题墓石》，第15册，第228页。

④ 参见《船山全书·思问录·内篇》，第12册，第419页。

道:“是岂于气之外别有一理以游行于气中者乎”?[①] 根本不存在游离于气之外的理嘛。他提出“无其器则无其道”,[②]“天下惟器而已矣”。[③] 船山的“天下唯器”说,无疑是儒学式一元论唯物论。

船山从气一元论不仅推出了唯物论,还进一步推出他的进步观和功利观。气是运动和变化,理在气中,随着气之流变,理一定会变。船山说,理随气变,“只在势之必然处见理”,[④]其意是可以从气运行中显现出来的势——即必然性来发现规律(理)。用这种理随气变的必然性来看历史,正是今天我们熟悉的进步观。以往,儒学以三代为理想社会,或持退化观,或持循环观,并没有进步观。船山按气论进步观,重新评价历代政治得失。为什么秦始皇能统一中国呢?船山说,是因为秦王废井田、实现郡县制,顺应了历史大趋势。船山讲的理在事中,理随事变,与历史唯物主义有相通之处。船山源于气论的进步观,是儒学划时代的变化呵。船山的《读通鉴论》《宋论》也可以当做历史哲学来读。

从常识理性出发,气可以视为物质,也可以指人的欲望、情感或实践。船山根据理在气中,打掉天理的形而上层面,消除了朱子学中天理与人欲的对立结构,从而推出“人欲之各得,即天理之大同”。[⑤] 必须指出,船山不是不讲天理人欲之辨,而是认为理乃是气运行中的法则、规律。他说:“人欲之大公,即天理之至正矣”;[⑥]又

---

① 参见《船山全书·读四书大全说·孟子·告子上篇》,第6册,卷10,第1076页。

② 参见《船山全书·周易外传·系辞上传》,第1册,卷5,第1028页。

③ 参见《船山全书·周易外传·系辞上传》,第1册,卷5,第1027页。

④ 参见《船山全书·读四书大全说·孟子·离娄上篇》,第6册,卷9,第992页。

⑤ 王夫之:“理尽则合人之欲,欲推即合天之理,于此可见:人欲之各得,即天理之大同。”参见《船山全书·读四书大全说·论语·里仁》,第6册,卷4,第639页。

⑥ 参见《船山全书·四书训义·中庸二》,第7册,卷3,第137页。

说，这个大公就是每个人都将私欲消除干净，天理方得以流行。[1]梁启超说，船山之论“可谓发宋元以来所未发”，[2]是了不得的大发现。我们这一代人对此很熟悉：人应该克服私欲，服从大公即代表着绝大多数人的长远利益。

王船山用气论重建的道德哲学，具有一元论唯物的进步观以及以大公为天理的内涵，这不是很类似于唯物论和历史唯物论吗？儒家道德哲学是把应然当成必然，历史法则也是道德的法则。现代中国人都很熟悉这种思想方法。为什么要相信共产主义呢？因为社会发展规律如此。然而，即使历史有规律，必然也不一定是应然啊。如果必然是应然，又如何谈个人道德主体性的意义？直到今天为止，很多中国人都相信历史法则就是道德法则，人的道德追求不应违反历史前进的法则。船山哲学正是如此。我们分析船山思想，可以解剖中国人当下思想、特别是道德观中的种种盲点。

《黄书》和汉族民族主义

儒学主张道德文化的普世主义，雍正（清世祖，名胤禛，1678～1735）就是用儒家的天下主义反对汉民族主义，其根据是道德的可欲性，满人跟汉人在道德能力上没有差别。但在王船山看来，满清入关亡天下是奇耻大辱，他用气论改造儒家的天下观，大讲汉族的民族主义。在王船山数百万字著作中，篇幅不大的《黄书》很重要，书名中的“黄”是指黄帝。全书以地理分域为纬，以历史为经，分析中国历史上的统一和分裂，塑造出具有排他性的汉民族认同的民族主义。因此，在晚清的排满革命思潮中备受推崇。

《黄书》用语古奥并有缺漏，很不好读，你们可以找白话译文看看。《黄书》开篇是论述这样一个道理：天地间之所以自然形成了

---

① 王夫之：“私欲净尽，天理流行，则公矣。”参见《船山全书·思问录·内篇》，第12册，第406页。

② 参见梁启超：《清代学术概论》，第19页。

不同的地理条件,就是要立畛域屏障,区隔不同的种群,严加防范。① 根据气论,人由气而生,理随气变,华夏与夷狄生长于不同地区,气候地理条件不同,气也就不同;气不同则习俗不同,令华夏与夷狄先天具有不同素质。② 船山在《读通鉴论》更明确地指出,随地域不同而变的气,决定了不同种群有不同的天命,儒家伦理是居住在中国这块地方的人所特有的,是他们特殊的天命,生长居住于荒蛮之地的夷狄不可能具有天命,少数民族入主中原都没有好结果。③

《黄书》用气论推出的地理决定论,论证华夏族群的天命,同时又给出了尊崇黄帝的理由。他说,华夏族群居住的中区之所以定义为中国,因为这是轩辕黄帝所统治、大禹所区划出九州岛的地区。④ 在此地域中,黄帝建大功、立大德,数千年间形成了牢固的传统,成为炎黄子孙之祖;必须坚决拒斥不同气的异类(夷狄),扶植中夏人才,这才是治道的内涵。⑤ 根据气论,船山反对传统的普世天下观,开创炎黄子孙才具有道德天命的种族民族主义,拒斥外族入主中原。

这个理论是对、还是不对的呢?我们先把这个问题悬置起来。

---

① 王夫之:“然而清其族,绝其畛,建其位各归其屏者,则函舆之功,所以为虑至防以切。”参见《船山全书·黄书·原极第一》,第12册,第501页。

② 王夫之:“中国之与夷狄,所生异地,其地异,其气异矣;气异而习异,习异而所知所行蔑不异焉。”参见《船山全书·读通鉴论·东晋哀帝》,第10册,卷14,第502页。

③ 王夫之指出:“天以洪钧一气生长万族,而地限之以其域,天气亦随之而变,天命亦随之而殊”,“是故拓跋氏迁雒而败,完颜氏迁蔡而亡,游麟于沙渚,啸狐于平原,将安归哉?”参见《船山全书·读通鉴论·东晋明帝》,第10册,卷13,第485~486页。

④ 王夫之:“中区之间,轩辕所治,大禹之所经维。”参见《船山全书·黄书·离合第七》,第12册,第532页。

⑤ 王夫之:“述古继天而王者,本轩辕之治,建黄中,拒间气殊类之灾,扶长中夏以尽其材,治道该矣。”参见《船山全书·黄书·后序》,第12册,第538页。

船山生活于明末清初,《黄书》的这一理论创新,可以为他终生坚持抗清的政治选择和生命意义找到依据。当然,他不可能想到,在十九世纪末二十世纪初《黄书》会风行天下,其尊黄思想成为凝聚炎黄子孙的民族认同符号,其排满理论成为反清革命志士的思想利器。在二十世纪八年抗战时期,《黄书》也备受推崇。萧公权在二十世纪三十年代写中国政治思想史时说,《黄书》有中国从来没有的民族思想啊,船山的创造真是不得了,船山的著作足以令范文程之流汗颜。① 范文程是谁,就是辅佐三代清主灭明朝、定天下的功臣嘛。范文程信奉传统的天下观,夷狄只要奉行儒家伦理就可以成为中国的主人,而在船山看来,这是汉奸思想。

今天来看,船山的民族主义是有问题的。但在二十世纪初,中国要建立现代民族国家,需要民族主义的认同及社会动员,船山思想正大派其用。当时,中国还有另一种民族主义,这就是梁启超所主张的,以认同儒家文化为核心的文化民族主义。中华民国的五族共和,就是文化民族主义压倒排满民族主义的结果。当代的民族主义,是反思十九、二十世纪民族主义带来的严重问题、经过改进后的观念系统。二十世纪的两次世界大战,特别是德国纳粹屠杀数百万犹太人的种族灭绝暴行,使人们认识到原教旨的种族民族主义和文化民族主义,都会造成心灵的极端封闭和狭隘的排他性,必须抛弃。但是,由于现代社会是由不同的民族国家组成,每个国家的认同都与民族主义相关联,因此,如何评价各种民族主义理论,至今仍是一个十分重要却很困难的理论工作。

课间有位同学问我:你上次讲课,似乎宋明理学好得很呵,这次又讲它如何被抛弃,今天讲天下主义和船山的民族主义也是如

① 关于萧氏论船山民族思想部分,可详参萧公权:《中国政治思想史》,辽宁教育出版社 1998 年版,第十九章"王夫之",第 588～594 页。

此,一高一低,这不是坐过山车吗?不错,看思想史有时就好像是坐过山车。任何一个时代所产生的新思想体系,都是为了回应时势挑战提出的理论问题。在历史展开中,新思想一方面显示出它的有效性,另一方面也有一个暴露其缺陷的过程。一旦这一思想体系的缺陷与它产生的巨大社会弊病相关联时,全社会就会改进或抛弃这个思想。这就是历史上社会和思想之间波澜壮阔的互动啊,不同国家和地区都是这样。思想史的目的就是要研究这个过程,而不是去宣讲某一种思想多伟大,永远不会出问题,只要欣赏学习就可以的。思想史本质上是一门反思的学问。

刘宗周的气论心学:慎独和狠批私字一闪念

刘宗周差不多比王船山年长一代,生前影响也大得多,在思想史上的地位很高,他身殉亡明的气节备受尊崇。中年时,他由程朱理学转向心学,悟到天下无心外之理,无心外之学。他的理论体系虽未脱以心为形而上本体的心学结构,但是,他以气论为根据,以"意"和"慎独"为核心概念,重构了心学体系和修身方法,作出了理论创新。劳思光先生认为,阳明学发展到刘宗周的道德哲学,达到了孔孟心性论的最高阶段。牟宗三先生也曾说,刘宗周的绝粒而亡,意味着亡了中国文化命脉。劳、牟二先生都是用儒学高度强调人的道德主体性这一标准,才对刘宗周的道德哲学作出如此之高的评价。

第五讲讲过,出于对阳明四句教的不同理解,阳明后学分成不同流派。刘宗周也是认为阳明的四句教大有问题的,他说,从第一句"无善无恶心之体"就错了,有大弊,中了佛老的毒。① 如果视心为无善恶的本体,致良知就会流于禅学的空,又如何能致良知?由

① 刘宗周:"王守仁之学,良知也,无善无恶,其弊也必为佛、老,顽钝而无耻。"参见《刘宗周全集·修正学疏以淑人心以培国家元气疏(癸丑十月)》,第3册,第20页。

此，刘宗周另立四句教为："有善有恶者心之动，为善去恶者意之静，知善知恶者是良知，为善去恶者是物则。"这四句中，"意"是的核心观念，"意"是至善之所止，心之本，心之未发状态。[①] 刘宗周以具有为善去恶的"意"作为心的道德主体，取代了阳明的良知，这样，他给出一套不同于阳明"致良知"的修身工夫，这就是"慎独"。

其实，《大学》《中庸》早就讲君子慎其独，但刘宗周的"独"有特殊含意，独就是止于至善的意；他说："意也者，至善归宿之地，其为物不贰，故曰'独'"。[②] "独"以外，别无本体，独以外，别无功夫。[③] "独"被视为深藏天命之性之处，慎独是尽性的修养工夫。[④] 其弟子黄宗羲说得最明白：慎是诚心用力，独是意的别名，诚意工夫就在慎独。[⑤] 因此，刘宗周自信地说，孔子相传的修身心法，一是慎独，二是慎独，别无他法。

这里有一个问题，刘宗周作为阳明心学之殿军，为什么要与阳明的心体无善恶论大唱反调、另立"意"和"独"作为良知的本体呢？这正是他以气论哲学来重建心学的理论创新。刘宗周的气论式心学有两个要点。其一，他反对理在气先的旧说，他反问道：没有具体的气，相应之理何以附丽？[⑥] 刘宗周又把一气流行与"独"联系在

---

① 如刘宗周指出："意者，至善之所止"、"意者，心之所存，非所发也"。以上原文暨刘宗周四句教，参见《刘宗周全集·学言上》，第1册，第390~391页。

② 参见《刘宗周全集·读大学》，第4册，第417页。

③ 刘宗周："独之外，别无本体；慎独之外，别无功夫。"参见《刘宗周全集·中庸首章说》，第2册，第300页；又见"慎独之外，别无学也。"参见《刘宗周全集·大学古记约义》，第1册，第650页。

④ 刘宗周："'独'即天命之性所藏精处，而'慎独'即尽性之学"。参见《刘宗周全集·圣学宗要》，第2册，第258页。

⑤ 黄宗羲："诚意工夫在慎独，独即意之别名，慎即诚之用力者耳。"参见《明儒学案·教谕王一庵先生栋》，卷32，第734页。

⑥ 刘宗周："理即是气之理，断然不在气先"；"有是气方有是理，无是气，则理于何丽"？参见《刘宗周全集·学言中》，第2册，第410页。

一起,他说:天命所赋予之性,一气流行所致,就是每个人的独知。① 这个"独"就是极微的意根,也就是本于天的诚。② 因为意根极微,致良知极为不易,所以要慎独。刘宗周用气论的具体性把人的独知与诚意之天性相关联,并进而做出道德论证,而能与此相应的修身原则就只能是慎独了。

其二,刘宗周从气具有流动性、极容易受到干扰,来解释"妄"的出现。在儒家道德哲学中,诚是指没有偏离心之本体的状态,偏离心之诚即为"妄"。刘宗周认为人心只是一气而已,气是流动的,因此,哪怕受到如履霜之象那样极微小的干扰,都会出现偏离纯善诚意的妄。③ 只要受一两粒尘土所扰,浮气就会产生妄;他指出浮气、浮质、浮性、浮想这四浮"合成妄根",是产生"微过"的根源。所以君子的慎独,应防微杜渐,时时自省、不断改错,才能回复到诚之根本。黄宗羲说,别看个个儒者都曾大讲慎独,但只有其师刘宗周才讲出慎独的真谛,即如何回到诚意这个根本。④

在自己诸多著作中,刘宗周最看重的是《人谱》一书。他在去世前不久才定稿,嘱其子作为家训。《人谱》一书相当特别。刘宗周根据他的气论道德哲学,认为世俗之人不太可能把握什么是至善,但不会不知道自己是否犯错。既然不好把握什么是至善,而比较容易掌握善的反面的恶和过,那么,与此相应的修身原则,就是通过去恶改过之修炼逐渐达到善。《人谱》一书提出指导士人修身改过的六个具体步骤,可以作为工夫论的读本。

---

① 刘宗周在短短240字的"独箴"中说:"天命所命,即吾独知。一气流行,分阴分阳。"参见《刘宗周全集·独箴》,第4册,第345页。

② 刘宗周:"意根最微,诚体本天。"参见《刘宗周全集·学言下》,第2册,第453页。

③ 刘宗周:"妄无面目,只一点浮气所中,如履霜之象,微乎微乎。"参见《刘宗周全集·人谱·纪过格》,第2册,第10页。

④ 黄宗羲:"儒者人人言慎独,唯先生始得其真。盈天地间皆气也,其在人心,一气之流行,诚通诚复。"参见《明儒学案·蕺山学案》,卷62,第1512页。

《人谱》指出，改过从善必须从内心自省、克服小过做起。为此，刘宗周按过的大小轻重不同，给出过和恶的分类谱系，把它们分成“微过”“隐过”“大过”“丛过”及此后的五恶门等，每一种过又分若干种。例如，“显过”是指人行为中表现出来的举止仪容失态，又可细分为足容、手容、目容、口容、声容、头容、气容、立容及色容之过。可以把各种不同的过及其各种表现画成《纪过格》，士人应该每天对照《纪过格》检查自己言行，分门别类地记下自己所犯过失，按旬或月统计，知道自己的过和恶集中在哪一方面，除过去恶，习以为常，就能证成自己的君子人格。直到二十世纪早期，功过格仍很流行。

刘宗周以注重气的流动性为哲学根据，给出《人谱》独特的慎独工夫实践方法，具有以下两个特点：第一，它是一种高度强调慎独（端正人的意念、动机、让个人意志指向善）的唯意志论哲学，修身实践表现为极为严苛的道德自律。第二，当以一气流行来界定心、意的特性时，由气的流动性所决定，很难界定及把握至善之诚，因此，只能通过克服偏离诚心的妄所产生的过失，即用否定（即界定何为不道德）过失以逼近善。刘宗周的慎独修身方法，就是排除心动之后在脑袋里一闪而过的妄，只要每个人每天坚持检查、克服它们，就能成为道德上的完人。在中国道德哲学中，还没有过像刘宗周那样用否定不道德（过）来定义善的。可以说，刘宗周的慎独是警惕“私”字一闪念的道德哲学。

今天很多人很难想象文革中狠批私字一闪念居然会在刘宗周那里找到根源。我想强调的是，要从对明末清初不同气论的结构分析出发，才比较能看清楚今天中国人的思想与历史的关联性。这正是宏观思想史研究的意义所在。

黄宗羲的气论：《明儒学案》和《明夷待访录》

黄宗羲是个百科全书式的人物，在经学、史学、天文、地理、声韵等方面都有很高的造诣和成就。他生性刚烈,是有名的孝子;又曾在四明山结寨防守抗清,作为明遗民,他著书立说,至死未失气节。死时他连棺木都不要,裸葬,垫块青石板葬了算了。为什么呢?他要速朽啊,不是不朽,赶快烂掉算了。船山、梨洲、亭林这批明遗民都是了不得的人物,有非常强的内疚感,觉得明朝在他们这一代人亡掉了,生不如死啊。

黄宗羲从父遗命,拜刘宗周为师,其儒学脉络是在以一气周流为中心的心学一系。哲学家往往从儒家心性论是否纯粹,去比较黄宗羲与其师刘宗周的高低,至今争议很大。如牟宗三先生认为黄的思想不如其师纯粹,有所下堕,更偏向自然主义一点。其实,这正好反映出黄宗羲的思想偏离了正宗的心学。刘、黄师徒都认为"盈天地皆心也"、心即一气流行,刘宗周着重气易受扰动的流动性,提出慎独工夫论。黄宗羲也是从"心为气之灵"、即心的感知功能作为出发点,但他更侧重于气时聚时散的特性。在理气关系上,他认为一理可分化为万殊,由万殊又至于一理;在修身上,他强调要从体验心的万殊来了解心的本体。① 黄氏强调从普遍到个别、个别到普遍的互动,应属于第三系。黄宗羲的这种气论道德哲学,使他做出比其师更大的理论创新。

黄宗羲一生著述达两千万字,其中最著名的有《明儒学案》《宋元学案》《明夷待访录》以及《南雷文定》等。《明儒学案》是黄宗羲梳理明代儒学史的名著。他特别重视在学术流变中,以史料证据来分析评判儒学各派系、学者各自的理据和特点。这本书狠批王学末流之害,《四库提要》评点该书是"知明季党祸所由来,是亦千古之炯鉴矣"。他的弟子章学诚说,黄宗羲的浙东之学的思想学术

① 黄宗羲:《明儒学案》"序":"盈天地皆心也,变化不测,不能不万殊。心无本体,工夫所至,即其本体。故穷理者,穷此心之万殊,非穷万物之万殊也。"参见《明儒学案·黄梨洲先生原序》,第9页。

史研究具有"言性命者,必究于史"的精神。[①]《明儒学案》在史学和儒学史中的地位极高,树立出学术史写作的新典范,可以视为开出此后清代史学经世之先河。

《明夷待访录》更是一本奇书,书名是什么意思呢?"明夷"出自《周易》中"箕子之明夷"卦名,[②]所谓"明夷待访录",可以理解为处在患难中有智慧的人,等待明君来访的备忘录。有人说,康熙(清圣祖,名玄烨,1654~1722)要修明史了,黄宗羲叫学生去参加,他写《明夷待访录》是期待清帝来访问他,是跟清廷妥协。是不是这个意思呢?我认为,当然不能这样讲。黄宗羲为了使文字流传,有时也使用了清帝年号,但他终生不仕,未失气节。从另一个意义上看,《明夷待访录》书名确实有预见性,二百年后它成为家国同构体转向现代民族国家的重要思想资源,受到后代仁人志士重视采纳。

为什么《明夷待访录》的思想具有如此之大的穿透力呢?第二讲讲过,儒家论证以君权为核心的家国同构之社会组织方式的正当性,关键是移孝为忠,把父子关系推展到君臣关系。而此书中的《原臣》篇,一刀砍断了父子关系和君臣关系之间的关联,指出这两种关系有本质不同,从而否定了儒家的家国同构的理论基础。他说,臣不能与子相提并论,父子一气同血缘,子分父身而得到其身;君臣只是为治天下而产生的名分。如你不担当治天下之责时,可视君为路人;如你当官而不把治天下当回事,你就只不过是皇帝仆妾;如你当回事,你则是皇帝的师友。君臣关系中的臣之名可多

---

① 参见(清)章学诚:《浙东学术》,收于叶瑛校注:《文史通义校注》,卷5,第523页。

② 《周易正义》:"日入地中,明夷之象施之于人事,暗主在上,明臣在下,不敢显其明智,亦明夷之义也。"参见《宋本周义注疏·明夷》,上册,第406页。

变,而父子关系则固定不可变。①

黄宗羲是用了气论作出这一划时代论证的。他把血缘关系定义为同气,又说心为气之灵的感知。他认为,两个人之间的气是否相通,自个儿会有实在的感知;在同气同血缘关系中,感知相通。他由此推论说,仁义礼智都是虚名,只有父母兄弟之间的与生俱来、不可分解的同血缘的亲情是实在的,儒家以此为根据才有了仁义之名。② 黄宗羲论证了君臣之间跟父子间的气不一样,由孝不能推出忠,否定了忠孝同构。那么,他力破忠孝同构,还算儒家吗?当然是。

儒学的本质是讲家庭伦理,黄宗羲仍以家庭伦理为终极关怀,只不过其范围缩小了,建立在基于血缘、气相通的儒家道德伦理,就只限于家内部,而不再适用于君臣关系。家仍然是社会组织基本细胞,而国不再是家的同构放大,在没有血缘关系人之间的社会组织原则就不能再完全套用儒家伦理了。这样,黄宗羲必须回答一个新的理论问题:用什么样的新原则来处理家以外的公领域之社会关系、安排公共生活呢?为此,他提出一套不完全同于儒家传统政治伦理的设想。二十世纪初,黄宗羲的限定家庭伦理适用范围的思想方法可以接引现代普世价值等观念。

绅士公共空间的本土源头

黄宗羲正是以一理分万殊、万殊整合为一理,以及强调人心感

---

① 黄宗羲:"臣不与子并称乎?曰:非也。父子一气,子分父之身而为身。故孝子虽异身,而能日近其气,久之无不通矣。……君臣之名,从天下而有之者也。吾无天下之责,则吾在君为路人。出而仕于君也,不以天下为事,则君之仆妾也;以天下为事,则君之师友也。夫然,谓之臣,其名累变。夫父子固不可变者也。"参见《黄宗羲全集·明夷待访录·原臣》,第1册,第5~6页。

② 黄宗羲:"仁、义、礼、智、乐,俱是虚名。人之堕地,只有父母兄弟,此一段不可解之情,与生俱来,此之谓实,于是而始有仁义之名。"参见《黄宗羲全集·孟子师说"仁之实"章》,第1册,第101页。

知的气论哲学,重新界定了公与私、君与臣关系以及如何达成公共之理,做出了最有原创性的理论贡献。

先看看黄宗羲如何定义私和公。他说,理气浑为一体,气质人心是浑然流行之体,是未分化的公共之物,人欲则是它分散后,落到某一具体之处所而显现的,是一己之私;而天理正可由这些一己之私的人欲中得见,如无人欲,天理也无从说起。[①] 因此,道不是一家专有之私,它是圣贤的血脉散殊于千百万家。[②] 黄宗羲指出,一己之私和人欲是由天理分殊而来的,它本身无所谓好坏。纲常伦理的那些规则,被世人当做是天地万物的公共之理,对于要穷这个理的儒生来说,就必须从公共之处去了解,他只有凭个人感知才能有所得。[③] 你们看,黄宗羲把周流一气的一理视为公共之理,这一理又分为万殊,散到千百家中的个人,所有人的欲望合成为一个公共之理;而个人感知的是非都指向这个公共之理。黄宗羲所讲的公共之理,就是圣贤制定的纲常伦理之则,他当然还是儒家。

根据这种对公与私的划分及其性质的看法,黄宗羲又是如何来看君臣关系和社会公共事务的治理呢?首先,他认为人各自私、各自利没有什么不妥,但对治天下者而言,其职责是要兴天下之公利,除天下之公害;要使天下人不敢仅私其私、利其利,要"以我之大私为天下之大公"。[④] 他说,历代君王都是搞家天下,私天下,不

---

① 黄宗羲:"气质人心,是浑然流行之体,公共之物也。人欲是落在方所,一人之私也";"天理正从人欲中见","向无人欲,则亦无天理之可言矣"。参见《黄宗羲全集·南雷诗文集(上)·陈乾初论学书》,第10册,第153页。

② 黄宗羲:"道非一家之私,圣贤之血路,散殊于百家。"参见《黄宗羲全集·南雷诗文集(上)·朝议大夫奉勅提督山东学政布政司右参议兼按察司佥事清溪钱先生墓志铭》,第10册,第341页。

③ 黄宗羲:"纲常伦理之则,世人以此为天地万物公共之理,用之范围世教,教曰命也。所以后之儒者穷理之学,必从公共处穷之。而吾之所有者唯知觉耳。"参见《黄宗羲全集·孟子师说》,"口之于味"章,第1册,卷4,第161页。

④ 参见《黄宗羲全集·明夷待访录·原君》,第1册,第2页。

能为天下兴利除害,因此,天下之大害,唯君而已。① 此乃黄宗羲批判君权为天下之大害的历史名句。

既然黄宗羲认为各自私其利是人的天性,那么,为什么皇帝不可以私天下呢?黄宗羲以尧舜禅让为例来说明这个道理。君王之位的设置,是为天下各家服务的,从人之常情来看,这是一种付出多、收益少的辛苦工作,没人愿意当君王。尧舜是深明君王之义的圣贤,当他们感到担当不了治天下之职时,就会禅让。三代以后,历代皇帝都是搞家天下,以国家百姓来谋一姓之私,这是中国政治所有弊病的总根源。黄宗羲否定了移孝为忠,但是皇帝治理天下,不能没有人辅佐,那么他又如何重新定义君臣关系呢?

《明夷待访录》中以职责分工来谈君臣关系。他以拉大木头作比喻,皇帝是在前面唱号子指挥的那个人,臣子呢就是拉木头的人,皇帝和臣子所做的事只是分工的不同。如果臣子一天到晚只想取悦皇帝,不去拉木头,那不是最大的失职吗?设君之位是为了治天下,天下不能一人而治,才进一步设官辅佐以治之;当官的,是分君之身、分君之职而已。因此,我当官是为天下、为万民,非为君王之一姓。② 黄宗羲说:“臣之于君,名异而实同”,君臣是由分工不同所得的名分,实是为治理天下;因此,不能把天下人民视为皇上囊中的私物。③ 虽然鲍敬言早在东晋时就提出无君论观点,而受到葛洪反对,但其否定君权的理据是以回到先秦道家的无君无臣的

① 黄宗羲:“有生之初,人各自私也,人各自利也,天下有公利而莫或兴之,有公害而莫或除之。……使天下之人,不敢自私不敢自利,以我之大私为天下之大公”;“为天下之大害者,君而已矣”。参见《黄宗羲全集·明夷待访录·原君》,第1册,第2~3页。

② 黄宗羲:“原夫作君之意,所以治天下也。天下不能一人而治,则设官以治之;是官者,分身之君也。”参见《黄宗羲全集·明夷待访录·置相》,第1册,第8页;“我之出而仕也,为天下,非为君也;为万民,非为一姓也。”参见《黄宗羲全集·明夷待访录·原臣》,第1册,第4页。

③ 黄宗羲:“又岂知臣之与君,名异而实同耶”;“视天下人民为人君囊中之私物。”参见《黄宗羲全集·明夷待访录·原臣》,第1册,第4~5页。

小社会自然状态，并没有理论创新，而黄宗羲则是从社会分工角度来谈君臣的设置，为千古第一人。

更为难得的是，黄宗羲提出了一套监督公权利的制度设计。建议你们去看看《明夷待访录》中的《学校》篇，文字很好读。黄宗羲提出学校不仅要养士，也要教育和培训君臣；储君或天子年至十五岁便应随大臣一起到太学就读，郡县各级官员也要拜各地学官为师。为了防止君王把天下作为一己之私，他主张把学校变为士人议政机构，"公其是非于学校"。为了防止学校功能变质，他提出由布衣和退任官员主持郡县的公议，如有人稍涉干预清议，诸生可共起更换之。① 黄宗羲反对皇帝家天下，以绅士公议来限制君权，并提出以现存官立学校机构作为相应的制度设计，这些都是空前的、有建设性的理论创新。除此以外，在涉及封建、宗族、土地等制度安排的大政方针上，他都做出了分析、批评及建设性提案。

二百多年之后，黄宗羲的这些思想受到重视。清末新政，特别是在立宪的政治改革中，采取了划分出公私两个领域之二分的意识形态，儒家伦理退到家与家族私领域；绅士作为私领域中家和家族的代表，参与公领域的各项新政，包括经济、教育改革和预备立宪。在公领域能全面引进西方制度和各项改革举措，正有赖于打通公私领域的合法之绅士公共空间的存在。黄宗羲的《明夷待访录》对公私领域的划分，对绅士参政议政的设想，虽不能与西方的议会制相提并论，但仍可以说它开出了中国传统社会现代转型的一个重要方案。我们把清末由绅士主导之改革的公共领域，称为绅士公共空间。②

---

① 黄宗羲："必使治天下之具皆出于学校，而后设学校之意始备"，"天子之所是未必是，天子之所非未必非……公其非是于学校"；"郡县公议，请名儒主之。自布衣以至宰相之谢事者，皆可当其任，不拘已仕未仕也。其人稍有干于清议，则诸生得共起而易之"。参见《黄宗羲全集·明夷待访录·学校》，第 1 册，第 10 ~ 11 页。

② 金观涛、刘青峰：《试论儒学式公共空间——中国社会现代转型的思想史研究》，收入氏著：《观念史研究：中国现代重要政治术语的形成》，香港中文大学出版社 2008 年版；法律出版社 2009 年版，第 71 ~ 102 页。

如此,我们也就不必奇怪,为什么黄宗羲被视为中国的卢梭(法语:Jean-Jacques Rousseau,1712 ~ 1778)。[①] 刘师培(字申叔,1884 ~ 1919)在1903年出版的《中国民约精义》中评《明夷待访录》时说:"其学术思想与卢氏同,本此意立国,吾知其必为法美之共和政体矣。"[②]钱穆先生也认为这本著作"发明民主精义"。[③] 其实,更准确地讲,黄宗羲并没有讲社会契约论,但他提出的以家作为基本细胞,在家以外由绅士参政的政治思想,在清末可以接引西方的共和主义,既可以学习西方现代价值,又保持了家庭内部对儒家伦理的认同,成为清末第一次共和民主尝试中,绅士公共空间建构时的本土思想资源。

戴震的常识具体主义,揭示"以理杀人"的逻辑

气论哲学是否有意义有一个前提,是承认普遍之理的存在,在儒学中称为"实理"。[④] 实理本是理学针对佛、道两家喜谈空理玄理而提出来的。实理经船山等发挥,到晚清成为普遍之理的代名词,如康有为在戊戌政变之前撰写的《实理公法全书》。但是,从原理上讲,还可以从另外一个角度来讲理在气中的命题,这就是任何理都是具体的,压根儿不存在普遍之理。戴震对理气的看法代表这一倾向。戴震的气论有两个要点:第一,强调分理,否定普遍之理,天道只是个名而已;第二,特别注重气所代表的情,并由此来确立

---

① 参见[日]岛田虔次:"中国のルソー",载《思想》第435号(1960年9月),第1210 ~ 1229页。

② 刘师培:《中国民约精义》,卷3,收于《刘申叔先生遗书》,华世出版社1975年版,第1册,第705页。

③ 钱穆:《中国近三百年学术史》,上册,第36 ~ 39页。

④ 如《二程语录》指出:"忠信者以人言之,要之则实理也","理者,实也,本也"。参见《二程集·河南程氏遗书》,第11卷,第121、125页;又如朱子言道:"极,是道理之极至,总天地万物之理,便是太极,太极只是一个实理。"参见(宋)朱熹:《太极图说集说》,收于(宋)周敦颐撰,王云五主编:《周子全书》,台北商务印书馆1978年版,卷1,第5页。

人与人的相处之道。

作为考证大师，戴震的纯哲学著作不多，主要有《原善》《绪言》和《孟子字义疏证》三篇。《原善》是他的早期著作，探讨何为善。劳先生在分析《原善》时说，戴震一会儿用仁、礼、义说善，一会儿用天道、明德、分理去说善，但都没有讲清楚善的意义是什么，这是因为戴震未能深究价值论之基本问题。① 劳先生还指出，戴震注重从殊别义来论性，不得不用与善对应的具体对象来代之，这便会带来混乱。② 其实，不承认有普遍性，正是戴震哲学的特点。戴震哲学的最完整表达是《孟子字义疏证》，《绪言》只是其哲学之大纲。

戴震一辈子都在做考证，但他认为考证只是抬轿子，轿中人才是目的。《孟子字义疏证》中，戴震通过考辨《孟子》的字义来论证圣人讲的道德是什么。这本书有什么重要发现呢？全书在开篇提出作为全书总纲的气论：任何理都是具体的，他说："理者，察之而几微必区以别之名也，是故谓之分理。"③接着论证，气之产生万物，是顺不同的气而融聚、分成不同的存在，它们具有各自的分理；理只不过是分理规则之名；除具体的事物之外，再没有其他的理义可言；所谓气者，就是那些实物之名，而道，只不过是气流行之名而已，④从而否定了普遍之理的存在。

和船山一样，戴震认为只有佛老思想才强调存在一个寂然不动的普遍天理，这是他们共同反对的。但与船山不同，他并不停留

---

① 劳思光：《新编中国哲学史》，第3卷下，第621～622、625页。

② 劳思光：《新编中国哲学史》，第3卷下，第626页。

③ 《戴震全书·孟子字义疏证·理》，第6册，第151页。

④ 戴震："盖气初生物，顺而融之以成质，莫不具有分理，则有条而不紊，是以谓之条理。"（《戴震全书·绪言》，第6册，第89页）；"分之，各有其不易之则，名曰理。"（《戴震全书·孟子字义疏证·理》，第6册，第153页）；"是故就事物言，非事物之外别有理义也。"（《戴震全书·孟子字义疏证·理》，第6册，第158页）；"谓之气者，指其实体之名；谓之道者，指其流行之名。"《戴震全书·孟子私淑录》，第6册，第39页。

在气本位的普遍之理上,而是强调在理在气中架构上所得到的理是具体的,所谓普遍之理并不是真实的存在,只是一个个具体之理的抽象名词而已。据此,在谈人与天理关系时,戴震批判"程、朱乃离人而空论夫理",在他看来不违背、不爽失人之常情的就是理,他说:"理也者,情之不爽失也。"①他还说,人所有的有为行动都是受欲望驱动而做出的,无欲就无为,只要有为之举是正当的,就合于理。如果人人无欲无为,理又何在?饮食男女这些人欲,是人存在的前提,如果具体的理则规定得太苛刻,就绝了人的生生之道;由此他推论出"理者,存乎欲者也"。②

在儒学中,善是好的普遍化,义是为善之举,既然戴震否定了理的普遍性,那么,他又如何重新定义什么是善和义,以及如何协调具有不同欲望和利益追求的个人之间的冲突呢?戴震指出,善是人人的欲望和情感都得以实现,天下之事都能"欲遂情达",只此而已。每个人内心都认同的理,就是义;怕就怕把伦理规则当做一种固定不变的意见去宰制百姓。③ 那么,人在处理与他人的关系时,应该怎么做,才算是有道德的行为呢?他提出心之同然、也就是"以我之情挈人之情"原则。④ 他说,道的本义是行,气化流行,生生不息就是道;天理与人情相通,从个人的情感可以得到天理。没

① 参见《戴震全书·孟子字义疏证·性》,第6册,卷中,第190页;《戴震全书·孟子字义疏证·理》,第6册,卷上,第152页。

② 戴震:"凡事为皆有于欲,无欲则无为矣;有欲而后有为,有为而归于至当不可易之谓理;无欲无为又焉有理!"(《戴震全书·孟子字义疏证·权》,第6册,卷下,第216页)"记曰:'饮食男女,人之大欲存焉'。"(《戴震全书·孟子字义疏证·理》,第6册,卷上,第161页)"惟条理,是以生生,条理苛失,则生生之道绝。"(《戴震全书·孟子字义疏证·仁义礼智》,第6册,卷下,第206页)

③ 戴震:"天下之事,使欲之得遂,情之得达,斯已矣。"(《戴震全书·孟子字义疏证·才》,第6册,卷下,第197页)"心之所同然始谓之理,谓之义。……吾惧求理义者以意见当之,孰知民受其之祸所终极也哉。"(《戴震全书·孟子字义疏证·理》,第6册,卷上,第153页)

④ 《戴震全书·孟子字义疏证·理》,第6册,卷上,第152页。

有普遍之理可循,要在分理,即具体情景下,以自己的感受之情来体会他人之情,就会有正确的处置行为;在做任何影响他人的事前,你要认真静想,别人这样对我,我能承受吗?①

戴震认为人人均可"欲遂情达"方可称为善的标准,并以这个标准揭示出理学以理杀人的逻辑。按三纲五常,凡尊者、长者和贵者,以理去责压卑者、幼者和贱者,即使错了也合于纲常;如卑者、幼者、贱者据理争辩则被视为大逆不道。戴震说,讲孝道,讲尊卑,固然不错;但尊卑忠孝只是具体案例概括出来的名称而已,不能拿这些抽象之名来套用具体案例,应该在具体情景中来判断对错。父亲和儿子吵架,说不定在具体情境里,儿子是对的。只讲儿子应该无条件地服从父这个普遍之理,而不看儿子为何不服从的具体情景,就有可能以理杀人。戴震批评这种以尊压卑、以上压下、不分辨事情原委隐情的现象,是后儒"冥心求理"的产物。这种僵硬的礼绳之理,甚至严于商、韩之法,他说:"酷吏以法杀人,后儒以理杀人",造成多少人获不罪之罪呵,故戴震言道:"人死于法,犹有怜之者;死于理,其谁怜之。"②

戴震生活在雍、乾时期,对普遍之理可以杀人有切身体验。雍

---

① 戴震:"道,犹行也;气化流行,生生不息,是故谓之道。"(《戴震全书·孟子字义疏证·天道》,第6册,卷中,第175页)"理也者,情之不爽失也;未有情不得而理得者也。凡有所施于人,反躬而静思之:'人以此施于我,能受之乎?'凡有所责于人,反躬而静思之:'人以此责于我,能尽之乎?'以我絜之人,则理明。天理云者,言乎自然之分理也;自然之分理,以我之情絜人之情,而无不得其平是也。"(《戴震全书·孟子字义疏证·理》,第6册,卷上,第152页)

② 戴震指出:"尊者以理责卑,长者以理责幼,贵者以理责贱,虽失,谓之顺;卑者、幼者、贱者以理争之,虽得,谓之逆……上以理责其下,而在下之罪,人人不胜指数。人死于法,犹有怜之者;死于理,其谁怜之!"(《戴震全书·孟子字义疏证·理》,第6册,卷上,第161页)又戴震在《与某书》一文中也提道:"后儒不知情之至于纤微无憾,是谓理。而其所谓理者,同于酷吏之所谓法。酷吏以法杀人,后儒以理杀人,……后儒冥心求理,其绳以理严于商、韩之法,……及其(作者案:指迂儒)责民也,民莫能辩。彼方自以为理得,而天下受其害者众也!"参见《戴震全书·戴东原先生文·与某书》,第6册,第494页。

正在《大义觉迷录》中,不正是用儒家天下主义之理来置人于死地吗? 戴震用气之条理的具体性否定了普遍之理,揭示出理学家把儒家伦常视为不可易的普遍之理,本身就蕴含着以理杀人的逻辑。戴震以气的具体条理—分理——为正当性最终标准,主张应该按照具体的分理,根据具体情况、不同情景,从个别出发,根据以情絜情和心之同然两条原则,具体地处理每一个具体问题才是正途。可以说,戴震提出了一套不同于理学的义理观和处世准则。因此,我们称戴震哲学为常识具体主义。在中国儒学史上和中国思想的现代转型中,这一思维模式极为重要。

醒得太早的人:中国式自由主义的原型

众所周知,胡适(字适之,1891~1962)是二十世纪新文化运动和中国式自由主义的代表人物。我们的朋友台湾周昌龙先生对胡适的反礼教,有一个很好的说法,他认为胡适并没有全盘否定儒学,而是开出了礼的自由化先河。① 而我们认为,胡适"礼的自由化"与戴震哲学的常识具体主义一脉相承,戴震开出礼的自由化路径,一方面,揭示了理学以理杀人的逻辑,成为新文化运动中反吃人礼教、反传统的最强音;另一方面,为儒家伦理的现代转型开辟了道路。所以,戴震哲学成为二十世纪中国式自由主义的本土资源。

胡适成为新文化运动旗手时并未读过戴震的著作。1923 年,有一次胡适逛旧书店,找到戴震的《孟子字义疏证》。他在饭馆里一边吃饭一边翻看戴震的书,一看就放不下了,他的这个徽州乡前辈可真了不得呵。本来,他认为自己的思想来自于杜威的实用主义,看了《孟子字义疏证》才发现,自己所有想法和想要讲的,戴震

---

① 参见周昌龙:"胡适对礼教的观念与态度",载《二十一世纪》总第 53 期,1999 年 6 月刊,第 102~113 页。

全部讲了。其实,杜威并没有否定普遍规则的真实性,而胡适和戴震一样,是通过否定普遍规则的存在走到常识具体主义的立场。胡适后来写《戴东原哲学》,又跟梁启超、章太炎等人发起纪念戴震逝世二百五十周年大会,表明他认定戴震哲学对中国思想的现代转化太重要了。

胡适一辈子没写出大部头哲学著作,《中国哲学史大纲》只写了一卷。你们知不知道,他唯一写成的近两百万字著作是什么吗?这就是考证戴震的《水经注》。他为什么要做这件事呢?戴震当年校勘《水经注》时,曾被指剽窃了赵一清(字诚夫,1711~1764)成果,成为学术史上一段百年公案。胡适认为,戴震作为考据大师绝对不可能剽窃,他要为戴震讨一个清白。你们看胡适这个人呵,他从1942年卸任驻美大使后,不管山河巨变,不管是从政还是做学问,有一件事情他是忘不了的,就是研究《水经注》。他花了二十年的时间,搜集了四十多种《水经注》版本,用了千百个证据,研究结果证明戴震没有剽窃。

从戴震到胡适,他们之间并没有直接的传承,但他们的思维模式是一样的。戴震讲道德情理都是具体的,主张礼的自由化;而胡适提倡多研究问题、少谈主义,大胆假设、小心求证,常识具体主义一脉相承,也可以说胡适就是现代戴震。我和青峰写过一篇文章,称戴震为"五四"以后中国式自由主义的典范。① 在中国思想史上可以看到这样一种现象:只要深感普遍之理的压迫,就会倾向常识具体主义,并不需要师承。王元化先生(1920~2008)是另一个当代例子。元化先生曾涉胡风案受到迫害,二十世纪八十年代他身为上海市宣传部部长,却投入新启蒙;1989年以后元化先生成为一

① 金观涛、刘青峰:《试论中国式的自由主义——胡适实验主义和戴震哲学的比较》,收入刘青峰、岑国良编:《自由主义与中国近代传统——"中国近现代思想的演变"研讨会论文集》(上),香港中文大学中国文化研究所当代中国文代研究中心2003年版,第167~200页。

个反对激进主义的自由主义者。他的思维模式也是否定普遍法则,认为任何普遍法则都有可能遏制自由。今天中国主张自由主义的学者大多仍然承袭着这样一种思维模式。

大约十年前,台湾东海大学丘为君教授要我为他的《戴震学的形成》一书写序,我在序中引用了一位俄国诗人的诗句:“他起来的时候,四周皆为黑暗”,这是一个醒得太早的人。事实不是这样吗?戴震提出这种哲学的时候,几乎没人懂他在讲什么。在今天,当代中国式自由主义者已忘记了理学那一套思辨的形而上之理,但就坚持以常识具体主义和否定道德普遍法则规则(讲情景式道德)而言,他们的思维方式与戴震一脉相承。有一天,一个在台北的学生突然对我讲,看对不对的时候一定放在情境里,包括闯红灯啊,都是这样;他说自己对道德的看法是戴震式的。

在戴震的传人中,以被称为一代通儒的焦循(字理堂,1763~1820)最有影响。儒学很注重划分正统和异端,儒者常攻击不同于己见的人为异端。焦循在《论语通释》中有“释异意”条,重新定义何为异端。他认为,杨、墨两家之所以被视为异端,并不在于他们各自主张的内容是什么,而是他们过于偏执于自己的主张并排斥与其相反的主张;如果杨、墨在坚持各自学说的同时,只要杨子能思兼爱之说不可废,墨子能思为我之说不可废,这两种学说也就符合孔孟的忠恕之道,而不会被视为是异端了。焦循用容忍不同的理之多元性来界定孔孟价值核心的忠恕之道,这已经相当接近于胡适自由主义的宽容原则。

我在第七讲将指出,天主教中出现的西方唯名论,认为普遍性只是一个名称而不是真实的存在,这样的思想正是现代性产生的重要源头之一,它蕴含着个人和个人权利的观念。戴震的常识具体主义,虽然没有西方的个人和现代权利观念,但它否定并破除僵化的普遍之理,是中国式自由主义的本土资源,在某种意义上还可以视为中国式的唯名论。

6.4 清代思想演化的大趋势

深层结构的支配性

明末到清初前期，王船山、刘宗周、黄宗羲、戴震在儒学发展中都做出了理论创新。王船山提出类似于唯物论和进步观的思想，黄宗羲提出接近于现代政治原则的思想，戴震否定普遍之理和抽象的儒家纲常，这些新思想无不是由明末清初盛行的气论哲学催生出来的。常识理性是气论哲学成立的最终根据，气论哲学强化了常识理性。理在气中、理随气变，随着作为实然的气的意义之差异和不同的侧重，作为应然的理必定会发生分裂。这正是气论哲学可以重构儒学、开出近代传统的原因。

我们可以从王、刘、黄、戴各自对气的不同定义，作为他们建构各自理论的出发点，其道德推演是由普遍到个别或由个别到普遍的两种不同方式，得到表6－1：

表6－1 清代气论哲学的不同类型

推导模式 合理性根据	由外向内 （普遍到个别）	由内向外 （个别到普遍）
常识理性中常识天然合理	王船山的唯物、进化的气论（第一系）	戴震的常识具体主义气论（第四系）
常识理性中人之常情（心）天然合理	黄宗羲的气论（第三系）	刘宗周的气论式心学（第二系）

从表6－1可以看到，虽然王、刘、黄、戴的气论哲学建构出不同形态的儒学，但是理学的四种深层结构依然成立。王船山的气

论,是以气代表质料、变化等常识为出发点,道德推演模式是从外向内,属于理学式的第一系。刘宗周气论式心学的出发点与阳明一样,是人的自然情感,心是一气流行,道德推演方向亦是从内向外,属于第二系。① 黄宗羲的气论强调一理万殊,万殊归一理,也是以人之常情(理之万殊)为出发点,道德推演模式中有普遍的一理,又注重内外互动及合一,是理学第三系的思维模式。戴震的气论以气之条理都是具体的这一常识出发,否定了普遍之理,道德推演模式是从个别到一般,它是新出现的第四系。宋明理学有四系,气论哲学也有不同推理模式的四种类型。虽然气论哲学有不同的类型,但它们都具有常识理性的深层结构,思维模式仍是一元论。这与气论哲学在日本的情况有很大差别。

明清之际,气论传到江户时代的日本,日本儒学也发生了思潮大转向。几乎与明末清初三大儒顾(炎武)、王(夫之)、黄(宗羲)同时或稍晚,日本的山鹿素行、伊藤仁斋(1627～1705)和荻生徂徕三位儒者,也是以气论来批判朱子学及佛学的。但是,日本人并没有中国的常识理性这种整合观念的结构和思维模式,日本儒学也没有宰制性的地位,因此,在日本思想史中,气论的功能主要是对日本朱子学的解构和改造上,形成了理性与儒家伦理二元分裂式的日本近代儒学。我和青峰曾写过一篇文章,分析气论哲学对中日近代思想演化的影响。② 诸位有兴趣的话,可找来看看。

山鹿素行是江户前期儒者,他在四十岁左右时"读近思录,自

① 刘宗周晚年注重诚意,强调心、意、知、物的圆融统合,本体与工夫合一,牟宗三先生按他的标准把刘宗周归为第三系。以我们的标准来看,无论是注重意或诚,都是以常识理性的人之常情为出发点,而刘氏强调慎独自省的道德修身模式是由内向外的,因此仍归于心学一系。

② 金观涛、刘青峰:"气论与儒学的近代转型——中国与日本前现代思想的比较研究",载《政大中文学报》2009年第11期,第1～30页。

此疑宋学，入古学之兆”。[①] 他认为“人之所以生，理与气合而已。……非理气之外有一个之性入来这里”，[②]批判宋儒背离孔孟思想真义。正如丸山真男(1914～1996)分析的那样，“素行否定了理的超越的、形而上学的侧面，径直主张向事物本身逼近”。[③] 这种向具体事物的逼近，导致了理的分裂。

伊藤仁斋提出气的具体性所带来的差异，理也必定随之不同。他这样论证：“天地之间，只是此一元气而已矣。可见非有理而生斯气。所谓理者，反是气中之条理而已。”[④]他不仅把天道、地道和人道分割开来，还敢于宣称“人外无道”。[⑤] 在朱子学的理先于气的一元论中，道德和政治是高度整合的。伊藤仁斋用气的一元论把抽象的天理还原到人间，政治和个人道德立即变成两码事。他提出对人君和政治家而言，主要不是看他的个人道德如何，而是看他是否能治理好国家，造福于民众。[⑥] 丸山真男评价说，这种观点在

---

① 《山鹿素行全集》第1卷，第28页，转引自刘梅琴、王祥龄：《荻生徂徕》，东大图书公司1999年版，第158页。

② ［日］山鹿素行著，［日］田原嗣郎、守本顺一郎校注：《山鹿素行·山鹿语类·圣学九·论天命之谓性》，第41卷，收入《日本思想大系》，东京岩波书屋1970年版，第32卷，第373页。

③ ［日］丸山真男：《日本政治思想史研究》，王中江译，三联书店2000年版，第28页。

④ ［日］伊藤仁斋著，［日］吉川幸次郎、清水茂校注：《伊藤仁斋·伊藤东涯·语孟字义·中说》，卷之上，收入《日本思想大系》，东京岩波书屋1971年版，第33卷，第116页。以下所引《伊藤仁斋·伊藤东涯》皆依此版本，只注书名、篇名与页码，其余不再注明。

⑤ ［日］伊藤仁斋：“立天之道，曰阴与阳；立地之道，曰柔与刚；立人之道，曰仁与义。不可混而一之。其不可以阴阳为人之道，犹不可以仁义为天之道也”；他还引夫子之言证之：“凡圣人所谓道者，皆以人道而言之，至于天道，则夫子之所罕言。”出自《伊藤仁斋·伊藤东涯·语孟字义·“道”》，卷之上，收入《日本思想大系》，第33卷，第122页。

⑥ ［日］伊藤仁斋说：“在人君，则当以与民同好恶为本，其徒知正心诚意而不能与民同好恶，于治道何益？”见于《童子问》，卷中，收入《日本伦理汇编》，第五，第111页；转引自［日］丸山真男：《日本政治思想史研究》，王中江译，第38页。

日本政治思想中,使得“个人道德与政治的连续性也确实显示出了解体的征兆。”①

荻生徂徕则继伊藤仁斋之后,使理学进一步分裂成二元结构,政治和伦理成为两个不相干的领域,终于完成了日本式儒学。丸山真男指出,在荻生徂徕于1717年完成的《辨道》和《辨名》两篇代表作中,所呈现的思想有两个突出特点:第一,荻生徂徕明确划分开公与私两个领域:“公者私之反,众所同共,谓之公。己所独专,谓之私”;并且“公私各有其所”,②道德与政治被划分为两个不同的领域。第二,针对宋明儒认为人皆可以为尧舜,也即圣人可学,徂徕提出不同观点。他认为,气质决定了个人差异,“气质不可变,圣人不可至”,③圣人的德和智都是“不可得而学焉”。④ 从而否定了成圣的修身目标;可向圣人学的,只是学习由圣人制作的那些属于外在规范的礼乐刑政。⑤

丸山真男说,“徂徕所追求的不是‘未成’之道这种抽象的理念,即‘德性’(moralitat),而是作为礼乐刑政(实)这种具体的现实存在者,即‘德行’(sittlichkeit)”。⑥ 其实,更准确地讲,徂徕讲的道已不是道德,而是理性地遵守社会规范和法律。丸山真男总结徂徕学说的要害是:“一言以蔽之,即所谓政治思维的优越地位。”⑦与

① [日]丸山真男:《日本政治思想史研究》,王中江译,三联书店2000年版,第38页。

② [日]荻生徂徕著,吉川幸次郎等校注:《荻生徂徕·原文(弁名)》,收入《日本思想大系》,东京岩波书屋1973年版,第36卷,第230页。以下所引《荻生徂徕》皆依此版本,只注书名、篇名与页码,其余不再注明。

③ 《荻生徂徕·原文(弁名)》,收入《日本思想大系》,第36卷,第240页。

④ 《荻生徂徕·原文(弁名)》,收入《日本思想大系》,第36卷,第215页。

⑤ 《荻生徂徕·原文(弁道)》,收入《日本思想大系》,第36卷,第201页。

⑥ [日]丸山真男:《日本政治思想史研究》,王中江译,三联书店2000年版,第56页。

⑦ [日]丸山真男:《日本政治思想史研究》,王中江译,三联书店2000年版,第48页。

伦理优先的中国儒学相比，荻生徂徕确立的近代日本式儒学，是一种道德伦理与政治法律相分离、政治优先的二元政治理论。

日本式儒学的二元论结构，促使江户时代日本国学的兴起，出现佛学、神道、儒学等多元并存的局面，也使得在江户奉行锁国政策情况下，以介绍西洋知识为主的兰学仍可占有一席之地。思想多元并存对十九世纪后半叶日本社会的现代转型极为重要。日本明治维新时期，政治上以国学和天皇作为民族认同符号，以儒学的尊王攘夷来削藩、大政归还天皇；道德领域与公共政治领域的分离，成为可迅速接受西方工具理性的语境。因此，日本迅速完成了向立宪政体的转化，成为一个现代国家。

对比十七世纪中期中日两国的思想史，都曾出现气论哲学对儒学的重构，形成了中日两国不同的近代思想传统。但是，由于思想深层结构的差异，中国在常识理性支配下，气论哲学催生出来的近代传统始终未脱一元论思维模式，它们犹如空谷足音，到晚清才发挥社会影响力。而在日本，气论哲学催生了二元结构的日本式儒学——徂徕学，长期与佛、神道和国学几种思想并存，对十九世纪日本的现代转型起了积极作用。气论哲学与中国和日本的和近现代思想之关联，表面上看都是对宋明理学的反叛，但因中日思想的深层结构不同，规定了不同的长程演化方向。

清代官方哲学的僵化

前面曾讲到的明清之际思想大转向下产生的近代传统，以及格致之学和作为学术主流形态的考据学等，都属于民间思想和学术，相当繁荣，贡献卓著，但都不是清廷官方意识形态。清兵一入关，立刻宣称天下得之于流寇而非朱明，厚葬崇祯帝，又定程朱理学为官学，四书五经为士子科考内容。这是为了确立满清对中国本土统治的正当性，维护大一统天下秩序，保持对辽阔地区的控制。天下大定后，为了强化汉臣的忠君观念，乾隆帝诏令国史馆修编《明季贰臣传》,把那些曾在明清两朝都曾当过官的一百二十余人打入另册,其中包括对清廷打江山有赫赫功勋的洪承畴(字彦演,1593～1665)、祖大寿(字复宇?～1656)、冯铨(字振鹭,1595～1672)等人。

你们看清代题材的电视剧,都知道有个曾静(1679～1735)吧。他曾受到吕留良(字用晦,1629～1683)反清复明遗著影响,鼓动川陕总督反清失败而被抓,造反被抓,照理讲杀头就是了,但雍正并没有杀曾静。曾静在狱中写了个《归仁录》,后来与雍正的对话合编为《大义觉迷录》。雍正是如何义正词严地大骂曾静等叛逆者是无君无父的禽兽的呢?雍正说,无可讳言,满人是夷狄,但"夷"不过是指某一方域,孟子不早就说过舜,为东夷之人;文王,为西夷之人吗,[①]满人是夷有何不妥?"孔子之作《春秋》也,诸侯用夷礼,则夷之;进于中国,则中国之",[②]满人接受了儒家伦理,就是华夏,汉人不接受儒家伦理就是禽兽。现今我大清一统天下,所承之统,为尧舜以来中外一家之统,所行之政,礼乐征伐,中外一家之政也,像吕留良那样的逆贼"妄判中外,谬生忿戾,岂非逆天悖理、无父无君、蜂蚁不若之异类乎"?[③] 你不跟清王朝合作吗?根据儒学春秋大义,你就是大逆不道,不仅该杀头,还要说你禽兽不如。

雍正这一套说法有没有道理呢?如果儒生承认儒家伦理是普世的,好像不能不接受儒家天下观呵。我认为,应该用中国近代传统来判别是非。你们想想看,当时清兵一入关,一手大开杀戒,扬州十日、嘉定三屠,留头不留发、留发不留头;另一手大兴文字狱,以缄天下之口,康熙朝著名的庄廷鑨(字子襄,?～1655)《明史》

---

① 孟子原文为:"舜生于诸冯,迁于负夏,卒于鸣条,东夷之人也。文王生于岐周,卒于毕郢,西夷之人也",本文处为雍正摘录之语。以上参见《孟子集注.离娄章句下》,卷8,第289页;参见(清)雍正帝撰:《大义觉迷录》,文海出版社1969年版,卷1,第4～5页。

② 《韩昌黎文集校注·原道》,第17页。

③ 参见(清)雍正帝撰:《大义觉迷录》,卷1,第6页。

案，诛杀九族，身在汾阳的顾炎武闻之痛心不已。因庄廷鑨明史案，诛杀近百人，牵连数百人充军流放。与此同时，民间思想已大大超越了程朱理学，清初顾、黄、王等民间知识分子，虽然他们仍然认同儒家伦理，但拒绝清廷的天下主义。如按戴震从具体情景和心之同然出发，雍正的天下主义正是典型的以理杀人呵。士人有理由不接受呵。

文字狱对知识分子的迫害和对整个社会的伤害，影响深远。直到清末，龚自珍还说士人“避席畏闻文字狱，著书都为稻粱谋”。[①]在清代，正因为官学的压制，程朱理学的“存天理、灭人欲”，“失节事大、饿死事小”的禁欲主义深入到基层，形成社会风气。表彰节妇烈女的贞节牌坊在清代建得最多，仅浙江镇海县就立有47座贞节牌坊；[②]疑为不守贞妇女而受家法处置的，更是难计其数。

清代的思想学术图画是分裂的。清初民间思潮超越了天下观和理欲观，近代思想传统和格致之学都很活跃；此后，长期占据学术界主流的考据学硕果累累。当然还需要指出，在清代程朱理学沿袭了元明的官学地位，固然有其日益僵化的一方面，但也不能简单地认为官方意识形态已经丧失了事功能力，特别是清代后期两次经世思潮兴起使得中国近代传统的某些方面能被官方意识形态所用，以克服社会危机。十九世纪中叶，在清廷内外交困之际，太平天国内乱起于内，西方列强进逼到国门，出现了像曾国藩、左宗棠（字季高，谥文襄，1812～1885）等一批笃信理学，又重经世的儒臣儒将，他们是挽救清王朝于危亡的理学经世派。1895年甲午战败后，今文经学兴起，清初形成的民间近代思想传统和格致之学同时备受推崇，预示着中国二十世纪初的政治思想的大变。

如何能看清楚从清初到清末的官方意识形态与民间思想的分

---

① 参见（清）龚自珍：《龚自珍全集·咏史》，第9辑，第471页。

② 王威：《性爱国学课：从两宋到明清·观坊之多而知风化之美——兼谈明清两代的贞节牌坊》（下），新北市木马文化事业股份有限公司2012年版，第248页。

分合合呢？这就需要分析以下两个基本因素的组合：一个是推动儒学变化的内在动力，另一个是外部因素，即社会大变革对道德意识形态事功能力的需求。

推动思潮变化的两种动力

所谓内部动力，是指在常识理性支配下，儒学内部不同思想派系之间争论引起的变化。如理学内部的程朱理学与陆王心学之争，以及明末清初气论哲学对理学形而上层面的否定，建构新的观念和修身模式，还包括此后出现的考据学等。外部动力是指社会大变动对占主流地位的观念系统的冲击，如在明末和清末内外交困的政治危局对儒学事功能力的需求，格致之学、经世之学兴起等。思想演变的内外两种动力，有时同时存在，共同起作用，有时由一种动力主导。特别是在社会巨变的冲击下，外部动力超过内部动力。这一切带来思想变化大趋势的复杂性。

我们可以用外部动力为横坐标，内部动力为纵坐标，做出图6－4示意图，以描绘从明中叶后期到清末儒学思想变化的趋势，它呈现为反之字形曲线，由OA、AB和BC三段组成。

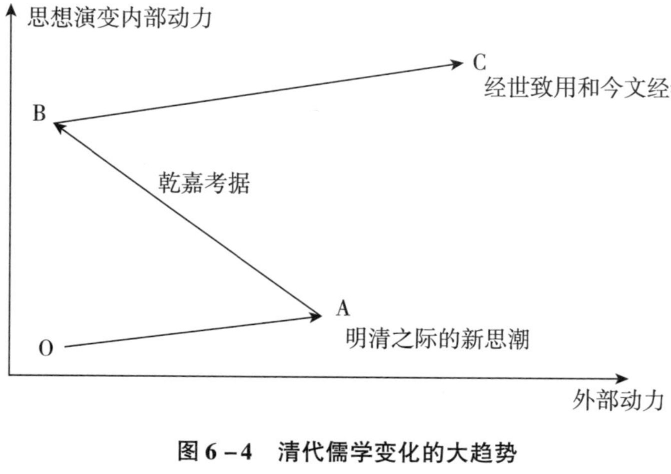

图6－4　清代儒学变化的大趋势

OA 为第一阶段，对应着从晚明到清初的儒学演化趋势。此一时期，一方面是程朱理学和阳明心学的争论，另一方面是王朝更替，清兵入关，外部动力和内部动力都很大。理学无法回应社会大变动对道德意识形态产生的事功需求，因此被民间儒生抛弃。这反映在图 6－4 中就是 OA 箭头向上走，内部和外部压力两重压力都较大。这一阶段，在内外合力推动下，出现经世致用、格致之学的第一次高潮。同时，气论哲学兴起，破除了理学的形而上层面，出现了以礼代理、经世致用的潮流，还有气论哲学建构出不同的新形态，即中国近代传统。这一阶段是思想最为混乱也最为活跃的时期。

清初，清廷作为新兴统治者本身就具有极强的事功能力，程朱理学被定为官方意识形态，是为了维护其大一统统治，此时民间思潮和官方哲学是对抗的。当清王朝迅速进入太平盛世，对道德意识形态事功能力的需求便减弱了，从上图而言就是横坐标趋小。明遗民及其思想越来越边缘化，思想变化的第二阶段来临：横坐标变小，纵坐标变大，OA 变为 AB。这一时期，程朱理学是官方意识形态，民间学术思想主流从学术经世走向乾嘉考据，两者并无冲突，并行发展。

必须注意，乾嘉考据作为学术思潮是从第一阶段 OA 演变脱胎而来。以礼代理及各种经世之学，经学经世也好，史学经世也好，格致之学也好，都会提出考证经典真伪和意义的需求，考据学在这种历史需求中应运而起，常识理性推动下的思想发展分为格致和考据两个方面推进。考据的主要对象是儒学经典，作为理解和鉴别经学工具的小学（文字和版本的训诂、音韵、校勘）得以高度发展，获得丰硕成果。格致一方面吸收明末传入的大量西方科技知识，另一方面对数学和天文历算、博物、水文、地理、疆域、舆图等知识做出整理。

十八世纪后期，清王朝走过了盛世。十九世纪进入王朝晚期，内部问题是吏治腐败和大规模的基层动荡,外部问题是西方现代商业和武力的强势冲击。这样,官方意识形态和民间思想共同面临越来越大的事功需要,横坐标变量又开始增加,思潮发展进入BC第三个阶段。这时,考据学已陷入僵化、细碎化,今文经学开始复活。魏源说,西汉以董仲舒为主的今文经学家是最接近六经原意的,只有通过今文经才能接近圣人,才能大明孔子之道。晚清今文经学试图为僵化的官方意识形态注入某种活力。

第三阶段BC和第一阶段OA有点类似,经世思潮再次兴起,明清之际各种思潮、特别是近代传统的复苏以及今文经学活跃起来,共同应对内外交困的严重时局。作为两次经世思潮兴起的标志性著述,是明末和清末先后出现两个大型经世文编。在明末,陈子龙(字卧子,1608~1647)等人主编了《皇明经世文编》,清代曾被列为禁书。1827年,魏源编、贺长龄(字耦耕,1785~1848)辑录的《皇朝经世文编》刊行。该文集分为学术、治体,吏政、户政、礼政、兵政、刑政、工政八类,志在推动经世思潮。此后,陆续编了多种大型经世文编。

《皇朝经世文编》刊行后十余年,1839年爆发第一次鸦片战争,十九世纪五十年代太平天国运动起事,迅速崛起,定都南京,占领了最富庶的长江下游几个省区。在动乱中,清朝不得不向汉人儒臣开放地方军事和民政的事权,以曾国藩、胡林翼(字润之,1812~1861)、李鸿章(字子黻,号少荃,谥文忠,1823~1901)等为代表的理学经世派登上历史舞台。理学经世派的儒臣有两个特点:第一,特别重视“经济”,即强调义理与经世合一的务实和应变,重实战知识和技术,有极强的事功能力;第二,他们信仰官方意识形态,具有忠君爱国和匡时救世的抱负。当太平军挫败八旗、绿营、清廷官兵几乎丧失战斗力之时,在清廷授权下,曾、胡、左、李等儒臣以维护儒家道义为己任,马上自筹资金和兵源,自组军队、练兵打仗,长期与太平军苦战,但在攻下天京以后,曾国藩自动解散了十二万湘军之大部分。

平定大动乱后，这些人成为清朝中兴名臣。十九世纪六十年代清廷开始了经世致用思想指导下的自上而下的洋务运动（也称自强运动），应对外来冲击。1895 年，甲午战败，宣告了洋务运动的失败；此后维新思潮兴起，今文经学凸显出来，康有为正是以今文经学作为推动戊戌变法的理论根据。由此可见，BC 从十八世纪末开始勃兴，其方方面面先后涌现，一直贯穿整个十九世纪。第三阶段为应对内外交困的时局，官方意识形态和民间思潮互相激荡，在经世思潮下是可以合流的。

波澜壮阔的近现代来临

你们会问：接下去如何？如果把图 6－4 进一步延伸下去，也可以推演二十世纪初期中国思想变迁的趋势。1895 年的甲午战败和 1900 年庚子事变，令中国思想界再一次经历了犹如明末清初那样的天崩地解般的大冲击、大觉醒。在图 6－4 中，横坐标是代表社会变革对事功能力的需求更进一步强化了，既要实现社会内部整合，又要应对全球化现代民族国家冲击；纵坐标作为思想变迁的内在动力，增加了不少新内容，如学习和引进西方现代思想和制度文明；另外，两千年间天不变、道亦不变的信条动摇后，出现了道德价值的全面逆反，在常识理性支配下重新塑造着新的道德意识形态。从二十世纪第一年的 1900 年起，中国社会大动荡、大分化，思潮澎湃，波谲云诡，思想大潮汇集涌向新文化运动。

在十九世纪全球化现代民族国家争雄的世界格局中，清廷所有的应对举措统统失效了。原因很简单，因为儒学把家作为社会组织的基本细胞，在家国同构这样一种社会组织方式中，国家和社会的动员能力都很有限，缺乏工业化必需的汲取能力，不可能抵抗邻近民族国家的入侵。儒学作为中国传统社会政治统治和社会组织的合理性根据，无论其怎么改进、变构，都不可能应付外来冲击。

儒家道德意识形态的不可欲,迟早会导致道德价值的逆反。

1900 年夏八国联军攻入北京,次年,尚在外逃中的慈禧太后以光绪名义,颁罪己诏,开始推行全方位改革的新政。清廷为了推行新政,不得不以中西二分的二元论为意识形态。这种意识形态把价值系统划分为公和私两个不同的领域,在公领域学习和引进西方现代价值和现代政治、经济制度,而儒家伦理则退到私领域,仍作为君权和父权的根据。因为,儒家伦理是皇权和绅士阶层的权力来源和统治社会正当性基础,借之得以维护清廷和绅士阶层的统治权力和特权地位,确保他们成为新政改革的主导力量。我们可以用黄宗羲提出的绅士公共空间框架,去描述新政时期清廷与绅士阶层合作推动的经济、教育和政治的全面改革,以建立现代民族国家的过程。但是,用这种中西二分式的意识形态指导下的新政,不可能完成在家国同构体向现代民族国家的转型,1911 年,发生了结束帝制的辛亥革命。接着,中国发生了宪政危机和军阀混战,出现严重的社会整合危机。1915 年由新知识分子发起抛弃儒家伦理、全盘反传统的新文化运动,清末出现的激进反传统烈士精神,演化为对革命乌托邦的追求,成为新知识分子的终极关怀。

然而,即使儒学被抛弃,来自理学的建构道德意识形态的思维模式,仍然作为深层结构支配着新的道德意识形态之建构。因为中华文化以道德为终极关怀,只有通过道德哲学的论证,新意识形态才能为政治权力和社会秩序提供正当性。自常识理性成熟并成为道德意识形态论证的基础之后,每一种道德论证都必须回答两个问题:第一,道德根据是什么?是常识,还是人之常情?第二,道德是由普遍向个别推出来的呢,还是由个别向普遍推出来的?这些思维模式隐含在中国人心灵深处,即使常识理性转化为现代形态,它们仍然是中国人建构现代观念系统的基本结构。

作为官方意识形态的程朱理学已有长达近千年历史，但在全球化冲击下变为不可欲了，必定再次出现道德价值的逆反，创造出新终极关怀——革命乌托邦，革命乌托邦是一种新的道德境界层面。由于现代常识理性仍然是中国人的合理性根据及思维模式，其形成的四种深层结构也制约着新道德意识形态的建构，它们也有四种基本模式，分别是马列主义、三民主义、毛泽东思想和自由主义。“五四”以后这些新道德意识形态争雄并力图重新整合社会，在这些新观念系统和社会的双向塑造过程中，形塑成延续至今波澜壮阔的现当代思想史。这正是本讲座此后四讲的内容。

参考书目

古籍

1.(春秋)管仲撰,黎翔凤校注,梁运华整理:《管子校注》,中华书局2004年版。

2.(周)左丘明著,杨伯峻编著:《春秋左传注》(修订版),中华书局1995年版。

3.(汉)孔安国传,(唐)孔颖达正义,黄怀信整理:《尚书正义》,上海古籍出版社2007年版。

4.(汉)王充撰,黄晖校释:《论衡校释》,中华书局1990年版。

5.(汉)司马迁撰:《史记》,中华书局1963年版。

6.(汉)何休撰:《春秋公羊传》,中华书局1998年版。

7.(汉)班固撰,(唐)颜师古注:《汉书》,中华书局1964年版。

8.(汉)许慎撰,(清)段玉裁注:《说文解字注》,上海古籍出版社1981年版。

9.(汉)扬雄撰,汪荣宝注疏,陈仲夫点校:《法言义疏》,中华书局1987年版。

10.(汉)刘安等撰,何宁等释:《淮南子集释》,中华书局1998年版。

11.(汉)郑玄注,(唐)孔颖达疏:《礼记正义》,北京大学出版社 1999 年版。

12. (汉)郑玄撰,(宋)王应麟辑,(清)惠栋考补:《增补郑氏周易》,台湾商务印书馆影印文渊阁《四库全书》本 7,1983 年版。

13. (魏)王弼、(晋)韩康伯注,(唐)孔颖达正义:《宋本周易注疏》,中华书局 1988 年版。

14. (魏)王弼注,楼宇烈校译:《老子道德经注校释》,中华书局 2008 年版。

15. (魏)王弼著,楼宇烈校释:《王弼集校释》,中华书局 1980 年版。

16. (魏)何晏集解,(梁)皇侃义疏:《论语集解义疏》,商务印书馆 1937 年版。

17. (魏)曹操:《曹操集》,中华书局 1974 年版。

18. (魏)刘劭著,梁满仓译注:《人物志》,中华书局 2009 年版。

19. (晋)司马彪撰,(梁)刘昭注补:《后汉书志》,中华书局 1973 年版。

20. (晋)张湛注、杨伯峻集释:《列子集释》,中华书局 1985 年版。

21. (晋)郭璞注:《尔雅》,中华书局 1998 年版。

22. (晋)陈寿撰,陈乃乾校点:《三国志》,中华书局 1964 年版。

23. (晋)嵇康著,戴明扬校注:《嵇康集校注》,人民文学出版社 1962 年版。

24. (晋)葛洪著,王明校释:《抱朴子内篇校释(增订本)》,中华书局 1996 年版。

25. (晋)葛洪著,杨明照校笺:《抱朴子外篇校笺》,中华书局 1991 年版。

26. (南朝宋)刘义庆撰,余嘉锡笺疏,周祖谟、余淑宜整理:《世说新语笺疏》,中华书局 1983 年版。

27. (梁)刘勰著,周振甫注:《文心雕龙注释》,人民文学出版社

1981 年版。

28.(梁)萧统编,(唐)李善注:《文选》,上海古籍出版社 1986 年版。

29.(唐)令狐德棻等撰:《周书》,中华书局 1971 年版。

30.(唐)吴竞编著:《贞观政要》,上海古籍出版社 1978 年版。

31.(唐)李翱:《李文公集》,台湾商务印书馆 1965 年台一版,明成化乙未刊本。

32.(唐)杜佑撰,王文锦等点校:《通典》,中华书局 1988 年版。

33.(唐)房玄龄等撰:《晋书》,中华书局 1974 年版。

34.(唐)唐玄宗御注,胡平生译注:《孝经译注》,中华书局 1999 年版。

35.(唐)韩愈撰,马其昶校注,马茂元整理:《韩昌黎文集校注》,上海古籍出版社 1986 年版。

36.(唐)权德舆:《新刊权载之文集》,《续修四库全书》,上海古籍出版社 2002 年版。

37.(宋)朱熹:《四书章句集注》,中华书局 1983 年版。

38.(宋)朱熹著,朱杰人、严佐之、刘永翔主编:《朱子全书》,上海古籍出版社 2002 年版。

39.(宋)周敦颐撰,王云五主编:《周子全书》,商务印书馆 1978 年版。

40.(宋)周敦颐撰,陈克明点校:《周敦颐集》,中华书局 1990 年版。

41.(宋)邵雍著,郭彧整理:《邵雍集》,中华书局 2010 年版。

42.(宋)范晔撰,(唐)李贤等注:《后汉书》,中华书局 1973 年版。

43.(宋)张载撰,章锡琛点校:《张载集》,中华书局 1978 年版。

44.(宋)陆九渊著,钟哲点校:《陆九渊集》,中华书局 1980 年版。

45. (宋)程颢、程颐著,王孝鱼点校:《二程集》,中华书局 1981 年版。

46. (宋)郑樵撰,王树民点校:《通志二十略》,中华书局 1992 年版。

47. (元)郝经著,秦雪清整理:《郝文忠公陵川文集》,山西人民出版社 2006 年版。

48. (元)脱脱等撰:《宋史》,中华书局 2000 年版。

49. (明)方孝孺著,徐光大点校:《逊志斋集》,宁波出版社 2000 年版。

50. (明)王守仁撰,吴光等编校:《王阳明全集》,上海古籍出版社 1992 年版。

51. (明)王艮撰,陈祝生等点校:《王心斋全集》,江苏教育出版社 2001 年版。

52. (明)王廷相著,王孝鱼点校:《王廷相集(二)》,中华书局 1989 年版。

53. (明)丘浚:《大学衍义补》,台湾丘文庄公丛书辑印委员会 1972 年版。

54. (明)宋濂撰:《元史》,中华书局 1976 年版。

55. (明)李时珍著,刘山永主编:《本草纲目》,华夏出版社 2008 年新校注本第 3 版。

56. (明)李贽撰,张建业主编:《李贽文集》,社会科学出版社 2000 年版。

57. (明)夏原吉等编,黄彰健校:《明太祖实录》,台湾"中央研究院"历史语言研究所 1984 年版。

58. (明)徐光启著,王重民辑校:《徐光启集》,明文书局 1986 年版。

59. (明)杨慎:《升庵集》,台湾商务印书馆影印文渊阁《四库全书》本 1270,1983 年版。

60.(明)刘宗周撰,吴光主编:《刘宗周全集》,浙江古籍出版社2007年版。

61.(明)罗洪先:《念庵文集》,台湾商务印书馆影印文渊阁《四库全书》本1275,1983年版。

62.(清)王夫之著,船山全书编辑委员会编校:《船山全书》,岳麓书社1988~1996年出版。

63.(清)王先慎撰,钟哲点校:《韩非子集解》,中华书局1998年版。

64.(清)王先谦补注:《汉书补注》,上海古籍出版社2008年版。

65.(清)王先谦撰,沈啸寰、王星贤点校:《荀子集解》,中华书局1988年版。

66.(清)李塨:《颜习斋先生年谱》,台湾商务印书馆1978年版。

67.(清)李道平撰,潘雨廷点校:《周易集解纂疏》,中华书局1994年版。

68.(清)李颙著,陈俊民点校:《二曲集》,中华书局1996年版。

69.(清)纪昀:《四库全书总目(三)》,艺文印书馆1979年版。

70.(清)凌廷堪:《校礼堂文集》,中华书局1998年版。

71.(清)唐晏著,吴东民点校:《两汉三国学案》,中华书局1986年版。

72.(清)孙希旦撰,沈啸寰、王星贤点校:《礼记集解》,中华书局1989年版。

73.(清)孙诒让撰,孙启治点校:《墨子闲诂》,中华书局2001年版。

74.(清)张廷玉等撰:《明史》,中华书局1974年版。

75.(清)梁章巨:《称谓录》,天津古籍书店1987年版。

76.(清)章学诚:《章学诚遗书》,文物出版社影印嘉业堂刊本,

1985 年版。

77.（清）章学诚著，叶瑛校注：《文史通义校注》，中华书局 1985 年版。

78.（清）郭庆藩撰，王孝鱼点校：《庄子集释》，中华书局 1985 年版。

79.（清）黄宗羲著，沈芝盈点校：《明儒学案》，中华书局 1985 年版。

80.（清）黄宗羲著，沈善洪主编：《黄宗羲全集》，浙江古籍出版社 1985 年版。

81.（清）雍正帝撰：《大义觉迷录》，台湾文海出版社 1969 年版。

82.（清）戴震著，张岱年主编：《戴震全书》，黄山书社 1994～1995 年出版。

83.（清）戴震著，赵玉新点校：《戴震文集》，中华书局 1980 年版。

84.（清）颜元著，王星贤等点校：《颜元集》，中华书局 1987 年版。

85.（清）严可均辑：《全上古三代秦汉三国六朝文》，商务印书馆 1999 年版。

86.（清）苏舆撰，钟哲点校：《春秋繁露义证》，中华书局 1992 年版。

87.（清）顾炎武：《顾亭林诗文集》，中华书局 1983 年版。

88.（清）顾炎武著，（清）黄汝成集释，栾保群、吕宗力点校：《日知录集释》，花山文艺出版社 1990 年版。

89.（清）龚自珍：《龚自珍全集》，上海人民出版社 1975 年版。

专著

1.［日］丸山真男：《日本政治思想史研究》，王中江译，三联书店 2000 年版。

2. [日]山鹿素行著,[日]田原嗣郎、[日]守本顺一郎校注:《山鹿素行》,收入《日本思想大系》,东京岩波书屋 1970 年版,第 32 卷。

3. [日]井上靖、梅原猛等:《日本人与日本文化》,周世荣译,中国社会科学出版社 1991 年版。

4. [日]木村泰贤:《小乘佛教思想论》,演培法师译,台湾天华出版事业股份有限公司 1990 年版。

5. [日]古川渥:《幻想的地志学》,许菁娟译,台湾边城出版社 2005 年版。

6. [日]伊藤仁斋著,[日]吉川幸次郎,[日]清水茂校注:《伊藤仁斋 · 伊藤东涯》,收入《日本思想大系》,东京岩波书屋 1971 年版,第 33 卷。

7. [日]坂出祥伸编:《中国古代养生思想の总合的研究》,平河出版社 1992 年版。

8. [日]忽滑谷快天:《中国禅学思想史》,朱谦之译,上海古籍出版社 1994 年版。

9. [日]宫崎市定:《九品官人法研究:科举前史》,韩升、刘建英译,中华书局 2008 年版。

10. [日]荒木见悟:《明末清初的思想与佛教》,廖肇亨译,上海古籍出版社 2010 年版。

11. [日]荻生徂徕著,吉川幸次郎等校注:《荻生徂徕》,收入《日本思想大系》,东京岩波书屋 1973 年版,第 36 卷。

12. [印]迪帕克 · 拉尔(Deepak Lal):《印度均衡:公元前 1500—公元 2000 年的印度》(节选和修订版),赵红军主译,北京大学出版社 2008 年版。

13. [美]彼得 · 伯格(Peter L. Berger):《神圣的帷幕 · 神义论的问题》,萧羡一译,商周出版 2003 年版。

14. [美]许烺光:《宗族. 种姓. 俱乐部》,薛刚译,华夏出版社

1990 年版。

15.［英］小约翰·韦尔斯（John E. Wills）:《1688 年的全球史》,赵辉译,海南出版社 2003 年版。

16.［英］汤因比、［日］池田大作:《展望 21 世纪:汤因比与池田大作对话录》,荀春生等译,国际文化出版公司 1997 年版。

17.［德］韦伯（Max Weber）:《印度的宗教:印度教与佛教Ⅰ》,康乐、简惠美译,远流出版公司 1996 年版。

18.［德］韦伯（Max weber）:《基督新教伦理与资本主义精神》,康乐、简惠美译,远流出版公司 2007 年版。

19.［韩］李丙焘:《韩国史大观》,正中书局 1979 年版。

20. D. J. Kalupahana:《佛教哲学——一个历史的分析》,陈铫鸿译,华宇出版社 1984 年版。

21. 丁福保:《佛学大辞典》,上海书店 1991 年版。

22. 中国社会科学院考古研究所编:《居延汉简甲乙编》,中华书局 1980 年版。

23. 方立天:《中国佛教文化》,中国人民大学出版社 2006 年版。

24. 王仲尧:《易学与佛教》,中国书店 2001 年版。

25. 王叔岷:《陶渊明诗笺证稿》,中华书局 2007 年版。

26. 王威:《性爱国学课:从两宋到明清·观坊之多而知风化之美——兼谈明清两代的贞节牌坊》（下）,木马文化事业股份有限公司 2012 年版。

27. 王国维:《观堂集林》,中华书局 1961 年版。

28. 王晓毅:《放达不羁的士族》,陕西人民出版社 1989 年版。

29. 田余庆:《秦汉魏晋史探微》（重订本）,中华书局 2004 年版。

30. 任继愈:《天人之际》,上海文艺出版社 1998 年版。

31. 朱大渭:《六朝史论》,中华书局 1997 年版。

32. 江建俊:《汉末人伦鉴识之总理则——刘劭人物志研究》,文史哲出版社 1983 年版。

33. 牟宗三等著:《中国哲学思想论集——两汉魏晋隋唐篇》,水牛出版社 1988 年版。

34. 何俊编:《余英时学术思想文选》,上海古籍出版社 2010 年版。

35. 余敦康:《中国哲学论集》,辽宁大学出版社 1998 年版。

36. 余敦康:《魏晋玄学史》,北京大学出版社 2004 年版。

37. 吴正岚:《六朝江东士族的家学门风》,南京大学出版社 2003 年版。

38. 吴汝钧:《佛教思想大辞典》,台湾商务印书馆 1992 年版。

39. 吴汝钧:《胡赛尔现象学解析》,台湾商务印书馆 2001 年版。

40. 吴进安:《墨家哲学》,五南图书出版有限公司 2003 年版。

41. 吕澂:《中国佛学源流略讲》,中华书局 1983 年版。

42. 吕澂:《吕澂集》,中国社会科学出版社 1995 年版。

43. 李明辉编:《中国经典诠释传统(二):儒学篇》,台湾大学出版中心 2004 年版。

44. 李修生主编:《全元文》,江苏古籍出版社 1998 ~ 2004 年出版。

45. 李锋:《西周的政体:中国早期的官僚制度和国家》,三联书店 2010 年版。

46. 李养正著,张继禹编定:《道教经史论稿》,华夏出版社 1995 年版。

47. 李泽厚、刘纪纲主编:《中国美学史》,谷风出版社 1987 年版,第 2 卷。

48. 杜正胜:《古代社会与国家》,允晨文化 1992 年版。

49. 沈有鼎:《墨经的逻辑学》,中国社会科学院 1982 年版。

50. 邢义田:《治国安邦:法制、行政与军事》,中华书局 2011 年版。

51. 周愚文:《中国教育史纲》,正中书局 2001 年版。

52. 林启屏:《从古典到正典:中国古代儒学意识之形成》,台湾大学出版中心 2007 年版。

53. 金观涛、毛建波编:《中国思想与绘画:教学和研究集》(一),中国美术学院出版社 2012 年版。

54. 金观涛、毛建波编:《中国思想与绘画:教学和研究集》(二),中国美术学院出版社 2013 年版。

55. 金观涛、刘青峰:《中国现代思想的起源:超稳定结构和中国政治文化的演变》(第 1 卷),香港中文大学出版社 1999 年版;法律出版社 2011 年版。

56. 金观涛、刘青峰:《兴盛与危机:论中国社会超稳定结构》(增订本),香港中文大学出版社 1992 年版;法律出版社 2011 年版。

57. 金观涛、刘青峰:《观念史研究:中国现代重要政治术语的形成》,香港中文大学出版社 2008 年版;法律出版社 2010 年版。

58. 俞剑华编:《中国画论类编》,人民美术出版社 1986 年版。

59. 南怀瑾:《金刚经说什么》(第 2 版),复旦大学出版社 2002 年版。

60. 姜广辉主编:《中国经学思想史》,中国社会科学出版社 2003 年版,第 1 卷。

61. 姜广辉主编:《中国经学思想史》,中国社会科学出版社 2003 年版,第 2 卷。

62. 姜广辉主编:《中国经学思想史》,中国社会科学出版社 2010 年版,第 3 卷。

63. 段伟:《禳灾与减灾:秦汉社会自然灾害应对制度的形成》,复旦大学出版社 2008 年版。

64. 洪修平:《中国佛教与儒道思想》,宗教文化出版社 2004 年版。

65. 韦政通:《董仲舒》,东大图书公司 1986 年版。

66. 卿希泰、唐大潮著:《道教史》,中国社会科学出版社 1994 年版。

67. 唐长孺:《魏晋南北朝史论丛》,河北教育出版社 2000 年版。

68. 孙卫国:《大明旗号与小中华意识:朝鲜王朝尊周思明问题研究(1637—1800)》,商务印书馆 2007 年版。

69. 容肇祖:《魏晋的自然主义》,东方出版社 1996 年版。

70. 徐兴庆:“导言”,载张宝三、徐兴庆编:《德川时代日本儒学史论集》,台湾大学出版中心 2004 年版。

71. 栗劲:《秦律通论》,山东人民出版社 1985 年版。

72. 荆门市博物馆编:《郭店楚墓竹简》,文物出版社 1998 年版。

73. 陕西省考古研究所、中国古文字研究会、中华书局编辑部合编:《古文字研究》(第 13 辑),中华书局 1986 年版。

74. 马良怀:《崩溃与重建中的困惑——魏晋风度研究》,中国社会科学出版社 1993 年版。

75. 高明士:《东亚古代的政治与教育》,台湾大学出版中心 2004 年版。

76. 高鸿钧:《伊斯兰法:传统与现代化》,清华大学出版社 2004 年版。

77. 参见徐复观:《中国思想史论集》,上海书店 2004 年版。

78. 参见逯钦立辑校:《先秦魏晋南北朝诗》,中华书局 1988 年版。

79. 国家文物局古文献研究室编:《马王堆汉墓帛书(壹)》,文物出版社 1980 年版。

80. 国务院人口普查办公室、国家统计局人口统计司编:《中国第三次人口普查数据分析》,中国财政经济出版社 1987 年版。

81. 国际儒学联合会编:《纪念孔子诞辰 2555 年会议论文集》(卷 3),国际儒学联合会、中国孔子基金会 2004 年版。

82. 张昆将:《德川日本儒学思想的特质:神道、徂徕学与阳明学》,台湾大学出版中心 2007 年版。

83. 张善文:《象数与义理》,辽宁教育出版社 1993 年版。

84. 张鸿雁:《春秋战国城市经济发展史论》,辽宁大学出版社 1988 年版。

85. 张跃:《唐代后期儒学的新趋向》,文津出版社 1993 年版。

86. 曹聚仁:《中国学术思想史随笔》,三联书店 1986 年版。

87. 梁治平:《法辨——中国法的过去、现在与未来》,贵州人民出版社 1992 年版。

88. 梁启超:《清代学术概论》,上海古籍出版社 2000 年版。

89. 梁启超:《佛学研究十八篇》,江苏文艺出版社 2008 年版。

90. 郭晓东:《经学、道学与经典诠释》,台湾大学出版中心 2011 年版。

91. 陈寅恪著,万绳楠整理:《陈寅恪魏晋南北朝史讲演录》,黄山书社 2002 年版。

92. 陈传席:《六朝画论研究》,台湾学生书局 1991 年版。

93. 陈业新:《灾害与两汉社会研究》,上海人民出版社 2004 年版。

94. 陈鼓应:《老庄新论》,五南图书出版有限公司,2008 年版。

95. 陈梦家:《殷墟卜辞综述》,科学出版社 1956 年版。

96. 陈荣捷:《近思录详注集评》,华东师范大学出版社 2007 年版。

97. 陈学霖:《明代人物与史料》,香港中文大学出版社 2001 年版。

98. 傅璇宗等主编:《全宋诗》,北京大学出版社 1998 年版,第63 册。

99. 劳思光:《存在主义哲学新编》,香港中文大学出版社 2001 年版。

100. 劳思光:《新编中国哲学史》,广西师范大学出版社 2005 年版,第 1 ~3 卷下。

101. 嵇文甫:《左派王学》,上海书店 1990 年版。

102. 彭林编:《中国经学》(第 2 辑),广西师范大学出版社 2007 年版。

103. 汤用彤:《汉魏两晋南北朝佛教史(增订本)》,北京大学出版社 2011 年版。

104. 汤用彤:《魏晋玄学论稿》,上海古籍出版社 2005 年版。

105. 冯玮:《日本通史》,上海社会科学院出版社 2008 年版。

106. 黄仁宇:《放宽历史的视界》,三联书店 2001 年版,1988 年初刊重印版。

107. 黄宗智:《中国农村的过密化与现代化:规范认识危机及出路》,上海社会科学院出版社 1992 年版。

108. 黄宗智:《华北的小农经济与社会变迁》,中华书局 1986 年版。

109. 黄俊杰:《中国经典诠释传统(一):通论篇》,台湾大学出版中心 2004 年版。

110. 黄宽重等主编:《家族与社会》,中国大百科全书出版社 2005 年版。

111. 圣严:《印度佛教史》,法鼓文化 2006 年版。

112. 圣严:《日韩佛教史略》,法鼓文化 1997 年版。

113. 漆侠:《宋代经济史》,上海人民出版社 1988 年版。

114. 赵冈、陈钟毅著:《中国土地制度史》,新星出版社 2006 年版。

115. 赵冈:《中国城市发展史论集》,新星出版社 2006 年版。

116. 赵园:《明清士大夫研究》,北京大学出版社 1999 年版。

117. 赵鼎新著,夏江旗译:《东周战争与儒法国家的诞生》,华东师范大学出版社 2011 年版。

118. 刘岱总主编:《中国文化新论社会篇 · 吾土与吾民》,三联书店 1992 年版。

119. 刘青峰、岑国良编:《自由主义与中国近代传统——“中国近现代思想的演变”研讨会论文集》(上),香港中文大学中国文化研究所当代中国文代研究中心 2003 年版。

120. 刘青峰编:《民族主义与中国现代化》,香港中文大学出版社 1994 年版。

121. 刘保贞著:《〈易图明辨〉导读》,齐鲁书社 2004 年版。

122. 刘师培:《中国民约精义》,华世出版社 1975 年版。

123. 刘梅琴、王祥龄:《荻生徂徕》,东大图书公司,1999 年版。

124. 欧阳哲生编:《胡适文集(4) · 胡适文存三集》,北京大学出版社 1998 年版。

125. 蔡方鹿:《朱熹与中国文化》,贵州人民出版社 2001 年版。

126. 萧公权:《中国政治思想史》,辽宁教育出版社 1998 年版。

127. 赖永海主编:《禅学研究》(第 5 辑),江苏古籍出版社 2002 年版。

128. 钱存训:《中国书籍、纸墨及印刷史论文集》,香港中文大学出版社 1992 年版。

129. 钱宾四先生全集编辑委员会编:《钱宾四先生全集》,第 13 册,联经出版公司 1998 年版。

130. 钱宾四先生全集编辑委员会编:《钱宾四先生全集》,第 40 册,联经出版公司 1998 年版。

131. 钱穆:《中国近三百年学术史》,台湾商务印书馆 1997 年版。

132. 钱穆:《两汉经学今古文平议》,商务印书馆2001年版。

133. 弥勒菩萨原著,华智(巴珠)仁波切、全知麦彭仁波切等注释,索达吉堪布仁波切汉译:《现观庄严论释》,台北心一堂2014年版。

134. 韩格平主编:《魏晋全书》,吉林文史出版社2006年版。

135. 罗宗强:《因缘集——罗宗强自选集》,南开大学出版社2004年版。

136. 释印顺:《中国禅宗史》,团结出版社2009年版。

137. 释印顺:《印度佛教思想史》,中华书局2010年版。

138. 释印顺著:《佛法概论》,上海古籍出版社2001年版。

139. 顾颉刚:《汉代学术史略》,东方出版社1996年版。

期刊

1. [日]大谷哲夫:"中国初期禅观の呼吸法と养生说の'养气'について——安般守意经の流行をめぐって",载《印度学佛教学研究》第17卷第1号(1968年12月),第142~143页。

2. [日]川岛常明:"安般守意经について",载《印度学佛教学研究》第24卷第2号(1976年3月),第232~235页。

3. [日]戸崎哲彦:"唐代中期における儒教神学への抵抗——天命・祥瑞の思想をめぐる韩愈・柳宗元の对立とその政治的背景",载《滋贺大学経済学部研究年报》3(1996年),第81~122页。

4. [日]岩田良三:"Amala-jJAnaと阿摩罗识について",载《印度学佛教学研究》第19卷第2号(1971年3月),第136~137页。

5. [日]岩田良三:"摄大乘论と九识说について",载《印度学佛教学研究》第20卷第2号(1972年3月),第302~305页。

6. [日]岛田虔次:"中国のルソー",载《思想》第435号(1960年9月),第1210~1229页。

7. 尤煌杰:"宗炳'澄怀味象'之美学意蕴",载《哲学与文化》第35卷第6期(2008年6月),第149~165页。

8. 王育民:“太平天国革命时期‘人口损耗逾亿说’辨正”,载《学术月刊》1993 年第 6 期,第 44 ~ 50 页。

9. 王贵民:“商朝官制及其历史特点”,载《历史研究》1986 年第 4 期,第 107 ~ 119 页。

10. 王德权:“李华政治社会论的素描——中唐士人自省风气的转折”,载《国立政治大学历史学报》第 26 期(2006 年 11 月),第 1 ~ 28 页。

11. 申万里:“元代江南儒士游京师考述”,载《史学月刊》2008 年第 10 期,第 41 ~ 50 页。

12. 江建俊:“魏晋名士‘裸袒亵慢’之风的多维解读”,载《成大中文学报》(2011 年 6 月),第 23 ~ 65 页。

13. 何冠彪:“关于明季殉国人数的问题”,载《故宫学术季刊》第 10 卷第 1 期(1992 年),第 97 ~ 106 页。

14. 何柄棣:“华夏人本主义文化:渊源、特征及意义”,载《二十一世纪》双月刊,1996 年 2 月、4 月号,总第 33、34 期,第 91 ~ 101、88 ~ 101 页。

15. 吴冠宏:“王弼思想之历程性的探寻:从圣人无情到圣人有情之转变的考察”,载《台湾东亚文明研究学刊》第 5 卷第 1 期(2008 年 6 月),第 145 ~ 174 页。

16. 李守爱:“论朱子学对江户时代现代意识的启发”,载《日本学刊》总第 100 期(2007 年 7 月),第 116 ~ 129 页。

17. 李幸玲:“六朝居士佛教艺术的理论与实践——以宗炳《画山水序》为中心”,载《中国学术年刊》第 29 期春季号(2007 年 3 月),第 21 ~ 42 页。

18. 杜正胜:“‘编户齐民论’的剖析”,载《清华学报》新 24 卷 2 期(1994 年 6 月),第 163 ~ 191 页。

19. 沈千涵:“从得道至悟道——由博山炉探究宗炳《画山水序》中的山水思想”,载《艺术论坛》第 7 期(2009 年 12 月),第 1 ~

18 页。

20. 周昌龙:“胡适对礼教的观念与态度”,载《二十一世纪》总第53期,1999年6月刊,第102~113页。

21. 林国良:“《成唯识论》的物质观与量子力学的物质观”,载《上海大学学报》,2002年第2期,第66~70页。

22. 金观涛、刘青峰:“中国共产党为什么放弃新民主主义?”,载《二十一世纪》总第13期,1992年10月刊,第13~25页。

23. 金观涛、刘青峰:“中国历史上封建社会的结构:一个超稳定系统”,载《贵阳师范学院学报》1980年第1期,第5~24页。

24. 金观涛、刘青峰:“中国历史上封建社会的结构:一个超稳定系统”,载《贵阳师范学院学报》1980年第2期,第34~49页。

25. 金观涛、刘青峰:“气论与儒学的近代转型——中国与日本前现代思想的比较研究”,载《政大中文学报》第11期(2009年6月),第1~30页。

26. 幽兰:“景观:中国山水画与西方风景画的比较研究I”,载《二十一世纪》总第78期,2003年8月刊,第79~88页。

27. 施又文:“魏晋南朝士人服散之探究”,载《兴大人文学报》36(2006年3月),第187~216页。

28. 洪万生、刘钝:“汪莱、李锐与乾嘉学派”,载《汉学研究》第10卷第1期(1992年),第85~103页。

29. 唐兰:“黄帝四经初探”,载《文物》1973年第10期,第48~52页。

30. 张循:“汉学的内在紧张:清代思想史上‘汉宋之争’的一个新解释”,载《中央研究院近史所集刊》第63期(2009年3月),第49~96页。

31. 张嘉凤、黄一农:“中国古代天文对政治的影响——以汉相翟方进自杀为例”,载《清华学报》新20卷第2期(1990年12月),第361~378页。

32. 张蓓蓓:“从《颜氏家训》看中古知识分子的转型”,载《中国文学历史与思想中的观念变迁国际学术研讨会论文集》,台北大安出版社 2005 年版,第 1 ~ 36 页。

33. 傅伟勋:“《大乘起信论》义理新探”,载《中华佛学学报》第 3 期(1990 年 4 月),第 118 ~ 147 页。

34. 黄国清:“竺法护译《正法华经》‘自然’译词析论”,载《中华佛学研究》,2001 年第 5 期,第 105 ~ 122 页。

35. 黄敬家:“僧肇‘不真空’义及其对三家般若学的评破——以《肇论》注疏的诠释为讨论范围”,载《师大学报》(人文与社会类)第 53 卷第 2 期(2008 年 7 月),第 27 ~ 42 页。

36. 黄宽重:“从中央与地方关系互动看宋代基层社会演变”,载《历史研究》(北京)2005 年第 4 期,第 100 ~ 117 页。

37. 杨维中:“‘六家七宗’新论”,载《陕西师范大学学报》(哲学社会科学版)2002 年第 1 期,第 24 ~ 29 页。

38. 葛荃:“论政治思维定势与东林党人的困境”,载《天津社会科学》2001 年第 6 期,第 96 ~ 100 页。

39. 刘青峰:“二十世纪中国科学主义的两次兴起”,载《二十一世纪》总第 4 期,1991 年 2 月刊,第 32 ~ 47 页。

40. 刘德鸿:“关于牛金星降清问题的讨论”,载《文献》1985 年第 2 期,第 79 ~ 86 页。

41. 蔡振丰:“魏晋玄学中的‘自然’义”,载《成大中文学报》第 26 期(2009 年 10 月),第 1 ~ 34 页。

42. 萧裕民:“王阳明思想中一个应被重视的部分——‘乐’”,载《兴大中文学报》第 17 期(2005 年 6 月),第 575 ~ 604 页。

43. 释大睿:“中国佛教早期忏罪思想之形成与发展”,载《中华佛学研究》第 2 期(1998 年 3 月),第 313 ~ 337 页。

报刊

陈独秀:“吾人最后之觉悟”,载《新青年》第 1 卷第 6 期,1916

年 2 月 15 日。

硕博士论文

1. 张东华:《格致与花鸟画——南宋宋伯仁〈梅花喜神谱为例〉》,杭州中国美术学院 2012 年博士学位论文。

2. 赵超:《“画山水”观念的形成——重新注解宗炳〈画山水序〉探明画山水观念的起源》,杭州中国美术学院 2013 年博士学位论文。

3. 计锋:《山水画的崛起于宋明理学》,杭州中国美术学院 2014 年博士论文。

4. 罗小珊:《传神论的起源》,杭州中国美术学院 2013 年博士学位论文。

网络资源

1. 翁文波:“洛书推理”,载《美里易学》第 1 卷第 3 辑,参考网址:http://www.zghjfs.net/item/Print.asp? m = 1&ID = 6186,最后访问时间:2014 年 6 月 30 日。

2. 杨维中:“论佛教心性论所受道玄思想的影响”,查询网址:佛教在线,查询网站:http://news.fjnet.com/fjlw/200908/t20090814_131608.htm,最后访问时间:2014 年 4 月 29 日。

3. 赵东明:“《解深密经》之‘真如’观探析——兼论《成唯识论》的解释”,收于《大专学生佛学论文集》,华严莲社 2009 年版,第 125 ~ 152 页,查询网址:http://www.doc88.com/p - 275181179015.html,最后访问时间:2014 年 4 月 4 日。

4.《佛光大辞典》,查询网址:http://www.fgs.org.tw/fgs_book/fgs_drser.aspx,最后访问时间:2013 年 12 月 4 日。

5.《大正新修大藏经》与《卍新纂续藏经》的数据引用是出自“中华电子佛典协会”(Chinese Buddhist Electronic Text Association,CBETA)的电子佛典系列光盘(2011)。《大正新修大藏经》,东京大藏经刊行会 1924 ~ 1935 年出版;《卍新纂续藏经》,东京国书刊行会 1975 ~ 1989 年出版。

(1)(宋)天竺三藏求那跋陀罗译:《杂阿含经》,收于《大正新修大藏经》,第 2 册。

(2)(东汉)安世高译:《佛说大安般守意经》,收于《大正新修大藏经》,第 15 册。

(3)大唐三藏法师玄奘奉诏译:《解深密经》,收于《大正新修大藏经》,第 16 册。

(4)大唐西明寺沙门释道宣撰:《续高僧传》,收于《大正新修大藏经》,第 50 册,第 24 卷。

(5)元魏天竺三藏菩提流支译:《金刚般若波罗蜜经》,收于《大正新修大藏经》,第 8 册。

(6)北凉天竺三藏昙无谶译:《大方等无想经》,收于《大正新修大藏经》,第 12 册。

(7)古筠比丘德异撰:《六祖大师法宝坛经》,收于《大正新修大藏经》,第 48 册。

(8)西天三藏明因妙善普济法师金总持等奉诏译:《佛说法乘义决定经》,收于《大正新修大藏经》,第 17 册。

(9)宋天竺三藏求那跋陀罗译:《杂阿含经》,收于《大正新修大藏经》,第 2 册。

(10)北凉天竺三藏昙无谶译:《大般涅槃经》,收于《大正新修大藏经》,第 12 册。

(11)龙树菩萨造梵志青目释,姚秦三藏鸠摩罗什译:《中论》,收于《大正新修大藏经》,第 30 册。

(12)明古吴藕益释智旭著:《佛说四十二章经解》,《新纂续藏经》,第 37 册。

(13)东晋天竺三藏佛陀跋陀罗译:《佛说观佛三昧海经》,收于《大正新修大藏经》,第 15 册。

(14)姚秦天竺三藏鸠摩罗什译:《金刚般若波罗蜜经》,收于

《大正新修大藏经》,第 8 册。

(15)后秦长安释僧肇:《肇论·不真空论第二》,收于《大正新修大藏经》,第 45 册。

(16)后秦长安释僧肇:《肇论》,收于《大正新修大藏经》,第 45 册。

(17)后汉月氏三藏支娄迦谶译:《佛说伅真陀罗所问如来三昧经》,收于《大正新修大藏经》,第 15 册。

(18)后汉月氏三藏支娄迦谶译:《佛说阿阇世王经》,收于《大正新修大藏经》,第 15 册。

(19)马鸣菩萨造,梁西印度三藏法师真谛译:《大乘起信论》,收于《大正新修大藏经》,第 32 册。

(20)圣者龙树造,后秦龟兹国三藏鸠摩罗什译:《大智度论》,收于《大正新修大藏经》,第 25 册。

外文文献

1. Augustin Berque, *Les raisons du paysage. De la chine antique aux environnements de syntheèse*, Paris: Hazan, 1995.

2. Parsons, Talcott, " introduction ", in *The Sociology of Religion*, by Max Webber , Boston: Beacon Press, 1963.

3. Paul Tillich, *Theology of Culture*, New York : Oxford University Press, 1964.

4. William Ross Ashby, *Design for a brain*, New York : J. Wiley, 1954.

人名索引

(以姓氏笔画为序)

图表索引